Attività video: Sulla strada

Introduction

Welcome to the DVD prepared for your Introductory Italian program! With this unique ancillary you will be taken on a trip through Italy, accompanied by a truly simpatico guide named Marco. You will see Italy up close, through his eyes and those of people of all ages who are interviewed throughout the journey.

The video activities designed here will allow you to reinforce and expand upon the cultural themes covered in the DVD and in your textbook. The video can also be used independently of the text since it constitutes a true cultural experience in video form that can be enjoyed without a textual guide.

You will note that all of the people in the DVD are real Italians living in Italy. The rate of speech can be rather fast since the dialogue is truly natural, involving native speakers. So, the user is advised to view each segment a few times before trying these exercises, especially in the early part of the video.

There are three types of activities for each segmento.

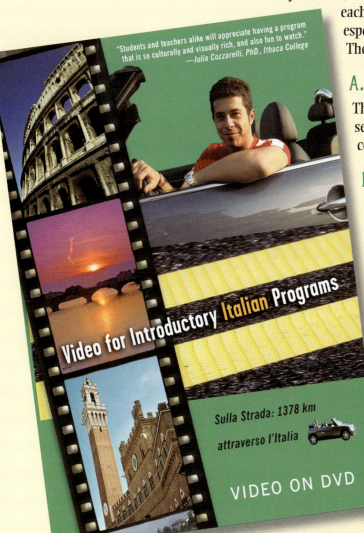

"Students and teachers alike will appreciate having a program that is so culturally and visually rich, and also fun to watch."
—Julia Cozzarelli, PhD., Ithaca College

Video for Introductory Italian Programs

Sulla Strada: 1378 km

attraverso l'Italia

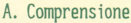

VIDEO ON DVD

A. Comprensione

This part allows you to grasp the content of the segmento with true and false, multiple choice, and content question exercises.

B. Attività

This section contains questions and activities that engage the user in an open-ended way in the cultural theme of the segmento. For example, it will ask the user to describe all the kinds of sports he/she enjoys in the sports segmento.

C. Espansione

In this section, the user is encouraged to expand upon the theme by means of creative writing and personal exploration activities.

D. Comunicazione

Finally, in this last section, students use words and phrases they have learned to discuss various topics, perform role-plays and create sketches.

Buona visione e buon divertimento!

For additional video clips, please see the Extras section of the DVD. Instructor's can use these clips to create their own additional activities.

PRESENTAZIONI

Prendiamoci un caffè!

A. Comprensione

Vero o falso?

Indicate whether the following statements are true or false.

1. Il giovane *(The young man)* si chiama (is named) Marco.

   (a) Vero   (b) Falso

2. È a casa sua *(his house)* in via San Paolo.

   (a) Vero   (b) Falso

3. L'automobile è un regalo *(gift)*.

   (a) Vero   (b) Falso

Domande

Answer the following questions.

Come prende il caffè…

4. la prima persona intervistata *(the first person interviewed)*? _____

5. la seconda *(second)* persona intervistata? _____

6. la terza *(third)* persona intervistata? _____

7. la quarta *(fourth)* persona intervistata? _____

B. Attività

Domande

Answer the following questions about yourself.

1. Come prendi il caffè? _____

2. Dove lo prendi *(take it)*? _____

Il caffè

List all the ways the people in the video have coffee and what they eat (if anything) for breakfast. Indicate the foods that you know and those you would want to try.

3. Come prendi il caffè: _____

4. Mi piace: _____

5. Non mi piace: _____

C. Espansione

Imagine being in Trastevere, a neighborhood in Rome. *Google* "Trastevere". List the kinds of places you might want to see and the things you might want to do.

1. Posti da vedere *(Places to see)*: _____

2. Cose da fare *(Things to do)*: _____

D. Comunicazione

Fai colazione al mattino? Racconta ai tuoi compagni se prendi un caffè, cosa mangi, et cetera.

2 Buongiorno!

A. Comprensione

Vero o falso?

1. La prima persona intervistata dice che *(says that)* gli italiani si salutano *(greet each other)* con «Ciao!», «Buongiorno!» e «Buonasera!».

   (a) Vero   (b) Falso

2. La seconda persona intervistata dice che gli americani non si abbracciano *(do not hug each other)*.

   (a) Vero   (b) Falso

3. La terza persona intervistata dice che gli italiani si salutano con «A presto!» e più formalmente *(more formally)* con «Salve!»

   (a) Vero   (b) Falso

4. La quarta persona intervistata dice che gli italiani si salutano con «Ciao, America!»

(a) Vero   (b) Falso

Scelte multiple

Scegli la risposta adatta.

5. Quando saluta un amico Marco usa (uses)…

(a) Ciao!   (b) Salve!

6. A Roma si usa (one uses) anche…

(a) Bella!   (b) Pronto!

7. Il ristorante che Marco indica (points out) si chiama…

(a) Ristorante Giardino.

(b) Ristorante Romolo.

8. Roma è stata fondata (was founded) quasi (almost)…

(a) 100 anni fa (years ago).

(b) 3000 anni fa.

B. Attività

Il saluto

List all the ways given by the people in the video of how to greet someone in Italy and its equivalent in English. Also, indicate if there is any appropriate body language involved.

1. Saluto: _____

2. Equivalente negli Stati Uniti: _____

3. Linguaggio del corpo: _____

Tipi di cibo

List all the foods mentioned in the segment. Indicate those that you know and those you would like to try.

4. Tipo di cibo: _____

5. Mi piace: _____

C. Espansione

Roma

Rome, with a population of almost 3 million, is the capital and largest city of Italy. Google "Roma". Jot down any information you are interested in. Share this information with your class.

1. Posti da vedere: _____

2. Cose da fare: _____

3. Aspetti interessanti: _____

D. Comunicazione

Immagina di incontrare un'amica a Trastevere per pranzo! In che modo la saluti? Quale piatto preferisci?

3 Sì, mi piace moto!

A. Comprensione

Vero o falso?

1. Marco vuole fare un giro per Roma.

(a) Vero   (b) Falso

2. Ama Roma; è la sua (his) città.

(a) Vero   (b) Falso

3. Marco dice che Roma è bella ma che è tempo di (it's time to) andare a Firenze.

(a) Vero   (b) Falso

Scelte multiple

Che cosa piace agli italiani? Scegli la risposta adatta.

4. La prima persona intervistata dice che gli/le piace…

(a) stare con gli amici, divertirsi, passare dei buoni momenti, mangiare, bere,…

(b) guardare la TV e leggere il giornale.

5. La seconda persona intervistata dice che gli/le piace...

(a) andare ai ristoranti e stare con gli amici al bar.

(b) andare al cinema e spendere pochi soldi *(spend little money)*.

6. La terza persona intervistata dice che gli/le piace...

(a) aiutare le persone bisognose *(needy)*.

(b) stare a casa.

7. La quarta persona intervistata dice che gli/le piace...

(a) studiare, leggere e lavorare.

(b) andare al cinema con gli amici.

B. Attività

Le cose che mi piacciono e che non mi piacciono

Indica quello che ti piace e quello che non ti piace fare.

Attività	Mi piace /Non mi piace	Perché
1. stare con gli amici:		
2. divertirmi *(enjoy myself)*:		
3. mangiare e bere:		
4. spendere soldi:		
5. andare al cinema:		

C. Espansione

Ask a few classmates to rank the following activities in order of preference—that is from the ones they like to do the most to the ones they like to do the least. Report your findings to the entire class.

viaggiare	uscire con gli amici
studiare	mangiare e bere
lavorare	spendere molti soldi
andare al cinema	andare al teatro

D. Comunicazione

Cosa ti piace fare? Raccontalo ai tuoi amici!

4 Mezzi di trasporto

A. Comprensione

Vero o falso?

1. Marco sta andando a Orvieto.

(a) Vero   (b) Falso

2. Lui dice che il mezzo (means) più usato (most used) in Italia è la macchina.

(a) Vero   (b) Falso

3. Agli italiani piace essere indipendenti.

(a) Vero   (b) Falso

4. I prezzi dei biglietti per l'aereo sono economici.

(a) Vero   (b) Falso

Scelte multiple

Scegli la risposta adatta.

5. La benzina costa... in Italia.

(a) poco

(b) molto

6. Gli italiani vanno in aereo soprattutto *(above all else)*...

(a) per le vacanze.

(b) per motivi di lavoro.

7. Le tariffe del treno sono...

(a) economiche.

(b) molto elevate *(very high)*.

8. I moto scooter sono dapperttutto *(everywhere)* nelle grandi città per via del *(on account of)*…

(a) grande traffico.

(b) grande spazio (space).

B. Attività

Mezzi di trasporto

Indica tutti i mezzi di trasporto menzionati nel segmento.

1. Mezzo di trasporto: _____

2. Modello di macchina: _____

C. Espansione

Racconta un viaggio che ti piacerebbe fare tenendo conto delle seguenti cose:

1. Posti da vedere: _____

2. Cose da fare: _____

3. Mezzi di trasporto: _____

D. Comunicazione

Quale mezzo usi per spostarti? Ti piace vivere nella tua città ?

5 La mia famiglia

A. Comprensione

Vero o falso?

1. La mamma di Marco lo chiama mentre sta guidando.

(a) Vero   (b) Falso

2. Marco è a Firenze.

(a) Vero   (b) Falso

3. Dopo domani è il compleanno di zio Jerry.

(a) Vero   (b) Falso

4. La famiglia è importante in Italia.

(a) Vero   (b) Falso

Scelte multiple

Scegli la risposta adatta.

5. La prima persona intervistata…

(a) è sposata con due gemelli di quasi vent'anni.

(b) non è sposata.

6. I gemelli della persona intervistata…

(a) fanno l'università.

(b) lavorano.

7. Nella famiglia della seconda persona intervistata…

(a) il babbo è medico, la mamma è farmacista e la sorella è studentessa.

(b) il babbo è avvocato, la mamma è medico e la sorella è insegnante.

8. La terza persona intervistata…

(a) è sposata con un ragazzo italiano e vive a Roma dove lavora presso una biblioteca.

(b) è sposata con un ragazzo tedesco e vive a Bologna dove lavora presso un museo archeologico.

9. La quarta persona intervistata…

(a) ha moglie e figli.

(b) non è sposato.

B. Attività

La famiglia

Indica le persone che si trovano (are) nella tua famiglia, come sono e cosa fanno.

1. Persona:_____

2. Com'è:_____

3. Cosa fa: _____

C. Espansione

Fai una ricerca internet su "Siena" e riporta tutto quello che trovi d'interessante sulla città di Siena al resto della classe.

1. Posti da vedere: _____

2. Cose da fare: _____

3. Aspetti interessanti: _____

D. Comunicazione

Descrivi la tua famiglia alla classe!

6 Che ore sono?

A. Comprensione

Domande

Rispondi alle seguenti domande.

1. Che cosa vuole visitare Marco?_____

2. Dove va? _____

3. Il museo è aperto o chiuso?_____

4. Che cosa sono i Ricciarelli?_____

5. Chi comprava i Ricciarelli quando Marco era piccolo? _____

6. Dove decidono di andare Marco e Giovanni alla fine del segmento?_____

Scelte multiple

Scegli la risposta adatta.

7. La prima persona intervistata comincia a lavorare…

(a) alle nove della mattina.

(b) alle otto della mattina.

8. Quando va a mangiare?

(a) Va a mangiare a mezzogiorno e mezza.

(b) Va a mangiare alle due.

9. Quando ricomincia a lavorare e quando finisce?

(a) Ricomincia a lavorare alle quattro e finisce alle nove di sera.

(b) Ricomincia a lavorare alle due e mezza e finisce alle sette e mezza di sera.

B. Attività

La lingua colloquiale

Marco usa due espressioni colloquiali alla fine del segmento. Che cosa significa ciascuna, secondo te?

Quele e l'espressione equivalente negli Stati Uniti?

1. Dai! _____

2. Su! _____

Orari

Le seconde e terze persone intervistate hanno indicato quali sono gli orari di apertura. Indicali! Paragonali agli orari negli Stati Uniti?

3. Seconda persona (negozio di alimentari)

   Giorni feriali: _____

   Orari: _____

4. Terza persona (negozio di ceramiche e oggetti artistici)

   Giorni feriali: _____

   Orari: _____

C. Espansione

L'Italia ha molti musei d'arte. Fa' una ricerca su alcuni musei tramite Internet e poi riporta quello che trovi al resto della classe.

1. Museo: _____

2. Dove si trova: _____

3. Artista: _____

4. Giorni feriali: _____

5. Orari: _____

D. Comunicazione

A che ora ti svegli la mattina? A che ora vai all'università….a lavorare?…..a pranzo…? ritorni a casa la sera?

7 Che tempo fa?

A. Comprensione

Indicazioni

Indica quello che Marco ama e quello che non ama.

1. il sole

   (a) Sì   (b) No

2. il caldo

   (a) Sì   (b) No

3. l'estate

   (a) Sì   (b) No

4. la primavera

   (a) Sì   (b) No

5. il mare

   (a) Sì   (b) No

B. Attività

Il tempo

Descrivi il tempo a Firenze nel segmento (indicato da Marco). _____

Le stagioni

Indica le stagioni che ti piacciono e le ragioni perché ti piacciono (dal punto di vista del tempo).

2. Stagione: _____

3. Perché mi piace: _____

C. Espansione

Una delle persone intervistate indica che nelle gallerie degli Uffizi si possono vedere le opere di grandi artisti del Rinascimento. Svolgi alcune ricerche sui tre grandi artisti indicati da quella persona e riporta quello che trovi al resto della classe.

1. Botticelli: _____

2. Michelangelo: _____

3. Raffaello: _____

D. Comunicazione

Immagina di incontrare alcuni amici a Firenze durante la tua stagione preferita! Visitate la città? Andate a cenare insieme? Cosa mangiate?

8 Buon compleanno!

A. Comprensione

Vero o falso?

Indica se le seguenti frasi sono vere o false.

1. Oggi è il compleanno di zio Jerry.

   (a) Vero   (b) Falso

2. Lo zio Jerry si è sposato in America.

   (a) Vero   (b) Falso

3. In America ha creato una piccola azienda *(company)*.

   (a) Vero   (b) Falso

4. Gli italiani festeggiano il Natale e la Pasqua in casa, con la famiglia.

   (a) Vero   (b) Falso

5. Gli italiani aprono le uova *(Easter eggs)* prima del pasto di Pasqua.

   (a) Vero   (b) Falso

6. Alla fine del segmento Marco e Giovanni decidono di andare verso il sud.

   (a) Vero   (b) Falso

B. Attività

Le feste

Indica quali sono le feste che ti piacciono e perché.

1. Festa: _____

2. Perché mi piace: _____

3. Indica come vuoi festeggiare il tuo compleanno quest'anno. _____

C. Espansione

Immagina di avere uno zio in Italia che sta per festeggiare il suo compleanno. Chiamalo *(Call him)* e fagli gli auguri *(wish him a happy birthday)*, imitando Marco nel segmento.

D. Comunicazione

È il tuo compleanno! Chi inviti? Fai una festa? Dove?

9 Quanto costa?

A. Comprensione

Scelte multiple

Completa ciascuna frase in modo appropriato.

1. Marco ha freddo e non ha più…

   (a) tempo.

   (b) vestiti puliti.

2. Marco non ha, per di più *(in addition)*…

   (a) la macchina.

   (b) un libro da leggere.

3. Allora, Marco vuole andare…

   (a) a fare un po' di shopping.

   (b) al cinema con gli amici.

4. Nella vetrina di un negozio di abbigliamento, Marco ha visto…

   (a) maglioni e una maglietta.

   (b) scarpe da tennis.

Vero o falso?

Indica se le seguenti frasi sono vere o false.

5. La felpa verde costa 43 euro.

   (a) Vero   (b) Falso

6. Il maglione a righe colorato costa 50 euro.

   (a) Vero   (b) Falso

7. La maglietta blu scuro costa 25 euro.

   (a) Vero   (b) Falso

B. Attività

I vestiti

Riguarda il segmento (View the segment again) e indica quali dei vestiti which items of clothing) nel segmento ti piacciono e quali non ti piacciono e il perché.

1. Capo:_____

2. Mi piace: _____

3. Non mi piace: _____

4. Perché:_____

C. Espansione

Immagina di essere in un negozio d'abbigliamento in Italia. Fa' una lista di tutte le cose da chiedere, imitando Marco nel segmento.

D. Comunicazione

Dove vai a fare shopping? Immagina di essere in un negozio d'abbigliamento italiano! Compra qualcosa!

10 Piatti preferiti

A. Comprensione

Vero o falso?

Indica se le seguenti frasi sono vere o false.

1. In questo segmento Marco si ferma in un bosco.

   (a) Vero   (b) Falso

2. Lì sono prodotti il vino e l'olio.

   (a) Vero   (b) Falso

3. Il piatto preferito della prima persona intervistata è la pasta.

   (a) Vero   (b) Falso

4. Il piatto preferito della seconda persona intervistata è la cotoletta.

   (a) Vero   (b) Falso

5. Alla terza persona intervistata piacciono solo le bevande analcoliche.

   (a) Vero   (b) Falso

Che significa?

Che cosa vuol dire…

6. «vino fa buon sangue» *(literally: Wine makes good blood)?* _____

7. «pasta fatta in casa»? _____

8. «santa miseria»? _____

B. Attività

Il cibo

Indica quali dei cibi e dei piatti indicati nel segmento ti piacciono o non ti piacciono e perché.

1. i tortellini: _____

2. le lasagne: _____

3. le tagliatelle: _____

4. le cotolette: _____

5. la pizza: _____

C. Espansione

Immagina di essere in un ristorante famoso in Italia. Fa' una lista di tutte le domande da chiedere al cameriere/alla cameriera.

D. Comunicazione

Organizzate una cena con le persone intervistate nel capitolo! Chi invitereste a cena? Quale sarebbe il menù? Ricordatevi quali sono i cibi e piatti che preferiscono!

11 La televisione

A. Comprensione

Vero o falso?

Indica se le seguenti frasi sono vere o false.

1. Oggi farà bel tempo.

  (a) Vero   (b) Falso

2. Tra poco si mette a nevicare.

  (a) Vero   (b) Falso

3. La Roma gioca contro la Juventus.

  (a) Vero   (b) Falso

Multipla scelta

Scegli la risposta adatta.

4. Secondo Marco, oggi non c'è…

  (a) niente alla televisione.

  (b) niente per radio.

5. La partita di calcio non si può vedere se non…

  (a) si ha la TV satellitare.

  (b) si può vedere il canale cinque.

6. Alla signorina con gli occhiali piacciono…

  (a) solo i telegiornali.

  (b) i film e i documentari.

7. La seconda persona intervistata guarda generalmente…

  (a) solo le partite di calcio.

  (b) lo sport e i film romantici.

8. Alla terza persona intervistata…

  (a) non piace la TV di oggi.

  (b) piacciono tutti i programmi in Italia oggi.

B. Attività

La televisione

Indica i tuoi programmi televisivi preferiti e perché ti piacciono.

1. Programmi: _____

2. Perché mi piacciono: _____

C. Espansione

Trova il sito internet della RAI e osserva due segmenti di programmazione: un segmento sulle previsioni del tempo e un qualsiasi spot pubblicitario. In seguito, prepara due segmenti creativamente per la televisione italiana da recitare in classe, imitando quello che hai osservato.

1. Previsioni del tempo: _____

2. Spot pubblicitario per una macchina: _____

D. Comunicazione

Guardi la televisione? Cosa? Fate una ricerca su internet e presentate un programma televisivo italiano!

12 L'oroscopo

A. Comprensione

Vero o falso?

Indica se le seguenti frasi sono vere o false.

1. Marco è nato sotto il segno dei Pesci.

    (a) Vero   (b) Falso

2. Quelli nati sotto il Toro trascorreranno delle ore serene in famiglia.

    (a) Vero   (b) Falso

3. Quelli nati sotto l'Acquario si spingono a fare viaggi avventurosi.

    (a) Vero   (b) Falso

4. Quelli nati sotto il Capricorno avranno paura del futuro.

    (a) Vero   (b) Falso

5. Quelli nati sotto il Leone non dovranno riflettere prima di impegnarsi nelle relazioni.

    (a) Vero   (b) Falso

6. Quelli nati sotto la Vergine provocheranno la persona del cuore.

    (a) Vero   (b) Falso

B. Attività

Gli oroscopi

Prepara l'oroscopo di oggi per te e per un tuo amico/una tua amica, imitando il segmento.

1. Il mio oroscopo: _____

2. L'oroscopo del mio amico/della mia amica: _____

C. Espansione

Immagina di essere un astrologo/un'astrologa. Prepara l'oroscopo per ciascuno dei seguenti personaggi famosi.

1. Un cantante/Una cantante moderna _____

2. Un artista del cinema _____

3. Il Presidente degli Stati Uniti _____

4. Un giocatore di sport_____

D. Comunicazione

Descrivi la tua personalità! Credi nell'astrologia? Di che segno sei?

13 Dal farmacista

A. Comprensione

Vero o falso?

1. Marco non si sente molto bene per via del tempaccio.

   (a) Vero   (b) Falso

2. Decide di andare dal medico.

   (a) Vero   (b) Falso

3. Marco ha paura di avere un po' di febbre e forse un po' di influenza.

   (a) Vero   (b) Falso

4. Però non ha mal di testa.

   (a) Vero   (b) Falso

Scelte multiple

Scegli la risposta adatta.

5. L'echinacea è un prodotto che…

    (a) aumenta le difese immunitarie dell'organismo.

    (b) elimina la tosse.

6. La salicina è…

    (a) un forte antibiotico.

    (b) un'aspirina «naturale» con la vitamina C.

7. Il farmacista si chiama…

    (a) Giorgio Tagliavini.

    (b) Franco Valtellina.

8. È nato…

    (a) nel 1940.

    (b) nel 1950.

9. Secondo il farmacista, in Italia…

    (a) i farmacisti devono offrire consigli medici.

    (b) sono esattamente come i farmacisti americani.

B. Attività

Un rimedio

Che fai o prendi quando hai…

1. il mal di testa? _____

2. la nausea allo stomaco?_____

3. la febbre?_____

4. il mal di gola? _____

C. Espansione

Immagina di essere un farmacista italiano/a. Raccomanda ai tuoi clienti di prendere medicine, farmaci, ecc., adatti per le seguenti malattie o condizioni.

1. il raffreddore: _____

2. l'influenza: _____

3. il mal di testa: _____

4. la nausea: _____

D. Comunicazione

Non ti senti bene? Immagina di andare in farmacia. Spiegate al farmacista i tuoi sintomi! Che cosa ti consiglia?

14 Le vacanze

A. Comprensione

Domande

Rispondi alle seguenti domande.

1. Com'è ancora il tempo? _____

2. Che dicono le previsioni? _____

3. Allora, dove decide di andare Marco? _____

4. Com'è il tempo a Venezia? _____

Ovviamente, se non conosci i posti elencati *(listed)* dovrai svolgere alcune ricerche adatte.

1. la Sardegna: _____

2. Cortina d'Ampezzo: _____

3. la città di Palermo: _____

D. Comunicazione

Racconta alla classe la tua vacanza ideale!

15 Cara Silvia

A. Comprensione

Domande

Rispondi alle seguenti domande.

1. Dov'è bloccato Marco? _____

2. Come spedisce il suo messaggio? _____

3. Secondo Marco, perché i giovani usano il telefonino? _____

Vero o Falso?

4. Secondo la prima persona intervistata, in Italia non si mandano più le lettere.

    (a) Vero   (b) Falso

Scelte multiple

Scegli la risposta adatta.

5. La prima persona intervistata ha passato…

    (a) un mese in Turchia.

    (b) un mese a Venezia.

6. La seconda persona intervistata…

    (a) è in vacanza con un gruppo.

    (b) è in vacanza con la famiglia.

7. La terza persona intervistata ha fatto…

    (a) un giro della Francia l'anno scorso.

    (b) un giro della Germania l'anno scorso.

B. Attività

Le vacanze

Sei mai stato/a in vacanza in Italia? Se sì, indica dove sei stato/a e poi indica se è stata un'esperienza piacevole o no. Infine, spiega il perché.

1. _____

Dove vorresti andare in vacanza in Italia e perché?

2. _____

C. Espansione

Immagina di essere un agente di viaggi. Che cosa potresti dire a un cliente/una cliente per convincerlo/la di andare in vacanza a ciascuno dei seguenti posti?

5. Secondo la seconda persona intervistata, ormai la posta elettronica e le chat sono i mezzi di comunicazioni più usati.

    (a) Vero   (b) Falso

6. La terza persona intervistata legge solo giornali di sport.

    (a) Vero   (b) Falso

7. Internet permette oggi di utilizzare i video diario.

    (a) Vero   (b) Falso

B. Attività

L'informatica

Indica se hai le seguenti cose e, se sì, descrivile.

1. il cellulare: _____

2. l'SMS *(text-messaging)*: _____

3. il proprio sito Internet: _____

4. il televisore digitale: _____

5. un iPod: _____

C. Espansione

Immagina di essere un giornalista con un tuo blog. Ti occupi di parole slang in italiano che vengono usate in modo particolare dai giovani. Svolgi qualche ricerca sullo slang italiano e per il tuo blog spiega il significato di cinque parole popolari in questo momento.

1. Prima parola _____

2. Seconda parola _____

3. Terza parola_____

4. Quarta parola _____

5. Quinta parola _____

D. Comunicazione

Usi molto il cellulare? Immagina di chiamare un amico in classe! Spedisci SMS? Che cosa scriveresti?

16 L'automobile

A. Comprensione

Vero o falso?

1. Finalmente, in questo segmento non piove più.

    (a) Vero   (b) Falso

2. A Venezia c'è molto traffico di macchine.

    (a) Vero   (b) Falso

3. Il Ponte dei Sospiri si trova a Venezia.

    (a) Vero   (b) Falso

4. Marco ha bisogno di fare un controllo generale della sua Mini e di cambiare l'olio.

    (a) Vero   (b) Falso

5. All'officina faranno anche una diagnosi generale alla Mini di Marco per controllare la parte elettronica.

    (a) Vero   (b) Falso

B. Attività

Venezia

Indica tutto quello che sai sulla città di Venezia. Fai delle ricerche su Internet.

1. _____

La macchina

Che tipo di macchina ti piace e perché?

2. _____

C. Espansione

La FIAT ha sempre rappresentato una parte importante della cultura automobilistica italiana. Svolgi una ricerca sulla FIAT, consultando Internet. Riporta quello che trovi al resto della classe.

1. Modelli attuali: _____

2. Caratteristiche: _____

3. Prezzo: _____

4. Mi piace/Non mi piace e perché: _____

D. Comunicazione

Sei a Venezia con alcuni amici! Che cosa visiteresti?

17 Lo sport

A. Comprensione

Domande

Rispondi alle seguenti domande.

1. Che cosa sta ascoltando Marco alla radio? _____

2. Chi gioca? _____

3. Di quale squadra è tifoso Marco? _____

4. Chi vince la partita? _____

Vero o falso?

5. Alla sera Marco si dedica alla palestra e anche al nuoto.

   (a) Vero   (b) Falso

6. A Marco piace solo il calcio.

   (a) Vero   (b) Falso

7. Secondo la prima persona intervistata, lo sport più popolare in Italia è il ciclismo.

   (a) Vero   (b) Falso

8. La seconda persona intervistata segue il calcio e l'automobilismo per televisione.

   (a) Vero   (b) Falso

9. Una delle persone intervistata gioca a beach volley e fa il motocross.

   (a) Vero   (b) Falso

10. Una delle persone intervistate ha praticato un po' di pugilato.

    (a) Vero   (b) Falso

11. Un'altra delle persone intervistate non pratica più sport perché è molto pigra.

    (a) Vero   (b) Falso

B. Attività

Lo sport

Descrivi brevemente come si gioca ciascuno dei seguenti sport.

1. il tennis: _____

2. la pallacanestro: _____

   Indica gli sport che ti piacciono e perché.

3. I miei sport preferiti: _____

4. Perché mi piacciono: _____

C. Espansione

Indica cinque ragioni perché, secondo te, il calcio è così popolare in Italia.

1. Ragione numero 1_____

2. Ragione numero 2_____

3. Ragione numero 3_____

4. Ragione numero 4_____

5. Ragione numero 5_____

D. Comunicazione

Ti piace lo sport? Vai in palestra? Quante volte alle settimana? Raccontalo alla classe!

18 Isola sperduta

A. Comprensione

Domande

Rispondi alle seguenti domande.

1. Dove sono Marco e Giovanni in quest'ultimo segmento? _____

2. Che cosa non possono fare? Perché? _____

3. Dove vuole andare Marco? _____

Scelte multiple

Se tu dovessi partire per un'isola, che cosa porteresti con te?

4. La prima persona intervistata…

   (a) porterebbe un coltello per pescare.

   (b) porterebbe un telefonino.

5. La seconda e terza persone intervistate…

   (a) porterebbero un'amica.

   (b) porterebbero il loro marito.

6. La quarta persona intervistata…

   (a) porterebbe un paio di ciabatte.

   (b) porterebbe un iPod.

7. La quinta persona intervistata…

   (a) porterebbe la sua telecamera.

   (b) porterebbe un libro.

8. La sesta persona intervistata…

   (a) porterebbe una radio.

   (b) porterebbe il computer.

9. La settima persona intervistata…

   (a) e indeciso.

   (b) porterebbe un televisore.

10. L'ottava persona intervistata…

   (a) porterebbe la serenità d'animo.

   (b) porterebbe una valigia.

B. Attività

Arrivederci!

Con questo segmento finisce il nostro viaggio con Marco attraverso l'Italia. Indica le cose che più ti sono piaciute del viaggio.

1. _____

Indica altre cose che vorresti sapere dell'Italia.

2. _____

C. Espansione

È simpatico Marco, non è vero? È stato una guida molto divertente e piacevole. Adesso descrivi Marco liberamente con le tue parole.

1. Marco: _____

Che cosa sai di Giovanni, l'amico fedele di Marco? Descrivi Giovanni liberamente con le tue parole.

2. Giovanni: _____

D. Comunicazione

Vai in un'isola dove si parla solo italiano, si mangia solo cibo italiano e si sogna solo in italiano! Che cosa porteresti con te? Racconta la tua giornata tipica!

EUROPA
(Carta Politica)

SCALA DI CHILOMETRI

0   100   200   400   600

SCALA DI MIGLIA

0   50   100   200   300

FINLANDIA

MARE BALTICO

LETTONIA

LITUANIA

RUSSIA

SVEZIA

Stoccolma

NORVEGIA

Oslo

Copenhagen

DANIMARCA

MARE DEL NORD

GRAN BRETAGNA

IRLANDA

Dublino

ISLANDA

Reykjavik

OCEANO ATLANTICO

20

10

0

10

20

30

60

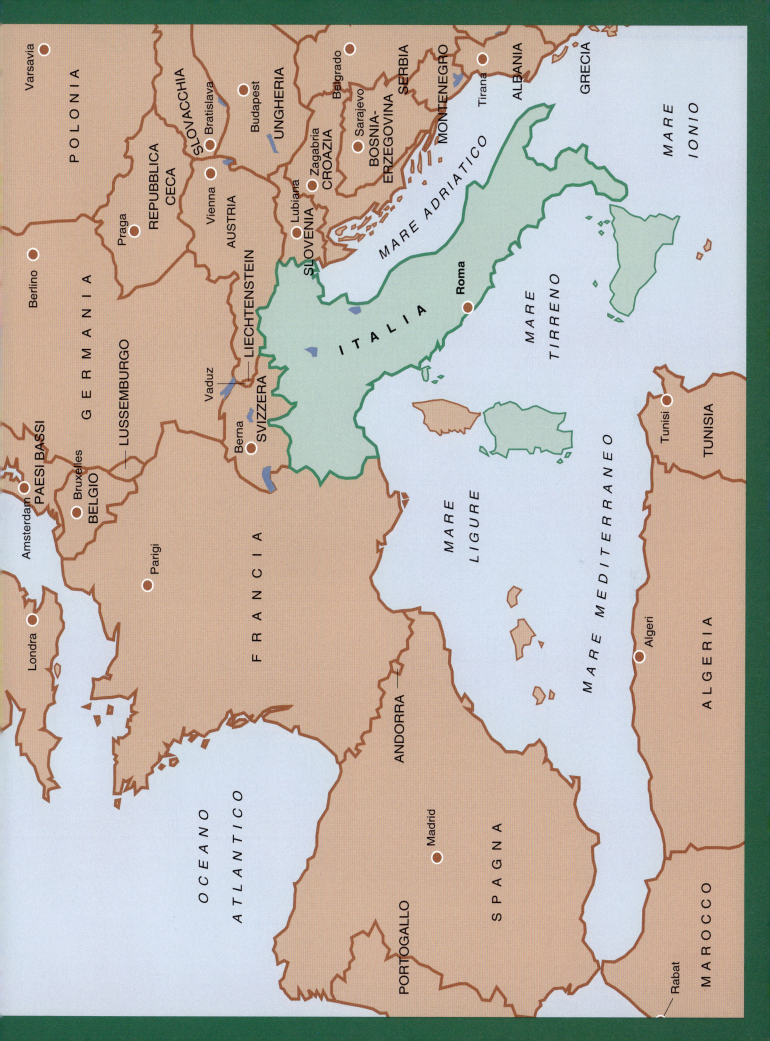

Ciao!

Ciao!

Sixth Edition

Carla Larese Riga

Santa Clara University

Contributing Author

Chiara Maria Dal Martello

Arizona State University

THOMSON

HEINLE

AUSTRALIA • BRAZIL • CANADA • MEXICO • SINGAPORE • SPAIN • UNITED KINGDOM • UNITED STATES

THOMSON
™
HEINLE

Ciao!
Sixth Edition
Riga | Dal Martello

Executive Editor: Carrie Brandon
Development Editor: Barbara Lyons
Senior Project Manager, Editorial Production: Esther Marshall
Assistant Editor: Arlinda Shtuni
Editorial Assistant: Morgen Murphy
Marketing Manager: Lindsey Richardson
Marketing Assistant: Marla Nasser
Advertising Project Manager: Stacey Purviance
Managing Technology Project Manager: Sacha Laustsen
Manufacturing Manager: Marcia Locke

Cover image: *Venetian beads:* © John Coletti Studios

Compositor: GGS Book Services
Project Management: Kevin Bradley, GGS Book Services
Photo Manager: Sheri Blaney
Photo Reseacher: Lauretta Surprenant
Senior Permissions Editor: Isabel Alves
Text Permissions Editor: Antonella Giglio
Text Designer: Carolyn Deacy
Senior Art Director and Cover Designer: Bruce Bond
Cover Printer: Transcontinental
Printer: Transcontinental

Thomson Higher Education
25 Thomson Place
Boston, MA 02210-1202
USA

For more information about our products, contact us at:
Thomson Learning Academic Resource Center
1-800-423-0563
For permission to use material from this text or product,
submit a request online at **http://www.thomsonrights.com.**
Any additional questions about permissions can be submitted
by email to **thomsonrights@thomson.com.**

Library of Congress Control Number: 2005933937

Student Edition: ISBN-10: 1-4130-1636-7
ISBN-13: 978-1-4130-1636-9

Credits appear on pages 475–477, which constitute a continua-
tion of the copyright page.

To the Student

Ciao!, now in its sixth edition, introduces you to Italian life and culture while you gain the skills to understand and express yourself in Italian. Through this many-faceted program, you will encounter both the vibrant life of modern Italy and Italy's rich cultural heritage. As you are learning to express yourself in Italian, you will have opportunities to talk about your college experiences, family, friends, tastes, leisure activities, and the past as well as your plans for the future. And you will be encouraged to compare your life and experience with those of your Italian counterparts.

    Ciao! has long been a favorite Italian book and program and has benefited from the experiences and feedback of the many, many students and teachers who have used it. As a result, the material is organized and presented in ways that make it easy and fun to learn Italian. The approach allows you to assimilate the vocabulary and grammatical structures gradually, starting with practical and controlled situations and moving to more open ones that encourage you to express yourself and your ideas. You will therefore be able to express yourself in Italian with confidence from the very start, yet feel comfortable as you master new concepts.

Chapter Organization

To work effectively with the new edition of *Ciao!* take a few minutes to learn about the easy-to-follow chapter structure.

Punti di vista

An opening dialogue (recorded on the Text Audio CDs) presents the chapter theme, using what you have learned and introducing some new words and grammar. The accompanying *Studio di parole* introduces related vocabulary. The *Informazioni* section gives you practical information about what life is like in Italy. The concluding *Ascoltiamo!* section is based on a second dialogue (also recorded on the Text Audio CDs) and is accompanied by activities that help to develop your listening comprehension.

Punti grammaticali

The *Punti grammaticali* section presents the new grammar topics that appear in the *Punti di vista.* Each grammatical structure is introduced by a drawing, photo, or other illustration, and the explanations are clear and concise. There are many examples to show you how the language works. The exercises and activities follow in the *Pratica* section. They offer a wide variety of opportunities for you to practice your Italian while focusing on the new grammar and vocabulary.

Per finire

This section includes a more advanced dialogue or reading (also recorded on the Student Audio CD) that combines chapter structures and vocabulary. It is accompanied by comprehension and personal questions as well as the *Come se dice in italiano?* translation section.

Attualità

This section centers on one theme and offers current, authentic readings and glimpses of Italian life. It helps you draw together and use actively and expansively what you have learned throughout the chapter. It includes the following sections.

- *Adesso scriviamo!* gives you a chance to develop writing skills within a realistic context, guiding you step by step to completion of a specific writing task.

- *Parliamo insieme!* activities provide opportunities—role-plays, interviews, discussion topics—for you to talk with your classmates in Italian. The activities are often prompted by real documents such as advertisements, brochures, maps, and photos.

- Even-numbered chapters have an *Intermezzo musicale,* which introduces a popular Italian singer and song featured on the Putumayo World Music CD, **Italian Café.**

- *Vedute d'Italia* are the reading sections, which are based on authentic Italian texts and sources which explore further aspects of the chapter's thematic and cultural content. A prereading section teaches a relevant reading strategy; cultural notes explain relevant aspects of Italian culture; and extensive follow-up opportunities for discussion give a cross-cultural focus.

- *Guardiamo!* introduces the chapter-related segment of the *Ciao!* video.

Vocabolario

The vocabulary list at the end of the chapter contains all new words that appear in the chapter that are not presented in the *Studio di parole* section.
The eighteen chapters are preceded by one preliminary chapter, **Capitolo preliminare,** which deals with Italian pronunciation and cognates, and by another short chapter, **Primo incontro,** which focuses on everyday expressions and expressions useful in class.

Visual Icons

- This icon indicates that there is material on the Text Audio CDs that correspond to a particular activity, presentation, text, or dialogue and shows exactly where to find it (the track number).

- This icon signals that there is related material on the *Ciao!* website.

- This icon indicates activities that are suited to working in pairs.

- This icon indicates activities that are appropriate for groups of three or more people.

- This icon serves as a reminder that a specific song on Putumayo's **Italian Café** music CD corresponds to the Intermezzo musicale presentation.

Free Program Components for Students

- Expanded Text Audio CDs: Available with every purchase of a new *Ciao!* textbook, the Text Audio CDs provide listening comprehension opportunities and reinforcement of structures and vocabulary while practicing pronunciations.
- **Website:** The *Ciao!* task-based website (http:ciao.heinle.com) provides supplementary activities for students.

Components Available upon Order

- **Quaderno degli esercizi** workbook and laboratory manual: The Workbook and Lab Manual closely follows the structure of the textbook and provides expansion activities based on vocabulary and grammar as well as the cultural themes. Featured are cultural sections entitled *"Attualità"* and *"Vedute d'Italia,"* warm-up exercises and personalized activities, and activities based on authentic texts and realia. In addition, contextualized listening activities allow you to practice listening and speaking Italian in real-life situations.
- **Audio Script and Answer Key:** Contains the complete script of all recorded material in the laboratory program, as well as answers to the exercises in the workbook as well as answers to the "Pratica" and listening discrimination exercises in the Workbook and Lab Manual.
- **Guardiamo!,** *Ciao!* **DVD and Video:** The **Guardiamo!** video program will show you lively, engaging episodes in which native Italian speakers carry out the everyday functions that are presented in the textbook, such as ordering a meal, shopping, and making travel arrangements.
- **Putumayo Word Music CD,** *Italian Café:* This captivating collection of classic and contemporary Italian songs will transport you to the romantic cafés of Rome, Milan, and Venice.
- **vMentor**™**:** FREE live, online tutoring! Students have access to virtual office hours-online tutoring help from a subject-area expert who has a copy of the text and significant teaching experience. In the **vMentor**™ virtual classroom, students interact with the tutor and other students using two-way audio, an interactive whiteboard, and instant messaging.

Acknowledgments

I am greatly indebted to Barbara Lyons, Development Editor, for expertly and skillfully guiding this sixth edition. Her invaluable suggestions and supervision have made this a far better effort than it would have been otherwise. I also would like to thank Chiara Dal Martello for the enthusiasm and the innovative ideas she has brought to our collaboration.

I would like to thank as well the many people at Heinle who have contributed their time and expertise to publishing *Ciao!, Sixth Edition.* Carrie Brandon, new to her role as Executive Editor, World Languages, has taken an immediate, supportive role with this project. And I express great appreciation to Morgen Murphy, Editorial Assistant, for her practical, prompt assistance over many months. My special thanks and gratitude for her professional and meticulous work reflected throughout the book, go to Esther Marshall, Senior Production Project Manager. My thanks to all the other people involved with the production of this book and, in particular, Kevin Bradley at GGS Book Services, Sheri Blaney, Photo Manager, Christine Cervoni, copyeditor, Ernestine Franco, proofreader.

Finally, we extend our thanks to the following reviewers whose constructive comments have helped to shape this edition of *Ciao!*

Fabian Alfie, *University of Arizona*
William G. Allen, *Furman University*
Marilisa Benigno, *Dalhousie University*
Maria Bettaglio, *University of Buffalo*
Riccardo Camera, *Ohio University*
Paolo Chirumbolo, *University of Buffalo*
Rosa Commisso, *Kent State University*
Marina de Fazio, *University of Kansas*
Teresa Fiore, *California State University, Long Beach*
Laura Delledonne, *Monroe Community College*
Jacqualine Dyess, *University of North Texas*
Monica Marchi, *Texas Christian University*
Maria Marelli, *Baldwin Wallace College*
Lucille Pallotta, *Onondaga Community College*
Alicia Ramos, *Hunter College*
Paola Servino, *Brandeis University*
Rosanna Vitale, *University of Windsor*

Contents

CAPITOLO Preliminare 1

La pronuncia italiana 2
1. Vocali 2
2. Dittonghi 3
3. Consonanti 3
4. Consonanti doppie 4
5. Sillabazione 5
6. Accento tonico 5
7. Intonazione 6

Parole affini per origine 6

PRIMO Incontro 9

Punti di vista 10
Ciao! come stai? 10
Buon giorno, come sta? 10

Studio di parole 11
Saluti e espressioni di cortesia 11
In classe 13
I numeri da 0 a 49 14
Il calendario 15

Vedute d'Italia 17
The Italian Language and Its Dialects 17

CAPITOLO 1 La città 19

Punti di vista 20
In centro 20

Studio di parole 21
La città 21

Ascoltiamo! 23
In un ufficio turistico 23

Punti grammaticali 24
1.1 **Essere** (*To be*); **C'è, ci sono,** e **Ecco!** 24

1.2 Il nome 27
1.3 Gli articoli 29
1.4 Espressioni interrogative 32

Per finire 33
Cosa c'è in una città? 33

Attualità 35
Adesso scriviamo! 35
Parliamo insieme! 35

Vedute d'Italia 36
Milano 36
Sapete che...? La Lombardia 37

CAPITOLO 2 Persone e personalità 39

Punti di vista 40
Com'è il tuo compagno di stanza? 40

Studio di parole 41
La descrizione 41

Ascoltiamo! 43
La sera della festa 43

Punti grammaticali 43
2.1 L'aggettivo 43
2.2 **Buono e bello** 48
2.3 **Avere** 49
2.4 Frasi idiomatiche con **avere** 51

Per finire 52
Due compagni di stanza 52

Attualità 54
Adesso scriviamo! 54
Parliamo insieme! 54
Intermezzo musicale: Nicola Arigliano, «Carina» 55

Vedute d'Italia 56
Il turismo nelle regioni d'Italia 56
Sapete che...? Informazioni geografiche 57

CAPITOLO 3 All'università 59

Punti di vista 60
Oggi studio per gli esami 60

Studio di parole 61
Il sistema italiano degli studi 61

Ascoltiamo! 63
In classe 63

Punti grammaticali 64
3.1 Verbi regolare in **-are:** il presente 64
3.2 Le preposizioni 67
3.3 Le preposizioni avverbiali 70
3.4 **Quale?** e **che?** (*Which?* and *what?*) 71

Per finire 73
La stanza di Lucia 73

Attualità 75
Adesso scriviamo! 75
Parliamo insieme! 75

Vedute d'Italia 77
Una scheda personale 77
Sapete che...? Informazioni scolastiche 79

CAPITOLO 4 A tavola 81

Punti di vista 82
Al ristorante 82

Studio di parole 83
Pasti e piatti 83

Ascoltiamo! 86
Una colazione 86

Punti grammaticali 87
4.1 Verbi regolari in **-ere** e **-ire:** il presente 87
4.2 Il partitivo; **alcuni, qualche, un po' di** 89
4.3 **Quanto?** (*How much?*) e i numeri cardinali 92
4.4 **Molto, tanto, troppo, poco, tutto, ogni** 94

Per finire 97
Una festa di compleanno 97

Attualità 99
Adesso scriviamo! 99
Parliamo insieme! 99
Intermezzo musicale: Giorgio Conte,
«Cannelloni» 100

Vedute d'Italia 101
Dove andiamo a mangiare? 101
Sapete che...? I pasti degli Italiani 103

CAPITOLO 5 Attività e passatempi 105

Punti di vista 106
Pronto? Chi parla? 106

Studio di parole 107
Il telefono 107

Ascoltiamo! 109
Una telefonata d'affari 109

Punti grammaticali 110
5.1 Verbi irregolari in **-are** 110
5.2 I giorni della settimana 113
5.3 Verbi irregolari in **-ere** 115
5.4 **Sapere** e **conoscere** 117

Per finire 118
La settimana di Filippo 118

Attualità 120
Adesso scriviamo! 120
Parliamo insieme! 121

Vedute d'Italia 122
La vita degli studenti 122
Sapete che...? Le attività degli studenti 123

CAPITOLO 6 La famiglia 125

Punti di vista 126
Una famiglia numerosa 126

Studio di parole 127
L'albero genealogico 127

Ascoltiamo! 128
A casa degli zii 128

Punti grammaticali 129
6.1 Aggettivi e pronomi possessivi 129
6.2 Verbi in **-ire** con il suffisso **-isc-** 132
6.3 Verbi irregolari in **-ire:** il presente 133
6.4 I pronomi diretti **lo, la, li, le** 134

Per finire 135
Chi viene a cena stasera? 135

Attualità 137
Adesso scriviamo! 137
Parliamo insieme! 137
Intermezzo musicale: Maria Pierantoni Giua, «Petali e Mirto» 139

Vedute d'Italia 140
Aspettare la mamma 140
Sapete che...? La famiglia in Italia 141

CAPITOLO 7 Buon viaggio 143

Punti di vista 144
  Alla stazione 144

Studio di parole 145
  Arrivi e partenze 145

Ascoltiamo! 147
  In treno 147

Punti grammaticali 148
  7.1 Il passato prossimo con **avere** 148
  7.2 Il passato prossimo con **essere** 151
  7.3 L'ora *(Time)* 154
  7.4 Usi di **a, in, da** e **per** 157

Per finire 160
  Un viaggio di nozze 160

Attualità 162
  Adesso scriviamo! 162
  Parliamo insieme! 163

Vedute d'Italia 164
  Toscana, dove **vivere** è **un quotidiano elogio** della
    natura 164
  Sapete che...? La Toscana 165

CAPITOLO 8 Soldi e tempo 167

Punti di vista 168
  Un viaggio d'affari 168

Studio di parole 169
  Albergo e banca 169

Ascoltiamo! 171
  In banca, allo sportello del cambio 171

Punti grammaticali 172
  8.1 I verbi riflessivi e reciproci 172
  8.2 Il passato prossimo con i verbi riflessivi e
    reciproci 176
  8.3 Espressioni di tempo nel passato 177
  8.4 Avverbi 178

Per finire 180
  Il primo giorno di lavoro 180

Attualità 182
  Adesso scriviamo! 182
  Parliamo insieme! 182
  Intermezzo musicale: Il Quartetto Cetra, «Un bacio a
    mezzanotte» 183

Vedute d' Italia 184
  In Italia dopo l'euro 184
  Sapete che...? Il nome e il simbolo dell'euro: € 185

CAPITOLO 9 Mezzi di diffusione 187

Punti di vista 188
  Una serata alla TV 188

Studio di parole 189
  Stampa, televisione, cinema 189

Ascoltiamo! 191
  Dove vi siete conosciuti? 191

Punti grammaticali 192
  9.1 L'imperfetto 192
  9.2 Contrasto tra imperfetto e passato prossimo 194
  9.3 **Da quanto tempo? Da quando?** 197
  9.4 Il trapassato prossimo 198

Per finire 199
  Al cinema «Odeon»: Opinioni diverse 199

Attualità 201
  Adesso scriviamo! 201
  Parliamo insieme! 201

Vedute d'Italia 203
  Un intervista con Ermanno Olmi 203
  Sapete che...? Il cinema italiano 205

CAPITOLO 10 La moda 207

Punti di vista 208
  Che vestiti metto in valigia? 208

Studio di parole 209
  Articoli di abbigliamento *(clothing)* 209

Ascoltiamo! 211
  Che vestiti compriamo? 211

Punti grammaticali 212
  10.1 L'imperativo 212
  10.2 Aggettivi e pronomi dimostrativi 215
  10.3 I mesi e la data 217
  10.4 Le stagioni e il tempo 219

Per finire 221
  Alla Rinascente 221

Attualità 223
  Adesso scriviamo! 223
  Parliamo insieme! 223
  Intermezzo musicale: Gianmaria Testa, «Le traiettorie
    delle mongolfiere» 224

Vedute d'Italia 225
  Dolce e Gabbana: Una storia di successo 225
  Sapete che...? Fare bella e brutta figura 227

CAPITOLO 11 In cucina 229

Punti di vista 230
Il giorno di Pasqua 230

Studio di parole 231
La cucina e gli ingredienti 231

Ascoltiamo! 233
Dopo il pranzo 233

Punti grammaticali 233
11.1 I pronomi diretti 233
11.2 I pronomi indiretti 237
11.3 I pronomi con l'infinito e **Ecco!** 240
11.4 L'imperativo con un pronome (diretto, indiretto o riflessivo) 241
Esclamazioni comuni 244

Per finire 244
Una buona ricetta: tiramisù 244

Attualità 246
Adesso scriviamo! 246
Parliamo insieme! 247

Vedute d'Italia 248
Le abitudini alimentari degli Italiani 248
Sapete che...? La cucina emiliana e la pasta 249

CAPITOLO 12 Le vacanze 251

Punti di vista 252
Al mare 252

Studio di parole 253
In vacanza 253

Ascoltiamo! 255
Un salvataggio 255

Punti grammaticali 256
12.1 Il futuro 256
12.2 I pronomi tonici 260
12.3 **Piacere** 262
12.4 Il **si** impersonale 264
12.5 Plurali irregolari 265

Per finire 267
Vacanze in Sicilia 267

Attualità 269
Adesso scriviamo! 269
Parliamo insieme! 269
Intermezzo musicale: Renato Carosone, «Piccolissima Serenata» 271

Vedute d'Italia 272
Inverno tutto italiano 272
Sapete che...? Le feste dell'anno in Italia 273

CAPITOLO 13 La casa 275

Punti di vista 276
Il nuovo appartamento 276

Studio di parole 277
La casa e i mobili 277

Ascoltiamo! 279
Il giorno del trasloco 279

Punti grammaticali 280
13.1 **Ne** 280
13.2 **Ci** 282
13.3 I pronomi doppi 283
13.4 **I numeri ordinali** 286

Per finire 287
Si affitta appartamento ammobiliato 287

Attualità 290
Adesso scriviamo! 290
Parliamo insieme! 290

Vedute d'Italia 292
Arredamento «Made in Italy» 292
Sapete che...? Le case italiane 293

CAPITOLO 14 Il mondo del lavoro 295

Punti di vista 296
Una scelta difficile 296

Studio di parole 297
Il mondo del lavoro 297

Ascoltiamo! 299
Una decisione pratica 299

Punti grammaticali 300
14.1 Il condizionale presente 300
14.2 Il condizionale passato 303
14.3 Uso di **dovere, potere** e **volere** nel condizionale 305
14.4 Verbi e espressioni verbali + *infinito* 307

Per finire 309
In cerca di **un impiego** 309

Attualità 311
Adesso scriviamo! 311
Parliamo insieme! 311
Intermezzo musicale: Fred Buscaglione, «Juke Box» 312

Vedute d'Italia 313
Immigrati: la carica della seconda generazione 313
Sapete che...? L'immigrazione in Italia 315

CAPITOLO 15 Paesi e paesaggi 317

Punti di vista 318
 Una **gita scolastica** 318

Studio di parole 319
 Termini geografici 319

Ascoltiamo! 321
 Un incontro 321

Punti grammaticali 322
 15.1 I comparativi 322
 15.2 I superlativi 325
 15.3 Comparativi e superlativi irregolari 327
 15.4 Uso dell'articolo determinativo 330

Per finire 332
 Paragoni 332

Attualità 334
 Adesso scriviamo! 334
 Parliamo insieme! 335

Vedute d'Italia 337
 L'ispirazione della natura: due poesie 337
 Sapete che...? I parchi nazionali in Italia 339

CAPITOLO 16 Gli sport 341

Punti di vista 342
 Giovani sportivi 342

Studio di parole 343
 Attività sportive 343

Ascoltiamo! 345
 Alla partita di basket 345

Punti grammaticali 346
 16.1 I pronomi relativi e i pronomi indefiniti 346
 16.2 Espressioni negative 350
 16.3 Il passato remoto 351
 16.4 Il gerundio e la forma progressiva 354

Per finire 357
 Progetti tra amici 357

Attualità 359
 Adesso scriviamo! 359
 Parliamo insieme! 360
 Intermezzo musicale: Daniele Silvestri, «Le cose in comune» 361

Vedute d'Italia 362
 L'estate dei pazzi sport 362
 Sapete che...? Sport nuovi e tradizionali 363

CAPITOLO 17 Salute e ecologia 365

Punti di vista 366
 Dalla dottoressa 366

Studio di parole 367
 Il corpo e la salute 367

Ascoltiamo! 369
 Una telefonata 369

Punti grammaticali 370
 17.1 Il congiuntivo presente 370
 17.2 Il congiuntivo presente dei verbi irregolari 373
 17.3 Il congiuntivo passato 375
 17.4 Suffissi con nomi e aggettivi 377

Per finire 378
 Due amici ambientalisti 378

Attualità 380
 Adesso scriviamo! 380
 Parliamo insieme! 381

Vedute d'Italia 382
 L'agriturismo 382
 Sapete che...? I problemi ecologici in Italia 384

CAPITOLO 18 Arte e teatro 387

Punti di vista 388
 Musica operistica o musica elettronica? 388

Studio di parole 389
 Le arti e il teatro 389

Ascoltiamo! 392
 Se tu fossi pittore... 392

Punti grammaticali 393
 18.1 Congiunzioni + congiuntivo 393
 18.2 L'imperfetto del congiuntivo 395
 18.3 Il trapassato del congiuntivo 398
 18.4 Il congiuntivo: uso dei tempi 400

Per finire 403
 La commedia è finita 403

Attualità 405
 Adesso scriviamo! 405
 Parliamo insieme! 406
 Intermezzo musicale: Gianmaria Testa, «Dentro al cinema» 407

Vedute d'Italia 408
 L'importanza dello spettacolo 408
 Sapete che...? La commedia dell'arte 410

APPENDICES

Appendix 1 Verb tenses (for recognition only) 415
1.1 Futuro anteriore 415
1.2 Trapassato remoto 415
1.3 La forma passiva 416
1.4 *Fare* + infinitivo 417

Appendix 2 Prepositional usage before infinitives 418

Appendix 3 Verb charts 420
3.1 The auxiliary verbs *avere* and *essere* 420
3.2 Regular verbs 422

Appendix 4 Irregular verbs 425

Italian-English Vocabulary 431

English-Italian Vocabulary 451

Index 467

Credits 475

Capitolo preliminare

Roma, veduta panoramica della città.

La pronuncia italiana

Parole affini per origine *(cognates)*

La pronuncia italiana

 CD 1, Track 2

There are 21 letters in the Italian alphabet. The written forms and names are:

a	**a**	g	**gi**	o	**o**	u	**u**
b	**bi**	h	**acca**	p	**pi**	v	**vu** (*or* **vi**)
c	**ci**	i	**i**	q	**qu**	z	**zeta**
d	**di**	l	**elle**	r	**erre**		
e	**e**	m	**emme**	s	**esse**		
f	**effe**	n	**enne**	t	**ti**		

Five additional letters appear in words of foreign origin:

j	**i lunga**	w	**doppia vu**	y	**ipsilon** (*or* **i greca**)
k	**cappa**	x	**ics**		

The following sections deal primarily with spelling-sound correspondences in Italian and their English equivalents. Listen carefully to your instructor, and then repeat the examples. Practice the pronunciation exercises recorded on the CD that correspond to the **Capitolo preliminare**; they have been devised to help you acquire good pronunciation. In describing Italian sounds, we will make use of the international phonetic symbols (shown between slash marks). You will notice that pronunciation in Italian corresponds very closely to spelling. This is particularly true of vowel sounds.

1. Vocali (Vowels) CD 1, Track 3

The five basic vowel sounds in Italian correspond to the five letters **a, e, i, o, u.** The pronunciation of **e** and **o** may vary slightly (closed or open sound).* Unlike English vowels, each Italian vowel represents only one sound. Vowels are never slurred or glided; when pronouncing them, the lips, jaws, and tongue must be kept in the same tense position to avoid offglide.

The vowels will be presented according to their point of articulation, **i** being the first of the front vowels and **u** the last of the back vowels, as illustrated in the following diagram:

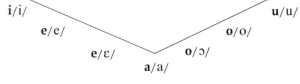

i	/i/	is like *i* in *marine.*	i vini di Rịmini
e	/e/	is like *a* (without glide) in *late.*	se Ebe vede te
e	/ɛ/	is like *e* in *let.*	ecco sette fratelli
a	/a/	is like *a* in *father.*	la mia cara mamma
o	/ɔ/	is like *o* in *soft.*	oggi no
o	/o/	is like *o* in *oh.*	nome e cognome
u	/u/	is like *u* in *rule.*	una mụsica pura

*Closed and open pronunciation of **e** and **o** are illustrated by the following words: **e** (*and*), **è** (*is*); **o** (*or*), **ho** (*I have*). The pronunciation of these two vowels often varies regionally.

2. Dittonghi (Diphthongs) CD 1, Track 4

When **i** and **u** are unstressed and precede or follow another vowel, they form with this vowel a diphthong and acquire the semivowel sounds /j/ and /w/.

| **i** | /j/ | is like *y* in *yet*. | più piano   lei e lui |
| **u** | /w/ | is like the *w* in *wet*. | un uomo buono |

When two semivowels combine with a vowel, they form a triphthong (**miei, tuoi, guai**).

The vowels that form a diphthong or a triphthong are pronounced with just one emission of voice and correspond to just one syllable.

3. Consonanti (Consonants) CD 1, Track 5

Many single consonants are pronounced in Italian as they are in English. The sounds of the consonants **b, f, m, n,** and **v** present no difference in the two languages. Several consonant sounds, however, need special attention because of the manner in which they are pronounced or the way they are spelled. In general, Italian consonants are clear-cut and without aspiration.

h is always silent:

| ha | hanno | ahi! | oh! | hotel |

d /d/ and **t** /t/ are similar to English but more dentalized:

| due | denti | vado | grande | modo |
| tre | Tivoli | alto | tempo | molto |

p /p/ is as in English but less plosive:

| papà | Padova | dopo | piano | parola |

q /kw/ is always followed by the letter **u** and is pronounced like *qu* in *quest*:

| qui | quando | Pasqua | quale | quaderno |

l /l/ is produced more forward in the mouth than in English:

| la | lira | lei | libro | lingua |

r /r/ is trilled. It is pronounced by pointing the tip of the tongue toward the gum of the upper front teeth:

| Roma | caro | treno | amore | vero |

s /z/ is pronounced as in *rose* when it is between vowels or when it begins a word in combination with the voiced consonants **b, d, g, l, m, n, r,** and **v**:

| rosa | paese | esame | snob | sviluppo |

s is voiceless /s/ as in *sell* in all other cases:

| sto | studio | destino | rosso | sera |

z is sometimes voiced /dz/ as in *beds,* sometimes voiceless /ts/ as in *bets:*

/dz/		/ts/	
zero	romanzo	marzo	Venezia
zeta	mezzo	pizza	grazie

c and **g** before **i** or **e** are soft /č/, /ǧ/ as in *chill* and *gentle:*

cento	baci	ciao	Cesare	cinema
gesto	gentile	giorno	viaggio	pagina

c and **g** in all other cases are hard /k/, /g/ as in *call* and *go:*

poco	caffè	caro	amico	cura	classe	scrivere
pago	guida	lungo	guerra	gusto	grosso	dogma

ch and **gh** (found only before **e** or **i**) are also hard /k/, /g/:

che	chi	pochi	perché	cuochi
aghi	righe	laghi	ghetto	paghiamo

gli /ʎ/ sounds approximately like *lli* in *million:*

gli	foglio	figlio	famiglia	voglio

gn/ɲ/ sounds approximately like *ni* in *onion:*

ogni	signora	lavagna	cognome	insegnare

sc before **i** or **e** has a soft sound /š/ as in *shell:*

sciare	pesce	scienza	scena	scemo

sch before **i** or **e** sounds hard /sk/ as in *skill:*

schiavo	schema	dischi	mosche	maschio

4. Consonanti doppie (Double Consonants)

Double consonants are a characteristic of Italian. The sound of a double consonant is longer than the sound of a single consonant. To pronounce it correctly, it is necessary to shorten the sound of the preceding vowel and hold the sound of the double consonant twice as long. (A similar phenomenon may also be observed in English when pronouncing pairs of words such as *miss school; met Tim.*) The reverse happens when pronouncing a single consonant. In this case, one should keep the sound of the preceding vowel longer, especially if the vowel is stressed. Compare:

sono / sonno	sera / serra
casa / cassa	sano / sanno
rosa / rossa	camino / cammino
speso / spesso	lego / leggo

5. Sillabazione (Syllabication) CD 1, Track 6

Phonetically, the tendency in Italian is, whenever possible, to begin the syllable with a consonant sound and to end it with a vowel sound. Grammatically, the separation of a word into syllables follows these rules:

a. A single consonant between two vowels belongs with the following vowel or diphthong:

    a-ma-re   no-me   i-ta-lia-no   be-ne   le-zio-ne

b. Double consonants are always divided:

    bel-lo   mez-zo   sil-la-ba   mam-ma   ra-gaz-za

c. A combination of two different consonants belongs with the following vowel, unless the first consonant is **l, m, n,** or **r**. In this case, the two consonants are divided:

    pre-sto   so-pra   si-gno-ra   ba-sta   li-bro
    but: pron-to   gior-no   El-vi-ra   par-to   dor-mi   lam-po

d. In a combination of three consonants, the first belongs with the preceding syllable, but **s** always belongs with the following syllable:

    al-tro   sem-pre   en-tra-re   im-pres-sio-ne   in-gle-se
    but: fi-ne-stra   gio-stra   e-sper-to

e. Unstressed **i** and **u** are not divided from the vowel they combine with:

    uo-mo   **pia**-no   **pie**-de   **Gio**-van-ni   **Eu**-ro-pa
    but: **mi**-o   **zi**-i   po-e-**si**-a   pa-**u**-ra   far-ma-**ci**-a

6. Accento tonico (Stress) CD 1, Track 7

The great majority of Italian words are stressed on the next-to-the-last syllable:

sign**o**ra   bamb**i**no   rag**a**zzo   cant**a**re   ven**i**re

Several words are stressed on the last syllable; these words have a written accent on the last vowel. The accent mark can be grave (`) or acute (´). Most words have the grave accent. A few words take the acute accent; the list that follows includes the most common:

perché	*why; because*
affinché	*so that*
né...né	*neither . . . nor*
macché	*no way*
benché	*although*
purché	*provided that*

A few monosyllabic words carry an accent mark to distinguish two words that are spelled the same but have different meanings:

e *(and)* vs. **è** *(is)*   **da** *(from)* vs. **dà** *(gives)*   **te** *(you)* vs. **tè** *(tea)*
si *(oneself)* vs. **sì** *(yes)*   **se** *(if)* vs. **sé** *(self)*   **la** *(the)* vs. **là** *(there)*

Some words have the stress on the third-from-the-last syllable, and a few verb forms on the fourth-from-the-last syllable:

sabato   **com**pito   **ta**vola   dif**fi**cile   di**men**ticano

NOTE: When the stress does not fall on the next-to-the-last syllable, or when the word ends in a diphthong, the stress is indicated with a dot under the stressed syllable in **Capitoli 1–8:**

fạcile   spiạggia   prạticano

7. Intonazione (Intonation)

CD 1, Track 8

In general, the Italian sentence follows a homogeneous rhythm. Each syllable is important in determining its tempo. Pronounce the following sentence maintaining smooth, even timing:

Sono Marcello Scotti.

So	no	Mar	cel	lo	Scot	ti.
1	2	3	4	5	6	7

The voice normally follows a gently undulating movement, usually dropping toward the end when the meaning is completed. In a question, however, the voice rises on the last syllable:

Declarative sentence: I signori Bettini sono di Milano.

Interrogative sentence: Sono di Milano i signori Bettini?

Parole affini per origine (cognates)

While studying Italian, you will encounter many cognates. A cognate is an Italian word that looks like an English word and has a similar meaning because the words have a common origin. The following are a few tips that should help you recognize and use cognates.

1. Nouns Ending in:

-ia in Italian and *-y* in English.

biologia	*biology*	**filosofia**	*philosophy*
sociologia	*sociology*	**anatomia**	*anatomy*

-ica in Italian and *-ic(s)* in English.

mụsica	*music*	**polịtica**	*politics*
repụbblica	*republic*	**matemạtica**	*mathematics*

-tà in Italian and *-ty* in English.

città	*city*	**identità**	*identity*
società	*society*	**università**	*university*

-za in Italian and *-ce* in English.

importanza	*importance*	**eleganza**	*elegance*
violenza	*violence*	**pazienza**	*patience*

-zione in Italian and *-tion* in English.

nazione	*nation*	**attenzione**	*attention*
educazione	*education*	**situazione**	*situation*

-ore in Italian and *-or* in English.

attore	*actor*	**dottore**	*doctor*
professore	*professor*	**motore**	*motor*

-ạrio in Italian and *-ary* in English.

segretạrio	*secretary*	**vocabolạrio**	*vocabulary*
salạrio	*salary*	**funzionạrio**	*functionary*

-ista in Italian and *-ist* in English.

artista	*artist*	**violinista**	*violinist*
pianista	*pianist*	**ottimista**	*optimist*

2. Adjectives Ending in:

-ale in Italian and *-al* in English.

speciale	*special*	**personale**	*personal*
originale	*original*	**sentimentale**	*sentimental*

-etto in Italian and *-ect* in English.

perfetto	*perfect*	**corretto**	*correct*
eretto	*erect*	**diretto**	*direct*

-ico in Italian and *-ical* in English.

tịpico	*typical*	**clạssico**	*classical*
polịtico	*political*	**geogrạfico**	*geographical*

-oso in Italian and *-ous* in English.

generoso	*generous*	**curioso**	*curious*
nervoso	*nervous*	**ambizioso**	*ambitious*

3. Verbs Ending in:

-care in Italian and *-cate* in English.

educare	*educate*	**indicare**	*indicate*
complicare	*complicate*	**implicare**	*to imply, implicate*

-izzare in Italian and *-ize* in English.

organizzare	*organize*	**simpatizzare**	*sympathize*
analizzare	*analyze*	**minimizzare**	*minimize*

-ire in Italian and *-ish* in English.

finire	*to finish*	**abolire**	*to abolish*
punire	*to punish*	**stabilire**	*to establish*

Primo incontro

Venezia, Basilica di Santa Maria della Salute, sul Canal Grande.

Punti di vista | Ciao, come stai?
Buon giorno, come sta?

Studio di parole | Saluti e espressioni di cortesia
Informazioni: Saluti
In classe
I numeri da 0 a 49
Il calendario

Vedute d'Italia | The Italian Language and Its Dialects

Punti di vista

Un gruppo di studenti universitari.

Ciao, come stai? CD 1, Track 9

Filippo **incontra** Marcello. Marcello è **con** Mary, una ragazza americana. *meets / with*

MARCELLO Ciao, Filippo, come va?

FILIPPO Bene, grazie, e tu come stai?

MARCELLO **Non c'è male**, grazie. **Ti presento** Mary, un'**amica**. *Not bad / Let me introduce you to / friend*

FILIPPO Buon giorno.

MARY Buon giorno.

FILIPPO Mi chiamo Filippo Pini. (Si danno la mano.)

MARY Molto piacere.

FILIPPO Piacere mio. **Di dove sei, Mary?** *Where are you from Mary? / I'm from*

MARY **Sono di** New York, e tu?

FILIPPO Io sono di Pisa.

MARCELLO Mary è studentessa **qui** a Milano. *here*

FILIPPO **Anch'io** sono studente a Milano. *I also*

MARCELLO Scusa, Filippo, **dobbiamo andare. A domani.** *we must go / I'll see you tomorrow.*

Buon giorno, come sta? CD 1, Track 10

Il professor Tempesti incontra il professor Candela e presenta la professoressa Fanti.

PROF. TEMPESTI Buon giorno professor Candela, come sta?

PROF. CANDELA Bene, grazie, e Lei?

PROF. TEMPESTI Non c'è male, grazie. **Conosce** la professoressa Fanti? *Do you know*

PROF. CANDELA **Non ho il piacere...** *I have not had the pleasure . . .*

PROF. TEMPESTI Professor Candela, la professoressa Fanti.

PROF. FANTI Molto piacere. **(Si danno la mano.)** *They shake hands.*

PROF. CANDELA Piacere mio.

Studio di parole — *Saluti e espressioni di cortesia*

Brevi incontri e... sorprese.

Ciao! Hello! Good-bye!

Salve! Hello! (more formal than **Ciao!**)

Buon giorno, signore. Good morning (Good day), Sir.

Buona sera, signora. Good evening, Madam.

Buona notte, signorina. Good night, Miss.

Arrivederci.
ArrivederLa. *(formal sing.)* } Good-bye.

A domani. I'll see you tomorrow.

A presto. I'll see you soon.

Come si chiama? *(formal sing.)* What is your name?

Come ti chiami? *(familiar sing.)* What is your name?

Mi chiamo Marcello Scotti. My name is Marcello Scotti.

Ti presento... *(familiar sing.)* Let me introduce . . . to you. *(lit., I introduce to you . . .)*

Vi presento... *(familiar pl.)* Let me introduce . . . to you.

Di dove sei tu? *(familiar sing.)*
Di dov'è Lei? *(formal sing.)* } Where are you from?

Sono di... I am from . . .

(Molto) piacere. (Very) nice to meet you.

Piacere mio. My pleasure.

Per favore. / Per piacere. Please.

Grazie. Thank you.

Grazie mille. Thanks a million.

Prego. You're welcome. That's quite all right.

Scusi. *(formal sing.)* / **Scusa.** *(familiar sing.)* Excuse me.

Come sta? *(formal sing.)* / **Come stai?** *(familiar sing.)* How are you?

Come va? *(familiar sing.)* How's it going?

Bene, grazie, e Lei? *(formal sing.)* / **Bene, grazie, e tu?** *(familiar sing.)* Fine, thank you, and you?

Molto bene. Very well.

Non c'è male. Not bad.

Così-così. So-so.

NOTE: Tu *(you, singular)* is the familiar form used by young people, close friends, family members, and with children. **Lei** *(you, singular)*, the formal form, is used in all other cases.

Informazioni   Saluti

Italians tend to be more formal than Americans when greeting and addressing each other.

Among adults, acquaintances are addressed as **Signore, Signora,** or **Signorina** or by their titles: **Professore(-ssa), Dottore, Ingegnere,** etc. The greeting

Ciao!, which has become so popular abroad, is reserved in Italy only for very close friends, members of the family, relatives, and young people. When meeting either friends or acquaintances, as well as in introductions, Italians customarily shake hands, without distinction between sexes.

A. Saluti. Complete each dialogue, and then act it out.

1. —Buon _____, signore (signora, signorina). Come _____?

   —Bene, _____, e Lei?

   —_____, grazie.

2. —_____, Luisa, come va?

   —Bene, grazie, e _____?

   —Non c'è _____, grazie.

3. —Mi chiamo _____, e tu?

   —_____

   —Di dove sei?

   —_____, e tu?

   —_____

   —Io sono studente.

   —Anch'io _____.

   —A domani!

   —_____

B. E tu? Imagine that an Italian student has said the following. How would you respond?

1. Come stai?

2. Come ti chiami?

3. Ti presento Marisa Bellini.

4. Scusa, Carlo, dobbiamo andare.

5. A domani.

C. Incontri. How would you:

1. greet and introduce yourself to your professor?

2. ask your professor how he/she is?

3. ask another student how he/she is?

4. ask another student what his/her name is?

5. say good-bye to a classmate, adding that you will see him/her soon?

D. Presentazioni. Greet and introduce yourself to a student sitting nearby, indicating where you are from. Ask your classmate about himself/herself, and then introduce him/her to the class.

E. Conversazioni. Create and act out dialogues appropriate to the following situations.

1. You meet one of your parents' friends whom you haven't seen in a long time.

2. It is the first day of school and you introduce a student you already know to some of your classmates.

F. Brevi incontri. Look at the drawing on page 11, select one of the pairs of people, imagine what they are saying to each other, and act out their conversation. Can your classmates guess what encounter you are acting out?

Studio di parole   *In classe*

In un'aula ci sono *(In a classroom there are)*:

Espressioni utili

Il professore: **Attenzione!** Attention!

Tutti insieme! All together!

Ancora una volta! Once more!

Di nuovo! Again!

Ascoltate! Listen!

Guardate! Look!

Ripetete! Repeat!

Che cos'è? What is it?

A pagina... On page . . .

compito per domani (per lunedì) homework for tomorrow
   (for Monday)

Adesso... Now . . .

Aprite i libri! Open your books!

Chiudete i libri! Close your books!

Capite? Do you *(pl.)* understand?

Gli studenti: **(Sì), capisco.** (Yes), I understand.

(No), non capisco. (No), I don't understand.

Ripeta, per favore. Repeat, please.

Come si dice... in italiano? How do you say . . . in Italian?

Come si scrive... ? How do you write (spell) . . . ?

Che cosa vuol dire... ? / Che cosa significa... ?
   What does . . . mean?

A. Che cos'è? Point to various objects in the classroom and ask another student to identify them, following the example.

Esempio Che cos'è?
È una sedia.

B. Situazioni. What would you say in the following situations?

1. You want to ask the meaning of the word **benissimo.**
2. You don't understand what your instructor has said.
3. You want to ask how to say, "You're welcome" in Italian.
4. You are not sure how to spell your instructor's name.
5. You would like your instructor to repeat something.

Studio di parole *I numeri da 0 a 49*

I numeri da 0 a 49				
0 zero	10 dieci	20 venti	30 trenta	40 quaranta
1 uno	11 undici	21 ventuno	31 trentuno	41 quarantuno
2 due	12 dodici	22 ventidue	32 trentadue	42 quarantadue
3 tre	13 tredici	23 ventitrè	33 trentatrè	43 quarantatrè
4 quattro	14 quattordici	24 ventiquattro	34 trentaquattro	44 quarantaquattro
5 cinque	15 quindici	25 venticinque	35 trentacinque	45 quarantacinque
6 sei	16 sedici	26 ventisei	36 trentasei	46 quarantasei
7 sette	17 diciassette	27 ventisette	37 trentasette	47 quarantasette
8 otto	18 diciotto	28 ventotto	38 trentotto	48 quarantotto
9 nove	19 diciannove	29 ventinove	39 trentanove	49 quarantanove

1. Note that the numbers **venti, trenta,** and **quaranta** drop the final vowel before adding **uno** and **otto.**
2. **Tre** takes an accent when it is added to **venti, trenta,** and **quaranta.**

 A. Giochiamo con i numeri. Take turns reading aloud each series of numbers and adding the missing number.

Esempio 2, 4, 6, ...
—*due, quattro, sei, ...*
—*due, quattro, sei, otto, ...*

1. 3, 6, 9, ...
2. 1, 3, 5, ...
3. 12, 14, 16, ...
4. 5, 10, 15, ...
5. 10, 8, 6, ...
6. 42, 44, 46, ...
7. 41, 40, 39, ...

Now it is your turn: Test your classmates with a couple of number series of your own.

B. I prefissi delle città italiane *(Area codes for Italian cities)*. Look at the table and take turns asking and giving the area codes of the cities shown.

Esempio —Qual è il prefisso di Milano?
—*Il prefisso di Milano è zero due (02). Qual è il prefisso di Napoli?*
—*Il prefisso di Napoli è zero otto uno (081). Qual è il prefisso di... ?*

Città	Prefisso	Città	Prefisso
Ancona	071	Genova	010
Bari	080	Milano	02
Bergamo	035	Napoli	081
Bologna	051	Padova	049
Brescia	030	Palermo	091

Studio di parole   *Il calendario*

Agosto

lunedì	martedì	mercoledì	giovedì	venerdì	sabato	domenica
			1 s Alfonso de'Liguori	**2** s Eusebio di Vercelli	**3** s Lidia v.	**4** s Giov. M. Vianney
5 s Sisto II. p.	**6** Trasfig. N. Signore	**7** s Gaetano Thiene	**8** s Domenico cf.	**9** ss Fermo e Rustico	**10** s Lorenzo	**11** s Chiara v.
12 s Macario v.	**13** ss Ippolito e Ponziano	**14** s Alfredo m.	**15** Assunzione Maria Vergine	**16** s Rocco cf.	**17** s Giacinto sac.	**18** s Elena imp.
19 s Giovanni Eudes	**20** s Bernardo ab.	**21** s Pio X. p.	**22** Maria SS Regina	**23** s Rosa da Lima	**24** s Bartolomeo ap.	**25** s Ludovico re
26 s Alessandro m.	**27** s Monica v.	**28** s Agostino v.	**29** Martirio s Giov. Batt.	**30** s Gaudenzia m.	**31** s Aristide m.	

Qual è la data di oggi? È il 20 (di) agosto.

What is today's date? It is August 20.

Che giorno è oggi? Oggi è martedì.

What day is today? Today is Tuesday.

Che giorno è domani? Domani è mercoledì.

What day is tomorrow? Tomorrow is Wednesday.

Note that *cardinal* numbers are used to express days of the month except for the first of the month, which is indicated by the ordinal number **primo.**

Oggi è il **primo** (di) aprile.   *Today is April first.*
È il **quattordici** (di) luglio.   *It is July fourteenth.*
È l'**otto** (di) agosto.   *It is August eighth.*

I mesi sono:

gennaio	aprile	luglio	ottobre
febbraio	maggio	agosto	novembre
marzo	giugno	settembre	dicembre

A. Il calendạrio. Look at the calendar for the month of August on the preceding page. Take turns pointing to different dates, asking what day of the week it is, and what the date is.

Esempi   —Che giorno è?
                —*È mercoledì.*
                —Qual è la data?
                —*È il 14 agosto.*

12	13	14	15	16	17	18
s Macario v.	ss Ippolito e Ponziano	s Alfredo m.	Assunzione Maria Vergine	s Rocco cf.	s Giacinto sac.	s Elena imp.

B. La data? Take turns reading the dates below.

Esempio   15/8
                 È il quindici di agosto.

1. 13/4   5. 31/7
2. 23/2   6. 11/6
3. 5/5   7. 8/9
4. 1/1   8. 28/12

C. Qual è la data? Using the cues provided, take turns asking and giving the date.

Esempio   —Qual è la data?
                —*È il trentuno di dicembre.*

1.
2.
3.

GUARDIAMO!

Come stai?

In the first video sequence, Fabio, a university student, is sketching in a classroom. He is interrupted by a friend, Alessandra, who happens to pass by with her new friend, Daniela.

SITO WEB

For more practice with the cultural and linguistic topics in **Primo incontro,** visit the *Ciao!* website at **http://ciao.heinle.com.**

D. I compleanni *(Birthdays)*. Ask several classmates when their birthdays are, and note down their responses.

Esempio   Robert, quand'è il tuo compleanno?
                 —*È il cinque dicembre.*

Then, report to the class. Do any students have the same birthday?

Esempio   Il compleanno di Robert è il cinque dicembre. Il compleanno di Julie è...

Vedute d'Italia

The Italian Language and Its Dialects

The Italian language stems directly from Latin. As the authority of ancient Rome fragmented, its language, Latin, also broke apart and formed several national European idioms. In the same way, numerous linguistic varieties, or dialects, took form within the Italian peninsula. They were the expressions of different centers of civilization within the larger Italian world.

The dialect of Tuscany was assured linguistic supremacy by the political importance and geographic position of its principal city, Florence, and above all by the authority of the thirteenth-century Tuscan writers Dante, Petrarca, and Boccaccio. Each of these men wrote works of major literary significance in their native Tuscan dialect. Eventually, the Tuscan dialect became recognized as the official Italian language.

For many centuries, however, the Italian language remained an exclusively literary mode of expression, used only by learned people. The different dialects continued to be spoken, a situation favored by the historical and political fragmentation of Italy, which remained divided into many separate city-states until the second half of the nineteenth century. The local dialect was often the official language of the court of that particular city-state. This was the case in Venice, a republic renowned for the skill of its diplomats. The eighteenth-century playwright Carlo Goldoni, who has been called

Dante is considered the father of the Italian language and one of the greatest poets of the Western world. His major work is *La Divina Commedia.*

by critics the Italian Molière, wrote many of his plays in Venetian. For example, in his dialect we find the word **schiao,** meaning "your servant," which is derived from the Latin word for "slave," *esclavum.* This is the origin of the international greeting **ciao.**

Today Italy has achieved political as well as linguistic unity, and with few exceptions everyone speaks Italian. The dialects, however, remain very much alive. Indeed, most Italians may be considered bilingual because, in addition to speaking Italian, they also speak or at least understand the dialect of their own region or city.

The Italian language itself continues to evolve, reflecting Italians' interchange with the world on a global basis and in particular with North America. Many words from English or derived from English have found their way into the everyday language. For example, the following words are common: **shopping, fastfood, quiz,** and **hamburger.** And you will immediately recognize new computer-related terms such as the following: **mouse, cliccare,** and **formattare.**

CAPITOLO 1

La città

Il Duomo *(cathedral)* di Milano. La costruzione del Duomo fu *(was)* iniziata nel 1386 e terminata nel 1813. È di stile gotico. L'esterno è adornato con 3000 statue.

Punti di vista | In centro

    Studio di parole: La città
    Informazioni: In città
    Ascoltiamo! In un ufficio turistico

Punti grammaticali

    1.1 **Essere** *(to be)*; **C'è, ci sono** e **Ecco!**
    1.2 Il nome
    1.3 Gli articoli
    1.4 Espressioni interrogative

Per finire | Cosa c'è in una città?

Attualità

    Adesso scriviamo!
    Parliamo insieme!

Vedute d'Italia | Milano

    Sapete che...?

Punti di vista

Conversazione tra due amiche a un caffè.

In centro

 CD 1, Track 11

Downtown

Oggi Liliana e Lucia sono in centro.

Today

LILIANA Ciao, Lucia, come va?

LUCIA Non c'è male, grazie, e tu?

LILIANA Oggi, **così-così. Domani ho** un esame di matematica con il professor Perfetti.

so-so / Tomorrow I have

LUCIA È un professore **severo?**

strict

LILIANA Sì, molto.

LUCIA Dov'è Marcello oggi? È **a casa?**

at home

LILIANA No, Marcello non è a casa. È con un'amica di New York.

LUCIA Dove sono?

LILIANA Marcello e l'amica **visitano** la chiesa di Santa Maria delle Grazie, dove **c'è** l'**affresco** di Leonardo, *L'Ultima Cena*, e il Castello Sforzesco.

visit there is / fresco / the Last Supper

LUCIA Come si chiama l'amica di Marcello?

LILIANA Si chiama Mary Clark. È una studentessa **simpatica** e intelligente. **Parla** italiano **molto bene.**

nice / She speaks… very well.

Comprensione

1. Dove (*Where*) sono Liliana e Lucia? **2.** Domani Liliana ha (*has*) un esame di matematica o un esame d'inglese? **3.** Il professore di matematica è severo? **4.** Con chi (*whom*) è Marcello oggi? **5.** Di dov'è l'amica di Marcello? **6.** Perché (*Why*) la chiesa di Santa Maria delle Grazie è famosa? **7.** Chi (*Who*) è la signorina Clark?

Studio di parole *La città*

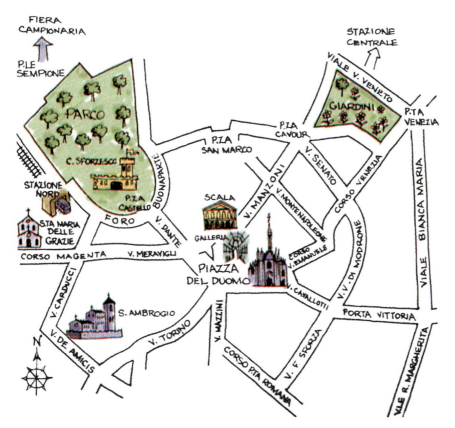

Pianta (Map) di Milano.

una strada* street, road	**un ristorante** restaurant
una via* street, way	**un negozio** store, shop
una piazza square	**un supermercato** supermarket
una fontana fountain	**un ufficio postale** post office
un monumento monument	**un ufficio turistico** tourist office
una chiesa church	**una banca (** *pl.* **-che)** bank
un museo museum	**una farmacia** pharmacy
una scuola school	**un ospedale** hospital
un'università university	**un cinema(tografo)** movie theater
un edificio building	**un teatro** theater
un albergo hotel	**uno stadio** stadium
un bar coffee shop	

***Strada** is a more general term; **via** is used before the name of a street: **via Mazzini, via Torino**.

un parco (*pl.* -chi) park

uno zoo zoo

una stazione station

un treno train

un autobus bus

un tram streetcar

un'auto(mobile) (*f.*), una macchina car

una moto(cicletta) motorcycle

una bici(cletta) bicycle

un motorino, uno scooter moped, motorscooter

Altre espressioni

lontano far

vicino, qui vicino near, nearby

C'è un tour, per favore? Is there a tour, please?

Sì, c'è. Ecco le informazioni. Yes, there is. Here is the information.

a destra, a sinistra to the right, to the left

avanti diritto straight ahead

Scusi, dov'è un ufficio postale? Pardon, where is a post office?

A destra, signora. To the right, madam.

in centro downtown

Informazioni   In città

Most cities and towns have a tourist office called the **A.P.T. (Azienda di Promozione Turistica)**, which provides information about hotels, **pensioni**, transportation, tours, and reservations.

Cities' main train stations have an **Ufficio Informazioni**, which provides tourists with lists of available accommodations (hotels, **pensioni**) and assists in making reservations.

Tickets for city buses, streetcars, and the **metropolitana** (the subway in Rome, Milan, and Naples) must be purchased at a **Tabacchi** store or a newsstand before boarding. The tickets can be used interchangeably on all three means of transportation.

Applicazione

 A. La pianta di Milano. Using the map of Milan on page 21, take turns asking each other the following questions.

1. Santa Maria delle Grazie è una chiesa o un teatro?

2. Il teatro La Scala è in via Manzoni o in via Dante?

3. Il Duomo è in un parco o in una piazza?

4. Dov'è il Castello Sforzesco?

5. Che cos'è via Dante?

6. Il Castello Sforzesco è vicino a (*near*) Piazza del Duomo?

B. Dov'è... ? Take turns asking and answering questions about where the things and people listed in column A are found. Select your response from column B, and follow the example.

Esempio una macchina

—*Dov'è una macchina?*

—*Una macchina è in una strada.*

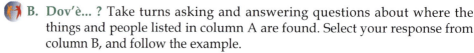

A	B
1. una tigre	un ospedale
2. un motorino	una strada
3. un caffè	un cinema
4. un turista	un'università
5. un dottore	una piazza
6. un film	una stazione
7. una fontana	uno zoo
8. uno studente	un bar
9. un treno	un ufficio informazioni

C. Che cos'è...? Luigino does not know much about the world outside his hometown. Recreate his questions and the responses of his friend Pierino, following the example.

Esempio   l'Empire State Building/a New York
— *Che cos'è l'Empire State Building?*
— *È un edificio, a New York.*

1. San Pietro/a Roma
2. il Louvre/a Parigi
3. Trafalgar Square/a Londra
4. il Golden Gate Park/a San Francisco
5. Napoli/in Italia
6. la Fifth Avenue/in America

D. Cosa c'è in una città? With a partner, take turns asking each other questions about the cities you are from or the city in which your university is located. Use vocabulary you have learned, and follow the example.

Esempio   — *Di dove sei?*
— *Sono di San Diego. E tu?*
— *Sono di Denver. C'è un'università a San Diego?*
— *Sì, c'è un'università...*

Ascoltiamo!   CD 1, Track 12

In un ufficio turistico. Anna Verri, a visitor to Milan, has stopped by the tourist office to make an inquiry. Listen to her conversation with the clerk, and then answer the following questions.

Comprensione

1. Dov'è la turista Anna Verri?
2. La turista desidera (*wishes*) visitare la città di Roma o la città di Milano?
3. Che cosa (*What*) include il tour?
4. L'impiegato (*The clerk*) ha le informazioni?
5. Che cosa dice la turista per ringraziare (*to say thanks*)?

Dialogo

Play the roles of a tourist and an employee in the tourist office. After greeting each other, the tourist asks if there is a tour of Rome. The employee answers affirmatively and provides information. The tourist thanks him/her and both say good-bye.

Punti grammaticali

1.1 Ẹssere *(to be);* C'è, ci sono e Ecco!

Ẹssere *(to be)* is an irregular verb **(verbo).** It is conjugated in the present tense **(presente)** as follows:

Person	Singular	Plural
1st	io **sono** *(I am)*	noi **siamo** *(we are)*
2nd	tu **sei** *(you are, familiar)*	voi **siete** *(you are, familiar)*
3rd	lui **è** *(he is)*	
	lei **è** *(she is)*	loro **sono** *(they are)*
	Lei **è** *(you are, formal)*	Loro **sono** *(you are, formal)*

Marcello è in classe con Gabriella.

Luigi **è** italiano. *Luigi is Italian.*
Marco e io **siamo** studenti. *Marco and I are students.*
Lisa e Gino **sono** di Roma. *Lisa and Gino are from Rome.*
Tu e Piero **siete** buoni amici. *You and Piero are good friends.*

1. There are many rules regarding verbs and their usage:

   a. Unlike English verbs, Italian verbs have a different ending for each person.

   b. The negative of a verb is formed by placing **non** before the verb.

    Non siamo a teatro. *We are not at the theater.*
    Filippo **non è** in classe. *Filippo is not in class.*

   c. The interrogative of a verb is formed either by placing the subject at the end of the sentence or by leaving it at the beginning of the sentence. In both cases, there is a change in intonation, and the pitch rises at the last word:

    È studentessa Gabriella?
            } *Is Gabriella a student?*
    Gabriella è studentessa?

2. The subject pronouns **(pronomi soggetto)** in Italian are:

io	*I*	**noi**	*we*
tu	*you (familiar sing.)*	**voi**	*you (familiar pl.)*
lui, lei	*he, she*	**loro**	*they*
Lei	*you (formal sing.)*	**Loro**	*you (formal pl.)*

   a. The subject pronoun *you* is expressed in Italian in several ways: **tu** (singular) and **voi** (plural) are the familiar forms. They are used to address relatives, close friends, and children; young people also use them to address each other.

    Io sono di Pisa, e **tu?** *I am from Pisa, and you?*
    Siete a scuola **voi** oggi? *Are you in school today?*

—Io sono di Pisa, e Lei?
—Io sono di Bagdad.

Lei (singular) and **Loro** (plural) are formal forms and are used among persons who are not well acquainted. **Lei** and **Loro** are used for both men and women. They take, respectively, the third-person singular and the third-person plural of the verb and are often capitalized to distinguish them from **lei** (*she*) and **loro** (*they*).

Buona sera, signore. Come sta **Lei** oggi?	*Good evening, sir. How are you today?*
Maria è a casa; **lei** non sta bene.	*Maria is at home; she does not feel well.*
Sono a casa **Loro** stasera?	*Are you at home tonight?*

NOTE: In contemporary Italian, the familiar plural form **voi** is used more frequently than **Loro**, particularly when addressing young people.

b. In Italian, the subject pronouns are often omitted since the subject of the sentence is indicated by the verb ending. However, the subject pronouns are used for emphasis and to avoid ambiguities. Note that the subject pronouns *it* and *they*, when referring to animals and things, are usually not expressed in Italian.

Sono Marcello.	*I am Marcello.*
Io sono Marcello.	*I am Marcello (emphatic).*
Pio e Lina non sono a casa.	*Pio and Lina are not at home.*
Lui è a Napoli, **lei** è a Pisa.	*He is in Naples, she is in Pisa (for clarification).*

Ecco la chiesa di Santa Maria delle Grazie a Milano, in corso Magenta, dove c'è l'affresco di Leonardo, *L'Ultima Cena.*

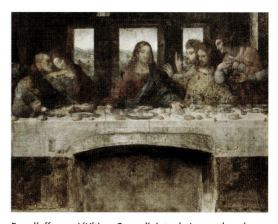

Ecco l'affresco *L'Ultima Cena*, dipinto da Leonardo nel refettorio del monastero della Chiesa di Santa Maria delle Grazie (1497).

3. **C'è** *(there is)* and **ci sono** *(there are)* are used to indicate the existence of someone or something (in sight or not). Their negative forms are **non c'è** and **non ci sono,** respectively.

C'è la metropolitana a Roma?	*Is there the subway in Rome?*
Oggi **ci sono** diciotto studenti.	*Today there are eighteen students.*
Non ci sono fiori in giardino.	*There are no flowers in the garden.*

4. **Ecco** is invariable and is used to *point out* someone or something *in sight.* It has several meanings: *Look!, Here is…!, Here are…!, There is…!, There are…!*

Ecco l'autobus!	*Here (There) is the bus!*
Ecco i signori Parini!	*There are Mr. and Mrs. Parini!*

Pratica

A. **Essere o non essere?** Complete each sentence with the correct present tense form of **essere**.

Esempio   Los Angeles _____ in America.
             Los Angeles è in America.

1. Gabriella e io non _____ a Firenze.
2. Tu e lei _____ in California.
3. San Francisco e Chicago _____ in America.
4. Piazza San Marco _____ a Venezia.
5. Tu _____ a scuola.

B. **Dove siamo?** Take turns asking and answering these questions. Choose the answer you prefer.

Esempio   —Dove sei tu oggi? a casa/a scuola
             —*Oggi io sono a casa.*   o   *Oggi io sono a scuola.*

1. Quando sei a casa tua? oggi/domani/stasera
2. Dove siete tu e gli amici *(your friends)* domenica? a un museo/al *(at the)* parco/a un concerto/al cinema/a un bar
3. Dove siamo tu e io adesso? in classe/alla *(at the)* lezione d'italiano/ all'università

C. **Siamo curiosi.** Take turns asking and answering each other's questions based on the information given. Follow the example.

Esempio   Lucia/professoressa
             —*È una professoressa Lucia?*
             —*No, Lucia non è una professoressa, è una studentessa.*

1. tu/di New York
2. *l'Ultima Cena* di Leonardo/a Roma
3. tu e Gina/in classe oggi
4. il professore e gli studenti/a Firenze
5. il *Davide* di Michelangelo/a Venezia

D. **E tu?** Tell a classmate who you are, what you are (a student), and where you are from. Then ask him/her to tell you about himself/herself.

E. **Per piacere, dove...?** Using the map on page 21, take turns asking and answering questions about places in Milan.

Esempio   il Duomo
             —*Per piacere, dov'è il Duomo?*
             —*Ecco il Duomo!*

1. la Scala
2. i giardini
3. il Castello Sforzesco
4. la chiesa di Santa Maria delle Grazie
5. la Galleria
6. la stazione centrale

F. C'è...? Ci sono...? With a classmate, take turns asking each other about your hometowns, following the example.

Esempio   parchi
            —*Ci sono parchi a...(your city)?*
            —*Sì, ci sono.*   o   *No, non ci sono.*

1. un'università
2. ạutobus *(pl.)*
3. musei
4. una piazza

5. treni
6. ristoranti italiani
7. un monumento a Cristọforo Colombo

1.2   Il nome

Bẹrgamo. La parte alta della città. Ecco una piazza con un palazzo. A destra e a sinistra ci sono edifici.

1. **Gender of nouns.** A noun **(nome)** is either masculine or feminine. Usually, nouns ending in **-o** are masculine and nouns ending in **-a** are feminine. There is also a class of nouns that end in **-e.** These nouns can be *either* masculine *or* feminine.

treno *(m.)*   **casa** *(f.)*
ristorante *(m.)*   **stazione** *(f.)*

NOTE

a. To remember the gender of a noun ending in **-e**, it is advisable to memorize it with the article.

   un ristorante   *una* stazione

b. Nouns ending in **-ore** or in a *consonant* are masculine.

   fi**ore**   dott**ore**   scult**ore**   ạutobu**s**   spor**t**   ba**r**

c. Nouns ending in **-ione** are generally feminine.

   lez**ione**   presenta**zione**   conversa**zione**

2. Plural of nouns. In Italian, the plural is usually formed by changing the final vowel of the noun. The chart below shows the most common changes.

Nouns ending in
-o	-i	un libro	due libri
-a	-e	una casa	due case
-e	-i	un dottore *(m.)*	due dottori
		una stazione *(f.)*	due stazioni

NOTE

a. Some nouns are invariable and thus do not change in the plural.

- nouns ending in accented vowels

  una città   due città   un caffè   due caffè

- ending in a consonant

  un bar   due bar   un film   due film

- nouns that are abbreviated

  un cinema(tografo)   due cinema
  una foto(grafia)   due foto

b. Nouns that end in **-ca** and **-ga** change to **-che** and **-ghe**.

un'amica   due amiche
una riga *(line)*   due righe

c. Most nouns ending in **-io** change to **-i**.

un negozio   due negozi
ufficio   due uffici

Pratica

A. Singolare e plurale. Give the plural of each of the following nouns, following the example.

Esempio   *stazione*
                stazioni

1. bambino
2. studente
3. casa
4. amico
5. bar
6. ospedale
7. conversazione
8. piazza
9. professoressa
10. classe
11. amica
12. cinema
13. città
14. banca
15. studio
16. edificio
17. ristorante
18. autobus
19. negozio
20. sport
21. università

B. Plurali. Complete the following statements with the plural of the nouns in parentheses.

1. Oggi ci sono ventidue (studente) _____ in classe.

2. Io e... *(name a student)* siamo (amico) _____.

3. Venezia e Vicenza sono due belle (città) _____.

4. Lungo *(Along)* la strada ci sono (autobus) _____, (automobile) _____ e (bicicletta) _____.

5. In Piazza del Duomo ci sono (edificio) _____, (negozio) _____, (bar) _____, (caffè) _____, (banca) _____ e (ristorante) _____. Non ci sono (supermercato) _____.

1.3 Gli articoli

Io ♥ il mare, la montagna,
I fiori e . . . . gli spaghetti !

1. **Articolo indeterminativo.** The *indefinite article (a, an)* has the masculine forms **un, uno** and the feminine forms **una, un'**, depending on the first letter of the noun that the article precedes.

		Masculine	Feminine
before	*consonant*	**un** libro	**una** casa
	vowel	**un** amico	**un'**amica
	z	**uno** zoo	**una** zebra
	s + *consonant*	**uno** studente	**una** studentessa

La Sicilia è **un'**isola.	*Sicily is an island.*
Dov'è **una** banca, per favore?	*Where is a bank, please?*
Ecco **un** ristorante!	*Here is a restaurant!*
C'è **uno** zoo in questa città?	*Is there a zoo in this city?*

NOTE: When a noun indicates a profession, the indefinite article is usually omitted.

Paolo è dottore, ed io sono professore.   *Paolo is a doctor, and I am a professor.*

2. **Articolo determinativo.** The *definite article (the)* agrees with the noun it precedes in gender (masculine or feminine) and in number (singular or plural). The masculine forms are **il, l', lo, i, gli,** and the feminine forms are **la, l', le,** according to the initial letter and the number of the word the definite article precedes.

			Singular	Plural
Masculine	*before*	*consonant*	**il** libro	**i** libri
		vowel	**l'**ospedale	**gli** ospedali
		z	**lo** zero	**gli** zeri
		s + *consonant*	**lo** stadio	**gli** stadi
Feminine	*before*	*consonant*	**la** casa	**le** case
		vowel	**l'**autostrada *(freeway)*	**le** autostrade

Ecco l'ạutobus!	*Here is the bus!*
Dove sono **gli** studenti?	*Where are the students?*
Gina è **l'**amica di Maria.	*Gina is Maria's friend.*
Ecco **le** informazioni, signora.	*Here is the information, Madam.*

If a noun ending in **-e** is masculine, it will have the appropriate masculine article **(il, l', lo, i, gli)**, depending on its initial letter. If a noun ending in **-e** is feminine, it will have the appropriate feminine article **(la, l', le)**, depending on its initial letter.

il fiore *(m.) (flower)* **i** fiori
l'automọbile *(f.)* **le** automọbili

NOTE

a. When using a title to address someone, omit the article. When you are speaking *about* someone, use the appropriate definite article *before* the title.

Buon giorno, signor Neri.	*Good morning, Mr. Neri.*
Buona sera, dottor Lisi.	*Good evening, Dr. Lisi.*
Il professor Rossi non è in casa.	*Professor Rossi is not home.*
I signori Bianchi sono a teatro.	*Mr. and Mrs. Bianchi are at the theater.*

b. Such titles as **signore, professore,** and **dottore** drop the final **-e** in front of a proper name.

—Buon giorno, dottor Lisi.
—Buon giorno, professore.

Pratica

A. In una pịccola *(small)* **città.** Provide the indefinite articles in the following list of buildings or locations found in a small town.

1. _____ scuola
2. _____ farmacia
3. _____ uffịcio postale
4. _____ ristorante
5. _____ cịnema
6. _____ bar
7. _____ chiesa
8. _____ stazione
9. _____ supermercato
10. _____ piazza
11. _____ stạdio.

B. Chi sono? Cosa sono? Take turns asking each other to identify the following people and things. Use the definite article in your responses.

Esempio —*Cosa sono?*
—*Sono i dischetti.*

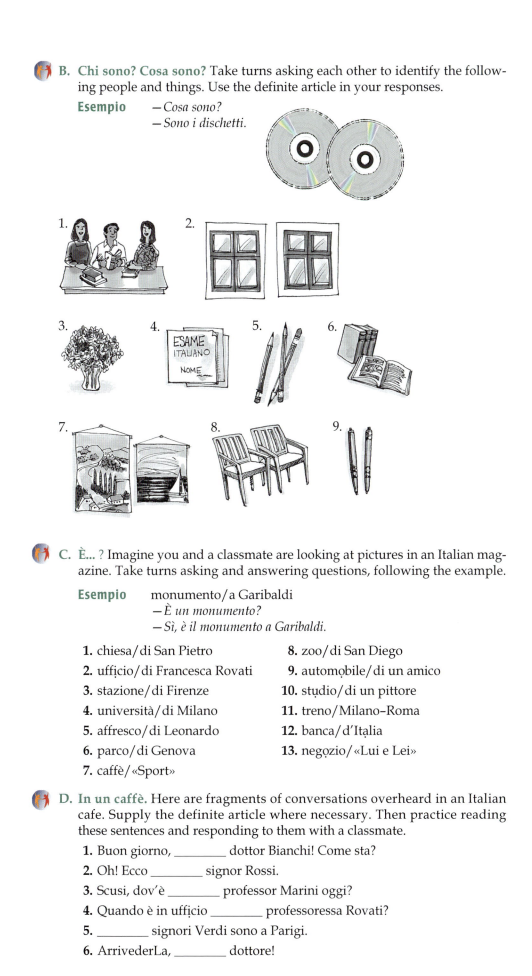

C. È... ? Imagine you and a classmate are looking at pictures in an Italian magazine. Take turns asking and answering questions, following the example.

Esempio monumento/a Garibaldi
—*È un monumento?*
—*Sì, è il monumento a Garibaldi.*

1. chiesa/di San Pietro
2. ufficio/di Francesca Rovati
3. stazione/di Firenze
4. università/di Milano
5. affresco/di Leonardo
6. parco/di Genova
7. caffè/«Sport»
8. zoo/di San Diego
9. automobile/di un amico
10. studio/di un pittore
11. treno/Milano–Roma
12. banca/d'Italia
13. negozio/«Lui e Lei»

D. In un caffè. Here are fragments of conversations overheard in an Italian cafe. Supply the definite article where necessary. Then practice reading these sentences and responding to them with a classmate.

1. Buon giorno, _____ dottor Bianchi! Come sta?
2. Oh! Ecco _____ signor Rossi.
3. Scusi, dov'è _____ professor Marini oggi?
4. Quando è in ufficio _____ professoressa Rovati?
5. _____ signori Verdi sono a Parigi.
6. ArrivederLa, _____ dottore!

1.4 Espressioni interrogative

—Che cos'è?
—È un castello.
—Com'è?
—È grande e bello.
—Dov'è?
—È a Milano.

Some interrogative words and expressions are:

Chi?	*Who? Whom?*	**Chi** è Marcello?	*Who is Marcello?*
Che cosa?			
Cosa?	*What?*	**Cos'**è un pronome?	*What is a pronoun?*
Che?			
Come?	*How? Like what?*	**Com'**è Firenze?	*What is Florence like?*
Dove?	*Where?*	**Dov'**è Palermo?	*Where is Palermo?*
Quando?	*When?*	**Quando** sei a casa?	*When are you at home?*

Cosa, come, and **dove** are elided before **è.**

Cos'è?	*What is it?* or *What is he/she?*
Dov'è?	*Where is it?* or *Where is he/she?*

Pratica

 A. **Quiz.** With a classmate, take turns asking and answering questions, following the examples.

Esempi Filippo/studente Venezia/città
—*Chi è Filippo?* —*Che cos'è Venezia?*
—*È uno studente.* —*È una città.*

1. *Il Davide*/scultura (*sculpture*) di Michelangelo **2.** *Giulietta e Romeo*/tragedia di Shakespeare **3.** Harvard/università **4.** Leonardo da Vinci/pittore **5.** Il Duomo di Milano/chiesa **6.** La Scala/teatro **7.** Marcello/ragazzo italiano **8.** Luciano Pavarotti/tenore

B. **Qual è la domanda?** Ask questions that would elicit the following answers, using **chi, che (che cosa, cosa), come, dove,** or **quando.**

>**Esempio**   —Io sono a casa stasera.
>   —*Dove sei stasera?*

1. Io sono un amico di Francesca.
2. Tokio è in Giappone.
3. Genova è un porto in Italia.
4. Piazza San Marco è a Venezia.
5. Bene, grazie.
6. Oggi Francesca è all'università.
7. Capri è un'isola *(island)*.
8. Dante Alighieri è un poeta.
9. Siamo a casa domani.
10. Sono Loredana.

C. **Tre domande.** Think of three questions, using the vocabulary you know, to ask a classmate. Then take turns asking each other questions and answering them.

Per finire   CD 1, Track 13

Traffico lungo una strada di Milano.

Cosa c'è in una città?

Ecco una conversazione **fra** due **ragazzi.**	*between / boys*
ALBERTO Dove **abiti?**	*do you live*
PAOLO Abito a Milano, e tu?	
ALBERTO Io abito a Rapallo. **Com'è** *Milano?*	*What is…like?*
PAOLO Milano è una grande città, con **molti** edifici: i negozi, le banche, i ristoranti, i caffè, i cinematografi, i monumenti, le chiese, i musei, le scuole e un teatro famoso, La Scala.	*many*
ALBERTO C'è uno zoo?	
PAOLO Sì, c'è. Con gli animali feroci. C'è **anche** un **castello,** in un grande parco, con gli alberi, i fiori e le fontane.	*also / castle*
ALBERTO Ci sono molte automobili? Ci sono le Ferrari?	
PAOLO Sì, ci sono molte automobili e anche le Ferrari. Ci sono gli autobus, i tram e le stazioni **dei** treni. Com'è Rapallo?	*of the*
ALBERTO Rapallo è una **piccola** città, **però** è una città **molto bella.**	*small / but* *very beautiful*

Comprensione

1. Dove abita Paolo?

2. Milano è una città piccola o grande?

3. Cosa c'è a Milano?

4. Come si chiama il famoso teatro di Milano?

5. C'è o non c'è uno zoo?

6. Cosa c'è in un parco?

7. A Milano ci sono molte automobili?

8. Com'è Rapallo, secondo *(according to)* Alberto?

Come si dice in italiano?

1. Excuse me, where is the university?

2. There is the university!

3. Is Professor Pini there?

4. Who? Doctor Pini? He is not in today. **(Non c'è.)** He is at home.

5. Where is the Bank of Italy, please?

6. It is downtown.

7. Are there restaurants, too?

8. Yes. The restaurants and the shops are downtown.

9. Thank you. Good-bye.

10. You are welcome, Madam. Good-bye.

11. What's your name?

12. My name is Lisa. I'm a student of Italian.

Attualità

Adesso scriviamo!

Un incontro tra due studenti

Find a partner to role-play a conversation between an Italian exchange student and a person in your city. During the conversation, introduce yourself to each other, chat briefly about where you live, and then say good-bye. Make notes on the conversation so you can write out the dialogue on paper. Here is an example:

NOME Paolo
DOVE Milano
COM'È LA CITTÀ? grande, molti edifici, un teatro famoso, uno zoo
NOME Lisa
DOVE Los Angeles
COM'È LA CITTÀ? molte automobili, grande, lontano da San Francisco,
    vicino a San Diego

You may want to refer to the first *Punti di vista* dialogue in the *Primo incontro* and the preceding *Per finire* dialogue in this chapter, *Cosa c'è in una città?* as models for your conversation.

A. Begin by greeting each other and introducing yourselves.

B. Tell each other which cities you come from.

C. Your new Italian friend then asks a couple of questions about your town, which you answer.

D. Conclude by saying good-bye.

E. Now that your dialogue is complete, write it out (8–10 lines), using words and phrases you have already learned. Then, double-check it and make sure you have spelled all words correctly. If time permits, act out the dialogue in front of the class.

GUARDIAMO!

In centro
In this sequence, Daniela and Alessandra are at a café enjoying ice cream.
They are talking about their day and their plans to meet with friends at a nearby restaurant.

Parliamo insieme!

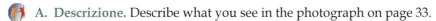

A. **Descrizione.** Describe what you see in the photograph on page 33.

B. **Conversazione.** Take turns asking about and describing the cities which you come from. You can ask each other such questions as: **Dove abiti? Com'è la città? Com'è il traffico? C'è uno zoo?**, etc.

SITO WEB

For more practice with the cultural and linguistic topics in **Capitolo 1**, visit the *Ciao!* website at **http://ciao.heinle.com.**

Vedute d'Italia

Milano

A. Prima di leggere

As you look at the pages from a brochure about Milan below, you will find that it is very helpful to watch for the many cognates among the words that describe the city. A cognate, as you will recall, is an Italian word that looks very much like an English word and has a similar meaning. It is easy to see, for example, that the Italian word **arte** and the English word *art* are cognates. On the other hand, it is important to be alert as you encounter cognates: **spettacolo** does not mean *spectacle*, here, as you might expect, but rather, *show*, and **storia** is not *story*, but rather, *history*. What cognates can you identify readily as you look at this text for the first time?

B. Alla lettura

Una descrizione di Milano. Look again at the page entitled "Milano e... ," considering both the photos and the list of words that are used to describe the city. Indicate which words seem especially applicable to each photo.

Esempio Il Museo Nazionale della Scienza e della Tecnica
Leonardo da Vinci:
Tecnologia, Novità,...

Milano è
Dinamismo
Vitalità
Arte
Architettura
Musica
Spettacolo
Storia
Scienza
Tecnologia
Progresso
Novità
Eleganza
Moda

Una città
giovane
che piace
ai giovani

Milano e i Giovani

Un incontro di sicuro successo

Lo spettacolo domenicale...

La Galleria Vittorio Emanuele

Ricchi itineari d'arte e di storia...

Teatro alla Scala: una serata molto esclusiva...

Spettacoli alla Scala, al Piccolo Teatro, al Teatro Lirico, al Teatro Studio, Musei incomparabili, Mostre d'arte, Vita notturna, Musica sui Navigli, Cabaret, Teatro d'avanguardia, Calcio internazionale, Le vie dello shopping, Antiquariato, Design, Sfilate di moda, Fiere mondiali.

giorni ricchi di opportunità e divertimenti

Azienda di Promozione Turistica del Milanese

1. Il Teatro alla Scala: _____

2. Il Castello Sforzesco: _____

3. I negozi alla moda: _____

4. Il Museo Nazionale della Scienza e della Tecnica Leonardo da Vinci: _____
_____

5. Il Duomo: _____

6. *L'Ultima cena* di Leonardo da Vinci: _____

C. Culture a confronto

1. Can you think of a North American city that seems similar to Milan? How are the cities alike and how do they differ?

2. Look at the list of things to do in Milan. Do you have similar choices where you live? What would you choose to do on a visit to Milan? Why?

Sapete che... ?

La Lombardia

Lombardy, **la Lombardia** in Italian, is the most densely populated region in Italy. Milan is the capital of the region and Italy's chief industrial and commercial center. Major banking, insurance, media, and fashion enterprises are based in Milan, and the **Fiera di Milano,** a center for important trade shows and conferences, is well known internationally. There are six universities in Milan, among them Bocconi, whose business school is considered one of the best in Europe.

Milan and the surrounding region have a long and significant history. Lombardy's bankers were already famous by the Middle Ages, and, during the Renaissance, Milan became a major artistic center because of the patronage of important families and the artists such as Leonardo da Vinci who were active there. Its cultural institutions and artistic treasures are world famous.

Vocabolario

Nomi

l'affresco	fresco
l'albero	tree
l'amico, l'amica	friend
l'animale *(m.)*	animal
la casa	house, home
il castello	castle
la città	city, town
la classe	class
la conversazione	conversation
il dottore, la dottoressa	doctor; university graduate
l'esame *(m.)*	examination
il fiore	flower
la fontana	fountain
il giardino	garden
l'impiegato	clerk
l'informazione *(f.)*	information
l'inglese *(m.)*	English (language)
l'Italia	Italy
l'italiano	Italian language
la lezione	lesson
il professore, la professoressa	professor
il ragazzo, la ragazza	boy, girl; boyfriend, girlfriend
lo studio	study
il traffico	traffic
il (la) turista	tourist

Aggettivi

americano(a)	American
bello(a)	beautiful, handsome
famoso(a)	famous
grande	big, large, wide; great
intelligente	intelligent
italiano(a)	Italian
molti, molte	many
piccolo(a)	small, little
severo(a)	strict
simpatico(a)	nice, charming

Verbi

essere	to be

Altre espressioni

a	in, at, to
anche	also, too, as well
benissimo	very well
c'è, ci sono	there is, there are
che?, che cosa?, cosa?	what?
chi?	who, whom?
come? com'è?	how? What is…like?
con	with
di, d'	of, from
domani	tomorrow
dove?	where?
e, ed	and *(often before a vowel)*
ecco!	here (there) is (are)!
in	in
in centro	downtown
molto *(inv.)*	very
molto bene	very well
no	no
oggi	today
per	for
perché	why?; because
quando?	when?
stasera	tonight
sì	yes

CAPITOLO 2

Persone e personalità

Una moto è l'oggetto dell'ammirazione di alcuni studenti del liceo.

Punti di vista | Com'è il tuo compagno di stanza?

Studio di parole: La descrizione
Informazioni: Complimenti e abitudini
Ascoltiamo! La sera della festa

Punti grammaticali

2.1 L'aggettivo
2.2 **Buono** e **bello**
2.3 **Avere** (to have)
2.4 Frasi idiomatiche con **avere**

Per finire | Due compagni di stanza

Attualità

Adesso scriviamo!
Parliamo insieme!
♫♫ **Intermezzo musicale: Nicola Arigliano, «Carina»**

Vedute d'Italia | Il turismo nelle regioni d'Italia

Sapete che...?

Punti di vista

Due studenti s'incontrano dopo le lezioni davanti alla fontana del Castello Sforzesco, a Milano.

Com'è il tuo compagno di stanza?

 CD 1, Track 14

What is your roommate like?

Rita e Luciano sono compagni di classe. Oggi **s'incontrano dopo** le lezioni.

they meet after

RITA Ciao, Luciano. Come va?

LUCIANO Non c'è male, e tu?

RITA **Abbastanza bene. Quanti** compagni di stanza hai **quest'** anno?

Quite well./How many/this

LUCIANO Ho **solo** un compagno di stanza. Si chiama Claudio. È romano.

only

RITA Com'è? È un ragazzo simpatico?

LUCIANO Sì, è un ragazzo molto simpatico. È anche un bel ragazzo—alto, biondo, con gli occhi verdi.

RITA È un bravo studente?

LUCIANO Sì, è molto studioso e **parla** quattro lingue.

he speaks

RITA Sono curiosa di **conoscerlo.**

to meet him

LUCIANO Bene. Domani sera c'è una **festa** a casa di Marco. Sei **invitata.**

party invited

RITA Grazie. A domani sera.

Comprensione

1. Chi è Rita? **2.** Quando s'incontrano Rita e Luciano? **3.** Quanti compagni di stanza ha Luciano quest'anno? **4.** Come si chiama? **5.** Di che città è? **6.** È uno studente mediocre? **7.** Quante lingue parla? **8.** Che cosa c'è domani sera? **9.** È invitata Rita?

Studio di parole   *La descrizione*

bello   forte   magro   grasso   vecchio

Come sei tu?

biondo(a) blond
bruno(a) dark-haired
alto(a) tall
basso(a) short
giovane young
brutto(a) ugly
ricco(a) (*pl.* **ricchi**) rich
povero(a) poor
fortunato(a) lucky
sfortunato(a) unlucky
buono(a) good
cattivo(a) bad
bravo(a) good, talented
intelligente intelligent
sportivo(a) active
stupido(a) stupid
studioso(a) studious
pigro(a) lazy
simpatico(a) nice, charming
antipatico(a) unpleasant
generoso(a) generous

avaro(a) stingy
interessante interesting
divertente amusing
noioso(a) boring
contento(a) content, pleased
triste sad

Hai i capelli...?

neri black
biondi blond
bianchi white
castani brown
rossi red
corti short
lunghi long

Hai gli occhi...?

castani brown
azzurri blue
verdi green
grigi gray
neri black

NOTE

1. Although the adjectives **bravo** and **buono** are both translated in English as *good*, **bravo** should be used when *good* means "talented."

2. **Basso** and **corto** are both translated as *short*. However, **basso** refers to someone's or something's height, while **corto** refers to the length of objects: **capelli corti.**

3. **Castano** refers only to the color of eyes and hair: **capelli castani;** for everything else *brown* is translated as **marrone.**

Informazioni · Complimenti e abitudini

Italians tend to minimize a compliment instead of thanking the person who pays it. For instance, when a visitor says, "What a beautiful house you have!", the response of the owner is likely to be, "It is not too bad, but…," followed by an account of the house's shortcomings.

Italians like to be properly dressed for all occasions. Even when visiting a friend, for example, they feel they should dress up as a sign of respect. Women of all ages are, for the most part, nicely dressed when they go to work, to shop, and even to buy groceries at the supermarket. The same goes for men; it is fairly common to see a man dressed in an Armani suit taking the bus to work (it is nearly impossible to find a parking space downtown). Italians tend to buy fewer clothes than Americans do, but what they buy each season is of very good quality and extremely fashionable.

Applicazione

A. Domande. Answer the following questions using an appropriate adjective.

1. Come sono i capelli di Babbo Natale *(Santa Claus)*?
2. È generoso Scrooge?
3. Com'è Miss America?
4. Ha gli occhi castani Leonardo Dicaprio?
5. Com'è un topo di biblioteca *(bookworm)*?
6. È noioso in generale un film di Jim Carrey?
7. È brutto Brad Pitt?
8. Com'è Popeye?

 B. Conversazione. Take turns asking each other about a roommate or good friend **(amico/amica)**.

1. Hai un compagno (una compagna) di stanza o un amico (un'amica)?
2. Come si chiama? *(What is her/his name?)*
3. Di dov'è?
4. È bruno(a) o biondo(a)? alto(a) o basso(a)? Ha gli occhi neri o azzurri?
5. È simpatico(a)?
6. È intelligente? È studioso(a) o pigro(a)?
7. È avaro(a) o generoso(a)?
8. Quante lingue parla? una? due? tre?

 C. Personalità. Discuss the qualities of an ideal friend and the personality flaws that you cannot stand. Share your thoughts with the class as a whole.

> **Esempio** L'amico (L'amica) ideale è…
> L'amico (L'amica) ideale non è…

 D. Descrizione. Introduce yourself to the class. Start with **Mi chiamo…**, and then describe your personality briefly using appropriate adjectives.

 CD 1, Track 15

La sera della festa. It is the evening of Marco's party. Marco is greeting Rita and introducing her to Luca. Listen to the exchange and then answer the following questions.

Comprensione

1. Dove sono Luca e Rita?

2. Di dov'è Luca?

3. Come si chiama l'amica di Luca? È inglese?

4. Di quale *(which)* città è Marilyn?

5. Come sono, in generale, i giovani americani?

Dialogo

Imagine that you are at a discotheque and are describing to your best friend a person you have just met. Your friend wants to know where your new acquaintance is from, if he/she is a student, and where and what he/she is like. Act out this conversation with a classmate. You can begin by saying: **Ho conosciuto** *(I met)*…Your friend can then ask questions.

Punti grammaticali

2.1 L'aggettivo

1. An adjective **(aggettivo)** must agree in gender and number with the noun it modifies. When an adjective ends in **-o,** it has four endings: **-o** *(m. sing.),* **-i** *(m. pl.),* **-a** *(f. sing.),* and **-e** *(f. pl.).*

	Singular	Plural
Masculine	il bambino biond**o**	i bambini biond**i**
Feminine	la bambina biond**a**	le bambine bionde

Luigi è alto e biondo.	*Luigi is tall and blond.*
Maria è bassa e bruna.	*Maria is short and brunette.*
Maria e Carlo sono generosi.*	*Maria and Carlo are generous.*

When an adjective ends in **-e,** it has two endings: **-e** *(m. & f. sing.)* and **-i** *(m. & f. pl.).*

È brutta o carina Roberta? Ha i capelli lunghi o corti? Ha gli occhi verdi o castani?

	Singular	Plural
Masculine	il ragazzo intelligent**e**	i ragazzi intelligent**i**
Feminine	la ragazza intelligent**e**	le ragazze intelligent**i**

Luigi è felice.	*Luigi is happy.*
Maria è felice.	*Maria is happy.*
Maria e Luigi sono felici.	*Maria and Luigi are happy.*

---

*If an adjective modifies two nouns of different gender, the masculine plural ending is used: **Lisa e Paolo sono simpatici.** *Lisa and Paolo are nice.*

2. An adjective usually follows the noun it modifies. However, the following common adjectives usually precede the noun:

bello	*beautiful, handsome, fine*
brutto	*ugly, plain*
buono	*good*
bravo	*good, talented*
cattivo	*bad, mean, naughty*
giovane	*young*
vecchio	*old*
grande	*big, large; great*
piccolo	*small, short*
stesso	*same*
nuovo	*new*
altro	*other*
caro*	*dear*
vero	*true*
primo	*first*
ultimo	*last*

l'**altro** giorno	*the other day*
un **caro** amico	*a dear friend*
una **grande** casa	*a big house*
un **grande** artista	*a great artist*
gli **stessi** ragazzi	*the same boys*

When an adjective precedes the noun, the form of the article depends on the first letter of the adjective.

gli studenti   BUT **i** bravi studenti

NOTE: All adjectives follow the noun when they are modified by the adverb **molto** *(very)*, **poco** *(little, not very)*, **abbastanza** *(enough, rather)*, **un po'** *(a little)*.

un amico **molto caro**	*a very dear friend*
una casa **abbastanza** grande	*a rather big house*

È la bandiera...

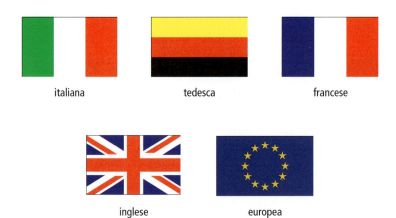

italiana   tedesca   francese

inglese   europea

---

*Caro, after the noun, means *expensive*: **un'automobile cara,** *an expensive car.*

Adjectives denoting *nationality* or *color* always follow the noun:

italiano*	*Italian*	**tedesco** (*pl.* **tedeschi**)	*German*
svizzero	*Swiss*	**spagnolo**	*Spanish*
francese	*French*	**greco**	*Greek*
irlandese	*Irish*	**russo**	*Russian*
inglese	*English*	**cinese**	*Chinese*
canadese	*Canadian*	**giapponese**	*Japanese*
messicano	*Mexican*	**europeo**	*European*
americano	*American*	**africano**	*African*

una signora **inglese**	*an English lady*
la lingua **cinese**	*the Chinese language*
una macchina **tedesca**	*a German car*
due belle donne **americane**	*two beautiful American women*

I colori

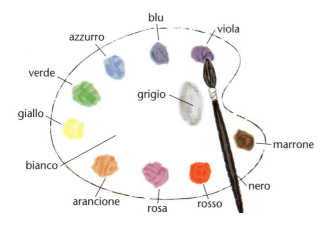

chiaro/scuro	*light/dark*
verde chiaro	*light green*
grigio scuro	*dark gray*
un fiore **giallo**	*a yellow flower*
due case **bianche**	*two white houses*
due strade **lunghe**	*two long streets*

> **NOTE**
> a. Like nouns ending in **-ca** and **-ga,** adjectives ending in **-ca** and **-ga** change in the plural to **-che** and **-ghe.**
> b. The adjectives **rosa, blu, viola,** and **marrone** are invariable.
>   due biciclette **blu**   *two blue bicycles*

*In Italian, adjectives denoting nationality are not capitalized, while nouns often are: **gli Italiani, gli Americani,** etc.

Pratica

 A. Contraddizione. Take turns asking and answering questions, as in the example.

Esempio   gli edifici in centro (basso)
—*Gli edifici in centro sono bassi?*
—*No, sono alti.*

1. la Fifth Avenue (corto) **2.** i negozi in centro (brutto) **3.** il Central Park di New York (piccolo) **4.** le automobili Fiat (spagnolo) **5.** la BMW (americano) **6.** le lezioni d'italiano (noioso) **7.** la pasta Barilla (francese)

B. Com'è? Come sono? Ask each other about the following people and things, as in the examples.

Esempi   piazza/grande   ragazzi/sportivo
—*Com'è la piazza?*   —*Come sono i ragazzi?*
—*È grande.*   —*Sono sportivi.*

1. città di Firenze/bello

2. ragazze italiane/bruno

3. compagne di classe/simpatico

4. gelati italiani/buono

5. lezioni d'italiano/interessante

6. professore(ssa) d'italiano/buono, bello, bravo

7. Bill Gates/ ricco

8. macchine tedesche/caro

9. studenti d'italiano/intelligente

10. film di Jim Carrey/divertente

C. Intervista. Ask an American student studying in Siena what the experience is like. Imagine the conversation, using the cues as in the example.

Esempio   facile/gli esami
—*Sono facili gli esami?*
—*Sono abbastanza (o molto) facili.*

1. paziente/i professori   **5.** simpatico/gli amici

2. divertente/la classe d'italiano   **6.** cordiale/gli Italiani

3. interessante/i corsi   **7.** bello/la città di Siena

4. bravo/i compagni   **8.** contento/tu

D. Affermazione. Take turns asking and answering the following questions, as in the example.

Esempio   È una buona ragazza Lisa?
—*Sì, è una ragazza molto buona.*

1. È una lingua difficile il cinese?

2. È una bella città Perugia?

3. Sono due bravi tenori Pavarotti e Domingo?

4. È un aereo veloce *(fast)* il Concord?

5. È una vecchia città Siena?

6. È una persona ricca il signor Bill Gates?

E. **Che fortuna!** Explain why Donata Belli, an Italian businesswoman, is a lucky person. Complete each sentence with the suggested adjective(s).

> **Esempio**   (tedesco) Donata Belli lavora per una compagnia.
> —*Donata Belli lavora per una compagnia tedesca.*

1. (intelligente) Donata Belli è una persona.
2. (grande) Lavora in un ufficio.
3. (bravo) Ha una segretaria.
4. (simpatico) Lavora con colleghi (*colleagues*).
5. (giovane, dinamico) Ha impiegati.
6. (interessante) Ha un lavoro.
7. (nuovo, rosso) Ha anche una Ferrari.
8. (fortunato) È davvero (*really*) una persona.

F. **Di che colore è (sono)...?** (*What color is, are...?*) Ask each other questions, following the example.

> **Esempi**   gli alberi
> —*Di che colore sono gli alberi (trees)?*
> —*Sono verdi.*

1. i tassì (*taxis*) di New York
2. la bandiera americana
3. la bandiera italiana
4. la neve (*snow*)
5. gli occhi della compagna di classe vicino a te (*near you*)
6. i capelli del compagno di classe vicino a te
7. il cielo (*sky*) quando piove (*it rains*)
8. il cielo quando è sereno (*it is clear*)

G. **Una villa in Toscana.** Friends have rented a villa and a car in Tuscany and have invited you to go with them. Exchange information about the villa and the arrangements.

> **Esempi**   la villa/piccolo   i mobili (*furniture*)/elegante
> —*Com'è la villa?*   —*Come sono i mobili?*
> —*È una piccola villa.*   —*Sono mobili eleganti.*

1. il giardino/grande
2. le stanze (*rooms*)/bello/luminoso
3. il parco/fiorito
4. gli alberi/alto
5. il cane/vecchio/nero
6. i vicini (*neighbors*)/simpatico
7. la città/vecchio/medievale
8. la macchina/ nuovo/tedesco
9. l'affitto (*rent*)/caro

H. **Domande personali.** Find out how your classmates would describe themselves. Ask each other questions using the following adjectives and respond using **molto, poco,** and **abbastanza.**

> **Esempio**   generoso
> —*Mary, sei generosa?*
> —*Sì, sono abbastanza generosa.*

1. studioso
2. pigro
3. fortunato
4. felice
5. timido
6. socievole
7. calmo

2.2   **Buono** e **bello**

Buona Pasqua *(Happy Easter)*. A Pasqua gli Italiani augurano "Buona Pasqua" a parenti e amici, e comprano per i bambini un grosso uovo di cioccolato. Dentro l'uovo c'è una sopresa: una piccola automobile o un giocattolo *(toy)* per i bambini e una piccola bambola *(doll)* o un giocattolo per le bambine.

1. When the adjective **buono** *(good)* precedes a singular noun, it has the same endings as the indefinite article **un.**

un libro, un **buon** libro   *a book, a good book*
un'amica, una **buon**'amica   *a friend, a good friend*

NOTE: Buono in its plural forms has regular endings:
due **buoni** amici   *two good friends*
due **buone** ragazze   *two good girls*

2. When the adjective **bello** *(beautiful, handsome)* precedes a noun, it has the same endings as the definite article **il.**

il ragazzo, il **bel** ragazzo   *the boy, the handsome boy*
i fiori, i **bei** fiori   *the flowers, the beautiful flowers*
l'ạlbero, il **bell'**ạlbero   *the tree, the beautiful tree*
la casa, la **bella** casa   *the house, the beautiful house*
l'amica, la **bell'**amica   *the friend, the beautiful friend*
gli occhi, i **begli** occhi   *the eyes, the beautiful eyes*
le parole, le **belle** parole   *the words, the beautiful words*
lo stato, il **bello** stato   *the state, the beautiful state*

NOTE: When the adjective **bello** follows the noun it has regular forms:
bello, bella, belli, belle

Maria ha due bambini **belli** e **buoni.** BUT Maria ha due **bei** bambini.

Pratica

A. Buono. Ask each other questions, following the examples.

Esempi   caffè
—*Com'è il caffè?*
—*È un buon caffè.*

compagni
—*Come sono i compagni?*
—*Sono buoni compagni.*

1. ristorante **2.** lezione **3.** automobile **4.** libro **5.** idea **6.** amici **7.** cane **8.** consigli *(advice)* **9.** ragazze

B. Bello. You are showing a friend some photos. Your friend comments on each one, using **bello.**

Esempio   casa di Anna
—*Ecco la casa di Anna.*
—*Che bella casa!*

1. fontana di Trevi
2. negozio Gucci
3. ufficio del dottor Sarzi
4. automobile di Marcello
5. ragazzo di Gabriella

6. zoo di San Diego
7. studio di un architetto
8. chiesa di San Marco
9. giardini di Tivoli

C. Ecco un bel...! Bring one or two photos to class, and describe them using the correct forms of **bello.**

Esempio   *Ecco una bella fontana!*

2.3 Avere *(to have)*

The present tense **(presente)** of **avere** is conjugated as follows:

Person	Singular	Plural
1st	io **ho** *(I have)*	noi **abbiamo** *(we have)*
2nd	tu **hai** *(you have, familiar)*	voi **avete** *(you have, familiar)*
3rd	lui **ha** *(he has)*	loro **hanno** *(they have)*
	lei **ha** *(she has)*	Loro **hanno** *(you have, formal)*
	Lei **ha** *(you have, formal)*	

—Che naso ha Pinocchio?
—Ha un naso lungo.

Io **ho** un cane. E tu?	*I have a dog. And you?*
Gianni non **ha** i capelli neri.	*Gianni does not have black hair.*
Voi non **avete** il libro.	*You don't have the book.*
Ha una macchina americana Lei?	*Do you have an American car?*
I signori Scotti **hanno** una bella casa?	*Do Mr. and Mrs. Scotti have a nice house?*
Hai una bicicletta, (non è) vero?	*You have a bicycle, don't you?*
Marcello **ha** gli occhi verdi, (non è) vero?	*Marcello has green eyes, doesn't he?*

NOTE

a. To use the verb **avere** in the negative or interrogative form, follow the general rules presented for the verb **essere** in **Capitolo 1.**

b. Another way to ask a question of fact or to request confirmation is to add **(non è) vero?** at the end of a statement.

Pratica

A. Scambi rapidi. Complete the dialogues with the correct forms of **avere**. Then act them out.

1. —Marcello _____ un bel cane nero. E tu?

   —Io _____ un vecchio bassotto (*dachshund*).

2. —Noi medici non _____ una professione facile.

   —È vero, ma voi _____ molti soldi (*money*).

3. —_____ un compagno di stanza tu?

   —No, ma _____ un gatto siamese come (*as*) compagno.

4. —Signora, _____ un computer Lei?

   —Io no, ma i miei figli (*my children*) _____ un personal computer.

B. Contraddizione. Ask each other questions and respond in a contradictory way, following the example.

Esempio   Fabio/cane stupido
    —*Fabio ha un cane stupido?*
    —*No, non ha un cane stupido. Ha un cane intelligente.*

1. voi/amici avari
2. tu/compagni pigri
3. i professori/una professione noiosa
4. una persona povera/una vita facile
5. tu/un grande appartamento

C. Non è vero? A classmate asks you to confirm his/her statements. Respond by providing the correct information, following the example.

Esempio   tu/una macchina tedesca/americano
    —*Tu hai una macchina tedesca, non è vero?*
    —*No, ho una macchina americana.*

1. gli studenti/corsi noiosi/interessante
2. voi/una vecchia Honda/nuovo
3. tu/due compagni francesi/canadese
4. tu/una grande stanza/piccolo
5. il tuo amico/una ragazza messicana/argentino

D. Un'intervista. Take turns asking each other the following questions. Then, report to the class what you have learned.

Esempio   —David, hai un grande appartamento?
    —*No, ho un piccolo appartamento...*
    —*David ha un piccolo appartamento...*

1. Hai una macchina o una bicicletta? Di che colore è? È italiana?
2. Hai un cane o un gatto? Ha un nome? Come si chiama?
3. Hai un lavoro? È un buon lavoro? Hai un buono stipendio?
4. Hai un compagno di stanza (una compagna) di stanza? Ha i capelli biondi? Ha gli occhi azzurri? È studioso(a)?

2.4   Frasi idiomatiche con **avere**

1. In Italian, the following idiomatic expressions (**espressioni idiomatiche**) are formed using **avere** + *noun*. In English, by contrast, they are formed in most cases using *to be* + *adjective*.

avere fame	*to be hungry*	**avere caldo**	*to be hot*
avere sete	*to be thirsty*	**avere freddo**	*to be cold*
avere sonno	*to be sleepy*	**avere ragione**	*to be right*
avere paura (di)	*to be afraid (of)*	**avere torto**	*to be wrong*
avere voglia (di)	*to feel like*	**avere fretta**	*to be in a hurry*
avere bisogno (di)	*to need*		

Hai paura di un esame difficile?	*Are you afraid of a difficult exam?*
Ha bisogno di un quaderno?	*Do you need a notebook?*
Ho caldo e **ho** anche **sete.**	*I am hot and I am also thirsty.*
Hai ragione: è un ragazzo simpatico.	*You are right: he is a nice boy.*
Hai voglia di mangiare un buon gelato?	*Do you feel like eating a good ice cream?*

—Cara, non hai paura, vero?

NOTE

When referring to an object as hot or cold, use **essere: Il caffè è caldo.** *(The coffee is hot.)*

Pratica

 A. Cosa desideri? (*What do you want?*) Take turns asking and answering the questions, using the cues provided.

Esempio   —*Cosa desideri quando hai fame?*
—*Desidero una pizza.*

Cosa desideri quando...

1. hai fame? **2.** hai sete? **3.** hai sonno? **4.** hai caldo? **5.** hai freddo? **6.** hai paura? **7.** non hai voglia di studiare?

Risposte possibili: una Coca-Cola, un piatto di spaghetti, un'acqua minerale fresca, un bel letto *(bed)*, un gelato alla panna, andare *(to go)* al cinema, un caffè caldo, essere alle Bahamas, parlare con gli amici, essere in Alaska, avere un po' di coraggio, una torta al cioccolato, un buon cappuccino

B. Perché? Perché? Take turns asking and answering the following questions. Use idioms with **avere.** See how many different answers to each question you can come up with.

1. È mezzogiorno *(noon)*, e i compagni mangiano una pizza. Perché?

2. Oggi tu e Pietro non avete tempo di parlare con gli amici. Perché?

3. Perché stasera tu non guardi *(watch)* la televisione?

4. È agosto, e noi beviamo *(drink)* molta acqua minerale. Perché?

5. Oggi tu non studi; è perché sei stanco(a) *(tired)* o perché non hai voglia di studiare?

C. Hanno ragione o hanno torto? Indicate whether you think that the people making the following statements are correct or mistaken, and explain your answer.

Esempio
—*Il tuo (your) compagno di stanza dice che tu guardi sempre la TV.*
—*Ha torto; non guardo la TV.* o *Ha ragione; guardo sempre la TV.*

1. Il professore d'italiano pensa *(thinks)* che tu studi molto.
2. I dietologhi dicono: «Mangiate molta frutta e poca carne *(meat)*.»
3. Il tuo *(Your)* amico dice che tu sei pigro(a).
4. I compagni di classe dicono che è una buon'idea studiare insieme *(together)* per gli esami.
5. Io non studio per l'esame d'italiano e conto sulla *(I count on)* fortuna.

Per finire CD 1, Track 16

Ecco Fido, il vecchio cane di Antonio.

Due compagni di stanza

Marcello Scotti e Antonio Catalano sono compagni di stanza e sono buoni amici. Marcello ha diciannove anni. È un bel ragazzo, alto, e **snello**. Ha gli occhi e i capelli castani. Il padre di Marcello è ricco, e Marcello ha una bella Ferrari rossa. Marcello è studente **all'**università. **Non studia** molto, ma è un ragazzo molto generoso.

slender

at the. / he does not study

    Anche Antonio è studente. Ha la stessa **età** di Marcello. Antonio è basso, ha i capelli biondi e gli occhi azzurri. È un ragazzo molto simpatico e uno studente molto bravo. Antonio non è ricco, è povero. Non ha la macchina, ha una vecchia bicicletta e un vecchio cane che si chiama Fido.

age

    Oggi i due amici hanno bisogno di studiare molto perché domani hanno un esame.

MARCELLO Antonio, io ho fame e sete, e tu?

ANTONIO Anch'io ho fame.

MARCELLO **Andiamo** a mangiare in un buon ristorante!

Let's go

ANTONIO Perché non andiamo a mangiare un bel gelato?

MARCELLO **Ma** io ho molta fame! Un gelato non è abbastanza.

But

ANTONIO Ma io, oggi, non ho abbastanza **soldi**.

money

MARCELLO **Non importa.** Oggi **offro io.**

It does not matter. / I offer (It's my treat.)

Comprensione

1. Chi sono Marcello e Antonio?

2. Sono vecchi?

3. È vero che Marcello è un brutto ragazzo?

4. Di che colore sono gli occhi di Marcello?

5. Che macchina ha?

6. È un amico avaro?

7 È un ragazzo simpatico Antonio? È alto?

8. Di che colore sono gli occhi di Antonio?

9. Ha la macchina? Che cos'ha?

10. Com'è Antonio in classe?

11. È un bravo studente Marcello?

12. Perché Marcello **paga** *(pays for)* la pizza?

Come si dice in italiano?

1. Lisa and Graziella are two good friends.

2. They have brown eyes, but Lisa is blond and tall, whereas **(mentre)** Graziella is short and dark-haired.

3. They are very pretty and young.

4. Lisa is rich and has a small car. Graziella has an old bicycle.

5. They have the same German professor. It is a difficult course.

6. Tomorrow they have an exam. They are afraid and they need to study **(di studiare).**

7. But tonight they are hungry and thirsty; they feel like eating **(di mangiare)** a pizza in a good restaurant.

Attualità

Adesso scriviamo!

La descrizione di una persona

Write a brief paragraph (6–8 sentences) describing a friend. Use the descriptions of Marcello and Antonio in **Due compagni di stanza** as models.

A. Before you begin to write, organize your information by completing the chart below with appropriate words and phrases that you have learned.

Nome e cognome *(last name)*:
Descrizione fisica:
La personalità:
Ha la macchina?
È un buon amico/una buon'amica?

B. Next, write your description based on the information in your chart. Begin by telling your friend's name: **Si chiama** _____. Then, describe his/her appearance and personality and indicate whether he/she has a car. Conclude by answering the question, **È un buon amico/una buon'amica?**

C. Make sure that you have spelled all words correctly in your completed description and double-check subject-verb agreement and noun-adjective agreement. Consider illustrating your description with a photo and sharing it with a classmate.

Parliamo insieme!

 A. Presentazioni. You are the host/hostess at a reception for new students at the Università per Stranieri *(Foreigners)* di Siena. Take turns making introductions by referring to the students' nametags.

Esempio   Philippe Dulac, Parigi
—*Vi presento Philippe Dulac. È francese. Abita (He lives) a Parigi.*

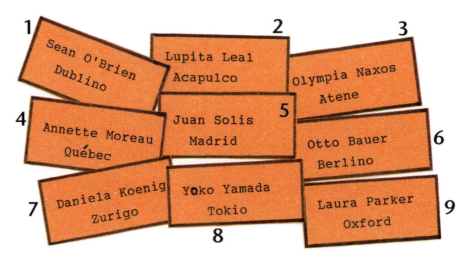

1. Sean O'Brien — Dublino
2. Lupita Leal — Acapulco
3. Olympia Naxos — Atene
4. Annette Moreau — Québec
5. Juan Solis — Madrid
6. Otto Bauer — Berlino
7. Daniela Koenig — Zurigo
8. Yoko Yamada — Tokio
9. Laura Parker — Oxford

GUARDIAMO!

Persone e personalità
Daniela and Alessandra get to class early and start looking at photos. Their instructor overhears their conversation.

SITO WEB

For more practice with the cultural and linguistic topics in **Capitolo 2,** visit the *Ciao!* website at **http://ciao.heinle.com.**

B. **Mi descrivo.** Imagine that you must describe yourself to someone you will be meeting later in the day on a blind date. Write out your description. Then exchange the descriptions you each have written and take turns reading them aloud. Can you guess who is describing himself/herself in each case?

C. **Italiani noti.** Take turns identifying each of the following well-known Italians and indicating what his or her profession is. Then estimate and tell how old each person is and describe him or her briefly. Present one of your descriptions to the class and see how it compares to your classmates' descriptions of the same person.

Umberto Eco, scrittore

Oriana Fallaci, scrittrice-giornalista

Cecilia Bartoli, soprano

Roberto Cavalli, stilista

♪♫Intermezzo musicale

Nicola Arigliano, «Carina»

Nicola Arigliano (b. December 6, 1923) is perhaps the best-known Italian jazz singer. His varied and successful repertoire includes Italian and American swing as well as songs evocative of the 1930's, 40's, 50's, and 60's. His work has been widely appreciated and has won some major prizes.

Arigliano's melodic song "Carina" addresses and flatters a pretty woman with a string of graceful compliments. The accompanying music is as lighthearted as the words themselves are!

Il turismo nelle regioni d'Italia

A. Prima di leggere

The paragraphs below provide information about tourism in different regions of Italy. Before you read them, take a few minutes to look at the photos and captions that accompany this reading. Are you already familiar with any of the regions or sites that are shown? Can you locate them on the map of Italy at the front of this book? By thinking about the illustrations before you read, you will find the reading itself—and the regional references—more meaningful and interesting.

Gondole a Venezia.

Firenze: Il duomo: la cupola di Brunelleschi. Sullo sfondo le colline toscane.

Il turismo è molto importante per l'economia italiana. Al primo posto è il Veneto, **seguito dalla** Toscana, dal Lazio, dalla Lombardia, dall'Emilia Romagna e dal Trentino Alto Adige. **Complessivamente** le regioni del centro-nord **ricevono** il maggior numero di turisti: l'85% di **stranieri** e il 78% d'Italiani. La prima delle regioni meridionali è la Campania. *followed by / In total / receive/foreigners*

Il **capoluogo** del Veneto è Venezia, città romantica per eccellenza. È una città sull'acqua: i canali, **i ponti,** le gondole e piazza San Marco **conferiscono** alla città un'atmosfera magica. La Toscana è la regione più amata dagli Americani. A Firenze, capoluogo della Toscana, ci sono numerose università americane dove gli studenti studiano le **opere** di grandi artisti **rinascimentali.** La città **più** importante d'Italia è Roma, capoluogo del Lazio e capitale d'Italia. La città più moderna ed industrializzata d'Italia è Milano. Milano è famosa per **la borsa** e per **le sfilate di moda.** Anche Bologna è nel nord d'Italia ed è il capoluogo dell'Emilia Romagna. Questa regione è famosa per il parmigiano, il prosciutto e i tortellini. La pizza **invece** è di Napoli, il capoluogo della Campania ed anche il più importante porto meridionale. *regional capital / bridges/bestow / masterpieces/renaissance / most / stock market/fashion shows / instead*

Roma. Piazza Navona e la fontana di Nettuno, una delle tre fontane di questa grande piazza.

Napoli. Veduta del porto e del golfo.

B. Alla lettura Complete the following sentences with appropriate information from the reading. **Le regioni d'Italia.**

1. La regione al primo posto per arrivi turistici è _____.

2. Il capoluogo di questa regione è _____.

3. L'Italia del sud è chiamata anche _____.

4. Ci sono molte università americane a _____.

5. La città famosa per la pizza è _____.

6. Il capoluogo del Lazio e la capitale d'Italia è _____.

7. La città famosa per il prosciutto è _____.

C. Culture a confronto

1. Does any of the information about tourism in Italy and the most popular places surprise you? Why or why not?

2. Which of the cities illustrated in this section are you least familiar with? Are there some you would like to learn more about? Why?

3. Italy is a small country: The greatest distance from north to south is about 708 miles, and the greatest distance from east to west is about 320 miles. Are you surprised by its regional diversity? Is there as much variety where you live?

4. What geographical aspects of North America do you think would be especially striking to Italian tourists?

Sapete che... ?

Informazioni geografiche

Italians speak of their country in terms of four geographical divisions referring to the northern, central, and southern parts of the country as well as the islands: **Italia settentrionale (del nord), centrale (del centro), meridionale (del sud),** and **insulare (delle isole).** Politically, Italy is divided into twenty regions, which are responsible for local administration. Each region has cities, towns, and villages. The most important city is the region's capital. The regions themselves are divided into provinces. There are two independent states within Italy: the Repubblica di San Marino, located between Emilia Romagna and Marche, which is the smallest independent state in the world, and the Città del Vaticano, within Rome.

Vocabolario

Nomi

l'anno	year
il cane	dog
il cognome	surname
il colore	color
il compagno (la compagna) di stanza, di scuola	roommate, classmate
il corso	class, (academic) course
l'età	age
il film	movie
il gatto	cat
l'indirizzo	address
la lingua	language
il nome	name, noun
l'occhio (*pl.* gli occhi)	eye(s)
la parola	word
la persona	person
la professione	profession
la sera	evening
la stanza	room
il tempo	time

Aggettivi

africano	African
altro	other
azzurro	light blue
bianco (*pl.* bianchi)	white
blu (*inv.*)	dark blue
canadese	Canadian
carino	pretty, cute
caro	dear; expensive
castano	brown (for eyes and hair)
che...?	what...?
cinese	Chinese
corto	short (for objects)
difficile	difficult
europeo	European
facile	easy

francese	French
giallo	yellow
giapponese	Japanese
greco	Greek
grigio	gray
inglese	English
irlandese	Irish
lungo	long
marrone (*inv.*)	brown (for objects)
messicano	Mexican
nero	black
nuovo	new
primo	first
rosa (*inv.*)	pink
rosso	red
russo	Russian
spagnolo	Spanish
stesso	same
svizzero	Swiss
tedesco (*pl.* tedeschi)	German
ultimo	last

Verbi

avere	to have

Altre espressioni

abbastanza	quite, rather
avere bisogno (di)	to need
avere caldo	to be hot
avere fame	to be hungry
avere freddo	to be cold
avere fretta	to be in a hurry
avera paura (di)	to be afraid (of)
avere ragione	to be right
avere sete	to be thirsty
avere sonno	to be sleepy
avere torto	to be wrong
avere voglia (di)	to feel like; to want
ma	but

CAPITOLO 3

All'università

Studenti durante un esame.

Punti di vista | Oggi studio per gli esami

Studio di parole: Il sistema italiano degli studi
Informazioni: L'università
Ascoltiamo! In classe

Punti grammaticali

3.1 Verbi regolari in **-are:** il presente
3.2 Le preposizioni
3.3 Le preposizioni avverbiali
3.4 **Quale?** e **che?** *(Which?* and *what?)*

Per finire | La stanza di Lucia

Attualità

Adesso scriviamo!
Parliamo insieme!

Vedute d'Italia | Una scheda personale
Sapete che...?

Punti di vista

Gina e Pietro ripassano *(review)* gli appunti di un corso. Il professore spiega un punto difficile.

Oggi studio per gli esami
CD 1, Track 17 *I study*

Gina e Pietro parlano **davanti** alla biblioteca. *in front of*

GINA Pietro, quante lezioni hai oggi?

PIETRO Ho una lezione di biologia e un'altra di fisica. E tu?

GINA Io ho un esame di chimica e **ho bisogno di** studiare *I need to* perché gli esami **del** professor Riva sono sempre *of (the)* difficili.

PIETRO Non hai gli **appunti**? *notes*

GINA No, ma Franca, **la mia** compagna di classe, è una *my* ragazza studiosa e ha molte pagine di appunti.

PIETRO Gina, **io ho fame,** e tu? *I am hungry*

GINA Anch'io. C'è una paninoteca vicino alla biblioteca. Perché non mangiamo **lì**? *there*

PIETRO Sì, **va bene,** perché non ho molto tempo. **Dopo** le *it's OK / After* lezioni **lavoro** in biblioteca. *I work*

GINA La vita **dei** poveri studenti non è facile! *of the*

Comprensione

1. Quante lezioni ha Pietro oggi? **2.** Che cosa studia Gina oggi? Perché? **3.** Chi è Franca? **4.** Com'è? **5.** Perché Gina e Pietro mangiano vicino alla biblioteca? **6.** Dove lavora oggi Pietro? **7.** Com'è la vita degli studenti?

Studio di parole — *Il sistema italiano degli studi*

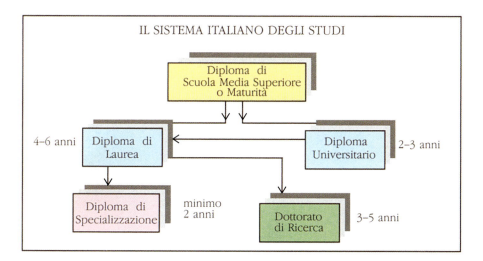

IL SISTEMA ITALIANO DEGLI STUDI

la **biologia** biology	la **borsa di studio** scholarship
la **psicologia** psychology	il **corso** course/class
la **sociologia** sociology	la **materia** subject
la **chimica** chemistry	la **biblioteca** library
la **fisica** physics	gli **appunti** notes
l'**informatica** computer science	la **lettura** reading
l'**economia** economics	il **compito** homework
la **letteratura** literature	l'**esame orale, scritto** oral, written exam
la **musica** music	il **voto** grade
la **storia** history	il **trimestre** quarter
la **storia dell'arte** art history	il **semestre** semester
la **filosofia** philosophy	**studiare** to study
le **lingue straniere** foreign languages	**frequentare** to attend
le **relazioni internazionali** international relations	la **laurea** university degree
le **scienze naturali** natural sciences	**insegnare** to teach
le **scienze politiche** political sciences	l'**insegnante** teacher
la **facoltà di scienze (legge, medicina, ingegneria, economia e commercio)** School of Science (Law, Medicine, Engineering, Economics and Business)	il **maestro, la maestra** elementary school teacher
	presente present
	assente absent
il **titolo di studio** degree	il **liceo** high school

Informazioni — L'università

Every year over half a million students in Italy take **l'esame di maturità.** Those who pass receive **il diploma di maturità,** the culmination of their years of schooling. Those who receive the diploma are eligible to enroll in a **facoltà:** Currently, about 75 percent do so. Only about 35 percent of Italian university students actually receive a degree, however.

University life can be very stressful. Almost all universities are located in big cities and are very crowded. Contacts between students and professors are minimal. Only a very few newer institutions have campuses similar to those in North America. The various buildings, instead, are often widely separated from each other. Most do not have dormitories, although some big-city universities have **case dello studente,** which are limited to low income students who usually are from out of town. Most students live with their families and attend local universities. Those who can afford to study in a different town rent a room or an apartment with other students.

Even students who graduate face challenges finding jobs. Within three years of receiving their degree, 78 percent are employed, but only half have secure positions.

FACOLTÀ E DIPLOMI DI LAUREA

AGRARIA
- Scienze e tecnologie alimentari — 3 anni

ARCHITETTURA
- Scienze dell'Architettura — 3 anni

ECONOMIA
- Economia aziendale — 3 anni
- Economia finanza — 3 anni

FARMACIA
- Informazione Scientifica sul farmaco — 3 anni
- Farmacia Corso di Laurea Specialistica a Ciclo Unico

GIURISPRUDENZA
- Scienze Giuridiche — 3 anni

INGEGNERIA
- Ingegneria civile — 3 anni
- Ingegneria delle telecomunicazioni — 3 anni
- Ingegneria elettronica — 3 anni
- Ingegneria gestionale — 3 anni
- Ingegneria informatica — 3 anni
- Ingegneria meccanica — 3/5 anni

LETTERE E FILOSOFIA
- Studi Filosofici — 3 anni
- Civiltà Letterarie — 3 anni
- Civiltà e Lingue Straniere Moderne — 3 anni
- Psicologia — 3 anni/telematico

MEDICINA E CHIRURGIA
- Scienze delle attività motorie — 3 anni
- Medicina e chirurgia — 6 anni Laurea Specialistica
- Fisioterapista Infermiere Logopedista — 4 anni

MEDICINA VETERINARIA
- Medicina veterinaria — 5 anni Laurea Specialistica

SCIENZE MM. FF. NN.
- Chimica industriale — 3 anni
- Fisica — 3 anni
- Matematica — 3 anni
- Scienze e tecnologie ambientali — 3 anni
- Scienze geologiche — 3 anni
- Scienze naturali — 3 anni

This listing from L'Università degli Studi di Parma (Emilia) shows the various **facoltà,** as well as representative **dipartimenti** and **corsi di laurea.**

Applicazione

A. Che cosa insegnano? The people listed below teach the courses indicated. What subject does each one teach? Choose your response from among these possibilities: **lingue straniere, musica, biologia, storia, economia, informatica, sociologia, scienze.**

Esempio Il signor Cavalca: Mozart, pianoforte
Il signor Cavalca insegna musica.

1. La signora Dovara: programmi di computer
2. Il dottor Mattei: energia, atomo
3. La dottoressa Cattaneo: vita di piante e di animali
4. Il professor Piccoli: produzione, mercato
5. La professoressa Raineri: impero romano, rivoluzione francese
6. La signorina Forti: francese, spagnolo

B. Studenti. Complete the following sentences, which describe Italian universities and students.

1. In un anno accademico, ci sono due _____ o tre _____.
2. Marisa studia il tedesco e il russo: frequenta la facoltà di _____.
3. In un trimestre, ci sono esami _____ e _____.
4. Gianni non ha bei voti perché è spesso _____ (= non è in classe).
5. Alla fine dell'università gli studenti ricevono la _____.

C. Conversazione. Ask each other these questions.

1. Quanti corsi hai questo semestre? Quali *(Which)* sono?
2. Quale corso è interessante?
3. Quali compiti sono noiosi?
4. Hai bisogno di un computer per i compiti di italiano?
5. Che cosa studi oggi?

Il sito dell'Università degli studi di Parma. Secondo te *(According to you)*, cosa significa **future matricole** e **laureati?**

Ascoltiamo!

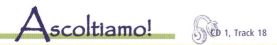 CD 1, Track 18

In classe. A teacher is greeting his students in a **liceo** in Rome and asking and answering a variety of questions at the beginning of class. Listen to the exchanges, and then answer the following questions.

Comprensione

1. Che *(What)* scuola frequentano gli studenti?
2. Hanno un esame d'informatica oggi?
3. Sono tutti presenti?
4. Quanti minuti hanno gli studenti per l'esame?
5. Gli studenti hanno tre esami orali questo *(this)* trimestre?
6. Secondo *(According to)* il professore, è difficile l'esame?
7. Gli studenti hanno bisogno di concentrazione. Una studentessa ha bisogno di un miracolo. Secondo voi, è preparata per l'esame?

Dialogo

Act out the following exchange with a classmate: You are thinking of signing up for a class but want to know more about it. Ask the professor questions to obtain the following—and related—information: Is the class difficult? How many exams are there? Are the exams written or oral? Is there a lot of homework?

Punti grammaticali

3.1 Verbi regolari in **-are:** il presente

La mamma e Nino suonano; il papà canta.

I tre ragazzi giocano: a golf, a tennis, a pallone.

cantare *(to sing)*			
io	cant **o**	noi	cant **iamo**
tu	cant **i**	voi	cant **ate**
lui/lei/Lei	cant **a**	loro	cạnt **ano**

1. Verbs that end in **-are,** known as first conjugation verbs, are the most frequently used. With few exceptions, they are regular. The infinitive of a regular verb such as **cantare** consists of the stem **cant-** (invariable) and the ending **-are.** To conjugate the present tense **(presente)** of **cantare,** we replace **-are** with a different ending for each person: **-o, -i, -a, -iamo, -ate, -ano.**

2. The present tense in Italian is rendered in English in different ways:

Io canto.

> I sing.
> I am singing.
> I do sing.

Canta Maria?

> Does Maria sing?
> Is Maria singing?

Maria non canta.

> Maria does not sing.
> Maria is not singing.

Aspetti un amico?   *Are you waiting for a friend?*
Desịdero guardare la TV.   *I want to watch TV.*
Quante lịngue **parli?**   *How many languages do you speak?*
(Loro) **Ạbitano** in una piccola città.   *They live in a small city.*

3. The present tense is often used to express the future tense.

Le classi **comịnciano** domani.   *Classes will begin tomorrow.*

4. Here is a list of some common **-are** verbs:

abitare	*to live*	**imparare**	*to learn*
ascoltare	*to listen (to)*	**(in)cominciare**	*to begin*
aspettare	*to wait (for)*	**lavorare**	*to work*
cantare	*to sing*	**mangiare**	*to eat*
comprare	*to buy*	**parlare (a)/(di)**	*to speak (to)/(about)*
desiderare	*to wish, to want*	**pensare (a)/(di)**	*to think (about)*
domandare	*to ask*	**spiegare**	*to explain*
giocare (a)	*to play (a game)*	**suonare**	*to play (an instrument)*
guardare	*to watch, look at*	**incontrare**	*to meet*

Giochiamo a tennis oggi?	*Are we playing tennis today?*
Quando **parli** a Franco?	*When are you speaking to Franco?*
Non **parliamo** di politica.	*We don't talk about politics.*

a. Verbs ending in **-iare** drop the **i** of the infinitive stem before adding the endings **-i** and **-iamo.**

stud**iare**: stud**i**, stud**iamo**   incominc**iare**: incominc**i**, incominc**iamo**

b. Verbs ending in **-care** and **-gare** add an **h** before the endings **-i** and **-iamo** to preserve the hard sounds of /k/ and /g/.

gio**care**: gio**chi**, gio**chiamo**
spie**gare**: spie**ghi**, spie**ghiamo**

5. Unlike their English equivalents, the verbs **ascoltare, aspettare,** and **guardare** take a direct object and therefore are *not* followed by a preposition.

Aspettiamo l'autobus.	*We are waiting for the bus.*
Perché non **ascolti** la radio?	*Why don't you listen to the radio?*
Guardate le foto?	*Are you looking at the photographs?*

6. Imparare, (in)cominciare, and **insegnare** take the preposition **a** before an infinitive.

Incomincio a parlare in italiano.   *I'm beginning to speak Italian.*

For a list of verbs that take a preposition (**a** or **di**) before an infinitive, see Appendix 2.

7. Pensare takes the preposition **a** or **di** depending on the meaning of the clause that follows.

a. **Pensare a** means "to think about something" or "to think about someone."

Penso alla mamma.	*I think about my mom.*
Pensiamo agli esami.	*We think about our exams.*

b. **Pensare di** is always followed by an infinitive and means "to think about doing something."

Penso di studiare oggi.	*I am thinking about studying today.*
Pensiamo di giocare a calcio stasera.	*We are thinking about playing soccer tonight.*

8. To express purpose *(in order to)*, Italian uses **per** + *infinitive.*

Studio **per imparare.**   *I study (in order) to learn.*

Pratica

A. In una libreria-cartoleria. Say who is buying the following things.

Esempio   Io/il libro di storia
                Io compro il libro di storia.

1. noi/un dizionario di sinonimi **2.** tu/due quaderni per i compiti **3.** Gina e Franca/la rivista *(magazine)* Espresso **4.** una signora/un libro di Hemingway **5.** i turisti/una carta geografica **6.** io/una calcolatrice *(calculator)* **7.** voi/due poster di città americane

B. Attività. Tell what Lucio is doing today by matching a verb from column A with an expression from column B.

Esempio   **A**   **B**
                suonare   il violino
                Lucio suona il violino.

A	**B**
1. ascoltare	**a.** l'autobus
2. pensare	**b.** a pallavolo *(volleyball)*
3. aspettare	**c.** alla sua ragazza
4. mangiare	**d.** il professore di scienze
5. giocare	**e.** al ristorante
6. guardare	**f.** un vecchio film

C. Scambi rapidi. Complete and then act out each dialogue.

Esempio   —*Dove (abitare) abiti tu?*
                —*Io (abitare) abito in via Mazzini.*

1. —(giocare) _____ a tennis noi oggi?
   —No, oggi noi (studiare) _____ per l'esame di letteratura inglese.
2. —Tu e Pietro (guardare) _____ la TV stasera?
   —No, stasera noi (suonare) _____ con il gruppo «I Pop di Bari».
3. —Cosa (desiderare) _____ comprare Lisa?
   —Lisa (pensare) _____ di comprare una calcolatrice.

D. No! Take turns asking and answering questions using the cues provided and following the example.

Esempio   abitare in Italia/...
                —*Abiti in Italia?*
                —*No, non abito in Italia, abito in America.*

1. studiare fisica/...

2. desiderare un CD di Elvis Presley/...

3. imparare la lingua giapponese/...

4. giocare a golf/...

5. ascoltare i compagni/...

6. parlare tre lingue/...

7. mangiare all'università/...

8. comprare un'Alfa Romeo/...

E. Dove pensi di...? Ask a classmate where he/she is thinking of performing the activities listed.

Esempio   andare stasera
—Dove pensi di andare *(to go)* stasera?
—Penso di andare a teatro.

1. mangiare stasera

2. incontrare gli amici

3. studiare

4. guardare la TV

5. abitare alla fine dell'università

6. lavorare

Risposte possịbili: al ristorante, in biblioteca, a Boston, a casa, in centro, in un uffịcio, a casa di un amico (un'amica)

3.2   Le preposizioni

Oggi siamo all'università. Il professore è alla lavagna.

Nella biblioteca i libri sono sugli scaffali.

1. **Simple prepositions.** You have already learned the simple prepositions (**preposizioni sẹmplici**) **a, di, in,** and **per.** The following chart lists all the simple prepositions and their usual meanings.

di (d')	*of*	**con**	*with*
a	*at, to, in*	**su**	*on, over, above*
da	*from, by*	**per**	*for, in order to*
in	*in*	**tra (fra)**	*between, among*

Ecco il professore **d'**inglese.	*There is the English professor (the professor of English).*
Abitiamo **a** New York.	*We live in New York.*
Il treno arriva **da** Roma.	*The train is arriving from Rome.*
Siamo **in** Amẹrica.	*We are in America.*
Giochi **con** Gino?	*Are you playing with Gino?*
Il dizionạrio è **su** uno scaffale.	*The dictionary is on a shelf.*
La bicicletta è **per** Lia.	*The bicycle is for Lia.*
Il quaderno è **tra** due libri.	*The notebook is between two books.*

Note that **di** is used to express:

a. **possession:**	**Di chi** è il dizionạrio?	*Whose dictionary is it?*
	È **di** Antọnio.	*It is Antonio's.*
b. **place of origin:**	**Di dov'**è il signor Smith?	*Where is Mr. Smith from?*
	È **di** Londra.	*He is from London.*

2. When the prepositions **a, da, di, in,** and **su** are used with a definite article, the preposition and the article combine to form one word **(preposizione articolata),** as follows:

	il	lo	l'(m.)	la	l'(f.)	i	gli	le
a	al	allo	all'	alla	all'	ai	agli	alle
da	dal	dallo	dall'	dalla	dall'	dai	dagli	dalle
di	del	dello	dell'	della	dell'	dei	degli	delle
in	nel	nello	nell'	nella	nell'	nei	negli	nelle
su	sul	sullo	sull'	sulla	sull'	sui	sugli	sulle

Studiamo **all'**università.	*We are studying at the university.*
Parto **dalla** stazione alle 5.	*I'll leave from the station at 5:00.*
Ecco l'ufficio **del** professore.	*Here is the office of the professor.*
Lavorano **negli** Stati Uniti.	*They work in the United States.*
Lisa aspetta **nello** studio.	*Lisa is waiting in the study.*
La penna è **sul** tavolo.	*The pen is on the table.*

The preposition **con** is seldom contracted. Its most common contractions are **col** and **coi; con i (coi) bambini.**

NOTE: Contraction with the definite article occurs when a noun is preceded by the definite article. First names and names of cities do not have an article.

È il libro **di** Luca?	*Is it Luca's book?*
No, è il libro **della** professoressa.	*No, it is the professor's book.*
Loro abitano **a** Verona.	*They live in Verona.*

Pratica

A. **Fulvio studia.** Describe what is going on as Fulvio studies for a biology exam by completing each sentence with an appropriate simple preposition: **a, di, in, con, su, per, tra.**

1. Oggi Fulvio è _____ biblioteca.

2. La biblioteca è _____ due alti edifici.

3. Fulvio studia _____ un compagno.

4. Studia _____ l'esame di biologia.

5. Mentre *(While)* Fulvio pensa _____ una ragazza bruna, il libro è _____ una sedia.

6. Dov'è il libro _____ biologia?

B. **Contrazioni.** Provide the article and combine it with the preposition given, following the example.

Esempio   È il libro (di)/studente
   È il libro (di) lo studente
   È il libro dello studente.

1. Il professore spiega (a)/studenti

2. Siamo (a)/lezione d'italiano

3. Il dizionario è (su)/tavolo

4. Ho bisogno (di)/appunti di storia

5. Oggi parliamo (a)/impiegato

6. I quaderni sono (su)/scaffale *(shelf)* *(m.)*

7. Ci sono molti fiori (su)/alberi

8. La conferenza è (in)/edificio di lingue straniere

9. Pietro lavora (in)/ristorante vicino (a)/università

10. Ecco la macchina (di)/ragazzo di Gabriella

11. Ci sono due semestri (in)/anno accademico

12. C'è un virus (in)/computer (di)/mio compagno di stanza

C. Sostituzioni. Form new sentences by replacing the italicized expressions with the words indicated and the correct prepositions.

1. Sandra va *(goes) al parco.* (museo, concerti rock, feste, cinema)

2. Ho bisogno *del dizionario.* (spiegazione *(f.)* del professore, macchina, appunti, computer)

3. I libri di Francesco sono *sul letto.* (tavolo, televisore *(TV set)* scrivania, sedie)

4. Oggi Franco e Luisa sono *nell'aula di fisica.* (negozio di biciclette, studio, libreria dell'università, edificio di lingue straniere)

D. Non ricordo! Lisa doesn't remember where she is supposed to go and asks her friend to remind her.

Esempio   lezione di filosofia/aula numero 27
—*Dov'è la lezione di filosofia?*
—*È nell'aula numero 27.*

1. conferenza su Dante/aula magna *(auditorium)*

2. appuntamento con la dottoressa Venturi/ufficio della dottoressa

3. corsi di calcolo/edifici d'ingegneria

4. riunione con i compagni/giardino dell'università

E. Di chi *(Whose)* **è...?** Take turns asking and answering to whom various things belong.

Esempio   libro/bambino
—*Di chi è il libro?*
—*È del bambino.*

1. casa con il bel giardino/signori Giusti

2. edificio rosso/dottor Galli

3. orologio/Antonio

4. quaderno nero/studentessa di medicina

5. due computer/ingegner Scotti

6. belle fotografie di Venezia/Lucia

Now ask your classmate questions of your own about items in the classroom.

3.3 Le preposizioni avverbiali

Studenti di belle arti alla Pinacoteca *(art gallery)* di Brera, una delle più *(most)* famose in Europa. Si trova vicino ai Giardini e non lontano dal Castello Sforzesco. Dentro la Pinacoteca ci sono capolavori *(masterpieces)* di grandi artisti, come Raffaello, Piero della Francesca, il Mantegna, e di molti altri.

The following adverbs are often used as prepositions:

sopra	*above, on (top of)*	**davanti (a)**	*in front (of), before*
sotto	*under, below*	**dietro**	*behind, after*
dentro	*in, inside*	**vicino (a)**	*near, beside, next to*
fuori	*out, outside*	**lontano (da)**	*far (from)*

Il giardino è **dietro** l'università.   *The garden is behind the university.*
L'edificio d'ingegneria è **vicino**   *The engineering building is near the*
    alla biblioteca.   *library.*
Abiti **lontano dall'**università?   *Do you live far from the university?*

Pratica

A. **Dov'è...?** Look at the drawings and then take turns asking each other the related questions. Use **sotto, sopra, dentro, davanti (a), dietro, vicino (a), lontano (da),** or other prepositions in your responses.

1. Dov'è la lampada? E il cane?

2. Dov'è la fotografia? E il gatto?

3. Dov'è la sedia? E la ragazza?

4. Dov'è il tavolo? E la tazza *(cup)*? E il caffè?

B. Un po' di geografia. Look at the maps of Italy at the beginning of the book and take turns asking each other the following questions.

1. Bari si trova *(is located)* vicino all'isola di Capri?
2. Torino si trova lontano dal fiume *(river)* Po?
3. Napoli si trova lontano dal vulcano Vesuvio?
4. La Sardegna si trova sotto la Corsica o sopra la Corsica?
5. Pisa si trova vicino al mare Ligure o al mare Adriatico?
6. Quale regione si trova vicino all'isola d'Elba?
7. Quale regione si trova vicino alla Sicilia?

3.4 Quale? e che? *(Which? and what?)*

Qual è il mezzo di transporto *(means of transportation)* preferito dagli studenti?

Quale and **che** are interrogative adjectives. **Quale,** like *which,* implies a choice among alternatives. It usually drops the **-e** before **è** and, like other adjectives ending in **-e,** has only two forms: **quale** and **quali.**

Ho bisogno di un libro.	*I need a book.*
Quale libro?	*Which book?*
Il libro di biologia.	*The biology book.*
Hai gli appunti?	*Do you have the notes?*
Quali appunti?	*Which notes?*
Gli appunti di chimica.	*The chemistry notes.*

Che indicates *what kind* and is an invariable adjective.

Che macchina hai?	*What (kind of) car do you have?*
Che musica suoni?	*What (kind of) music do you play?*

NOTE: The expression **che** is also used in exclamations. In this case, it means *What...!* or *What a...!*

Che bravo studente!	*What a good student!*
Che bei bambini!	*What beautiful children!*

Pratica

A. Quale...? Ask a friend where some places and things are located. He or she will ask you to specify which place or thing you mean. Follow the example.

Esempio   libro/Giancarlo
   —Dov'è il libro?
   —Quale libro?
   —Il libro di Giancarlo.

1. compiti/altro giorno
2. fotografie/ragazzi
3. orologio *(watch)*/Maria
4. negozio/frutta
5. aula/corso di letteratura inglese
6. indirizzo/Marisa

B. Che...? A friend is thinking of making several purchases today. Request more specifics by asking **Che...?**, following the example.

Esempio   macchina/Fiat
   —Oggi compro una macchina.
   —Che macchina?
   —Una (macchina) Fiat.

1. motocicletta/Honda
2. libro/di storia
3. bicicletta/Bianchi
4. cane/setter
5. orologio *(watch)*/Gucci
6. penna/biro *(ballpoint)* nera
7. computer/Macintosh

C. Che...! React to the following statements with an exclamation, as in the example.

Esempio   *—Lucia ha una stanza disordinata.*
   —Che stanza disordinata!

1. La signora Maria ha due *belle* bambine.
2. Marco non studia perché è un ragazzo *pigro*.
3. Il (La) professore(ssa) è *paziente* quando spiega.
4. Questa *(This)* pizza è molto *buona*.
5. Stefano è un ragazzo molto *generoso* con gli amici.
6. I film di... non sono interessanti, sono *stupidi*.
7. Marisa è una studentessa molto *brava* a scuola.

D. Commenti. Take turns commenting about things in the classroom.

Esempio   *—Ecco il computer.*
   —Che vecchio computer!

Per finire

La stanza di Lucia   CD 1, Track 19

Lucia ạbita in un vẹcchio edifịcio in via Senato, non molto
lontano dall'università. La stanza di Lucia non è molto
grande, ma ha una bella **finestra che dà sul** giardino. Nella
stanza ci sono un letto, due sẹdie e un tạvolo. Sul tạvolo
ci sono molti oggetti: carte, matite, libri, quaderni, una
lạmpada e un computer. Alle pareti e sulla porta ci sono fotografie di bei **paesaggi** perché Lucia ha l'hobby della fotografia. Sul pavimento ci sono molti fogli di carta. La stanza
è disordinata perché Lucia è molto occupata: è studentessa
di lịngue all'università di Milano e, quando è **lịbera,** lavora
in un negọzio vicino all'università.

    Oggi Lucia e Liliana stụdiano **insieme** perché domani
mattina hanno un esame orale. Le due ragazze desịderano
guardare la TV o ascoltare **della** mụsica, ma hanno bisogno
di studiare perché hanno paura dell'esame.

    Dopo due **ore** di stụdio, Lucia ha fame.

    —Liliana, io ho fame. Perché non **andiamo** in pizzeria?

    —Sì, **andiamo** e ordiniamo una bella pizza **alla
napoletana.**

*window that over-
looks the*

lamp
landscapes

free

together

some

After/hours
we go
*let's go/with ancho-
vies and capers*

Comprensione

1. È in un nuovo edificio la stanza di Lucia? **2.** Com'è la stanza? **3.** Che mobili *(furniture)* ci sono nella stanza? **4.** Quali oggetti ci sono sul tavolo? **5.** Perché Lucia ha molte foto alle pareti? **6.** È ordinata la stanza? Perché? **7.** Con chi studia oggi Lucia? **8.** Perché hanno bisogno di studiare? **9.** Perché ordinano una pizza? **10.** Che pizza mangiano?

Conversazione

Take turns with a classmate asking about your rooms and study habits.

1. Hai una grande stanza tu? È ordinata?

2. Cosa c'è nella tua *(in your)* stanza? Ci sono poster alle pareti?

3. Studi solo(a) o con un compagno (una compagna) di classe quando hai un esame? Dove studi?

4. Quando sei stanco(a) *(tired)* di studiare, guardi la TV, telefoni *(call)* a un amico o mangi qualcosa *(something)*?

Come si dice in italiano?

1. Here is a conversation between two roommates, Nina and Lori. They have the same art history class.

2. You are very messy, Nina. You have books, paper, and other things on the floor.

3. You're right. I am afraid because Professor Riva's exams are always difficult.

4. Are you studying today?

5. Yes. But first **(prima)** I need to go **(di andare)** to the library: I need two or three books.

6. Which books?

7. Three books on art history.

8. There is a beautiful garden behind the library; if you wish we (will) study there **(là)** together **(insieme)**.

9. It is a good idea. Let's go.

Attualità

Adesso scriviamo!

Cerco una stanza

Read this advertisement for student housing downloaded from an Italian university website. Notice that it offers, as is typical in Italy, **posti letto,** beds in shared rooms. Students, in other words, usually have roommates. Write an e-mail in response, expressing interest in a **posto letto** and introducing yourself.

A. Begin your e-mail response with the phrase: **Sono uno studente (una studentessa) universitario(a).** Then express interest in a place in one of the two rooms in the apartment: **Sono interessato(a) a un posto letto nell'appartamento in via Irnerio.**

B. Now, introduce yourself briefly by providing the following information about yourself:

1. Come ti chiami?
2. Quanti anni hai?
3. Che cosa studi?
4. Quando studi (la mattina, la sera)?
5. Dove studi (a casa, in biblioteca)?
6. Frequenti molti corsi?
7. Hai bisogno di concentrazione quando studi?
8. Ascolti la musica?
9. Hai un computer?
10. Hai un lavoro?

C. End your e-mail with the phrase **In attesa di una gradita risposta porgo cordiali saluti,** and sign your name.

D. Make sure that you have spelled all words correctly in your completed e-mail, and double-check subject-verb agreement and noun-adjective agreement. Share your e-mail with a classmate. Does he/she think your chances of getting a response to your e-mail look good?

> Offresi a studenti/studentesse 3 posti letti in 2 camere *(rooms)* doppie per 250 euro (a posto letto). L'appartamento è sito alla via Irnerio (centralissimo, nelle immediate vicinanze dell'università), la disponibilità è dalla data 01/03/2006. Per informazioni rivolgersi ai seguenti numeri 3284769392–3207754860. Contattatemi al piera.giordano2@unibo.it

Parliamo insieme!

A. La stanza di una studentessa universitaria. Describe the photo of Lucia's room on page 73. What furniture and other objects do you see, and where are they?

B. Di cosa ho bisogno? Imagine that you are thinking of moving into your own room or apartment at school. Ask your classmates what they think you will need.

C. Cerco un(a) compagno(a) di stanza *(I'm looking for a roommate).*

Interview each other as possible roommates. (You may want to ask what the other person's name is, if he/she studies at home or in the library, if he/she is neat or messy, if he/she smokes or listens to music a lot, if he/she works part-time, or if he/she has a lot of furniture.)

 **D. Studiare all'estero.** Look at the advertisement about opportunities to study abroad, and consider the questions that follow.

1. Qual è l'opportunità offerta dalla EF?
2. Per avere informazioni, cosa inviano *(send)* gli studenti?
3. Desideri studiare all'estero/per un anno scolastico o soltanto per l'estate *(summer)*?
4. In quale paese?

GUARDIAMO!

All'università
Daniela discusses her study plans with Signora de Roberti, who gives her some reassuring advice.

SITO WEB

For more practice with the cultural and linguistic topics in **Capitolo 3**, visit the *Ciao!* website at
http://ciao.heinle.com.

Vedute d'Italia

Una scheda personale

A. Prima di leggere

The pages below are from the report card for the first semester for an Italian student who attends a **scuola elementare.** It is a more lengthy, complex document than its North American counterparts, and some of the language used will be unfamiliar to you. To grasp the basic content, without being distracted by what you do not know, focus on looking for the essential information a school report contains: the student's name, address, and birth date, for example, as well as a listing of her classes and an evaluation of her performance. Looking for the essential information will help focus your reading—and help you avoid spending too much time on difficult, less-important details.

B. Alla lettura

Read the **scheda personale** at least twice, looking for and focusing on the essential information you would expect to find in a student report card. Then, check your comprehension of the basic facts by answering the questions on page 78.

Ministero dell'istruzione, dell'università e della ricerca

Istituzione scolastica VIA PRATI VICENZA   Comune VICENZA   Prov. VI
   (NUMERO)   (INTITOLAZIONE)   (SIGLA)

Scuola primaria (2)   SCUOLA STATALE

Intitolazione VICENZA - VIA PRATI   Comune VICENZA   Prov. VI
   (SIGLA)

Anno scolastico 2004 2005   Classe 5^A   Sezione A

Alunn a TRENTIN   ANNA
   (COGNOME)   (NOME)

nat a il 12/06/1994   a VICENZA   (Prov. VI   )

SCHEDA PERSONALE

ATTESTATO

Vista la valutazione dell'équipe pedagogica si attesta che

l'alunn a ha frequentato la classe 5^A della primaria (3)

è stata

_____ , li _____

TIMBRO DELLA SCUOLA

IL DIRIGENTE SCOLASTICO
Guarenti Dott.ssa M. Grazia

(1) Per gli istituti comprensivi di scuola dell'Infanzia, Primaria e di 1° grado v. D.M. 12 luglio 1996, n. 338.
(2) Indicare se Statale, Paritaria, Parificata.
(3) Scrivere per esteso la dizione valida:
   "è stato ammesso alla .... classe primaria" ovvero "è stato ammesso al successivo grado dell'istruzione obbligatoria"
   oppure "non è stato ammesso alla .... classe primaria" ovvero "non è stato ammesso al successivo grado dell'istruzione obbligatoria"

1. Che scuola frequenta la studentessa? _____

2. La scuola si trova nella città di Milano? _____

3. Quando è nata la studentessa? Quanti anni ha? _____

4. Quale lingua straniera studia? _____

5. Ha un buon voto (*grade*) in storia nel primo semestre? _____

6. Quali materie studia? _____

C. Culture a confronto

1. To which grade in an American school does the Italian **quinta elementare** probably correspond? How do the classes this student is taking compare to those an American student would take at this level?

2. How does the grading system differ from that in the elementary school you attended? What are the advantages and disadvantages of the two systems?

3. Look closely again at the chart on p. 79 illustrating the progression of Italian schooling from elementary school to the university level, noting the many options among the **scuole superiori.** Would you have liked to have such options following completion of middle school? Why, or why not?

VALUTAZIONI PERIODICHE

ITALIANO

(1) 1° QUADRIMESTRE	FINALE
DISTINTO	

INGLESE

(1) 1° QUADRIMESTRE	FINALE
BUONO	

STORIA

(1) 1° QUADRIMESTRE	FINALE
DISTINTO	

GEOGRAFIA

(1) 1° QUADRIMESTRE	FINALE
DISTINTO	

MATEMATICA

(1) 1° QUADRIMESTRE	FINALE
DISTINTO	

SCIENZE

(1) 1° QUADRIMESTRE	FINALE
OTTIMO	

TECNOLOGIA E INFORMATICA

(1) 1° QUADRIMESTRE	FINALE
DISTINTO	

MUSICA

(1) 1° QUADRIMESTRE	FINALE
DISTINTO	

ARTE E IMMAGINE

(1) 1° QUADRIMESTRE	FINALE
OTTIMO	

SCIENZE MOTORIE E SPORTIVE

(1) 1° QUADRIMESTRE	FINALE
OTTIMO	

RELIGIONE CATTOLICA / ATTIVITÀ ALTERNATIVA

(1) 1° QUADRIMESTRE	FINALE
OTTIMO	

COMPORTAMENTO

(2) 1° QUADRIMESTRE	FINALE
OTTIMO	

Sapete che... ?

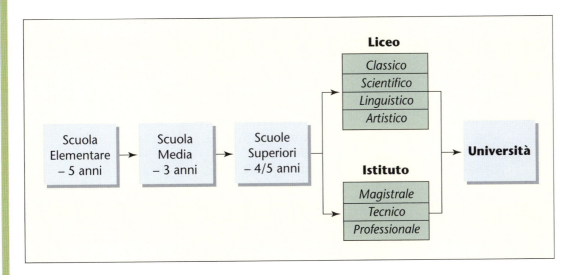

			Liceo	
			Classico	
			Scientifico	
Scuola Elementare – 5 anni	Scuola Media – 3 anni	Scuole Superiori – 4/5 anni	*Linguistico*	Università
			Artistico	
			Istituto	
			Magistrale	
			Tecnico	
			Professionale	

Informazioni scolastiche

The diagram above presents the traditional structure of Italian schooling from the primary grades through the university level. Children begin elementary school, which they attend for five years, at the age of six. They usually refer to their grade level as **prima, seconda,** and so on. After elementary school they go to middle school, **scuola media,** for three years, where grade levels are referred to as **prima media, seconda media,** and **terza media.** After middle school, all students must attend high school for at least one year, and a definite number attend for four to five years. There are many different choices, all rigorously controlled by the State. Students who want to study humanities or the sciences choose a **liceo classico** or **scientifico.** Those who hope to start a career very soon, without going on to a university, usually go to a more specialized institution such as an **Istituto tecnico** where they can learn a practical trade—to become an electrician or a plumber, for example. In high school, grade levels are called **prima liceo/superiore, seconda liceo/superiore,** and so on.

Alberto Bratti riceve le congratulazioni dei professori.

Vocabolario

Nomi

la calcolatrice	calculator
la carta	paper
la cosa	thing
il foglio	sheet (of paper)
la fotografia	photo, picture
la lampada	lamp
il letto	bed
la libreria	bookstore
la mattina	morning
i mobili (la mobilia)	furniture
l'oggetto	object
l'ora	hour
l'orologio	watch, clock
la pagina	page
la parete	wall
il pavimento	floor
lo scaffale	shelf
la TV (televisione)	television
la vita	life

Aggettivi

che	what kind of
disordinato	messy
freddo	cold
libero	free
il mio, la mia	my
molto	much, a lot of (*pl.* many)
occupato	busy
ordinato	neat
paziente	patient
pronto	ready
quale...?	which...?
solo	alone
stanco (*pl.* stanchi)	tired

Verbi

abitare	to live
ascoltare	to listen to
aspettare	to wait for
cantare	to sing
cercare	to look for
comprare	to buy
desiderare	to wish
domandare	to ask
giocare (a)	to play (a game)
guardare	to look at, to watch
imparare	to learn
(in)cominciare	to begin
lavorare	to work
mangiare	to eat
parlare (a)/(di)	to speak (to)/(about)
pensare (a)/(di)	to think (about)/(of)
spiegare	to explain
suonare	to play (an instrument); to ring (a bell, etc.)

Altre espressioni

che (*pronoun*)	who/whom; that/which
da	from, by
davanti (a)	in front (of)
dentro	in, inside
dietro	behind
dopo	after
fuori	out, outside
là	there, over there
lontano (da)	far (from)
la mattina	in the morning
o	or
sempre	always
sopra	on, on top of
sotto	under
spesso	often
su	on, over, above
tra (*or* fra)	between, among
va bene	OK
vicino (a)	near

CAPITOLO 4

A tavola

Firenze. Ristorante all'aperto.

Punti di vista | Al ristorante

Studio di parole: Pasti e piatti
Informazioni: Al bar
Ascoltiamo! Una colazione

Punti grammaticali

4.1 Verbi regolari in **-ere** e **-ire**: il presente
4.2 Il partitivo *(some, any)*; **alcuni, qualche, un po' di**
4.3 **Quanto?** *(How much?)* e i numeri cardinali
4.4 **Molto, tanto, troppo, poco, tutto, ogni**

Per finire | Una festa di compleanno

Attualità

Adesso scriviamo!
Parliamo insieme!
♪♪ **Intermezzo musicale: Giorgio Conte, «Cannelloni»**

Vedute d'Italia | Dove andiamo a mangiare?

Sapete che...?

Punti di vista

Un piccolo ristorante.

Al ristorante CD 1, Track 20

Linda e Gianni sono al ristorante.

LINDA È un **locale** piccolo ma carino, no? Io non ho molta fame, e tu?

place

GIANNI **Ho una fame da lupo.** Ma che menù povero! Non ci sono **né** lasagne **né** scaloppine!

I'm as hungry as a wolf/neither...nor

LINDA Per piacere, Gianni! Non sei stanco di mangiare sempre le stesse cose? Sst! Ecco il cameriere!

CAMERIERE **Desiderano** un antipasto? Abbiamo del prosciutto **squisito.**

Would you like / delicious

GIANNI Non per me, grazie. **Non mi piace** il prosciutto. **Io vorrei** degli spaghetti **al pomodoro.** Anche tu, Linda?

I don't like/I would like/with tomato sauce/Are you joking?

LINDA **Scherzi?** Ho bisogno di vitamine, io, non di calorie. Per me, una zuppa di verdura.

CAMERIERE E come secondo, che cosa **ordinano?** Oggi abbiamo un arrosto di vitello molto buono, con piselli.

are you ordering

GIANNI **D'accordo.**

OK.

CAMERIERE E Lei, signorina?

LINDA Io vorrei una bistecca con insalata verde.

CAMERIERE Vino bianco o vino rosso?

GIANNI Vino rosso, per favore. **Mezzo litro.**

A half-liter.

LINDA Per me acqua minerale, per favore.

Comprensione

1. Sono in un grande ristorante lussuoso Linda e Gianni? **2.** Chi desidera mangiare molto? Perché? **3.** Che cosa raccomanda il cameriere come antipasto? **4.** Che primo e secondo ordina Gianni? E Linda? Perché? **5.** Che cosa ordina Gianni? Acqua minerale?

Studio di parole   *Pasti e piatti*

le patate — il pollo — l'insalata mista — il risotto — gli spaghetti — i funghi — l'arrosto di vitello — la bistecca — la minestra — il pane — i grissini — lo spumante — gli gnocchi — il salmone — la trota

Al bar   **un panino al prosciutto** (ham sandwich) **o al formaggio, con salame o mozzarella e pomodoro, una pizzetta, una brioche, un succo di frutta, un caffè, una Coca-Cola, un'aranciata, un aperitivo, un gelato; il cameriere** (waiter), **la cameriera** (waitress); **i clienti** (customers); **il conto** (check, bill); **la mancia** (tip)

I pasti (*Meals*)

la colazione, il pranzo, la cena (breakfast, lunch, dinner); **pranzare** (to eat lunch), **cenare** (to eat dinner)

A colazione

il caffè espresso, il caffelatte, il cappuccino, il tè, il latte (milk), **il succo d'arancia o di pompelmo** (orange or grapefruit juice); **i cereali, le uova strapazzate** (scrambled eggs), **il toast, il pane** (bread); **il burro** (butter), **la marmellata** (jam)

A pranzo o a cena

l'antipasto (appetizer): **prosciutto e melone** (ham and cantaloupe), **il cocktail di gamberetti** (shrimp), **avocado con olio e limone**

*Il primo piatto
(first course)*

la zuppa di verdura vegetable
    soup
gli spaghetti al pomodoro
    . . . with tomato sauce
i ravioli alla panna . . . with
    cream sauce
le lasagne alla bolognese
    . . . with tomato, meat, and
white sauce
i cannelloni alla napoletana
    stuffed pasta with tomato
    sauce

*Il secondo piatto
(second course)*

le scaloppine veal cutlets
il pesce fritto fried fish
la sogliola ai ferri grilled sole

Il contorno (le verdure)

le carote
i piselli peas
gli spinaci
le zucchine/gli zucchini
le patate fritte fried potatoes
le melanzane eggplant
i broccoli
i peperoni bell peppers

Le bevande (drinks)

la birra beer
il vino
l'acqua minerale
il ghiaccio ice

Il dessert

Il dolce: la torta al cioccolato (chocolate cake), **la torta di mele** (apple pie), **le paste** (pastries), **il gelato (al cioccolato, alla panna** [whipped cream], **al limone** [lemon])

La frutta: la mela (apple), **la pera** (pear), **l'arancia, la banana, la fragola** (strawberry), **la pesca** (peach), **l'uva** (grapes), **la macedonia di frutta** (fruit cup)

Il formaggio (cheese)

Informazioni   Al bar

Gli Italiani possono *(can)*, a qualunque *(any)* ora del giorno, mangiare qualcosa in un bar o in una tavola calda, dove panini, pizzette, e piatti caldi sono sempre disponibili *(available)*. I ristoranti e le trattorie, in generale, non aprono prima di mezzogiorno per il pranzo, e non prima delle 7:30 per la cena.

    Quando un cliente entra al bar, prima paga alla cassa *(cashier)* e riceve uno scontrino. Con lo scontrino, poi, chiede al banco *(counter)* il panino, la pizzetta o l'insalata e la bibita. I clienti ricevono lo scontrino o la ricevuta fiscale in tutti i negozi e ristoranti.

Il bar in Italia è differente dal bar in America. È una combinazione di cocktail bar, caffè e tavola calda. È possibile comprare carte telefoniche, biglietti dell'autobus, cartoline *(postcards)* e francobolli *(stamps)*. Fuori dal bar di solito c'è la buca per le lettere *(mail box)*.

Applicazione

A. A tavola. Take turns asking and answering the following questions.

1. Quanti e quali sono i pasti del giorno?
2. Con che cosa incomincia un pranzo elegante?
3. In Italia il pasto principale è il pranzo. Negli Stati Uniti è la stessa cosa?
4. Gli spaghetti sono un primo o un secondo piatto?
5. Cos'è la prima cosa che il cameriere porta in un ristorante?
6. Se abbiamo ancora *(still)* fame dopo la carne, che cosa ordiniamo?
7. Che cosa porta il cameriere alla fine *(at the end)* del pranzo?

B. Al bar. With two classmates, play the roles of a waiter/waitress and two customers. Order different drinks or snacks.

Esempio
CAMERIERE	*I signori desiderano?*
1° CLIENTE	*Un cappuccino e una brioche, per favore.*
CAMERIERE	*Benissimo, e Lei?*
2° CLIENTE	*Vorrei una birra e una pizzetta.*
1° CLIENTE	*Cameriere, il conto, per favore.*
CAMERIERE	*Ecco il conto, signore.*

C. Mi piace. Non mi piace. Recreate an exchange in a restaurant, with one student portraying a waiter, the other the customer. The waiter will suggest items from the menu shown; the customer will respond **Mi piace** or **Non mi piace** (+ *singular noun*)..., **Mi piacciono** or **Non mi piacciono** (+ *plural noun*)...

Esempio
—*Oggi, come primo, abbiamo spaghetti alle vongole.*
—*Sì, mi piacciono* (O *No, non mi piacciono. Vorrei i ravioli della casa.*)

RISTORANTE da Luigi

Menù del giorno · Prezzo fisso € 20,00

Antipasti
avocado con olio e limone
prosciutto e melone
insalata di frutti di mare

Primi
zuppa di verdura
spaghetti alle vongole
ravioli della casa
risotto alla milanese
gnocchi al pomodoro e basilico

Secondi
pollo alla cacciatora
braciola alla griglia
trota al burro

Contorni
spinaci
patatine fritte
insalata mista

Dolci
tiramisù
torta al cioccolato
macedonia di frutta
gelati misti

Bevande
(non incluse)

RIPOSO SETTIMANALE IL GIOVEDÌ

RISTORANTE

AL PONTE

S.N.C. di Tamburini Gabriella & C.

Via del Mulino 28

Tel. (0577) 940415

53037 SAN GIMIGNANO (SI)

P. IVA 00654100528

☐ **FATTURA - RICEVUTA FISCALE**
☐ **RICEVUTA FISCALE**

Legge 30/12/91, n. 413 DM 30/3/92

XRF 8652

Li 27 5 06

N. 2702

S. _____

Quantità	Natura e qualità dei servizi		CORRISPETTIVO IVA INCLUSA
2	Coperto	€	3,00
1	Vino	»	30,000
1	Acqua minerale	»	1,50
1	Antipasti	»	7,00
2	Minestre	»	18,000
2	Secondi Piatti	»	21,00
1	Contorni	»	5,00
	Formaggi	»	
	Frutta	»	
	Dessert	»	
2	Caffè	»	3,00
		»	

CONTEGGIO			
IVA ____ %		TOTALE (IVA compresa)	88,50
IMPONIBILE			
IMPOSTA	Servizio		
		TOTALE	

TIPOLITOGRAF-A.M.M.a.r.c.di Manetti Marco & C. - Via di Fugnano,12 - Tel. (0577) 941478

Fax 941890 - C.F. e P. IVA 00902920524 - A.d. Min. Finanze n. VI-12/313295 del 25/09/1995

Corrispettivo non pagato

Al ristorante il servizio è solitamente compreso *(included)* nel conto, come in questa ricevuta dove c'è la parola «Coperto». Se nel conto non c'è la parola «coperto» il cliente lascia *(leaves)* la mancia sul tavolo per il cameriere.

 D. Conversazione

1. Incontri gli amici a un ristorante elegante o alla mensa *(cafeteria)* dell'università?

2. Che cosa ordini spesso?

3. Che cosa non mangiamo quando siamo a dieta: il formaggio, il pane, la verdura, la frutta, il pesce fritto, le paste? E quando fa molto caldo *(it's very hot)*? E quando siamo occupati e non abbiamo molto tempo?

4. Sei vegetariano(a)? Che cosa mangi spesso?

5. A colazione, cosa bevi *(do you drink)*? una tazza di caffè, una tazza di tè, un bicchiere di latte, un succo di frutta?

Ascoltiamo!

 CD 1, Track 21

Una colazione. Mr. Wilson is staying at an elegant **pensione** in Florence. After admiring the view of the city from his window, he has come down to have breakfast. Listen to his conversation with the waitress who takes his order; then answer the following questions.

Comprensione

1. Per che cosa è pronto il signor Wilson?

2. È in un albergo?

3. Sono freddi i panini e le brioche? Perché?

4. Che cosa desidera mangiare il signor Wilson?

5. Che succo di frutta ordina? Ordina anche caffè e latte?

6. Di che frutta sono le marmellate sul tavolo?

7. È contento il signor Wilson? Perché?

Dialogo

Colazione alla pensione. In groups of three, play the roles of two customers and a waiter/waitress. It's 8 A.M., and you are ordering breakfast at your inn.

Punti grammaticali

4.1 Verbi regolari in **-ere** e **-ire:** il presente

Gabriella scrive a Filippo. Papà legge il giornale.

La mattina il signor Brambilla dorme troppo e perde l'autobus.

scrivere *(to write)*				dormire *(to sleep)*			
io	scriv **o**	noi	scriv **iamo**	io	dorm **o**	noi	dorm **iamo**
tu	scriv **i**	voi	scriv **ete**	tu	dorm **i**	voi	dorm **ite**
lei/lui/Lei	scriv **e**	loro	scriv **ono**	lui/lei/Lei	dorm **e**	loro	dorm **ono**

1. Verbs ending in **-ere** (second conjugation) and verbs ending in **-ire** (third conjugation) differ only in the ending of the **voi** form: **scriv*ete*, part*ite*.** Both **-ere** and **-ire** verbs differ from **-are** verbs in the endings of the **lui, voi,** and **loro** forms: **parlare → parl*a*, parl*ate*, p*a*rl*ano*.**

Scrivo una lettera a Gino.
{ *I write a letter to Gino.*
I am writing a letter to Gino.
I do write a letter to Gino.

Dormi in classe?
{ *Do you sleep in class?*
Are you sleeping in class?

2. Some common verbs ending in **-ere** are:

chiedere	*to ask*	**ricevere**	*to receive*
chiudere	*to close*	**ripetere**	*to repeat*
credere	*to believe*	**rispondere (a)**	*to answer*
leggere	*to read*	**scrivere**	*to write*
perdere	*to lose; to miss (the bus, etc.)*	**vedere**	*to see*
prendere	*to take*	**vivere**	*to live*

Che voti **ricevete** a scuola?
Oggi **prendo** l'autobus.
Gli studenti non **rispondono** alla domanda.

What grades do you receive in school?
Today I'm taking the bus.
The students don't answer the question.

3. Some common verbs ending in **-ire** are:

aprire	*to open*	**seguire**	*to follow; to take a course*
dormire	*to sleep*	**sentire**	*to hear*
offrire	*to offer*	**servire**	*to serve*

partire (da)	*to leave (a place)*
partire (per)	*to leave for (a place)*

Quanti corsi **segui?**	*How many courses are you taking?*
Dorme soltanto cinque ore.	*He sleeps only five hours.*
Sentite il telefono?	*Do you hear the phone?*
Parto da Roma in treno.	*I leave Rome by train.*
Parto per l'Italia domani.	*I leave for Italy tomorrow.*

Pratica

A. Che cosa fanno? What are the following people doing?

Esempio la cameriera/ricevere la mancia
La cameriera riceve la mancia.

1. la signora Rossi/scrivere una lettera **2.** noi/leggere il giornale **3.** il cameriere/servire i clienti **4.** voi/partire per Roma **5.** i ragazzi/seguire le spiegazioni del professore **6.** Alberto/dormire molte ore **7.** tu e Marisa/chiudere le finestre **8.** tu e Fabio/rispondere all'invito

B. Scambi rapidi. Complete the following sentences as in the example. Then act out the exchanges with a classmate.

Esempio Il professore —Ragazzi, che cosa (vedere) _____ dalla finestra?
—*Ragazzi, che cosa vedete dalla finestra?*

1. Al bar —Signori, cosa (prendere) _____ Loro?
—Io _____ una birra e la signora _____ un'acqua minerale.

2. Al ristorante —Ragazzi, (leggere) _____ il menù. Oggi io (offrire) _____ il pranzo.
—Grazie. Noi (prendere) _____ solo il secondo piatto.
—Voi non (vedere) _____ che ci sono dei buoni dolci?
—Allora (*Then*) io (seguire) _____ il tuo consiglio (*advice*) e (prendere) _____ il tiramisù.

C. Ask each other questions using the verbs listed below. You can begin your questions with interrogative words or expressions you have learned, such as **quando, che cosa, a chi,** or **quanti.**

Esempio offrire
Cosa offri (agli amici)?
Offro della Coca-Cola, o...

1. vedere **4.** scrivere
2. leggere **5.** servire
3. rispondere **6.** seguire corsi

4.2 Il partitivo *(some, any)*; alcuni, qualche, un po' di

il tè

del tè

la torta

della torta

le paste

delle paste

Desideri del tè o della torta?

1. The partitive (**partitivo**) is used to indicate a part of a whole or an undetermined quantity or number. In English, it is expressed by *some* or *any*. In Italian, it is expressed by the contraction of **di** and the definite article in all its forms (**del, dello, dell'; della, dell'; dei, degli; delle**).

   Vorrei **dell'**acqua minerale.   *I would like some mineral water.*
   Abbiamo **del** vino francese.   *We have some French wine.*
   Ho **degli** amici simpatici.   *I have some nice friends.*

   NOTE

   a. The plural forms of the partitive may be thought of as plural forms of the indefinite article **un, uno, una.**

   Ho **un** amico a Roma e **degli**   *I have a friend in Rome and some*
       amici a Napoli.   *friends in Naples.*

   b. The partitive is omitted in negative statements and is frequently omitted in interrogative sentences.

   Comprate **(delle)** mele?   *Are you buying (some) apples?*
   No, non compriamo frutta,   *No, we are not buying (any) fruit, we're*
       compriamo **del** gelato.   *buying (some) ice cream.*

2. **Alcuni, qualche,** and **un po' di** are other forms that translate as *some*. The adjective **alcuni (alcune)** is *always followed by a plural noun.* The adjective **qualche** is invariable and is *always followed by a singular noun.* Both may replace the partitive when *some* means *a few.*

   Invitiamo   **alcuni** amici.
         qualche amico.   }   *We invite some (a few) friends.*
         degli amici.

   Pio porta   **alcune** bottiglie.
         qualche bottiglia.   }   *Pio brings some (a few) bottles.*
         delle bottiglie.

NOTE: With nouns that designate substances that can be measured but not counted, such as **pane, latte, carne, caffè, minestra,** etc., the partitive article **del, della, dello** cannot be replaced by **qualche** or **alcuni.**

—Cosa desideri? Ci sono alcune mele. C'è anche un po' di torta.

3. **Un po' di (Un poco di)** may replace the partitive only when *some* means *a little, a bit of.*

| Desidero | **un po' di** latte.
del latte. | } | *I would like some milk.* |
| Mangio | **un po' di** pollo.
del pollo. | } | *I eat some chicken.* |

Pratica

A. Che cosa desideri? Imagine that you are deciding what to order in a restaurant. Take turns asking and answering questions as in the example.

Esempio acqua minerale/latte
—*Desideri dell'acqua minerale?*
—*No, desidero del latte.*

1. gelato/torta **2.** spinaci/zucchine **3.** pane e formaggio/frutta **4.** tè/Coca-Cola **5.** spaghetti/pizza **6.** vino/birra **7.** arrosto di vitello/scaloppine **8.** insalata verde/pomodori **9.** biscotti (*cookies*)/paste

B. Che cosa compri? Take turns asking and answering questions about what you are buying at the grocery store. Use **qualche** in your answers, following the example.

Esempio patate
—*Compri delle patate?*
—*Sì, compro qualche patata.*

1. panini

2. bistecche

3. mele

4. biscotti

5. bottiglie di acqua minerale

6. scatole di spaghetti

C. Hai fame? Desideri...? You and a friend are thinking about dinner. Ask each other questions, following the example.

Esempio pane
　　　　　　—*Desideri del pane?*
　　　　　　—*Sì, desidero un po' di pane.*

1. formaggio Bel Paese
2. insalata di pomodori
3. pollo ai ferri
4. spinaci al burro
5. pesce fritto
6. macedonia di frutta
7. minestra di verdura

D. Di cosa hai bisogno? Talk about what you need to buy at the supermarket, using the suggestions from **La lista della spesa** or your own ideas. Use appropriate forms of the partitive.

Esempio —Cosa compri al supermercato?
　　　　　　—*Compro della pasta, alcune mele,...e tu?*

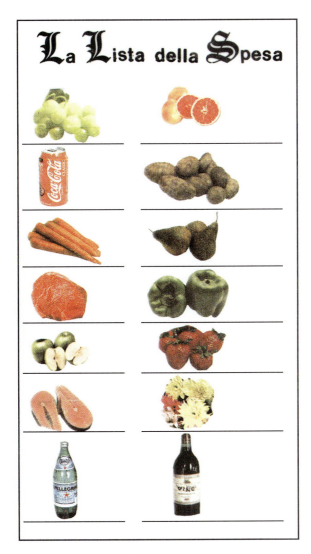

La lista della spesa.

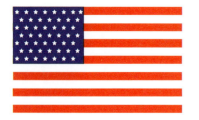

Quante stelle ci sono sulla bandiera americana? E quante strisce?

4.3 **Quanto?** *(How much?)* e i numeri cardinali

1. Quanto (Quanta, Quanti, Quante) used as an interrogative adjective agrees in gender and number with the noun it modifies.

Quante lezioni hai oggi?	*How many classes do you have today?*
Quanto tempo hai?	*How much time do you have?*

2. Quanto is invariable when it precedes a verb and is used as an indefinite interrogative expression.

Quanto costa la torta? ⎫ **Quant'è** la torta? ⎭	*How much is the cake?*
Sette dollari.	*Seven dollars.*
Quanto fa quaranta meno sette?	*How much is forty minus seven?*
Fa trentatrè.	*It is thirty-three.*

To express age, Italian uses **avere** + *number* + **anni.**

Quanti **anni ha** Pietro?	*How old is Pietro?*
Pietro **ha diciannove anni.**	*Pietro is 19 (years old).*

3. You have already learned the cardinal numbers from 0 to 49. Here is a more complete list, showing the cardinal numbers from 0 to 100:

0	zero	10	dieci	20	venti	30	trenta
1	uno	11	undici	21	ventuno	31	trentuno
2	due	12	dodici	22	ventidue	40	quaranta
3	tre	13	tredici	23	ventitrè	50	cinquanta
4	quattro	14	quattordici	24	ventiquattro	60	sessanta
5	cinque	15	quindici	25	venticinque	70	settanta
6	sei	16	sedici	26	ventisei	80	ottanta
7	sette	17	diciassette	27	ventisette	90	novanta
8	otto	18	diciotto	28	ventotto	100	cento
9	nove	19	diciannove	29	ventinove		

a. All these numbers are invariable except **zero** and **uno. Uno** has the same forms **(un, uno, una, un')** as the indefinite article **un** when it precedes a noun. (**Un amico** translates as *a friend* or *one friend*.)

C'è **una** fontana in Piazza Navona?	*Is there one fountain in Piazza Navona?*
No, ci sono **tre** fontane.	*No, there are three fountains.*
In 100 (cento), ci sono **due zeri.**	*In 100, there are two zeros.*

b. The numbers **venti, trenta, quaranta,** up to **novanta,** drop the final vowel before adding **uno** and **otto.**

trentun giorni	*thiry-one days*
quarantotto minuti	*forty-eight minutes*

c. The numbers **ventuno, trentuno, quarantuno,** up to **novantuno,** drop the final **o** before a noun.

Lisa ha **ventun** anni.	*Lisa is twenty-one years old.*

d. The numbers **venti, trenta, quaranta,** up to **cento,** usually drop the final vowel before the word **anni.**

    La nonna ha **ottant'anni.**   *Grandma is eighty.*

e. **Tre** takes an accent when it is added to **venti, trenta,** and so on: **ventitrè, trentatrè,** etc.

f. In decimal numbers, Italian uses a comma **(virgola)** where English uses a period **(punto):** $3,35 = **tre dollari e venticinque centesimi.**

4. The numbers above 100 are:

101	centouno	2.000	duemila
200	duecento	3.000	tremila
300	trecento	100.000	centomila
1.000	mille	1.000.000	un milione
1.001	milleuno	2.000.000	due milioni
1.100	millecento	1.000.000.000	un miliardo

a. Note that in writing numbers of four or more digits, Italian uses a period instead of a comma.

b. The plural of **mille** is **mila.**

    duemila chilọmetri   *two thousand kilometers*

c. In Italian, **cento** and **mille** are not preceded by the indefinite article **un.**

    cento euro   *a hundred euros*
    mille persone   *a thousand people*

d. When **milione** (*pl.* **milioni**) and **miliardo** (*pl.* **miliardi**) are immediately followed by a noun, they take the preposition **di.**

    Ci sono **due milioni di** abitanti   *Are there two million inhabitants in*
    a Roma?   *Rome?*

Pratica

 A. Quanto fa...? Take turns dictating and solving these math problems. Then, test each other with problems of your own.

    1. 11 + **(più)** 30 = **(fa)** _____   **3.** 10 × **(per)** 7 = _____
    2. 80 − **(meno)** 22 = _____   **4.** 100 ÷ **(diviso)** 4 = _____

B. Quiz. Answer the following questions.

    1. Quanti minuti ci sono in un'ora *(hour)*?
    2. Quante ore ci sono in un giorno?
    3. Quanti giorni ci sono nel mese di aprile?
    4. Quanti anni ci sono in un sẹcolo *(century)*?
    5. Quante stelle ci sono sulla bandiera americana?
    6. Quante libbre *(pounds)* ci sono, approssimativamente, in un chilogrammo?
    7. Quanti zeri ci sono in 1.000 dọllari?
    8. Quanti studenti ci sono nella classe d'italiano?
    9. Quante sịllabe ci sono nella parola più lunga *(longest)* della lịngua italiana: «precipitevolissimevolmente» *(very fast)*?

C. **Quanto costa?** Your family has won the lottery and is making some luxurious purchases. A relative asks how much everything costs. Recreate the questions and answers, following the example.

Esempio   bicicletta/450
—*Quanto costa la bicicletta?*
—*Costa quattrocentocinquanta dollari.*

1. motocicletta/4.300
2. computer/3.700
3. frigorifero/1.170
4. casa/650.000
5. Ferrari/100.000
6. televisore/990

D. **Che regalo!** Imagine that you have received $500 as a graduation present. Talk about what you will do with the money and indicate about how much each of your choices will cost.

4.4   Molto, tanto, troppo, poco, tutto, ogni

1. The following adjectives express quantity:

—Hai molta fame?
—Sì, ma ho pochi soldi.

molto, molta; molti, molte	*much, a lot of; many*
tanto, tanta; tanti, tante	*much, so much; so many*
troppo, troppa; troppi, troppe	*too much; too many*
poco, poca; pochi, poche	*little; few*

Lavorate **molte** ore?	*Do you work many hours?*
Pensiamo a **tante** cose.	*We are thinking about (so) many things.*

I bambini mangiano **troppo** gelato.	*Children eat too much ice cream.*
Lui invita **pochi** amici.	*He invites few friends.*

2. When **molto, tanto, troppo,** and **poco** modify an adjective or a verb, *they are adverbs* (**avverbi**). As adverbs, they are invariable.

L'Italia è **molto** bella.	*Italy is very beautiful.*
Gli studenti sono **tanto** bravi!	*The students are so good!*
Tu parli **troppo.**	*You talk too much.*

3. **Tutto, tutta; tutti, tutte** *(the whole; all, every)*. When the adjective **tutto** is used in the singular, it means *the whole*; when it is used in the plural, it means *all, every*. The adjective **tutto** is followed by the definite article.

Studi **tutto il** giorno?	*Are you studying the whole day?*
Tutti i ragazzi sono là.	*All the boys are there.*
Studio **tutti i** giorni.	*I study every day.*

4. **Ogni** *(Each, Every)* is an *invariable* adjective. It is *always* followed by a singular noun.

Lavoriamo **ogni** giorno.	*We work every day.*
Ogni settimana gioco a tennis.	*Every week I play tennis.*

NOTE: **Tutto** and **ogni** are often used interchangeably.

tutti i giorni ⎫
ogni giorno ⎭ *every day*

Tanto and **molto** can also be used interchangeably: **Ho molti amici** or **Ho tanti amici.** However, to express *so much!* or *that much!*, **tanto** is used instead of **molto.**

Costa così **tanto!**   *It costs so much!*

Pratica

A. Quanto? Complete the following sentences with the correct form of **quanto, molto, poco, tutto, tanto,** or **troppo.**

1. (troppo) Tu mangi _____ lasagne.

2. (molto) Comprano _____ birra.

3. (tutto) Guardiamo _____ i regali (*gifts*).

4. (tutto) _____ le ragazze parlano inglese.

5. (poco) Ci sono _____ camerieri.

6. (quanto) _____ pane mangi!

7. (tutto) Nino suona la chitarra _____ il giorno.

8. (poco) Desidero _____ cose.

B. Scambi rapidi. Complete each sentence using **molto** as an adverb or the correct form of **molto** as an adjective. Then act out the exchanges with a classmate.

1. Fra compagni: —Scrivi _____ cartoline (*postcards*) agli amici quando sei in viaggio?

    —Affatto (*not at all*), perché non mi piace _____ scrivere.

2. Fra amiche: —Paola, oggi ti vedo (*you look*) _____ preoccupata (*worried*). Perché?

    —Cara mia, ho _____ carte di credito, ma ho anche debiti (*debts*).

3. Fra colleghi: —Come mai (*How come*) dormi in ufficio? Non dormi _____ di solito la notte?

    —No, dormo poche ore la notte, e di giorno ho _____ sonno.

4. Fra conoscenti: —Ingegnere, desidero invitare Lei e la signora a un ristorante cinese _____ buono.

    —Grazie, accetto volentieri (*with pleasure*). Mi piace _____ il cibo cinese.

C. La dieta personale. Using **molto** and **poco,** and referring to **la piramide della salute,** exchange information about your eating habits.

Esempio —*Quanta pasta mangi?*
—*Mangio poca (molta) pasta.*

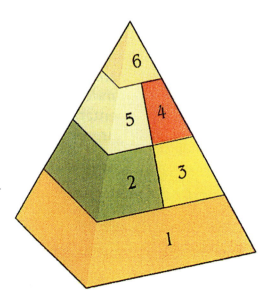

1. pane, pasta, riso...
2. verdura
3. frutta
4. carni
5. latte, formaggi
6. zucchero, dolci

D. Tutti(e) — Ogni. Take turns asking each other about everyday activities. Follow the example.

Esempio studiare/sere
—*Studiate tutte le sere?*
—*Sì, studiamo ogni sera.* o
—*No, non studiamo ogni sera.*

1. lavorare/giorni

2. mangiare a casa/giorni

3. preparare la colazione/mattine

4. imparare/parole del vocabolario

5. studiare/lezioni

6. parlare con/compagni di classe

7. guardare la televisione/sere

E. Conversazione

1. Ti piace mangiare al ristorante?

2. Mangi spesso al ristorante?

3. Che tipo di ristorante preferisci? italiano, francese, messicano, giapponese?

4. Quando vai a mangiare in un ristorante molto caro?

5. Ti piacciono le verdure? Quali? Quali non ti piacciono?

6. Compri spesso dei gelati?

7. Ti piace organizzare un picnic? Cosa porti? Chi inviti?

Per finire

Una bella torta per il compleanno di Gabriella.

Una festa di compleanno CD 1, Track 22

Domani Gabriella **compie** ventun anni. Lucia organizza una festa e invita Filippo, il ragazzo di Gabriella, e tutti gli altri amici.

turns

LUCIA Marcello, tu **che** hai sempre **un sacco di soldi,** che cosa porti?

who/a lot of money

MARCELLO **Macché** un sacco di soldi! Se aspetto i soldi di papà...Io compro alcune bottiglie di spumante Asti. E porto Liliana e Antonio con me nella Ferrari.

No way

LUCIA E loro, cosa portano?

MARCELLO Liliana ha intenzione di portare dei panini al prosciutto perché non ama cucinare. Antonio, sempre **al verde,** porta Fido e la chitarra.

broke

LUCIA Filippo, che cosa porti tu?

FILIPPO Del vino rosso e una torta Motta*. Va bene?

MARCELLO Molto bene. Con ventun **candeline,** vero? E tu, Lucia, che sei una **cuoca** molto brava, che cosa prepari?

small candles
cook

LUCIA Vorrei preparare un arrosto con delle patate fritte.

MARCELLO Perché non offriamo un regalo **insieme?** Qualche CD, per esempio, **dato che** a Gabriella piace la musica.

together
since

LUCIA D'accordo. E tu, Filippo, **che cosa regali?** Che cos'è? Siamo curiosi.

what present are you bringing?

FILIPPO Ho due **biglietti** per l'opera, ma **silenzio,** per piacere. È una sorpresa! Ho anche il **biglietto di auguri.** Perché non scrivete qualche parola anche voi?

tickets/silence
birthday card

La sera della festa tutti gli amici sono a casa di Lucia e aspettano Gabriella e Filippo. Quando i due aprono la porta gli amici **augurano:** «Buon compleanno, Gabriella!»

wish her

*A popular brand of pastries and cakes.

Comprensione

1. Perché organizza una festa Lucia? 2. Chi invita Lucia? 3. Chi è Filippo?
4. È ricco o povero il padre di Marcello? 5. Che cosa porta Marcello? E Antonio?
6. Come arriva alla festa Marcello? Con chi? 7. Perché Liliana porta dei panini?
8. Che cosa porta Filippo? 9. Quante candeline ci sono sulla torta? 10. Che piatto
prepara Lucia? 11. Che cosa regala Filippo? Perché? 12. Che cosa augurano tutti
gli amici quando Gabriella e Filippo aprono la porta?

Conversazione

1. Che regalo desideri per il tuo *(your)* compleanno?

2. Di solito, dove festeggi *(do you celebrate)* il tuo compleanno? Che cosa
   desideri mangiare in questo *(this)* giorno?

3. Organizzi molte o poche feste per gli amici?

4. Che cosa portano gli amici?

5. Dimentichi il compleanno di un amico (un'amica) o compri sempre un
   regalo?

Come si dice in italiano?

1. Today Mr. and Mrs. Buongusto are eating in a restaurant.

2. The waiter brings the menu and says **(dice)**, "Today we don't have roast
   veal, but we have very good **scaloppine al marsala.**"

3. They order spaghetti with tomato sauce, two steaks, green salad, and a bottle of red wine.

4. While **(Mentre)** they are waiting, Mr. and Mrs. Buongusto talk about **(parlare di)** some friends.

5. We don't have many friends, but we do have good friends.

6. Why don't we invite Ornella and Paolo to **(a)** play tennis with us **(noi)** tomorrow? They are very good because they play every day.

7. Mr. Buongusto is very hungry and he eats a lot.

8. At the end, Mr. Buongusto pays the bill.

9. "Are you forgetting the tip for the **(al)** waiter?" asks Mrs. Buongusto.

Attualità

Adesso scriviamo!

Il compleanno di un amico/un'amica

Make and describe plans for the birthday celebration at a nice restaurant for one of your close friends.

A. To begin to organize your thoughts, make notes in response to the following questions.

   1. Chi compie gli anni?

   2. Qual è la data del compleanno?

   3. Chi sono gli ospiti?

   4. In quale ristorante è la festa di compleanno?

   5. Cosa c'è sul menù?

   6. Che cosa regali all'ospite d'onore?

   7. È una festa a sorpresa?

B. Now, on the basis of your notes, write a paragraph describing your plans for the birthday celebration.

C. Make sure that you have spelled all words correctly in your completed paragraph and double-check subject-verb agreement and noun-adjective agreement. Share your description with a classmate. Would you like to be the guest of honor at each other's parties? Why or why not?

Parliamo insieme!

A. Un picnic. Invent a story about the people seated on the grass: who they are and what their names are, why they are celebrating, and what the circumstances are. Be sure to describe the various elements of the celebration, and where the items are located.

B. Al ristorante. You are in the restaurant «Al Ponte». One student portrays the waiter and brings the menu. Two or three others order **un pranzo all'italiana** *(Italian style):* **antipasto, primo piatto, secondo piatto, ecc.**

RISTORANTE AL PONTE

Via del Mulino 28   San Gimignano   (0577) 940415

ANTIPASTI		SECONDI	
Prosciutto e melone	3,00	Bistecca alla fiorentina	7,00
Fritto misto[1]	2,50	Polpette[5] al sugo di pomodoro	5,50
Insalata di gamberetti	3,25	Fegato[6] con polenta	5,00
		Petti di pollo[7]	
PRIMI		con punte d'asparagi	7,50
		Trota al burro	7,00
Tagliatelle alla bolognese	4,00	Sogliola ai ferri	7,00
Spaghetti alle vongole[2]	4,00	Salmone alla griglia	8,50
Pappardelle ai funghi	3,00		
Risotto alla milanese	3,25	CONTORNI	
Ravioli alla panna[3]	4,00	Insalata mista	2,25
Tortellini al gorgonzola[4]	4,00	Patate fritte, carciofi[8]	2,75
Ravioli con ricotta e spinaci	4,5	Zucchine, piselli, fagiolini[9]	2,25
Ravioli della casa	3,25		
Gnocchi alla romana	4,50	DOLCI E FRUTTA	
Zuppa di verdure	3,50	Carrello paste	3,00
Zuppa di pesce	4,50	Tiramisù	3,25
		Gelati misti	2,50
BEVANDE		Torta al cioccolato	3,00
		Torta di fragole	3,00
Vino, birra, acqua minerale		Macedonia di frutta	3,25
Caffè, tè, liquori		Frutta di stagione	

Pane, coperto e servizio

[1]*mixed fried fish or meat*   [2]*clams*   [3]*cream*   [4]*a creamy Italian blue cheese*   [5]*meatballs*
[6]*liver*   [7]*chicken breast*   [8]*artichokes*   [9]*green beans*

GUARDIAMO!

Al ristorante
Everyone's enjoying a night out at Alessandra's favorite restaurant. While they wait for Luigi to turn up, they talk about what they'd like to eat for dinner.

SITO WEB

For more practice with the cultural and linguistic topics in **Capitolo 4,** visit the *Ciao!* website at **http://ciao.heinle.com.**

♪♪Intermezzo musicale

Giorgio Conte, «Cannelloni»

Originally a songwriter, Giorgio Conte (1941–) was not widely known as a singer and musician until 1993 when he won a Premio Tenco in an international competition in Sanremo. From that point, Conte's career has flourished in Europe and Canada, and more recently in his native Italy, where he has won belated recognition.

Listeners enjoy the subtle irony of Conte's songs and the softness of his musical themes. Both are evident in

"Cannelloni," a humorous song that evokes gently the experience of dining with a friend who is on a diet. The singer eats "come un elefante," while commenting to his friend, "Triste la tua dieta, quasi tutto esclude." The meal becomes memorable because of the drawn-out contrast between the two diners.

Vedute d'Italia

Dove andiamo a mangiare?

A. Prima di leggere

Following are descriptions of different types of restaurants that are common in Italy. As you read, try to determine what the main characteristics of each type of restaurant are and to make comparisons. Consider, for example, how formal or informal each type of restaurant is, what kind of food each serves, how expensive a meal typically is, and who the usual patrons are.

Al ristorante

Un ristorante è un **locale** elegante, dove gli Italiani ordinano un pasto completo: un primo piatto, un secondo piatto con uno o due contorni, della frutta, del dolce e un caffè. Ci sono molti ristoranti in Italia e sono divisi in categorie di qualità e **prezzi.**

place

prices

Un ristorante di famiglia.

Un pizzaiolo al lavoro.

In trattoria

Questo è un locale dove lavora tutta la famiglia. Gli Italiani vanno in una trattoria per mangiare i piatti tipici della regione. Non è necessario ordinare un pranzo completo ma anche solo un primo piatto o un secondo piatto e il dolce. L'atmosfera è **di solito meno** formale e i prezzi sono **inferiori a quelli** di un ristorante.

usually less/lower than those

In pizzeria

Questo è un locale dove gli Italiani mangiano di solito solo la pizza. La pizza è molto più **sottile** della pizza americana, ed è **cucinata** in un **forno** di **pietra a legna.** L'atmosfera è molto informale e gli Italiani bevono una Coca-Cola o una birra quando mangiano la pizza. Ci sono molte pizzerie in Italia e sono tutte diverse **l'una dall'altra.** Non ci sono compagnie di **pizzerie a catena** come in America e gli Italiani scelgono il locale dove la pizza è più buona o dove **conoscono** il **proprietario.**

thin/cooked/oven/wood-burning stove oven

one from another/pizzeria chains

know/the owner

Alla tavola calda

Questo è un locale dove gli Italiani vanno quando hanno fretta. C'è molta **varietà di cibi** che sono **già pronti** e i clienti **scelgono** i piatti che preferiscono. Quando un cliente ha il **vassoio** pronto va alla **cassa** dove paga i piatti **scelti.** Poi va a sedersi a un tavolo; non ci sono camerieri. Una tavola calda di solito è in centro, vicino alle banche e ad altri uffici dove gli Italiani che lavorano possono andare a mangiare durante l'ora **libera** per il pranzo.

choice of dishes/already prepared/ choose/tray/cash register/chosen

free

La vetrina di una paninoteca.

In paninoteca

Questo è un locale che serve una grande varietà di panini: caldi o freddi, ma anche pizzette o insalate. Gli Italiani, soprattutto i giovani, mangiano in una paninoteca quando hanno fretta o non hanno molti soldi. Ci sono molte paninoteche vicino alle università dove gli studenti vanno durante **l'intervallo** del pranzo o **prima di** andare a casa nel pomeriggio. In una paninoteca, gli studenti parlano **dei** corsi, dei professori e studiano insieme.

break
before
about

B. Alla lettura

1. Read the description of each restaurant a couple of times, looking for the information specified in the chart below.
2. Complete the chart in order to outline similarities and differences among the five types of Italian restaurants described in the reading. The first line has been filled in for you as an example.

	Formalità	Piatti	Costo	Clientela tipica
il ristorante	sì	pasto completo	vario	elegante
la trattoria				
la tavola calda				
la pizzeria				
la paninoteca				

3. Dove andiamo a mangiare? On the basis of the information you have gathered, suggest where the following people are likely to go for a meal.

Esempio   I signori Bianchi hanno tre bambini e non hanno molti soldi. *Mangiano in una trattoria.*

a. Il signor Rossi lavora in centro a Milano in una banca.

b. Giorgio e Alessandra sono studenti universitari e le lezioni sono finite.

c. L'architetto Moretti porta fuori *(is taking out)* la moglie per il suo compleanno.

d. Marco e Alessia hanno voglia di un piatto tipico e di un buon dolce.

e. È domenica sera, Paolo vede gli amici per andare al cinema, ma prima mangiano insieme.

C. Culture a confronto

1. Compare the three main meals of the day eaten by Italians with those of North Americans. What are the similarities and differences? How do you explain them?

2. Think again about the many options Italians have for dining out. Do North Americans have similar options? How do they compare?

3. Do you notice differences in Italian and North American attitudes toward eating and dining out?

4. When you are in Italy, what type of restaurant do you think you will go to most often? Why?

Sapete che...?

I pasti degli Italiani

La mattina gli Italiani **fanno una leggera** colazione: un espresso o un cappuccino o un caffelatte con una **brioche** o un panino. Se uno non ha tempo di preparare la colazione a casa, **si ferma brevemente** a uno dei molti bar della città. *[have a light] [croissant] [he (she) stops briefly]*

A mezzogiorno molti Italiani ritornano a casa per il pasto principale, che consiste **quasi sempre** in **pastasciutta,** carne, verdura e frutta. Chi lavora lontano da casa va a un ristorante, a una trattoria o a una **tavola calda.** Molti giovani, per **mancanza** di soldi o di tempo, comprano un **tramezzino** o un panino in una paninoteca o in una **salumeria.** Oggi è molto popolare fra i giovani il «fast food» all'americana, specialmente gli hamburger e le patatine fritte. *[almost always/pasta with sauce] [cafeteria] [lack/crustless sandwich] [delicatessen]*

La sera **si cena verso** le otto, a casa, con un pasto più o meno leggero; o **si va** ad una pizzeria. Per finire la **giornata** di lavoro con **qualcosa di dolce,** c'è la gelateria/pasticceria che offre una grande varietà di gelati e di paste. *[people have supper at about] [people go/day/something sweet]*

Comprensione

1. La colazione degli Italiani è abbondante? In che cosa consiste?

2. A mezzogiorno che cosa mangiano gli Italiani che hanno la fortuna di ritornare a casa?

3. Oltre ai *(Besides the)* ristoranti, in quali altri luoghi *(places)* è possibile mangiare?

4. Che cos'è una paninoteca?

5. A quale ristorante americano corrisponde la tavola calda?

Vocabolario

Nomi

l'abitante	inhabitant
il bicchiere	glass
il biscotto	cookie
la bottiglia	bottle
la candelina	little candle
la carne	meat
il cibo	food
il compleanno	birthday
la cucina	kitchen; cooking, cuisine
il cuoco, la cuoca	cook
il dollaro	dollar
l'euro	euro
i generi alimentari	groceries
il piatto	dish, course
il regalo	gift, present
i soldi	money
la sorpresa	surprise
la spiegazione	explanation
la tazza	cup
lo zucchero	sugar

Aggettivi

alcuni(e)	some, a few
ogni *(inv.)*	each, every
poco *(pl. pochi)*	little; few
qualche *(sing.)*	some
quanto	how much
squisito	delicious
tanto	much, so much
troppo	too much
tutto	the whole; all, every
vegetariano	vegetarian

Verbi

amare	to love
aprire	to open
arrivare	to arrive
augurare	to wish (somebody)
chiedere	to ask
chiudere	to close
compiere	to have a birthday
costare	to cost
credere	to believe
cucinare	to cook
dimenticare	to forget
dormire	to sleep
festeggiare	to celebrate
incontrare	to meet
invitare	to invite
leggere	to read
offrire	to offer
ordinare	to order
organizzare	to organize
pagare	to pay
partire (da)	to leave (a place)
perdere	to lose
portare	to bring, to carry; to wear
prendere	to take, to catch
preparare	to prepare
regalare	to give a present
ricevere	to receive
ripetere	to repeat
rispondere	to answer
scrivere	to write
seguire	to follow
sentire	to hear
servire	to serve
vedere	to see
vivere	to live

Altre espressioni

adesso	now
avere...anni	to be...years old
d'accordo	OK, agreed
di solito	usually, generally
essere a dieta	to be on a diet
Ti piace (piacciono)...?	Do you like...? *(informal)*
Le piace (piacciono)...?	Do you like...? *(formal)*
Mi piace (piacciono)...	I like...
un po' di (un poco di)	some, a bit of
un sacco di	a lot of
Quanti anni hai?	How old are you?
quanto fa...?	How much is...?
se	if
senza	without
solo *(inv.)*	only
volentieri	with pleasure
vorrei	I would like

CAPITOLO 5

Attività e passatempi

Cosa facciamo sabato sera? Andiamo al cinema?

Punti di vista | Pronto? Chi parla?

Studio di parole: Il telefono
Informazioni: Il telefono
Ascoltiamo! Una telefonata d'affari

Punti grammaticali

5.1 Verbi irregolari in **-are**
5.2 I giorni della settimana
5.3 Verbi irregolari in **-ere**
5.4 **Sapere** e **conoscere**

Per finire | La settimana di Filippo

Attualità

Adesso scriviamo!
Parliamo insieme!

Vedute d'Italia | La vita degli studenti

Sapete che...?

Punti di vista

Il tennis è uno sport molto popolare tra i giovani. In ogni città ci sono diversi campi da tennis. L'ingresso non è gratuito: si deve pagare per poter giocare.

Pronto? Chi parla? CD 1, Track 23

Gianna telefona all'amica Marisa. La mamma di Marisa, la signora Pini, risponde al telefono.

SIGNORA PINI Pronto?

GIANNA Buon giorno, signora. Sono Gianna. C'è Marisa, per favore?

SIGNORA PINI Sì, un momento, è qui.

MARISA Pronto? Ciao, Gianna!

GIANNA **Finalmente! Il tuo** telefono è sempre occupato!　　*Finally/Your*

MARISA Da dove telefoni?

GIANNA Sono vicino alla farmacia, e **faccio** una telefonata　　*I am making*
breve perché i minuti del mio telefonino **stanno per fi-**　　*are about to end*
nire e **devo** comprare una **ricarica.**　　*I have to/recharge*

MARISA **Allora, andiamo** al cinema oggi **pomeriggio?**　　*So, are we going/*
　　　　　　　　　　　　　　　　　　　　　　　　　　　afternoon/Actually I

GIANNA **Veramente io preferisco** giocare a tennis.　　*prefer*

MARISA Va bene. Perché non andiamo in bicicletta al
campo da tennis? E quando ritorniamo, andiamo a　　*tennis court*
prendere un gelato.

GIANNA Perfetto. Sono a casa tua **per le due.**　　*by two (o'clock)*

Comprensione

1. A chi telefona Gianna? **2.** Chi risponde al telefono? **3.** Perché Gianna dice *(says)* «Finalmente»? **4.** Gianna usa un telefono pubblico? **5.** Da dove telefona Gianna? **6.** È lunga la telefonata? **7.** Cosa desidera fare Marisa? E Gianna?

Studio di parole   *Il telefono*

—Pronto. Chi parla?
—Sono Filippo. C'è Gabriella, per favore?

il telefono pubblico public phone

il telefono cellulare (telefonino) cellular phone

la ricarica recharge for cellular phones

l'elenco telefonico phone book

il numero di telefono phone number

il prefisso area code

libero free

occupato busy

il (la) centralinista operator

la telefonata interurbana long-distance phone call

formare il numero to dial

la carta telefonica prepaid phone card

la segreteria telefonica answering machine

fare una telefonata
telefonare } to make a phone call, to phone
chiamare

parlare al telefono to talk on the phone

rispondere al telefono to answer the phone

una telefonata personale a personal call

una telefonata d'affari a business call

una telefonata a carico del destinatario a collect call

—**Pronto? Sono...** Hello. This is…

—**Vorrei parlare con...** I would like to speak with…

—**C'è...?** Is…in?

—**Mi dispiace, non c'è.** I'm sorry, he/she is not in.

—**Vorrei lasciare un messaggio.** I would like to leave a message.

—**Qual è il numero di telefono di...?** What is the phone number of…?

Informazioni   Il telefono

Oggi in Italia è molto diffuso l'uso del telefono cellulare (il telefonino). La vecchia cabina telefonica è sparita e sta sparendo *(is disappearing)* per far posto al telefonino. Adulti e ragazzi, anche molto giovani, lo usano in ogni occasione ed in ogni luogo: per la strada, sull'autobus, in macchina, nei negozi, sul treno. Sul treno le continue chiamate "musicali" dei telefonini possono diventare irritanti per i passeggeri che preferirebbero *(would prefer)* leggere o riposare invece di sentire le conversazioni ad alta voce degli altri passeggeri. Dai telefoni cellulari è possibile effettuare chiamate internazionali e intercontinentali. Per chiamare gli Stati Uniti dall'Italia si forma *(you dial)* il prefisso 001, poi il prefisso della città e il numero desiderato. Per informazioni internazionali il numero è il 176. In caso di emergenza il numero è il 113.

Applicazione

A. Domande

1. Dove cerchiamo *(do we look for)* un numero di telefono?
2. Se un numero non è nell'elenco, chi chiami tu?
3. Quando abbiamo bisogno del prefisso?
4. Negli Stati Uniti, di cosa abbiamo bisogno per telefonare da un telefono pubblico?

B. La telefonata di Filippo. Answer the following questions about Filippo's phone conversation, shown on page 107.

1. Da dove telefona Filippo? A chi?
2. Il telefono di Gabriella è occupato?
3. Chi risponde al telefono, Gabriella o un'altra persona?
4. Cosa dice Filippo?
5. La telefonata di Filippo è una telefonata personale o una telefonata d'affari?

C. Conversazione

1. Fai molte telefonate tu? (Faccio...) Sono brevi o lunghe? Chi chiami più *(more)* spesso? Perché?
2. Telefoni o scrivi un biglietto *(write a card)* a un amico (un'amica) per il suo compleanno?
3. Fai molte telefonate interurbane? Perché? (Perché no?) Fai telefonate a carico del destinatario?
4. Hai una segreteria telefonica? una carta telefonica? un telefono cellulare (telefonino)?

D. Il tuo numero di telefono? E il prefisso? Take turns asking for each other's phone numbers and area codes.

E. Pronto? Act out the following brief telephone exchanges.

Esempio   You telephone a friend to make plans for tomorrow.
—*Pronto! Sono Dino.*
—*Oh, ciao, Dino.*
—*Cosa facciamo domani?*
—*Perché non andiamo in piscina?*
—*D'accordo. A domani.*
—*Ciao.*

1. You telephone a friend. His/Her mother answers and tells you your friend is not home.

2. You make a surprise call to a friend to wish him/her a happy birthday.

3. You call a classmate to ask what is the homework for Tuesday.

4. You telephone the Italian department of your university and ask to speak with your instructor. He/She is not in so you ask to leave a message. Indicate that you do not understand the homework assignment and will telephone again tomorrow.

Ascoltiamo!   CD 1, Track 24

Una telefonata d'affari. An architect, Gino Pạoli, is making a business phone call to an engineer, Rusconi **(l'ingegner Rusconi),** about an appointment. Listen to his conversation with Rusconi's secretary. Then answer the following questions.

Comprensione

1. L'architetto Pạoli telẹfona a casa o all'uffịcio dell'ingegner Rusconi?

2. C'è l'ingegnere?

3. Che cosa lạscia Pạoli?

4. Per quand'è l'appuntamento?

5. L'uffịcio di Rusconi è nella stessa città da dove telẹfona Pạoli? Perché no?

6. La telefonata di Pạoli è una telefonata personale o d'affari?

Dialogo

You are calling your doctor's office for an appointment. His secretary answers. You say **Pronto. Sono...** and ask if the doctor is in. The secretary answers that she is sorry, but the doctor is not in. Tell her you would like to leave a message: Is it possible **(È possịbile)** to see the doctor tomorrow? Then give her your phone number and say goodbye. In pairs, play the roles of the secretary and the patient.

Punti grammaticali

—Che cosa facciamo stasera?
—Andiamo alla discoteca Fellini! C'è la serata delle Meteore 90. Stiamo con gli amici e ascoltiamo la musica degli anni '90.

5.1 Verbi irregolari in **-are**

1. The following **-are** verbs are irregular in the present tense:

andare* *(to go)*		fare *(to do; to make)*		dare *(to give)*		stare *(to stay; to feel)*	
vado	andiamo	faccio	facciamo	do	diamo	sto	stiamo
vai	andate	fai	fate	dai	date	stai	state
va	vanno	fa	fanno	dà	danno	sta	stanno

Andare is followed by the preposition **a** before an infinitive.

Cosa **fai** stasera?	*What are you doing tonight?*
Faccio una telefonata interurbana.	*I am making a long-distance phone call.*
Vado a vedere un film.	*I am going to see a movie.*
Quando **danno** una festa?	*When are they giving a party?*
Come **sta** Maria?	*How is Maria?*
Maria **sta** a casa perché **sta** male.	*Maria stays (is staying) home because she feels ill.*

2. Fare is used in many idiomatic expressions, some of which are listed below:

fare attenzione	*to pay attention*
fare il bagno, la doccia	*to take a bath, a shower*
fare colazione	*to have breakfast*
fare una domanda	*to ask a question*
fare una foto	*to take a picture*
fare una gita	*to take a short trip*
fare un giro	*to take a walk or a ride*
fare una passeggiata	*to take a walk*
fare una pausa	*to take a break*
fare un regalo	*to give a present*
fare la spesa	*to buy groceries*

fare le spese	*to go shopping*
fare un viaggio	*to take a trip*

Facciamo un viaggio in Italia.	*We are taking a trip to Italy.*
Faccio una passeggiata prima di mangiare.	*I take a walk before eating.*
Lui non **fa domande.**	*He does not ask questions.*
Perché non **fate attenzione?**	*Why don't you pay attention?*

3. Dare is used in the following idiomatic expressions:

dare del «tu»	*to address someone informally*
dare del «Lei»	*to address someone formally*
dare la mano	*to shake hands*

Diamo del «tu» agli amici, ma **diamo del «Lei»** ai professori.	*We use **tu** with friends, but we use **Lei** with professors.*

4. Stare is used in the following idiomatic expressions:

stare bene (male)	*to feel well (badly, ill)*
stare attento(a)	*to be careful; to pay attention*
stare zitto	*to be quiet*

Stare per + *infinitive* translates as *to be about to (do something).*

I corsi **stanno per** finire.	*Classes are about to end.*

5. Unlike in English, **andare** is not used to express the immediate future. To convey this idea, Italian uses the present (or future) tense: **Parto.** = *I am going to leave.* **Andare a** + *infinitive* expresses motion:

Di solito **vado a mangiare** alla mensa.	*Usually I go to the cafeteria to eat.*

Pratica

A. Persone in movimento. Complete the sentences with the correct forms of the verbs indicated.

1. andare Papà _____ in ufficio; la mamma e Tina _____ a una conferenza; Piero e io _____ in banca; e tu _____ a scuola.

2. fare Il signor Profumo _____ la doccia; Antonella _____ una passeggiata; tu e Marco _____ alcune fotografie del giardino; io _____ colazione e, dopo, tu ed io _____ la spesa.

3. dare Io _____ la mancia alla cameriera; i signori Allegri _____ la mano al dottor Piccoli; Flavio _____ una festa per gli amici.

B. Buon viaggio! Indicate what cities various students will visit this summer, and what attractions they will go to see.

Esempio   Marco (Roma/il Foro romano)
Marco va a Roma.
Va a visitare il Foro romano.

1. Tiziana (Parigi/il museo del Louvre)

2. Gina e Piero (Madrid/il museo del Prado)

3. Federico (Londra/l'abbazia di Westminster)

4. Noi (New York/la statua della Libertà)

5. Mario ed io (Washington/il monumento a Lincoln)

C. Come e dove stanno? Complete with the correct form of **stare.**

1. Stamattina il signor Neri è a letto perché non _____ bene, ma i bambini _____ bene e vanno al parco con la babysitter.

2. Tu non _____ molto bene, ma hai un esame e non _____ a casa.

3. Gli studenti _____ attenti alle domande del professore.

4. Voi _____ zitti quando avete torto.

D. Descrizione. Describe what the people shown are doing. Use expressions with **fare** and your imagination to elaborate as much as you can.

1.   2.   3.

4.   5.

E. Quale verbo? Take turns asking and answering these questions, using a form of **andare, fare, dare,** and **stare.**

Esempio   Dove _____ voi stasera?
—*Dove andate voi stasera?*
—*Andiamo al cinema.* o...

1. Come _____ tua mamma?

2. Quando _____ una festa, tu?

3. Dove _____ gli studenti quando non stanno bene?

4. Tu _____ i compiti da solo(a) o con dei compagni?

5. Preferite _____ una passeggiata o giocare a tennis?

6. Tu _____ a casa oggi o _____ fuori?

7. Dopo le lezioni tu ed io _____ a comprare un gelato?

8. A chi _____ del «tu»?

9. Voi _____ a letto presto o tardi *(early or late)* la sera?

F. Conversazione

1. La mattina fai il bagno o la doccia?

2. Fai sempre colazione? Cosa mangi?

3. Cosa fai il pomeriggio, dopo le lezioni? (una passeggiata? jogging?)

4. Cosa fai quando hai bisogno di frutta, carne e verdura?

5. Cosa fai quando hai bisogno di vestiti *(clothing)*?

6. Che cosa fai il weekend (telefonate agli amici, le pulizie di casa, una gita, una festa...)?

5.2 I giorni della settimana

Sul calendario italiano, quasi ogni giorno è dedicato ad un santo. Se una persona si chiama Marcello o Marcella, per esempio, celebra il suo onomastico *(his/her saint's day)* il 16 gennaio, e in quel giorno riceve un biglietto di auguri e dei regali. (Marcella riceve anche un mazzo di fiori.)

The days of the week, which you learned in the **Primo incontro,** are masculine except **domenica,** which is feminine. **Sabato** and **domenica** are the only two days whose plural form differs from the singular (**ogni sabato, tutti i sabati; ogni domenica, tutte le domeniche; ogni lunedì, tutti i lunedì**).

1. The preposition *on* is not expressed in Italian when used in expressions such as *on Monday, on Tuesday,* and so on.

Lunedì il Prof. Bini dà una conferenza.
On Monday Prof. Bini is giving a lecture.

2. The singular definite article is used before the days of the week to express a habitual event.

Il sabato gioco al golf.
On Saturdays (Every Saturday) I play golf.

BUT
Sabato invito degli amici.
(This) Saturday I am inviting some friends.

3. The expressions **una volta a, due volte a,** etc., + *definite article* translate into English as *once a, twice a,* etc.

Vado al cinema **una volta alla settimana.**
I go to the movies once a week.

Mangiamo **due volte al giorno.**
We eat twice a day.

Andiamo a teatro **quattro volte all'anno.**
We go to the theater four times a year.

Pratica

A. Abitudini. Restate what the following people do at the times given, as in the example.

Esempio La domenica telefono a mia madre.
Tutte le domeniche telefono a mia madre.

1. Il lunedì Marco va a scuola in autobus. **2.** Il mercoledì e il giovedì Lella lavora in un negozio del centro. **3.** Il venerdì noi andiamo al supermercato. **4.** Il sabato il signor Galli fa un giro in bicicletta. **5.** La domenica i signori Santi vanno in chiesa.

B. Una volta o molte volte? Take turns asking each other how often (**al giorno, alla settimana, al mese, all'anno**) you do the things listed below.

Esempio　　studiare in biblioteca
　　　　　　　　—*Quante volte alla settimana (al mese, o...) studi in biblioteca?*
　　　　　　　　—*Studio in biblioteca tre o quattro volte alla settimana.*

1. andare all'università
2. telefonare a un amico lontano
3. comprare un regalo per un amico (un'amica)
4. fare la spesa
5. fare una telefonata interurbana
6. fare il footing
7. mandare *(send)* una e-mail

C. Gli appuntamenti di Cristina. Looking at Cristina's planner, ask each other the following questions regarding her weekly appointments.

La settimana di Cristina.

1. Dove va Cristina martedì mattina?
2. Quando pranza con Lucia?
3. Va in palestra mercoledì mattina?
4. Quando cena con Carlo?
5. Quante volte vede Carlo?
6. Quando va al cinema? Con chi?
7. Quando ha l'appuntamento con la parrucchiera?

D. Conversazione

1. Quali giorni della settimana hai lezione?
2. Qual è il tuo giorno della settimana preferito? Perché?
3. Quante volte al mese vai al cinema?
4. Che cosa fai il sạbato?
5. In quale giorno vedi gli amici?
6. Cosa fai domẹnica?

5.3 Verbi irregolari in **-ere**

Il sạbato possiamo fare attività spor-tive al parco.

The following verbs ending in **-ere** are irregular in the present tense:

bere (to drink)		dovere (to have to, must; to owe)		potere (can, may, to be able to)		volere (to want)	
bevo	beviamo	devo	dobbiamo	posso	possiamo	voglio	vogliamo
bevi	bevete	devi	dovete	puoi	potete	vuoi	volete
beve	bevono	deve	devono	può	possono	vuole	vogliono

Dovere and **potere** are followed by an infinitive. **Volere** may be followed by an infinitive or a noun.

Oggi **beviamo** del Chianti.	*Today we are drinking Chianti.*
Stasera **devo** uscire.	*Tonight I have to go out.*
Possiamo fare molte cose.	*We can do many things.*
Cosa **vuoi** mangiare?	*What do you want to eat?*
Vuole un succo d'arạncia?	*Do you want (a glass of) orange juice?*

NOTE: Dovere, followed by a noun, corresponds to the English *to owe.*

| **Devo** cento euro a mia zia. | *I owe my aunt one hundred euros.* |

Pratica

 A. Preferenze. Take turns asking each other questions, using the cues.

Esempio i bambini
—*Cosa bevono i bambini?*
—*Bevono del latte.* (o ...)

1. una ragazza di 15 anni

2. la nonna e il nonno

3. io e tu

4. una persona che *(who)* ha molta sete *(thirst)*

5. tu

6. uno zio italiano

B. Cosa possiamo fare con 1.000 euro? Tell your partner what the following people want to do with 1,000 euro. Your partner in turn will indicate whether or not they can do these things.

Esempio i miei genitori/andare in Italia
—*I miei genitori vogliono andare in Italia.*
—*I tuoi genitori non possono andare in Italia.*

1. io/comprare una macchina fotografica

2. mio fratello/fare un viaggio a New York

3. mia sorella ed io/portare i nostri genitori all'opera

4. i miei cugini/comprare una barca *(boat)*

5. tu ed io/dare una festa per tutti gli studenti

6. io/affittare *(to rent)* una villa in Toscana per un mese *(month)*

7. mio marito ed io/fare una crociera *(cruise)* alle isole Hawaii

8. tu/comprare un computer Macintosh

C. Cosa fate se...? Take turns asking and answering the following questions. Use the verb **dovere**—and a little imagination!—in your responses.

Esempio Cosa fai se hai sete?
Se ho sete, devo bere dell'acqua. (o ...)

1. Cosa fanno gli studenti se ricevono un brutto voto?

2. Cosa fai se hai fame la mattina?

3. Cosa facciamo se non stiamo bene?

4. Cosa fai se hai sonno?

5. Cosa fate se volete organizzare un picnic?

6. Cosa fai se non capisci la spiegazione?

7. Cosa facciamo se abbiamo bisogno di soldi?

8. Cosa fai se un amico non arriva all'appuntamento?

5.4 **Sapere** e **conoscere**

In Italian there are two verbs that both translate as *to know* in English: **sapere** and **conoscere.** They are conjugated as follows:

sapere		conoscere	
so	sappiamo	conosco	conosciamo
sai	sapete	conosci	conoscete
sa	sanno	conosce	conoscono

—Pietro! Cosa fai!? Mia madre non sa nuotare!

1. **Sapere** is an irregular verb. It means *to know how to do something, to know a fact.*

Sai la lezione?	*Do you know the lesson?*
Nino **sa** suonare il piano.	*Nino knows how to play the piano.*
Sai che domani è vacanza?	*Do you know that tomorrow is a holiday?*

NOTE: Sapere takes the direct object pronoun **lo** to replace a dependent clause.

Sai **chi è Sophia Loren?**	*Do you know who Sophia Loren is?*
Sì, **lo** so. È un'attrice.	*Yes, I know (it). She is an actress.*
Sapete **quando è morto JFK?**	*Do you know when JFK died?*
No, non **lo** sappiamo.	*No, we do not know (it).*

2. **Conoscere** is a regular verb. It means *to be acquainted with a person or a place* and *to meet someone for the first time.*

Non **conosco** il sig. Paoli.	*I don't know Mr. Paoli.*
Conosciamo bene Venezia.	*We know Venice well.*
Desidero **conoscere** i tuoi genitori.	*I would like to meet your parents.*

Pratica

A. **Sapete...?** Take turns asking and answering the following questions.

1. Sai che regalo desidera tuo padre? **2.** I tuoi amici sanno giocare a tennis? **3.** Tu sai suonare il piano? **4.** Tuo padre sa che voti ricevi a scuola? **5.** Sapete sempre quando c'è un esame di italiano, o qualche volta è una sorpresa? **6.** Chi sa cucinare meglio *(better)*, tu o tua madre? **7.** Sapete che giorno è oggi, per favore?

B. **Un padre curioso.** Gabriella's father is asking an acquaintance about Filippo. Recreate his questions, beginning each with **Sa...?** or **Conosce...?** as appropriate.

Esempio   suo padre
                —*Conosce suo padre?*

1. dove abita
2. con chi lavora
3. la sua famiglia
4. se è un ragazzo serio
5. i suoi amici
6. quanti corsi segue all'università
7. i suoi genitori
8. quanti anni ha
9. sua madre
10. quanti fratelli o quante sorelle ha
11. quando finisce gli studi

C. Lo sai o non lo sai? Take turns asking each other the following questions and providing precise answers. If you do not know an answer, say simply, "Non lo so."

Esempio   —Sai chi ha inventato la radio?
—*Lo so. È stato Marconi.*

1. Sai dov'è Torino?
2. Sai quante regioni ci sono in Italia?
3. Sai in quale città si trova *(is found)* il Colosseo?

4. Sai cos'è *La Divina Commedia*?
5. Sai chi è l'autore?
6. Sai in quale isola è Palermo?
7. Sai cos'è il tiramisù?

Per finire

La Galleria Vittorio Emanuele II è un passaggio che collega *(connects)* Piazza del Duomo con il Teatro alla Scala. È coperta con un tetto di vetro *(glass ceiling)* ed è decorata con mosaici e marmo. I Milanesi la chiamano «il salotto» per i suoi eleganti negozi, caffè e ristoranti.

La settimana di Filippo CD 1, Track 25

LUNEDÌ Filippo va all'università. Dopo le lezioni vede Gabriella e **litigano.** Gioca a tennis per un'ora. Va a casa e fa la doccia. **Prima di** cena va in Galleria e prende un aperitivo con Marcello e Liliana.

they quarrel
Before

MARTEDÌ La mattina Filippo deve lavorare in ufficio. Nel pomeriggio fa il footing e nuota in **piscina.** La sera vede gli amici al bar «Sport»: parlano di politica. Poi fa una telefonata a Gabriella: Gabriella non risponde. La **cassiera** del bar è molto simpatica; si chiama Milva. Filippo **le chiede** il numero di telefono.

swimming pool
cashier
asks her

MERCOLEDÌ Filippo può stare solo poche ore in ufficio perché deve andare in biblioteca. Sa che domani ha un esame difficile. La sera telefona a Gabriella. Il telefono è sempre occupato.

GIOVEDÌ Filippo fa l'esame. L'esame è **un osso duro.** Filippo non sa rispondere a tutte le domande. Telefona a Milva. Vanno insieme al cinema, ma lui pensa a Gabriella.

tough

VENERDÌ Filippo ha grandi progetti per il weekend, ma è **al verde. Manda** una e-mail al padre: «Caro papà, sono senza soldi. Ti prego di mandare **subito** centocinquanta euro. **Baci,** Filippo».

he is broke
He sends
immediately
Kisses

SABATO Filippo riceve una risposta: «Caro Filippo, capisco la situazione e **mi dispiace. Spendi meno** o **lavora di più.** Baci, Papà». Filippo telefona a Marcello per chiedere un **prestito.** Marcello non c'è.

I am sorry/Spend less/work more
loan

DOMENICA **Addio** progetti. Filippo è solo e senza soldi; non può andare al cinema, non può andare alla partita di calcio, non può **nemmeno** andare in pizzeria. Apre il **portafoglio:** ci sono solo due euro e cinquanta centesimi. **Bastano** per un gelato. Filippo compra un gelato e fa una passeggiata al parco. Pensa a Gabriella.

Good-bye

not even
wallet
it is enough

Comprensione

1. Cosa fanno Filippo e Gabriella dopo le lezioni all'università? **2.** Perché Filippo va in Galleria prima di cena? **3.** A chi telefona la sera di martedì e di mercoledì? **4.** Perché Filippo va in biblioteca mercoledì? **5.** È facile l'esame? **6.** Dove va giovedì sera Filippo? Con chi? **7.** Perché Filippo manda una e-mail al padre venerdì? **8.** Quanti soldi ha Filippo nel portafoglio? Bastano per una cena al ristorante? **9.** Che cosa fa Filippo domenica sera? È con Gabriella?

Conversazione

1. Vai all'università tutti i giorni della settimana? Quali?

2. Dove vai dopo le lezioni?

3. Che cosa fai dopo cena?

4. Cosa fai il sabato sera? Vedi gli amici?

5. Stai a casa la domenica? Cosa fai?

6. Che cosa desideri fare questo fine-settimana?

7. Quando sei al verde, chiedi soldi ai tuoi genitori *(your parents)*?

8. Cosa fai il fine-settimana quando sei al verde?

Come si dice in italiano?

1. On Fridays, Giulia walks to the university with Maria.

2. Today, however, Maria has to stay home because she is not well; so Giulia goes to the university on the bus.

3. At the library, she sees a friend: "Hi Paola. What are you doing here?"

4. I am reading a book on **(sull')** Italian art.

5. How many classes are you taking this **(questo)** quarter?

6. Three: a psychology class, an English class, and an art history class.

7. In the afternoon, Giulia takes a walk and then makes a phone call to Maria.

8. Maria answers: "Hello? Who is speaking?"

9. This is (I am) Giulia. How are you?

10. I am fine now, thank you.

11. Are we going to Gianni's party on Sunday?

12. Sorry, but on Sunday I cannot go to Gianni's party: I have to go to the movies with my little sister **(la mia sorellina).**

Una settimana molto occupata

13 lunedì s. Ilario vescovo	
14 martedì Battesimo del Signore	
15 mercoledì s. Mauro abate	
16 giovedì s. Marcello papa	
17 venerdì s. Antonio abate	
18 sabato s. liberata vergine	
19 domenica ss. Mario, Marta e compagni	

Imagine that an old friend is going to be in town next week. Bring your appointment calendar up to date so that you can figure out when you will be able to spend time with him/her. Then write an e-mail to your friend explaining your schedule and suggesting when you can get together.

A. Begin by making notes on your calendar to show what you are scheduled to do each day next week.

Esempio

B. Looking at your completed calendar, list the times when you will be able to see your friend and the activities you can suggest.

> **Esempio** *lunedì, dopo le lezioni: prendiamo un caffè al bar?*
> *martedì, la sera: andiamo al cinema?*

C. Now, draft your e-mail, telling your friend about your schedule and suggesting what you might do when you are not tied up.

> **Esempio** *Ciao…, grazie del messaggio. Quando ci vediamo? Quando sei libero(a) tu? Ecco la mia settimana. Lunedì vado all'università. Dopo le lezioni ci vediamo al caffè? Martedì lavoro in ufficio, poi vado in biblioteca. Andiamo al cinema la sera?…*

D. Conclude your e-mail by saying good-bye and signing your name.

> **Esempio** *Ci vediamo, …*

Make sure that you have spelled all words correctly, and double-check subject-verb agreement and noun-adjective agreement. Share your e-mail with a classmate. Does he/she think you and your friend are going to have an enjoyable week?

Parliamo insieme!

A. Alcuni giorni in paradiso. Nicola and his girlfriend are spending a long weekend in the Cinque Terre, charming seaside towns north of La Spezia. To travel from one of the Cinque Terre to another, it is necessary to go by train, by boat, or on foot; it is impossible to drive. Imagine and describe the activities of Nicola and his girlfriend with the help of the suggestions given.

Possibilità: venerdì, sabato, domenica, lunedì

arrivare, stare, visitare, andare, fare, comprare, nuotare, mangiare, partire

ristorante, trattoria, pensione, picnic, mare (*m.*), albergo «Porto Roca», spese

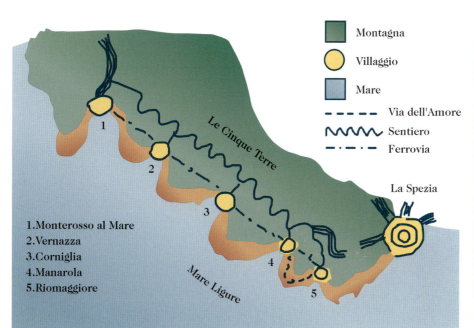

Uno dei villaggi delle Cinque Terre.

B. È il compleanno di... It is your friend's birthday. Call a mutual friend to invite him/her to the party. He/She then asks you when and where the party is to be, and what present to bring.

Esempio   —*Pronto? Ciao... sono...*
—*Ciao, come va?*
—*Bene. C'è una festa a casa mia per... Sei invitato(a) anche tu...*

C. La mia giornata. With several classmates, talk about your own typical daily activities. How are your typical activities similar? How do they differ?

GUARDIAMO!

Pronto?
Daniela and Alessandra have just returned from a shopping trip. Alessandra suddenly remembers that she has to make an important phone call.

SITO WEB

For more practice with the cultural and linguistic topics in **Capitolo 5**, visit the *Ciao!* website at **http://ciao.heinle.com.**

Vedute d'Italia

La vita degli studenti

A. Prima di leggere

You are about to read part of an interview between a **giornalista** *(reporter)* and three Italian students studying in Milan: Leonardo (from Milan), Daniele (from Rome), and Vincenzo (from Naples). The reporter is interested in talking to them about their studies and leisure-time activities. Can you anticipate some of the topics they are likely to discuss?

GIORNALISTA Buon giorno ragazzi. Grazie di essere stati così **disponibili.** Potete dirmi i **vostri** nomi e di dove siete? — *available / Can you tell me/your*

DANIELE **Certo!** Io mi chiamo Daniele e sono di Roma. Lui è Leonardo ed è di Milano, lui invece è Vincenzo ed è di Napoli. — *Sure*

GIORNALISTA Benissimo, grazie. Adesso **ditemi** che cosa studiate all'università. — *tell me*

LEONARDO Va bene, io studio economia e commercio.

DANIELE Io invece sono qui perché mio padre fa il training per sei mesi in una **ditta** di Milano; così frequento due corsi di lingue straniere per imparare l'inglese e il tedesco. — *firm*

VINCENZO Io studio informatica così, con **questo** diploma, **posso** trovare **facilmente** un lavoro. — *this/I can / easily*

GIORNALISTA Allora, ditemi cosa fate durante il tempo libero?

DANIELE Andiamo al pub o in discoteca.

LEONARDO Oppure andiamo al cinema.

VINCENZO Andiamo anche a fare un giro in centro, guardiamo i negozi e incontriamo altri ragazzi e ragazze.

GIORNALISTA Bene, grazie ragazzi! Leggete l'articolo sul «Giornalino dei giovani»!

DANIELE, LEONARDO, VINCENZO Certo! Prego, arrivederci!

B. Alla lettura

1. Re-read the interview a second time, focusing especially on the students' descriptions of their studies and leisure activities. How accurately did you anticipate the topics of discussion?

2. List the field of study and the particular activities that each student mentions in the interview.

3. Next, write a short paragraph about each student.

C. Culture a confronto

1. How do your leisure-time activities compare to those described by the three Italian students? How do you explain any similarities or differences? Do you think you would enjoy spending time as they do?

2. Now look at the photos on the preceding page. They represent typical leisure-time activities available to Italian young people. Are there any leisure-time activities available to American young people that are not represented here?

Sapete che...?

Le attività degli studenti

Nella maggior parte dei casi, le attività giovanili **hanno luogo** lontano dagli istituti d'insegnamento. Gli studenti **possono** partecipare al CUS (Centro Universitario Sportivo) e ad altre organizzazioni per giovani, frequentare **campi** sportivi e **palestre,** coltivare vecchie amicizie e creare nuovi rapporti con compagni di corso o di stanza.

Il costo **attuale** della vita obbliga molti studenti a cercare lavoro fuori dell'università o a dare lezioni private ad **allievi** della scuola secondaria. **Purtroppo,** molti universitari abbandonano gli studi per insufficienza di mezzi economici e prendono nuove strade.

take place
can

fields/fitness centers

present
pupils
Unfortunately

Comprensione

Completate le seguenti frasi con le parole corrette.

1. Le attività giovanili hanno luogo...
   a. in un campus.
   b. nei dormitori.
   c. lontano dagli istituti d'insegnamento.

2. Durante l'anno accademico, gli studenti hanno la possibilità di partecipare ad attività sociali e sportive organizzate principalmente...
   a. dall'università.
   b. dai professori.
   c. da organizzazioni lontano dall'università.

3. Il costo della vita obbliga molti studenti a...
   a. coltivare vecchie amicizie.
   b. partecipare al CUS.
   c. cercare lavoro fuori dell'università.

Vocabolario

Nomi

l'appuntamento	appointment, date
il fine-settimana	weekend
l'ingegnere	engineer
la montagna	mountain
il padre	father
il papà	dad
la piscina	swimming pool
il pomeriggio	afternoon
il progetto	project
la risposta	answer
la settimana	week

Aggettivi

breve	brief, short
pubblico	public

Verbi

andare	to go
bere	to drink
camminare	to walk
cercare	to look for
conoscere	to know, to be acquainted with, to meet for the first time
dare	to give
dovere	to have to, must; to owe
fare	to do; to make
mandare	to send
nuotare	to swim
potere	to be able to, can, may
ritornare	to return
sapere	to know, to know how
stare	to stay; to feel
usare	to use
volere	to want

Altre espressioni

allora	so, then
andare al cinema	to go to the movies
andare a piedi	to go on foot
così	so
dare del «tu»	to address somebody in the "tu" form
dare del «Lei»	to address somebody in the "Lei" form
dare la mano	to shake hands
essere al verde	to be broke
fare attenzione	to pay attention
fare colazione	to have breakfast
fare il bagno, la doccia	to take a bath, a shower
fare una domanda	to ask a question
fare una foto	to take a picture
fare una gita	to take a short trip
fare una passeggiata	to take a walk
fare una pausa	to take a break
fare un regalo	to give a present
fare la spesa	to go shopping (for groceries)
fare le spese	to go shopping
fare un viaggio	to take a trip
finalmente	finally
insieme	together
mi dispiace	I'm sorry
ora	now
però	however, but
poi	then
quante volte...?	how many times…?
una volta, due volte	once, twice
qui	here
stamattina	this morning
stare attento(a)	to be careful, to pay attention
stare bene (male)	to feel well (badly, ill)
stare per...	to be about to…
stare zitto(a)	to be quiet
veramente	actually, truly

CAPITOLO 6
La famiglia

Oggi, generalmente, tanto il padre quanto la madre lavorano. Più che una scelta *(choice)* è una necessità a causa *(because of)* dell'alto costo della vita. Mentre nel passato la cura dei figli e i lavori domestici erano compito esclusivo della madre, oggi il padre partecipa attivamente alla cura dei figli e al disbrigo delle faccende domestiche *(household chores)*.

Punti di vista | Una famiglia numerosa

Studio di parole: L'albero genealogico
Informazioni: La parentela
Ascoltiamo! A casa degli zii

Punti grammaticali

6.1 Aggettivi e pronomi possessivi
6.2 Verbi in **-ire** con il suffisso **-isc-**
6.3 Verbi irregolari in **-ire:** il presente
6.4 I pronomi diretti **lo, la, li, le**

Per finire | Chi viene a cena stasera?

Attualità

Adesso scriviamo!
Parliamo insieme!
♪♪ **Intermezzo musicale: Maria Pierantoni Giua, «Petali e Mirto»**

Vedute d'Italia | Aspettare la mamma

Sapete che...?

Punti di vista

Nel passato la famiglia italiana era molto numerosa. Oggi la famiglia è piccola, con uno o due figli, a causa dei cambiamenti *(changes)* economici e culturali in Italia.

Una famiglia numerosa CD 1, Track 26

È sạbato, e Ornella **va a trovare** gli zii che ạbitano **in campagna.** Va in mạcchina, e la sua amica va con lei.   *goes to visit/in the country*

BIANCA Quante persone ci sono nella tua famịglia?

ORNELLA Mio padre, mia madre, mio fratello, le mie due sorelle ed io.

BIANCA Hai una famịglia numerosa.

ORNELLA **Abbastanza.**   *Quite*

BIANCA Come si chiama tuo fratello e quanti anni ha?

ORNELLA Marco ha venticinque anni, e **fa l'ụltimo anno di medicina** all'Università di Bologna. È un bel ragazzo, intelligente. I suoi professori hanno un'opinione eccellente di lui. **Vuoi conọscerlo?**   *he is in his last year of medical school*

Do you want to meet him?/with pleasure

BIANCA Sì, **volentieri**! Quando?

ORNELLA Domani sera. **Possiamo uscire** insieme; tu con mio fratello e io con il mio ragazzo.   *We can go out*

BIANCA Splẹndido!

Comprensione

1. Che giorno è? **2.** Con chi va a trovare gli zii Ornella? **3.** Quanti figli *(children)* ci sono nella famiglia di Ornella? **4.** Come si chiama suo fratello? **5.** Che opinione hanno i suoi professori? **6.** Bianca vuole conọscere Marco? **7.** Secondo te, Bianca ha un ragazzo? **8.** Con chi esce *(goes out)* Bianca domani sera?

Studio di parole — *L'albero genealogico*

i genitori parents	**il genero** son-in-law
il marito husband	**la nuora** daughter-in-law
la moglie wife	**il cognato, la cognata** brother-in-law, sister-in-law
il fratello brother	
la sorella sister	**nubile, single** unmarried, single female
lo zio, la zia uncle, aunt	
il cugino, la cugina cousin	**celibe, single** unmarried, single male
il nipote grandson; nephew	
la nipote granddaughter; niece	**fidanzato(a)** fiancé(e)
il (la) parente relative	**sposato(a)** married
i parenti relatives	**separato(a)** separated
i figli children	**divorziato(a)** divorced
il suocero father-in-law	**vedovo(a)** widower, widow
la suocera mother-in-law	**il mio ragazzo** my boyfriend
	la mia ragazza my girlfriend

Informazioni — La parentela

Oggi è raro trovare in Italia la famiglia tradizionale del passato, quando due o tre generazioni vivevano nella stessa casa. La necessità di trovare un lavoro ha spinto *(forced)* i figli ad allontanarsi dalla casa paterna e crearsi la loro famiglia altrove *(elsewhere)*. Molte volte i giovani anziché *(instead of)* sposarsi preferiscono convivere.

Oggi, a causa della lontananza, è più difficile dare un aiuto ai genitori anziani *(elderly)*, che si ritrovano soli e sono spesso costretti ad andare nelle case di riposo *(nursing homes)*. Inoltre *(besides)* i nonni non possono badare *(take care)* ai nipotini, che devono stare negli asili d'infanzia *(childcare facilities)* quando i genitori sono al lavoro.

Nonostante ciò *(In spite of this)* la famiglia è ancora unita da forti legami *(ties)* e i membri della famiglia si riuniscono per festeggiare matrimoni, battesimi, compleanni, lauree e feste religiose o civili.

Applicazione

A. Chi è? Completate le seguenti frasi con l'espressione appropriata.

1. Il fratello di mio padre è mio _____ .
2. La madre di mia madre è mia _____ .
3. I nonni hanno un dẹbole *(a weak spot)* per i loro _____ .
4. La mọglie di mio fratello è mia _____ .
5. Rina non ha marito; è _____ .
6. La fịglia dello zio Piero è mia _____ .

B. L'albero genealogico. Guardate l'ạlbero genealọgico a pạgina 127 e rispondete con una frase completa.

1. Luigi e Maria sono marito e mọglie. Chi sono i loro due figli? Chi è il loro gẹnero? Chi sono i loro nipoti?
2. Anna è la mọglie di Paolo. Chi è suo padre? Chi è suo fratello? Chi è sua cognata?
3. Chi è la suọcera di Luisa? Chi sono i suoi due nipoti?
4. Enzo è il fratello di Marina. Chi è suo nonno? Chi è sua zia? Chi sono i suoi cugini?

C. Conversazione. Fạtevi a turno domande sulle vostre famịglie.

1. Hai dei fratelli o delle sorelle?
2. Quante persone ci sono nella tua famịglia? (Nella mia famịglia...) Hai una famịglia numerosa?
3. Come si chiama tuo padre? e tua madre?
4. Vai spesso a trovare i parenti?
5. Dove ạbitano i genitori, in città o in campagna?
6. Hai molti cugini?

D. Presentazione. Portate una foto di qualche membro della vostra famịglia e dite brevemente chi sono e come si chiạmano. Usate qualche aggettivo per descrịvere la loro personalità.

Ascoltiamo! CD 1, Track 27

A casa degli zii. Ornella and her friend Bianca have just arrived at the house of her aunt and uncle in the country. Listen as everyone exchanges greetings and a few words. Then answer the following questions.

Comprensione

1. Dove arrịvano Ornella e la sua amica Bianca?
2. Dove ạbitano gli zii?
3. Cosa dice lo zio quando Ornella presenta la sua amica?
4. Come stanno i genitori di Ornella?
5. Dove lavora suo padre?
6. Qual è la professione di sua madre?
7. Cosa prepara la zia?

Dialogo

With another student, expand on the conversation you have just heard. For example, one of you can play the role of Bianca, and the other that of Ornella's aunt or uncle. Ornella's aunt or uncle might ask Bianca if she is married or has a boyfriend, and if she works or goes to school. Bianca might ask how many children there are in her hostess's (host's) family, and what their names and ages are.

Punti grammaticali

6.1 Aggettivi e pronomi possessivi

Il battesimo del nipotino del signor Carlo. Il suo nipotino si chiama Francesco.

Possessor	Singular		Plural	
	Masculine	Feminine	Masculine	Feminine
io *my*	il mio	la mia	i miei	le mie
tu *your (familiar sing.)*	il tuo	la tua	i tuoi	le tue
lui, lei *his, her, its*	il suo	la sua	i suoi	le sue
Lei *your (formal sing.)*	il Suo	la Sua	i Suoi	le Sue
noi *our*	il nostro	la nostra	i nostri	le nostre
voi *your (familiar pl.)*	il vostro	la vostra	i vostri	le vostre
loro *their*	il loro	la loro	i loro	le loro
Loro *your (formal pl.)*	il Loro	la Loro	i Loro	le Loro

1. Possessive adjectives express ownership or relationship (*my, your, his*, etc.). They agree in gender and number with the noun they modify, *not* with the possessor, and they are preceded by an article.

   È **la famiglia** di Antonio? Sì, è **la sua** famiglia.
   Sono **i fratelli** di Antonio? Sì, sono **i suoi** fratelli.
   Sono **le sorelle** di Antonio? Sì, sono **le sue** sorelle.

Il mio ragazzo, **la mia** ragazza	*My boyfriend, my girlfriend*
I nostri nonni	*Our grandparents*
Signor Riva, **la Sua** macchina è pronta.	*Mr. Riva, your car is ready.*

   NOTE

   a. Remember that whenever certain prepositions precede a definite article, the two words contract (see **Capitolo 3**): *Nella mia* **famiglia ci sono sei persone.**

Telefona **dal Suo** ufficio?	*Are you calling from your office?*
Ritornano **dal loro** viaggio.	*They are returning from their trip.*

b. The article is *not* used when a possessive adjective precedes a singular noun that refers to a relative. The article is used, however, if the noun referring to relatives is plural or if it is modified by an adjective or a suffix.

mio zio Baldo	*my uncle Baldo*
nostra cugina Nella	*our cousin Nella*
suo fratello	*his (her) brother*
BUT	
i miei zii e **le mie** cugine	*my uncles and my cousins*
la mia bella cugina Lia	*my beautiful cousin Lia*
il tuo fratellino	*your little brother*

c. **Loro** is invariable and is *always* preceded by the article.

la loro sorella	*their sister*
i loro vicini	*their neighbors*

d. Phrases such as *a friend of mine* and *some books of yours* translate as **un mio amico** and **alcuni tuoi libri.**

e. The idiomatic constructions **a casa mia, a casa tua,** etc., mean *at (to) my house, at (to) your house,* etc.

—Mio figlio si chiama Luigi. E i Loro?
—I nostri si chiamano Mina, Lisa, Tino, Gino, Nino.

2. The *possessive pronouns* have the same forms as the possessive adjectives. They are preceded by an article, even when they refer to relatives.

mia madre e **la sua**	*my mother and his (hers)*
la tua casa e **la nostra**	*your house and ours*
i suoi amici e **i miei**	*his/her friends and mine*
Ecco mio fratello; dov'è **il Suo?**	*There is my brother; where is yours?*

Pratica

A. **Cosa cerchi?** Fatevi l'un l'altro le seguenti domande seguendo il modello e rispondendo usando un aggettivo possessivo.

Esempio   quaderni
—*Cosa cerchi?*
—*Cerco i miei quaderni.*
—*Ecco i tuoi quaderni.*

1. penna **2.** libri **3.** orologio (*watch*) **4.** cartoline (*postcards*) **5.** dischetti **6.** appunti **7.** telefonino **8.** fotografie

B. **Chi portate?** La tua università celebra il centenario della sua fondazione. Alla celebrazione gli studenti possono invitare due persone, oltre (*besides*) ai genitori. Ogni studente dice chi porta.

Esempio   cugino/amico Marco
—*Io porto mio cugino e il mio amico Marco.*

1. sorella/fratellino

2. zio/zia

3. fratello/compagno(a) del liceo

4. parenti dall'Italia

5. nonna/migliore (*best*) amica

6. cugine di Roma

7. ?

C. Di chi è? Domandate ad un altro studente (un'altra studentessa) di chi sono i seguenti oggetti *(the following objects)*.

> **Esempio** —È il quaderno di Lia?/no
> —No, non è il suo quaderno.

1. È il computer di Filippo?/sì
2. Sono i CD di Stefania?/no
3. È la Mercedes del signor Rizzi?/sì
4. Sono le cassette del professor Vari?/no
5. È la chitarra di Antonio?/no
6. Sono gli esami della professoressa di filosofia?/sì

D. Un'amica curiosa. Una compagna di stanza desidera sapere molte cose. Fatevi a turno le domande. Nella risposta usate la preposizione articolata + aggettivo possessivo. Seguite l'esempio.

> **Esempio** —Dove sono le chiavi?/(my) borsa *(bag)*
> —Sono nella mia borsa.

1. A chi scrivi?/(my) parenti
2. Di chi è la foto?/(my) nonni
3. Dov'è l'indirizzo di Luigi?/(your) scrivania
4. Dov'è la macchina di Fiona?/(her) garage
5. Dove sono gli appunti di storia?/(your) scaffale *(m.)*
6. Di chi è quest'orologio?/(my) amica
7. Dov'è il gatto?/(your) letto

E. Che cosa devo a...? Le seguenti persone hanno dei debiti *(debts)*. Dite cosa devono e a chi.

> **Esempio** (io) 20 euro/nonno
> *Io devo venti euro a mio nonno.*

1. (Filippo) molti soldi/padre
2. (Gabriella) 50.000 euro/cugina
3. (i signori Smith) 1.000 euro/un parente
4. (tu) 17 euro/fratello
5. (noi) mille ringraziamenti/genitori

F. Scambi rapidi. Completate le seguenti frasi con la preposizione (con o senza articolo) + aggettivo possessivo.

1. —Se tu sei al verde, chiedi dei soldi _____ genitori?

   —No, io mando *(send)* un fax _____ zio Baldo: non ha figli ed è ricco e generoso.

2. —Signor Mauri, posso *(may I)* avere l'indirizzo _____ figlia?

   —Caro Giovanni, se Lei ha bisogno _____ indirizzo, deve *(you must)* parlare a mia figlia.

3. —Stasera aspettiamo i nostri amici _____ festa. Venite anche voi, non è vero?

   —Sì, volentieri, perché mio marito ritorna oggi (da) _____ viaggio in Svizzera.

G. Completate con il pronome possessivo corretto: **il tuo, la tua, i tuoi, le tue.**
Usate la preposizione quando è necessaria.

Esempio Io scrivo a mio padre e tu scrivi _____ .
Io scrivo a mio padre e tu scrivi al tuo.

1. Io faccio i miei compiti e tu fai _____ .

2. Io parlo alla mia insegnante e tu parli _____ .

3. Io vedo mio cugino e tu vedi _____ .

4. Io invito le mie sorelle e tu inviti _____ .

5. Io scrivo a mio fratello e tu scrivi _____ .

6. Io pago i miei conti e tu paghi _____ .

7. Io leggo il mio libro e tu leggi _____ .

H. Come si chiama...? Fatevi a turno le seguenti domande. Seguite l'esempio.

Esempio la madre
—*Come si chiama tua madre?*
—*Mia madre si chiama..., e la tua?*
—*La mia si chiama...*

1. il cantante preferito

2. il padre

3. il liceo

4. le attrici preferite

5. il migliore *(best)* amico (la migliore amica)

6. la cugina

7. gli animali che hai

6.2 Verbi in **-ire** con il suffisso **-isc-**

Many **-ire** verbs add **-isc-** between the stem and the endings of the **io, tu, lui,** and **loro** forms. In the vocabulary lists of this book and in some dictionaries, these verbs are indicated in this way: **finire (-isc-).**

—Preferisce con l'anestesia o senza?

finire* *(to finish)*	
finisco	finiamo
finisci	finite
finisce	finiscono
***Finire** takes **di** before an infinitive.	

Some common verbs that follow this pattern are:

capire	*to understand*
finire	*to finish*
preferire	*to prefer*
pulire	*to clean*
restituire	*to give back*

Quando **finisci** di studiare?	*When do you finish studying?*
Preferiamo un esame facile.	*We prefer an easy exam.*
Pulisco la casa il sabato.	*I clean the house on Saturdays.*

Pratica

A. Preferenze. Che cosa preferiscono le seguenti persone come dessert? Seguite l'esempio.

Esempio   Ornella/un gelato alla panna
Ornella preferisce un gelato alla panna.

1. i signori Golosi/della torta al cioccolato **2.** tu e la tua amica/delle fragole al marsala *(in sweet wine)* **3.** noi/una macedonia di frutta **4.** il signor Agrumi/un'arancia **5.** io/del gorgonzola *(a kind of blue cheese)* e una pera **6.** E tu?

B. Quale verbo? Completate le frasi con la forma corretta di uno dei verbi della lista: **restituire, pulire, preferire, finire, capire.**

1. Tu _____ sempre quando il professore spiega la grammatica?

2. Voi _____ vedere un film o giocare a tennis?

3. Quando _____ di studiare loro?

4. Oggi io _____ la mia stanza.

5. La studentessa _____ il dizionario alla professoressa.

6. Quando _____ i compiti voi?

C. Intervista. Fatevi a turno delle domande usando *(using)* i verbi: **preferire, pulire, capire, finire, restituire.** Potete incominciare le domande con un'espressione interrogativa: **quando, cosa** o **dove.**

Esempio   —*Quando restituisci i libri alla biblioteca?*
—*Restituisco i libri alla biblioteca domani.*

6.3   Verbi irregolari in **-ire:** il presente

The following verbs ending in **-ire** are irregular in the present tense:

Un proverbio dice: «Dopo la pioggia viene il sole». Che cosa vuol dire questo proverbio? C'è un proverbio simile in inglese?

dire *(to say, to tell)*		uscire* *(to go out)*		venire *(to come)*	
dico	diciamo	esco	usciamo	vengo	veniamo
dici	dite	esci	uscite	vieni	venite
dice	dicono	esce	escono	viene	vengono

*The verb **riuscire** *(to succeed)* is conjugated like **uscire.**

I genitori **dicono** «Buon compleanno!»	*The parents are saying, "Happy birthday!"*
Veniamo domani.	*We'll come tomorrow.*
Esce tutte le sere.	*He (She) goes out every night.*
Lia **riesce** bene a scuola.	*Lia is very successful in school.*

NOTE: The expression **voler(e) dire** translates as *to mean* in English.

Non capisco. Che cosa **vuoi dire?**   *I don't understand. What do you mean?*

Pratica

A. Cosa diciamo? Fạtevi a turno le seguenti domande. Seguite l'esẹmpio.

Esempio   tu/quando arrivi in classe
  —*Cosa dici tu quando arrivi in classe?*
  —*Dico «Buon giorno.» (O...)*

1. voi/al compleanno di un amico **2.** noi/quando rispondiamo al telẹfono **3.** i tuoi genitori/quando vẹdono i tuoi voti **4.** tu/quando un tuo parente o un tuo amico parte **5.** tu/a un compagno prima di un esame diffịcile **6.** voi/agli amici la sera tardi *(late)* dopo una festa **7.** gli Italiani/quando fanno un brịndisi *(they make a toast)*

B. Qual'è il verbo corretto? Completate con le forme corrette di **uscire** e **venire,** secondo il caso *(according to the context)*.

1. Questa sera io non _____ perché i miei nonni _____ a cena.

2. Tu e il tuo compagno _____ tutte le sere! Dove andate?

3. Oggi mia madre non _____ di casa perché aspetta sua sorella che _____ dall'Italia.

4. Se noi _____ presto *(early)* dall'uffịcio, possiamo fare una passeggiata.

5. Quando _____ a casa mia voi?

6. Se volete, possiamo _____ insieme stasera.

C. Conversazione

1. Esci spesso il sạbato sera?

2. Esci solo(a) o con gli amici?

3. Quando tu e la tua amica (il tuo amico) uscite, dove andate di sọlito?

4. Dite ai vostri genitori a che ora tornate?

5. Sạbato sera do una festa a casa mia, vieni anche tu?

6. Viene anche la tua compagna (il tuo compagno)? Venite insieme?

6.4   I pronomi diretti **lo, la, li, le**

The direct-object pronouns **lo, la, li,** and **le** are used to replace direct-object nouns. The direct object of a sentence answers the questions *whom?* or *what?*

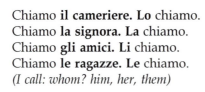

Chiamo **il cameriere. Lo** chiamo.	Vịsito **il museo. Lo** vịsito.
Chiamo **la signora. La** chiamo.	Vịsito **la chiesa. La** vịsito.
Chiamo **gli amici. Li** chiamo.	Vịsito **i giardini. Li** vịsito.
Chiamo **le ragazze. Le** chiamo.	Vịsito **le città. Le** vịsito.
(I call: whom? him, her, them)	*(I visit: what? it, them)*

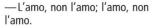
—L'amo, non l'amo; l'amo, non l'amo.

NOTE

1. A direct-object pronoun immediately precedes the conjugated verb, even in the negative form.

Vedi **Gina?**	Comprate **i giornali?**
No, non **la** vedo.	No, non **li** compriamo.

2. Usually the singular pronouns **lo** and **la** drop the final vowel before a verb beginning with a vowel sound.

Inviti **Lucia?**	Ascolti **la rạdio?**
Sì, **l'**invito.	No, non **l'**ascolto.

Pratica

A. Sostituzione. A turno, fatevi le seguenti domande. Rispondete sostituendo le parole sottolineate *(underlined)* con un pronome diretto.

> **Esempio** —Dove aspetti il tuo amico?
> —*L'aspetto al caffè* (o...).

1. Dove incontri i tuoi compagni? **2.** Guardi la TV tutte le sere? **3.** Quando vedi la tua famiglia? **4.** Fai i compiti da solo(a) o con i compagni? **5.** Quando pulisci il tuo appartamento? **6.** Mangi spesso la pastasciutta? Quante volte alla settimana? **7.** Prendi il caffè alla fine del pranzo? **8.** Mangi le lasagne quando vai al ristorante o le cucini tu a casa? **9.** Usi il telefonino tutti i giorni?

B. Quando? Un amico vuole sapere se tu fai le seguenti cose in un dato *(given)* giorno. Rispondi negativamente, specificando il giorno in cui le farai *(the day that you will do them)*.

> **Esempio** fare la spesa
> —*Fai la spesa sabato?*
> —*No, non la faccio sabato, la faccio venerdì.* o...

1. fare i tuoi compiti	**4.** invitare le tue cugine a pranzo
2. scrivere la lettera ai tuoi nonni	**5.** guardare la televisione
3. comprare i fiori per la tua mamma	**6.** incontrare i tuoi amici

C. Un'intervista. Fatevi a turno le seguenti domande basate sui suggerimenti. Poi riportate alla classe le risposte del vostro compagno/della vostra compagna.

> **Esempio** la carne
> —*Mangi la carne, Robert?*
> —*No, non la mangio.*
> —*Roberto, la carne, non la mangia.*

1. le lasagne	**3.** la pizza alle melanzane	**5.** i funghi
2. gli spinaci	**4.** il pesce	**6.** la pasta

Per finire

Chi viene a cena stasera? CD 1, Track 28

Gabriella parla di una serata speciale.

Stasera c'è una grande riunione a casa mia. Vengono i miei nonni Bettini e mio zio Baldo con sua moglie e anche mia cugina Betulla da Brescia. Viene anche Filippo, il mio ragazzo: Vuole conoscere i miei genitori e i miei parenti.

Nella mia famiglia siamo solo in tre: mio padre, mia madre ed io. Mio padre è un uomo tranquillo e paziente, che ama fumare la pipa e leggere il giornale. Lavora in una **ditta di assicurazioni.** Mia madre è professoressa di musica; ama il teatro, ha molte amiche e sa cucinare meravigliosamente.

insurance company

Mio zio Baldo è il fratello di mio padre. Gli piace raccontare storie divertenti. Sua moglie lavora in banca. I miei zii hanno due figli, Nino e Luisa. Mio cugino Nino è **appassionato di** musica rock e viene a casa solo quando è al verde. Sua sorella è simpatica, ma un po' strana.

has a passion for

Oggi è una giornata importante per me. Sono felice perché miei genitori possono finalmente conoscere Filippo. Mio padre però dice che devo finire gli studi prima di pensare al matrimonio.

Monica e Alessandro nel giorno delle nozze.

Comprensione

Rispondete usando gli aggettivi possessivi.

1. Chi viene a casa di Gabriella stasera? **2.** Chi è Filippo? **3.** Il padre di Gabriella esce la sera? **4.** La madre di Gabriella è una donna tranquilla come suo marito? **5.** Lo Zio Baldo è il fratello della madre di Gabriella? **6.** Cosa racconta lo zio di Gabriella? **7.** Quanti cugini ha Gabriella? **8.** Che musica preferisce Nino? **9.** Perché Gabriella è felice?

Conversazione

1. Quando incontri i tuoi parenti? Spesso o in occasioni speciali (festa di Thanksgiving, Natale, Hannukah, compleanni, anniversari,...)?
2. Quale parente vedi più spesso?
3. I tuoi parenti vivono vicino o lontano?
4. Hai parenti che vivono in altri paesi? Quali?
5. Qual è il tuo parente (la tua parente) più simpatico(a)? Perché?

Come si dice in italiano?

1. How many people are there in your (*fam. sing.*) family?
2. Only four: my father, my mother, my little brother, and myself **(io).**
3. Where do they live?
4. They live in Minneapolis.
5. If you finish working early **(presto),** why don't you come to my party tonight? It is at my house.
6. I'm sorry, but I can't because I have to meet a friend.
7. Do I know him?
8. No. He is a quiet young man, but always happy. He also knows how to play the guitar wonderfully.
9. Is he your boyfriend?
10. Yes, and he wants to meet my family.
11. What do your parents say?
12. They say that we are too young and that we must wait.

Attualità

Adesso scriviamo!

La descrizione di una famiglia

Con la tua immaginazione, pensa a una descrizione della famiglia di Antonio illustrata nel disegno.

A. Prima descrivi tutta la famiglia insieme: È numerosa? Quante persone ci sono? Qual è la relazione tra loro *(among them)?*

B. Poi descrivi ogni membro da solo: Quanti anni ha? Qual è la sua professione o attività scolastica? Com'è il suo carattere? Quali sono i suoi passatempi preferiti?

C. Concludi con uno o due commenti: Passano *(Do they spend)* molto tempo insieme? Pranzano insieme? È una famiglia divertente? Unita? Affettuosa *(warm)?*

D. Adesso controlla la tua descrizione. Tutte le parole sono scritte correttamente? Hai controllato l'accordo tra l'aggettivo possessivo e il nome? Controlla in modo particolare la forma degli aggettivi possessivi con i termini di parentela: Hai sempre bisogno dell'articolo? Ora, con un compagno/una compagna leggete le vostre descrizioni: Sono divertenti? Sono interessanti?

Parliamo insieme!

A. Le nostre famiglie. A turno presentate e descrivete i membri delle vostre famiglie che vengono alla festa per le famiglie degli studenti all'università. Se volete, mostrate anche delle foto.

Esempio *La mia famiglia (non) è molto numerosa, siamo in cinque: mio padre, la moglie di mio padre...*

Rispondete alle seguenti domande per continuare la descrizione:

1. Come si chiama tuo padre/il marito di tua madre?
2. Come si chiama tua madre/la moglie di tuo padre?
3. Quanti anni ha tuo fratello/tua sorella?
4. Va a scuola/lavora? È sposato(a)? Ha figli e figlie?

B. **Annuncio di matrimọnio.** Osservate e leggete le informazioni sul seguente annuncio di matrimonio con invito, poi rispondete alle domande e confrontate le risposte.

1. Come si chiama lo sposo? E la sposa?
2. Quando è il matrimọnio?
3. Come si chiama la chiesa?
4. Dove abita ora lo sposo? E la sposa?
5. Perché ci sono tre indirizzi *(addresses)*?
6. In quale ristorante mạngiano?
7. Secondo te *(In your opinion)*, perché ci sono un annuncio e un invito separati?

Simone Bertolini *Margherita Dozzinetti*

annunciano il loro matrimonio
6 Settembre 2005 - ore 11,15
Treviglio (Bg), Santuario Madonna delle Lacrime

Urago d'Oglio (Bs)
Via Don P. Faita, 5/a

Urago d'Oglio (Bs) *Treviglio (Bg)*
Via B. Da Vinci 31/G *Via G. Tiragallo, 8*

Dopo la cerimonia, Simone e Margherita
saranno lieti di invitare parenti e amici
presso il "Ristorante Palazzo Colleoni"
via Molino 2, Cortenuova (Bg)

è gradito un cenno di conferma

Annuncio di matrimọnio con invito.

C. Un'occasione speciale. Un amico/Un'amica annuncia il suo fidanzamento. Voi volete sapere molte cose e domandate:

1. if you know his/her fiancé(e).

2. if you may see his/her picture.

3. what he/she is like.

4. how old he/she is.

5. if he/she is a student or has a diploma or **laurea** (or is working, and where).

6. where he/she lives. Add that you would like to meet the fiancé(e) and to be invited to the wedding (**nozze**, *f. pl.*).

ntermezzo musicale

Maria Pierantoni Giua, «Petali e Mirto»

Il padre di Maria Pierantoni Giua (1982–) è chitarrista e compositore e, fin da bambina, Giua ama la musica e lo studio della chitarra. A Giua piace *(Giua likes)* dapprima la musica brasiliana e portoghese del «mondo latino», e poi i cantautori *(songwriters)* italiani. Arriva infine alla musica popolare italiana e straniera *(foreign)*. A nove anni comincia a comporre *(to compose)* le prime melodie e i primi testi *(lyrics)*.

Giua è vincitrice al premio Recanati nel 2004 con la sua canzone «Petali e Mirto». In «Petali e Mirto» è evidente un ritmo latino mentre spiega *(explains)* che non ha bisogno di fiori dal suo innamorato *(lover)*, ma di un pensiero *(thought)* e di una casa vicino al mare.

GUARDIAMO!

In famiglia
Fabio è nella sala computer della biblioteca. Parla con la signora De Roberti di una ricerca sulla sua famiglia. Alessandra e Daniela vanno a salutarlo.

SITO WEB

Per fare più pratica con gli argomenti culturali e i punti grammaticali del **Capitolo 6,** vai a vedere il sito *Ciao!* a **http://ciao.heinle.com.**

Vedute d'Italia

Aspettare la mamma

A. Prima di leggere

You are about to read a short children's story about a school crossing guard, **un vigile,** and a young schoolboy, **Paolo.** Focus on the plot as you read, so that you will be able to summarize it afterward in your own words. As you would expect, the narrative is very simple. It suggests, however, some basic characteristics of contemporary Italian families.

All'ora di **uscita** dalla scuola un **vigile,** all'**incrocio, con gesti precisi** regola il traffico. Ogni tanto interviene con il suo **fischietto** quando vede che qualche bambino vuol lasciare il **marciapiede** prima di avere **«via libera».**

exit/traffic cop/intersection/with precise gestures/whistle
sidewalk/"walk"

Il vigile ora ferma il traffico dei veicoli e fa segno ai bambini di **attraversare.** Tutti passano **dall'altra parte,** eccetto Paolo. A lui il vigile dice: «Tu, **resta lì!»** Paolo **siede** sulla **cartella** e aspetta pazientemente.

to cross
on the other side/stay there
sits/school bag

Ne ha combinata qualcuna delle sue?
No. Quel vigile è la sua mamma!
Quando il traffico è **di nuovo** normale, Paolo ritorna a casa con lei.

Has he misbehaved?

again

B. Alla lettura

1. Leggete la storia «Aspettare la mamma» un'altra volta e scrivete poche frasi di riassunto *(summary)*.

2. Rispondete alle seguenti domande.
   a. Che lavoro ha la mamma di Paolo?
   b. Cosa fa un vigile?
   c. Chi aspetta Paolo?
   d. Perché Paolo non passa dall'altra parte?
   e. Quando ritorna a casa Paolo?

C. Culture a confronto

1. Una situazione come quella di Paolo esiste anche nell'America del Nord?

2. Ci sono nell'America del Nord mamme che fanno lo stesso lavoro della mamma di Paolo? È un lavoro comune?

3. I rapporti tra i parenti della famiglia italiana sono più forti di quelli della famiglia nordamericana?

Sapete che...?

La famiglia in Italia

La famiglia occupa **un posto** speciale nella società italiana. **I rapporti di parentela** sono sacri e offrono **l'aiuto** morale, fisico ed economico che lo stato molte volte non può offrire. Il referendum del 1970 **ha introdotto** in Italia il divorzio. Ma, il divorzio, non è facile da **ottenere** come in altri paesi: Gli sposi che vogliono divorziare devono vivere separati **legalmente per almeno** tre anni.

Oggi la maggior parte delle famiglie sono piccole, con uno o due figli. Molto spesso anche la moglie lavora. **Nonostante** i tempi cambiati, la famiglia **si riunisce** la sera a tavola e i genitori **aiutano** i figli nei loro studi ed interessi. La solidarietà è **ancora** grande fra i parenti, e molti **si ritrovano** in occasione delle varie festività. Di solito i figli restano in famiglia fino al matrimonio. Quando si **sposano**, non è raro vedere i giovani sposi occupare un appartamento non molto distante dall'appartamento dei genitori.

place/Family ties
help
introduced
obtain
legally for at least

In spite of
gathers/help
still/get together

they get married

Comprensione

1. La società italiana considera la famiglia...

   a. poco importante.

   b. molto importante.

   c. senza importanza.

2. In Italia...

   a. non è possibile divorziare.

   b. è molto facile divorziare.

   c. è possibile divorziare.

3. I figli di solito stanno in famiglia fino...

   a. al matrimonio.

   b. alla fine della scuola superiore.

   c. dopo *(after)* il matrimonio.

4. In generale la famiglia italiana di oggi è...

   a. patriarcale.

   b. piccola.

   c. numerosa.

- Famiglie italiane: 21 milioni 420 mila con un numero medio di componenti di 2,7.
- Famiglie con più di 5 persone: 1 milione 639 mila, appena il 7,7%. Nel 1993 erano 18,8%.
- Coppie senza figli: 1993 = 26,5%; 1999 sono il 28,2%.
- Figli tra i 18 e i 30 anni che vivono ancora con i genitori: 1993 = 68,5%; 1999 = 72,9%.

Source: ISTAT, 2003

Vocabolario

Nomi

l'appartamento	apartment
la campagna	countryside
il carattere	temperament
la donna	woman
la famiglia	family
il fidanzamento	engagement
il fratellino, la sorellina	little brother, little sister
la giornata	(the whole) day
i giovani	young people
il lavoro	work, job
il matrimonio	marriage, wedding
il membro	member
le nozze	wedding ceremony
l'opinione (*f.*)	opinion
la persona	person
due o tre persone	two or three people
la professione	profession
la riunione	reunion
la serata	(the whole) evening
lo sposo, la sposa	groom, bride
la storia	story
l'uomo (*pl.* gli uomini)	man

Aggettivi

eccellente	excellent
felice	happy
importante	important
meraviglioso	wonderful
numeroso	numerous
tranquillo	quiet

Verbi

aiutare	to help
bere	to drink
capire (-isc)	to understand
descrivere	to describe
dire	to say, to tell
finire (-isc)	to finish
fumare	to smoke
preferire (-isc)	to prefer
pulire (-isc)	to clean
presentare	to introduce
raccontare	to tell (a story)
restituire (-isc)	to give back, to return (something)
riuscire	to succeed
uscire	to go out
venire	to come

Altre espressioni

andare a trovare	to visit (people)
come	as, like
meravigliosamente	wonderfully
voler dire	to mean
Cosa vuole dire...?	What does…mean?

CAPITOLO 7

Buon viaggio

Firenze. Veduta della Cattedrale (Santa Maria del Fiore). La cupola *(dome)* è il capolavoro di Brunelleschi, e il magnifico campanile è opera di Giotto. La grandiosa costruzione della cattedrale fu *(was)* iniziata nel 1298 e consacrata nel 1436. Sullo sfondo *(background)*, si vedono le colline toscane.

Punti di vista | Alla stazione

Studio di parole: Arrivi e partenze
Informazioni: Aerei e treni
Ascoltiamo! In treno

Punti grammaticali

7.1 Il passato prossimo con **avere**
7.2 Il passato prossimo con **essere**
7.3 L'ora *(Time)*
7.4 Usi di **a, in, da** e **per**

Per finire | Un viaggio di nozze

Attualità

Adesso scriviamo!
Parliamo insieme!

Vedute d'Italia | Toscana, dove vivere è un quotidiano elogio della natura

Sapete che...?

Punti di vista

Milano. La Stazione Centrale.

Alla stazione CD 1, Track 29

La famiglia Betti, padre, madre e un ragazzo, sono alla stazione di Milano. I Betti vanno a **Rapallo** per il weekend. La stazione è **affollata.** *(resort town on the Italian Riviera)/ crowded*

SIG.RA BETTI Rodolfo, hai i biglietti, vero?

SIG. BETTI Sì, ho i biglietti, ma **non ho fatto** le prenotazioni. *I didn't make*

SIG.RA BETTI Oggi è venerdì. Ci sono molti viaggiatori. Perché **non hai comprato** i biglietti di prima classe? *didn't you buy*

SIG. BETTI Perché c'è una **bella** differenza di **prezzo** tra la prima e la seconda classe. E **poi,** non è un viaggio lungo. *big/price besides*

SIG.RA BETTI Ma l'impiegato dell'agenzia di viaggi **ha detto** che il venerdì i treni sono molto affollati. *said*

SIG. BETTI Sì, è vero, ma uno o due posti ci sono sempre.

SIG.RA BETTI Sì, ma io non voglio viaggiare in una **carrozza** per **fumatori...** *train car smokers*

PIPPO Mamma, **hai messo** la mia racchetta da tennis nella valigia? *did you put*

SIG.RA BETTI Sì, e anche il tuo libro di storia.

PIPPO Papà, il treno per Rapallo è **arrivato** sul **binario** 6. *has arrived/track*

SIG. BETTI Presto, **andiamo!** *let's go*

Comprensione

1. Dove vanno i Betti? **2.** Da dove partono? **3.** Perché il padre non ha comprato i biglietti di prima classe? **4.** Come sono i treni il venerdì? **5.** Perché la madre è preoccupata? **6.** Che cosa desidera sapere Pippo? Perché? **7.** Su quale binario è arrivato il treno?

Studio di parole
Arrivi e partenze (Arrivals and departures)

BIGLIETTERIA · l'orologio · lo zaino · la viaggiatrice · il viaggiatore · i bagagli · in ritardo (*late*) · la valigia · l'orario · l'orario · il treno · la carrozza · **PARTENZE** · il controllore · il binario (*track*)

—A che ora parte il treno espresso per Roma?
—Parte alle 8.25.
—Non c'è un espresso che parte alle 9?
—No, signora, parte alle 9.15.

La stazione ferroviaria (*The train station*)

l'agenzia di viaggi travel agency

prenotare to reserve

la prenotazione reservation

fare il biglietto to buy the ticket

viaggiare to travel

il viaggio trip

la gita short trip, excursion

il pullman tour bus

la carta d'identità I.D. card

il passaporto passport

all'estero abroad

la nave ship

la crociera cruise

la dogana customs

la fermata del treno (dell'autobus, del tram) train (bus, street car) stop

il biglietto di andata e ritorno round-trip ticket

confermare to confirm

annullare to cancel

la prima (seconda) classe first (second) class

il posto seat

salire to get on

scendere to get off

la coincidenza connection

in orario on time

perdere il treno (l'aereo, ecc.) to miss the train (plane, etc.)

il cartello sign

—**Scusi, sono liberi questi posti?** Excuse me, are these seats free?

—**No, sono occupati.** No, they are taken.

—**Dove scende Lei?** Where do you get off?

L'aeroporto

la linea aerea
airline

la classe turistica
economy class

il volo flight

l'assistente di volo
flight attendant

La biglietteria dell'aeroporto Marco Polo di Venezia.

Applicazione

A. Guardate il disegno a pagina 145.

1. Cosa fanno le persone in fila *(in line)* davanti alla biglietteria?

2. Un viaggiatore guarda l'orologio e corre *(runs)*: di cosa ha paura?

3. Se i viaggiatori vogliono essere sicuri *(sure)* di trovare un posto in treno (o in aereo), che cosa devono fare?

4. Per viaggiare comodamente *(comfortably)*, in quale classe devono viaggiare?

5. Di quale documento hanno bisogno se vanno all'estero?

 B. Conversazione

1. Come preferisci viaggiare: in treno, in macchina o in aereo? Perché?

2. Quando viaggi in aereo, viaggi in prima classe? Perché?

3. Di solito, viaggi con molte valigie?

4. Con chi viaggi di solito?

5. Quando sei in aereo, dormi, leggi, ascolti musica o parli con altri viaggiatori?

6. Hai paura di viaggiare in aereo?

7. Che cosa dicono i tuoi amici quando parti per un viaggio?

 C. Sei appena arrivato(a) *(You have just arrived)* all'aeroporto dopo un lungo viaggio in aereo. Sei stanco(a), e decidi di fermarti *(to stop)* una notte in albergo prima di continuare il viaggio in treno. Telefona all'albergo e chiedi *(ask)* se hanno una camera libera per una notte e quanto costa. Uno studente (Una studentessa) è l'impiegato(a) dell'albergo. Nella conversazione con l'impiegato(a) usate la forma di cortesia **Lei.**

Informazioni   Aerei e treni

Alitalia, la linea aerea internazionale d'Italia, offre una varietà di voli tra l'Italia e gli Stati Uniti. Roma e Milano hanno i due principali aeroporti internazionali. Autobus e treni speciali collegano *(connect)* gli aeroporti alle stazioni dei treni; i biglietti si comprano *(are bought)* all'aeroporto.

Viaggiare in aereo in Italia, e negli altri paesi dell'Europa, è costoso. Ora sono disponibili voli all'ultimo minuto che non costano molto ma non ti portano ovunque *(everywhere)*. È sempre molto più economico viaggiare in treno; il sistema ferroviario *(railway system)* è efficiente e i treni arrivano frequentemente e in orario. Prima di salire in treno i viaggiatori devono convalidare *(validate)* il loro biglietto ad una macchina (di solito gialla) situata vicino ai binari del treno. I viaggiatori che partono senza timbrare il biglietto ricevono una multa *(fine)* dal controllore sul treno.

1. Dove va questo viaggiatore?
2. Vuole una carrozza per fumatori?
3. Fino a quando è valido il biglietto?
4. Per quanti posti è valido questo biglietto?
5. Quanto costa?

Ascoltiamo!  CD 1, Track 30

In treno. The Betti family has boarded the train for Rapallo. They are now in a compartment where there is already one other person, to whom they speak briefly. Listen to their conversation; then answer the following questions.

Comprensione

1. Di quanti posti hanno bisogno i Betti?
2. Dove scendono?
3. Con chi iniziano una conversazione?
4. Il loro compagno di viaggio va a Genova per un viaggio di piacere (*pleasure*) o per un viaggio d'affari (*business*)?
5. Che cosa domanda la signora Betti al viaggiatore?
6. Perché è contenta la signora Betti?

Dialogo

All'ufficio prenotazioni: una conversazione con l'impiegato della stazione. Dopo una notte in albergo, tu sei pronto(a) a continuare il viaggio, e prenoti un biglietto sul treno Milano–Roma. (Osserva attentamente il biglietto.)

Cominci con: Vorrei prenotare un posto sul treno. Di' (*tell*) all'impiegato: dove desideri andare, che tipo di biglietto desideri comprare, in che tipo di carrozza desideri viaggiare; chiedi quanto costa il biglietto, e in quante ore il treno arriva a... Alla fine paghi il biglietto, ringrazi e saluti l'impiegato.

Punti grammaticali

7.1   Il passato prossimo con **avere**

Jane ha comprato un biglietto per Roma.

A Roma ha visto il Colosseo.

Ha dormito in una pensione vicino a Piazza Navona.

1. The **passato prossimo** (*present perfect*) expresses an action completed in the recent past. Today, however, many Italians also use it informally to indicate an action or an event that occurred either in the recent or not-so-recent past. Like the present perfect tense in English, the **passato prossimo** is a compound tense. For most Italian verbs and all transitive verbs (verbs that take a direct object), the **passato prossimo** is conjugated with the present of the auxiliary verb **avere** + the *past participle* (**participio passato**) of the main verb.

The **participio passato** of regular verbs is formed by replacing the infinitive ending **-are, -ere,** and **-ire** with **-ato, -uto,** and **-ito,** respectively.

comprare	*comprato*
ricevere	*ricevuto*
dormire	*dormito*

comprare		ricevere		dormire	
ho		ho		ho	
hai		hai		hai	
ha	comprato	ha	ricevuto	ha	dormito
abbiamo		abbiamo		abbiamo	
avete		avete		avete	
hanno		hanno		hanno	

2. The **passato prossimo** is expressed in English in the following ways, depending on the context:

Ho portato *due valigie.*

I have carried two suitcases.
I carried two suitcases.
I did carry two suitcases.

3. The *negative form* is expressed by placing **non** in front of the auxiliary verb.

Hai telefonato all'agenzia di viaggi? *Did you call the travel agency?*
Non ho avuto tempo. *I did not have time.*
Non hai viaggiato con l'Alitalia? *Haven't you traveled with Alitalia?*
Non ha finito i suoi studi. *He did not finish his studies.*
Non hanno ripetuto la domanda. *They have not repeated the question.*

4. The past participle of a **passato prossimo** conjugated with the auxiliary **avere** must agree in gender and number with the direct-object pronouns **lo, la, li,** and **le** when they precede the verb.

Hai comprato **il giornale?** Sì, l'ho **comprato.** No, non l'ho **comprato.**
Hai comprato **la rivista?** Sì, l'ho **comprata.** No, non l'ho **comprata.**
Hai comprato **i biglietti?** Sì, li ho **comprati.** No, non li ho **comprati.**
Hai comprato **le vitamine?** Sì, le ho **comprate.** No, non le ho **comprate.**

La prenotazione? L'ho già **fatta!** *The reservation? I already made it!*
Quando hai visto **i tuoi cugini?** *When did you see your cousins?*
Li ho **visti** ieri. *I saw them yesterday.*

5. Many verbs, especially those ending in **-ere,** have an irregular past participle. Here are some of the most common:

bere *(to drink)*	*bevuto*
chiedere *(to ask)*	*chiesto*
chiudere *(to close)*	*chiuso*
conoscere *(to know)*	*conosciuto*
fare *(to make)*	*fatto*
leggere *(to read)*	*letto*
mettere *(to put, to wear)*	*messo*
perdere* *(to lose)*	*perduto (perso)*
prendere *(to take)*	*preso*
rispondere *(to answer)*	*risposto*
scrivere *(to write)*	*scritto*
spendere *(to spend)*	*speso*
vedere* *(to see)*	*veduto (visto)*
aprire *(to open)*	*aperto*
dire *(to say, to tell)*	*detto*
offrire *(to offer)*	*offerto*

Hai letto il giornale di ieri? *Did you read yesterday's newspaper?*
Abbiamo scritto ai nonni. *We wrote to our grandparents.*
Hanno preso un tassì. *They took a cab.*

NOTE: Some verbs that are irregular in the present have a regular past participle: **dare:** *dato;* **avere:** *avuto;* **volere:** *voluto;* **potere:** *potuto;* **dovere:** *dovuto;* **sapere:** *saputo.*

Cartelli che possiamo leggere sulle porte dei negozi. Immaginate (con un po' di fantasia) e dite dove sono andati i negozianti *(store keepers)* che hanno chiuso i negozi. Quali sono i motivi *(reasons)* familiari? Un matrimonio? Un funerale? Una malattia *(illness)?* Una vincita *(win)* alla lotteria?

In Italia, durante il mese di agosto, molti negozi sono chiusi per le ferie. Le città sono semideserte perché la gente è in vacanza o in ferie *(paid vacation).*

*Perdere and **vedere** have a regular and an irregular past participle. The two forms are interchangeable, but the irregular ones, **perso** and **visto,** are more frequently used.

Pratica

A. Scambi rapidi. Completate con la forma corretta del passato prossimo dei verbi seguenti.

1. regalare —Marco, che cosa _____ voi a Peppino per Natale?
—Io _____ un orologio Swatch e i miei genitori _____ una bella enciclopedia per bambini e una biciclettina.

2. ricevere —Mirella, che regali _____ tu per il tuo compleanno? _____ un profumo di Armani da mia madre e una macchina fotografica da mio padre.

3. dormire —Che festa divertente sabato sera! E anche lunga!
—È vero! Ieri mattina noi _____ fino alle *(until)* undici.
—Anche mio marito _____ tutta la mattinata, ma io _____ solo quattro ore.

B. Oggi/ieri. Il fratello fa domande a Paolo sulle sue attività di oggi. Paolo risponde che le ha già *(already)* fatte ieri. Ricreate il loro scambio secondo l'esempio.

Esempio parlare a papà
—*Parli a papà oggi?*
—*Ho parlato a papà ieri.*

1. telefonare all'agenzia   **5.** leggere il giornale
2. giocare a tennis   **6.** ricevere i soldi
3. nuotare in piscina   **7.** finire tutti i compiti
4. mandare il fax   **8.** restituire i libri

C. Un viaggio a Marostica (Veneto). Ho organizzato un viaggio! Seguendo *(Following)* una sequenza logica, dite cosa avete fatto per organizzare un viaggio. Usate il passato prossimo.

1. salutare la mia famiglia   **5.** chiedere dei soldi a papà
2. preparare la valigia   **6.** prendere l'aereo
3. telefonare all'agenzia di viaggi   **7.** fare le prenotazioni
4. invitare un amico   **8.** comprare i biglietti

D. Quante scuse! Roberto ha sempre una giustificazione da dare a sua madre per le cose che non ha fatto. Ricreate il loro scambio seguendo l'esempio.

Esempio rispondere/sentire il telefonino
—*Perché non hai risposto?*
—*Perché non ho sentito il telefonino.*

1. fare colazione/non avere tempo
2. bere un succo d'arancia/prendere un caffè al bar
3. mangiare alla mensa/comprare un panino in paninoteca
4. fare la spesa al supermercato/dovere tornare a casa a studiare
5. preparare la cena/il mio compagno cucinare

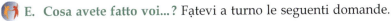

E. Cosa avete fatto voi...? Fạtevi a turno le seguenti domande.

Esempio   in cucina
—*Cosa avete fatto in cucina?*
—*Abbiamo preparato un'insalata mista. (O...)*

1. al supermercato
2. all'agenzia di viaggi
3. al ristorante
4. in biblioteca
5. alla stazione dei treni
6. al telẹfono pụbblico
7. al caffè
8. alla piscina
9. alla conferenza del professore
10. al cịnema
11. al campo da tennis

F. Lei ha mai...? *(Did you ever...?)* Usate i pronomi **lo, la, li** e **le** invece del nome oggetto diretto. (Attenzione all'accordo del participio passato.)

Esempio   mangiare i tortellini alla bolognese
—*Lei ha mai mangiato i tortellini alla bolognese?*
—*Sì, li ho mangiati.* o *No, non li ho mai mangiati.*

1. prẹndere il cappuccino
2. cucinare gli spaghetti
3. mangiare la bistecca alla fiorentina
4. fare gli gnocchi
5. ordinare le pappardelle ai funghi al ristorante
6. bere l'ạcqua delle terme di Montecatini *(famous spa in Tuscany)*

7.2   Il passato prossimo con ẹssere

Roma: Piazza di Spagna, luogo di ritrovo di artisti e poeti. Le gradinate *(steps)* portano alla chiesa di Trinità dei Monti. La fontana ai piedi degli scalini, chiamata «la Barcaccia», è attribuita a Pietro Bernini, padre del famoso artista barocco Gianlorenzo Bernini.

1. Most intransitive verbs (verbs that do not take a direct object) are conjugated with the auxiliary **ẹssere.** In this case, the past participle *must agree with the subject* in gender and number.

andare		
sono		siamo
sei	andato(a)	siete	andati(e)
è		sono

2. Most verbs that take the auxiliary **ęssere** are verbs of coming and going. Here is a list of the most common ones:

andare *(to go)*	*è andato(a)*
arrivare *(to arrive)*	*è arrivato(a)*
cadere *(to fall)*	*è caduto(a)*
diventare *(to become)*	*è diventato(a)*
entrare *(to enter)*	*è entrato(a)*
ęssere *(to be)*	*è stato(a)*
morire *(to die)*	*è morto(a)*
nąscere *(to be born)*	*è nato(a)*
partire *(to leave)*	*è partito(a)*
restare *(to remain)*	*è restato(a)*
(ri)tornare *(to return)*	*è ritornato(a)*
rimanere *(to remain, to stay)*	*è rimasto(a)*
salire *(to go up, to climb)*	*è salito(a)*
scęndere *(to go down)*	*è sceso(a)*
stare *(to be, to stay)*	*è stato(a)*
uscire *(to go out)*	*è uscito(a)*
venire *(to come)*	*è venuto(a)*

Note that **ęssere, morire, nąscere, scęndere,** and **venire** have irregular past participles.

Ieri noi **siamo andati** al cịnema.	*Yesterday we went to the movies.*
Maria non **è uscita** con il suo ragazzo.	*Maria didn't go out with her boyfriend.*
Siete partiti in treno o in aęreo?	*Did you leave by train or by plane?*
Dove **sei nata?**	*Where were you born?*
Giovanni **è stato** in Itạlia tre volte.	*Giovanni has been to Italy three times.*
Ieri **siamo stati** a Fięsole.	*Yesterday we were in Fiesole.*

Pratica

A. Scambi rapidi. Completate con la forma corretta del passato prọssimo dei verbi seguenti.

1. nạscere   —Pạolo, tu e i tuoi genitori _____ in Toscana?
—Io _____ a Siena, ma mio padre e mia madre _____ in Calạbria, a Cosenza.

2. andare   —Io _____ in montagna durante le vacanze di Natale. E tu, Graziella, dove _____?

  stare   —Io purtroppo *(unfortunately)* _____ a casa perché ho avuto l'influenza.

3. uscire   —Ieri sera io e Marco _____ e siamo andati alla pizzeria. E tu, Chiara?
—Anch'io _____. Io e Mara _____ dopo cena e siamo andate a prẹndere un gelato.

Il Foro Romano. Il Foro ai piedi dei colli di Roma, era *(was)* in effetti il cuore *(heart)* dell'antica Roma, dove i Romani s'incontravano *(would meet)* per discutere degli affari pubblici e giudiziari.

B. **Un breve tour di Roma.** Ieri avete fatto il tour di Roma, in pullman con una guida. Immaginate di raccontare il tour agli amici.

Esempio   la guida e l'autista *(driver)*/arrivare all'albergo alle 9
La guida e l'autista sono arrivati all'albergo alle 9.

1. io e gli altri turisti/uscire dall'albergo
2. noi/salire in pullman
3. il pullman/partire la mattina
4. noi/passare davanti al Colosseo
5. noi/arrivare al Foro Romano a mezzogiorno
6. la guida/scendere con noi per visitare le rovine
7. l'autista/restare sul pullman
8. noi tutti/ritornare all'albergo la sera
9. l'autista e la guida/andare a pranzare a una trattoria lì vicino

C. **Il primo giorno a Firenze.** Che cosa hanno fatto i giovani signori Jones dopo il loro arrivo all'aeroporto?

Esempio   prendere un tassì
Hanno preso un tassì.

1. dare l'indirizzo della pensione al tassista
2. salire alla loro camera
3. fare la doccia
4. chiedere informazioni sulla città
5. mangiare in un buon ristorante
6. visitare Santa Maria del Fiore
7. ammirare le vetrine *(windows)* dei negozi sul Ponte Vecchio
8. passare alcune ore in piazza della Signoria
9. scrivere delle cartoline *(postcards)* ad alcuni amici
10. ritornare alla pensione
11. cenare nella loro camera

D. La giornata di un'impiegata. Un'amica curiosa vuole sapere molti particolari (*details*) sulla giornata di lavoro che Luisa Rossi ha avuto ieri. Create il loro dialogo seguendo l'esempio. Usate l'ausiliare **essere** o **avere,** secondo il verbo, e il pronome corretto.

Esempio   fare colazione
– *Hai fatto colazione?*
– *L'ho fatta.* o *No, perché non ho avuto tempo.*

1. quando partire da casa
2. dove prendere l'autobus
3. dove scendere
4. cosa fare in ufficio
5. la pausa di mezzogiorno essere lunga o breve
6. dove andare per la spesa
7. ritornare a casa stanca

E. Un compagno curioso. Fatevi a turno le seguenti domande, seguendo l'esempio.

Esempio   dove/essere ieri sera
– *Dove sei stato(a) ieri sera?*
– *Sono stato(a) al cinema. (o…)*

1. come/venire all'università ieri
2. dove/andare a mangiare a mezzogiorno
3. dove/essere nel pomeriggio
4. arrivare a casa presto o tardi
5. con chi/uscire ieri sera
6. dove/andare
7. stare/a casa per la cena
8. ritornare/prima di mezzanotte

7.3   L'ora *(Time)*

1. The hour and its fractions are expressed in Italian as follows:

È l'una.

È l'una e dieci.

È l'una e un quarto
(*or* e quindici).

È l'una e mezzo
(*or* e trenta).

Sono le due meno venti.

Sono le due meno un quarto
(*or* meno quindici).

2. To ask what time it is, either of two expressions can be used:

Che ora è? OR **Che ore sono?**

To answer, **è** is used in combination with **l'una, mezzogiorno,** and **mezzanotte. Sono le** is used to express all other hours.

È l'una.	*It is one o'clock.*
È mezzogiorno.	*It is noon.*
È mezzanotte.	*It is midnight.*
Sono le due, le tre, ecc.	*It is two o'clock, three o'clock, etc.*

To distinguish A.M. and P.M., the expressions **di mattina, del pomeriggio, di sera,** and **di notte** are added after the hour.

Sono le cinque **di mattina.**	*It is 5:00 A.M.*
Sono le tre **del pomeriggio.**	*It is 3:00 P.M.*
Sono le dieci **di sera.**	*It is 10:00 P.M.*
È l'una **di notte.**	*It is 1:00 A.M.*

3. The question **A che ora?** *(At what time?)* is answered as follows:

A mezzogiorno (o mezzanotte).	*At noon (or midnight).*
All'una e mezzo.	*At 1:30.*
Alle sette di sera.	*At 7:00 P.M.*

4. Italians use the 24-hour system for official times (travel schedules, museum hours, theater times).

La Galleria degli Uffizi apre **alle nove** e chiude **alle diciotto.**	*The Uffizi Gallery opens at 9:00 A.M. and closes at 6:00 P.M.*
L'aereo da Parigi arriva **alle diciassette.**	*The plane from Paris arrives at 5:00 P.M.*

5. The following expressions are associated with time:

la mattina	*in the morning*	**in anticipo**	*ahead of time, early*
il pomeriggio	*in the afternoon*	**in orario**	*on time*
la sera	*in the evening*	**in ritardo**	*late*
la notte	*at night*	**presto**	*early*
in punto	*sharp, precisely*	**tardi**	*late*

La mattina vado in biblioteca.	*In the morning I go to the library.*
La sera guardiamo la TV.	*In the evening we watch TV.*
Il treno è **in orario.**	*The train is on time.*
Sono le due **in punto.**	*It is two o'clock sharp.*
Franco è uscito **presto** ed è arrivato a scuola **in anticipo.**	*Franco left early and arrived at school ahead of time.*
Gina si è alzata **tardi** e ora è **in ritardo** all'appuntamento.	*Gina got up late and now she is late for her appointment.*

The adverbs **presto** and **tardi** are used with **essere** only in impersonal expressions.

È presto (tardi).	*It is early (late).*
BUT	
Lui è in anticipo (in ritardo).	*He is early (late).*

6. The English word *time* is translated as **tempo, ora,** or **volta,** depending on the context.

Non ho **tempo.**	*I don't have time.*
Che **ora** è?	*What time is it?*
Tre **volte** al giorno.	*Three times a day.*

Pratica

 A. I fusi orari *(Time zones).* Confrontate *(compare)* l'ora di alcune città del mondo *(world).*

Esempio　　—*Quando a New York sono le sette di sera, che ore sono a Roma?*
　　　　　　　　—*È l'una di notte.*

B. Orari. Voi leggete l'orario ferroviario (dei treni) e delle linee aeree. Formate frasi complete, trasformando l'ora ufficiale in ora normale.

Esempio　　aereo Parigi–New York, 17.20
　　　　　　　　L'aereo Parigi–New York parte alle cinque e venti del pomeriggio.

1. aereo Milano–Roma, 13.30
2. treno Bologna–Firenze, 21.50
3. treno Firenze–Napoli, 1.05
4. aereo Roma–New York, 11.45
5. aereo Torino–Londra, 14.35

San Gimignano (Toscana). Alcune delle torri che dominano questa cittadina medioevale.

 C. A che ora parte/arriva? Siete a Firenze per una conferenza. Nel pomeriggio siete liberi(e) e desiderate fare delle brevi gite vicino alla città. All'albergo dove alloggiate c'è una bacheca *(bulletin board)* con gli orari degli autobus che portano a varie destinazioni. Fatevi domande sugli orari degli autobus.

Esempio　　—*A che ora parte l'autobus per Fiesole?*
　　　　　　　　—*Alle tredici e trentadue.*
　　　　　　　　—*A che ora arriva?*
　　　　　　　　—*Alle quattordici e trentacinque.*

Autobus	Parte	Arriva
San Gimignano	12.30	14.45
Siena	13.00	14.00
Fięsole	13.32	14.35
Pisa	15.11	16.15
Viarẹggio	11.40	13.55

D. La puntualità è un problema. Rispondete usando l'espressione appropriata.

1. La lezione di matemạtica comịncia alle nove. Oggi Gianna è arrivata alle nove e un quarto. È arrivata in antịcipo?

2. Tu devi ẹssere dal dentista alle tre del pomerịggio e arrivi alle tre in punto. Sei in ritardo?

3. È sạbato. Noi siamo a letto e guardiamo l'orolọgio: sono le sei di mattina. Restiamo ancora *(still)* a letto. Perché?

4. Ieri sera Pippo è andato al cịnema ed è ritornato alle due di mattina. È ritornato presto?

E. A che ora? Domandate a un compagno (una compagna) a che ora fa di sọlito le seguenti attività.

1. fare colazione
2. uscire di casa
3. arrivare al lavoro o a scuola
4. ritornare a casa
5. cenare
6. andare a letto

7.4   Usi di **a, in, da** e **per**

I turisti vanno da Nạpoli a Pompei in pullman.

1. The prepositions **a, in,** and **da** are used to indicate location or means of transportation. Each is used as follows:

The preposition **a:**

◆ before the names of cities and small islands

◆ before nouns such as **casa, scuola, teatro, piedi** *(on foot)*, **letto,** and **tạvola**

Ạbitano **a** Venẹzia.	*They live in Venice.*
Siamo andati **a** Capri.	*We went to Capri.*
Sei venuta **a** scuola ieri?	*Did you come to school yesterday?*
No, sono restata **a** casa.	*No, I stayed (at) home.*
Andiamo a casa **a** piedi?	*Are we going home on foot?*
Vado **a** letto.	*I'm going to bed.*

The preposition **in:**

◆ before the names of continents, countries, states, regions, and large islands

◆ before nouns such as **classe, biblioteca, ufficio, chiesa, città, montagna, campagna, viaggio, crociera,** and **vacanza**

◆ before nouns indicating means of transportation, such as **treno, aereo, macchina, bicicletta, autobus, tassì,** and **pullman** (*tour bus*)

Siete stati **in** Europa?	*Have you been to Europe?*
Vorrei abitare **in** Toscana.	*I would like to live in Tuscany.*
Vai **in** montagna?	*Are you going to the mountains?*
Vivono **in** città o **in** campagna?	*Do they live in the city or in the country?*
Avete viaggiato **in** treno o **in** aereo?	*Did you travel by train or by plane?*
Siamo venuti **in** macchina.	*We came by car.*
Sono andati **in** vacanza **in** Sicilia.	*They went on vacation to Sicily.*

The preposition **da:**

◆ before a person's name, title, or profession to refer to that person's home or workplace

◆ before a disjunctive pronoun to represent a person's home or workplace

Stasera andiamo **da** Pietro.	*Tonight we are going to Pietro's.*
Vado **dalla** dottoressa Pini.	*I'm going to Doctor Pini's office.*
Mangiate **da** Maria stasera?	*Are you eating at Maria's house tonight?*
Venite **da** me domani?	*Are you coming to my house tomorrow?*

NOTE: If the *definite article* is expressed, it contracts with **da.**

Vai **dal** tuo amico?	*Are you going to your friend's house?*

2. To indicate purpose, Italian uses **per** + *infinitive*. This construction corresponds to the English (*in order) to* + *infinitive*.

Studio **per** imparare.	*I study (in order) to learn.*
Lavoro **per** vivere.	*I work (in order) to live.*

Pratica

A. Dove e come vanno le seguenti persone? Dite dove e come vanno queste persone.

Esempio Pietro/scuola/bicicletta
Pietro va a scuola in bicicletta.

1. Gabriella e Filippo/teatro/tassì

2. la signora Giacomi/chiesa/piedi

3. i signori Betti e il figlio/Rapallo/treno

4. il signor Agnelli/montagna/aereo

B. Dove sono andate queste persone? L'anno scorso *(Last year)* le seguenti persone hanno fatto un viaggio. Chiedetevi dove sono andate.

Esempio Liliana/Inghilterra
—*Dove è andata Liliana?*
—*Liliana è andata in Inghilterra.*

1. tu/Austria

2. voi/Alaska

3. Gabriella e Filippo/Toscana, Roma, Napoli e Capri

4. i signori Betti/Liguria

5. la famiglia Catalano/Sicilia

6. Marcello e suo zio/Africa

C. Da chi è andato Marcello la settimana scorsa? Chiedetevi a turno, da chi è andato Marcello.

Esempio lunedì mattina/signor Vari
—*Da chi è andato Marcello lunedì mattina?*
—*Lunedì mattina è andato dal signor Vari.*

1. martedì pomeriggio/Filippo

2. martedì sera/nonni

3. mercoledì/sua zia

4. giovedì pomeriggio/dottore

D. In vacanza. Completate con le preposizioni corrette.

L'anno scorso sono andata _____ vacanza _____ Italia. Ho viaggiato _____ aereo. Sono arrivata _____ Milano. Sono andata _____ macchina _____ mia madre. Sono restata _____ mia madre per tre settimane. Ho visitato la città _____ piedi e _____ autobus. Sono andata _____ miei nonni che abitano _____ campagna, e sono andata _____ sciare _____ montagna. Dopo tre settimane sono ritornata _____ California _____ aereo.

E. Perché? Spiegate *(Explain)* il perché *(the reason)* delle seguenti azioni. Usate **per + l'infinito.**

Esempio Ho studiato per...
Ho studiato per dare l'esame di letteratura. (O...)

1. Ho telefonato all'agenzia di viaggi per...

2. Mia madre è ritornata a casa per...

3. Mia sorella ha comprato il giornale per...

4. I miei amici sono andati a una pizzeria per...

5. Io sono stato(a) a casa per...

F. Conversazione

1. Sei mai stato(a) in Inghilterra o in Francia?

2. Sei mai andato(a) a San Francisco o a San Diego?

3. Hai mai fatto una crociera? Dove sei andato(a)?

4. In quali città degli Stati Uniti hai abitato?

5. Quali paesi stranieri hai visitato?

6. Come hai viaggiato? Con chi?

Per finire

Un viaggio di nozze

 CD 1, Track 31

Capri.

Ieri Lucia ha ricevuto una e-mail da Gabriella. L'amica si è sposata alcuni giorni fa e ora è in viaggio di nozze.

Cara Lucia, ho scritto solo due giorni **fa** dal computer dell'albergo qui a Capri, ma oggi Filippo ha fatto una passeggiata nel pomeriggio e ha trovato questo posto che si chiama Internet Point, molto comodo, vicino al porto. Così ora **mentre** aspettiamo l'aliscafo per Napoli, scrivo le ultime notizie. Capri è bellissima, ieri pomeriggio abbiamo visitato la grotta azzurra e abbiamo conosciuto due turisti americani molto simpatici e abbiamo parlato inglese. È stata una conversazione un po' difficile perché abbiamo dimenticato molte delle espressioni che abbiamo studiato a scuola. **Ricordi?**

Ieri sera, **invece** di mangiare la solita pizza, siamo andati in un piccolo ristorante qui vicino al porto, molto romantico. Io ho mangiato **una zuppa ai frutti di mare** buonissima. Filippo, invece, non ha voluto mangiare pesce e ha preso una bistecca con delle verdure. Mah! Forse non ha capito che a Capri il pesce è squisito. Poi abbiamo trovato una gelateria e io ho preso un gelato gigante con tanta frutta mentre Filippo ha bevuto solo un caffé.

Dopo una settimana di matrimonio conosco **meglio** Filippo. Adesso so che prende troppi caffè e poi perde la pazienza perché è troppo nervoso. Scusa, **devo scappare** perché è arrivato l'aliscafo.

A presto, Gabriella

ago

while

Do you remember?

instead

seafood soup

better

I must go

Comprensione

1. A chi ha scritto l'e-mail Gabriella? **2.** Perché è in viaggio? **3.** Da quale città scrive Gabriella? **4.** Che cosa hanno visitato lei e Filippo ieri pomeriggio? **5.** Chi hanno conosciuto? **6.** Perché la loro conversazione in inglese è stata un po' difficile? **7.** Che cosa hanno mangiato al ristorante ieri sera? **8.** Dove sono andati dopo la cena? Che cosa hanno preso? **9.** Come finisce il messaggio Gabriella? Perché ha fretta?

Conversazione

1. Hai fatto un viaggio tu recentemente? Dove sei andato(a)? Come hai viaggiato?
2. Quale paese o quali paesi stranieri hai visitato?
3. Hai viaggiato in treno? Quando?
4. Quali sono, secondo te, le città più belle che hai visitato all'estero o nell'America del Nord?
5. Preferisci fare un viaggio in Europa o una crociera nel mare dei Caraibi *(Caribbean)*?
6. Dove vuoi andare in luna di miele *(honeymoon)*?

Come si dice in italiano?

1. I'm very tired because I didn't sleep much last night.
2. Why? Did you work late **(fino a tardi)**?
3. No, I came home five hours ago from a one-week trip to New York with my Aunt Jane.
4. Did you travel by plane or train?
5. By plane. But I didn't have to buy a **(il)** ticket. My Aunt Jane bought two first-class tickets, and our trip was very comfortable.
6. Did she reserve a room in a hotel?
7. No, we stayed at my grandparents' house, as we often do.
8. I don't know New York. How is it?
9. It's a great city with theaters and elegant shops. However, there are too many people and life isn't very easy.

Attualità

Adesso scriviamo!

Un viaggio interessante

Scrivi una cartolina ad un amico/un'amica. Descrivi un viaggio o una gita interessante che hai fatto recentemente.

A. Includi le seguenti informazioni nel tuo messaggio:

1. Dove sei andato(a) e con chi.

2. Alcune cose che hai fatto o visto.

3. Che cosa non hai fatto.

B. Adesso rileggi il tuo messaggio. Tutte le parole sono scritte correttamente? Hai controllato l'accordo tra il verbo e il soggetto e tra il nome e l'aggettivo? Controlla in modo particolare la forma del passato prossimo: è un verbo con **avere** o **essere?** Il participio è regolare o no? Ora spedisci *(send)* la tua cartolina a un compagno/una compagna. Se sei fortunato(a) ricevi una risposta da lui o lei!

Parliamo insieme!

A. Il viaggio di Marisa. Guardate i disegni e dite dove è andata e cosa ha fatto Marisa. (Mettete i tempi al **passato prossimo.**)

1.

2.

3.

4.

5.

6.

7.

8.

9.

10.

B. Le conversazioni di Marisa. Immaginate:

1. **la conversazione di Marisa con l'agente di viaggi** (disegno 2): (She tells him where she would like to go: «**Vorrei un biglietto per...**» She asks the times of departure and arrival, the time she must be at the airport, and the flight number. To conclude, she asks the cost of the ticket.)

2. **la conversazione di Marisa e di Gino al ristorante** (disegno 9): (Imagine what they order to eat and to drink. They discuss what time she has to leave the city and by what means of transportation. Marisa promises to write an e-mail or call: «**Prometto di...**» Her friend promises to visit her soon.)

3. **la fine del viaggio.** Immaginate una fine diversa per la storia. Forse Gino è in ritardo? Marisa parte senza salutarlo?

GUARDIAMO!

Arrivi e partenze
Alessandra e Fabio sono seduti in un'agenzia di viaggi. I due amici devono ritirare dei biglietti per Arezzo, dove hanno intenzione di andare a trovare la cugina di Alessandra.

SITO WEB
Per fare più pratica con gli argomenti culturali e i punti grammaticali del **Capitolo 7**, vai a vedere il sito *Ciao!* a **http://ciao.heinle.com.**

Vedute d'Italia

living/a daily celebration

Toscana, dove **vivere** è **un quotidiano elogio** della natura

A. Prima di leggere

Tuscany is a place, as the reading title tells us, where living is a daily celebration of nature. If you stop to think about this title and its implications, you will already be aware of the article's focus. In turn, you will be prepared to see how it is developed as you read. Within this focus, the article presents local people and well-known foreigners who have all chosen to live in the Tuscan countryside.

Qui il solo **rumore che senti** è quello della natura. Vivere in **quest'isola di verde** in un piccolo **borgo scolpito** dalla storia e nella roccia, per alcuni è un regalo del destino. Perché in **questa terra** sono nati e **hanno scelto** di **viverci.** Perché qui hanno le residenze e le **tenute.** Sono gli Antinori, i della Gherardesca, gli Incisa della Rocchetta, i Tolomei, i Serristori e i Ruspoli.

    Per altri **invece,** vivere in Toscana è una **scelta** di vita. A Figline Valdarno, Sting possiede una splendida tenuta, dove si è **trasferito** con l'intera e numerosa famiglia. Russell Crowe, **volto e corpo** del Gladiatore, ha recentemente comprato una casa vicino alla tenuta del popstar inglese. Richard Gere, **buddista di fede** e **toscano di adozione,** abita vicino all'istituto Lama Tzong Khapa. La **Maremma** ha **sedotto** recentemente **due divi** come George Clooney e Julia Roberts, che hanno cercato e trovato casa in questa parte del mondo.

    Per tutti, nativi o neo residenti, la Toscana è un posto dove trovare la pace che i tempi moderni, **altrove, hanno limitato.** Un luogo dove **unire** riti e costumi che l'avanzata del progresso **ha sfiorato, ma non intaccato.** Dove **la lentezza è un modus vivendi,** inutile cercare altrove gli stessi ritmi, i **medesimi** sapori. Chi ha scelto di vivere la Toscana sa di aver cercato e trovato un mondo unico. Dove il cibo ha un sapore **tutto suo,** come l'olio nuovo e i vini dei Bolgheri e Castagneto.

noise you hear/this green island
village sculpted
this land/have chosen/live here
estates

instead/choice
he moved
face and body

Buddhist by faith/Tuscan by adoption
Tuscan countryside/seduced/two stars

elsewhere/have limited/unite
has touched, but not damaged/slowness
is a way of life/same

its own

B. Alla lettura

Leggi di nuovo la lettura. Poi, con un compagno/una compagna, rispondete alle seguenti domande:

1. Com'è la campagna toscana? Usate almeno tre aggettivi nella risposta.
2. Quali personaggi famosi hanno deciso di vivere in Toscana?
3. Cosa trovano i residenti? (Scrivete almeno tre frasi.)

C. Culture a confronto

1. Capisci perché molte persone hanno deciso di abitare in Toscana?
2. Desideri visitare la Toscana? Perché sì o perché no?
3. I nordamericani amano molto la Toscana. Perché?
4. Riconosci le opere d'arte illustrate nella pagina? Dove le hai viste?

Sapete che... ?

La Toscana

La Toscana è una delle regioni più affascinanti d'Italia. L'antico nome «Tuscia», deriva dalla misteriosa **civiltà** etrusca, esistente prima di Roma. Fondata dai Romani sul **fiume** Arno, Firenze è il capoluogo della regione. Dal 1300 Firenze è uno dei centri principali d'Europa.

civilization
river

Anche il **Rinascimento** è nato in Toscana: Donatello, Brunelleschi, Botticelli, Michelangelo e Leonardo da Vinci sono solo alcuni dei grandi artisti del Rinascimento toscano. Il contributo filosofico, politico e scientifico rinascimentale non è stato inferiore, se pensiamo, per esempio, a Niccolò Machiavelli e a Galileo Galilei.

Renaissance

Comprensione

1. Il nome «Toscana» deriva dalla civiltà...
   a. romana.
   b. rinascimentale.
   c. etrusca.

2. Il capoluogo della Toscana è...
   a. Siena.
   b. Firenze.
   c. Pisa.

3. Il Rinascimento ha avuto origine...
   a. in Lombardia.
   b. in Sicilia.
   c. in Toscana.

4. Galileo Galilei, uno dei grandi nomi del Rinascimento, ha contribuito...
   a. all'arte.
   b. alle scienze.
   c. alla politica.

Vocabolario

Nomi

l'agente *(m.)*	agent
l'albergo	hotel
la camera	room
la cartolina	postcard
il documento	document
il fumatore, la fumatrice	smoker
la mezzanotte	midnight
il mezzogiorno	noon
l'ora	time, hour
la pensione	inn
il posto	place; seat
il prezzo	price
la racchetta da tennis	tennis racket
il tassì	taxi
il tassista	taxi driver
la trattoria	restaurant
la vacanza	vacation

Aggettivi

affollato	crowded
comodo	comfortable
scorso	last
sicuro	sure

Verbi

ammirare	to admire
cadere	to fall
correre *(p.p.* **corso***)*	to run
(di)scendere	to descend, to go down,
(p.p. **[di]sceso***)*	to get off
diventare	to become
entrare	to enter
lasciare	to leave (someone, something)
mettere *(p.p.* **messo***)*	to put; to wear
morire *(p.p.* **morto***)*	to die
nascere *(p.p.* **nato***)*	to be born
passare	to spend (time)
restare	to remain
ricordare	to remember
rimanere	to remain
salire	to climb, to go up, to get on
salutare	to greet; to say good-bye
spendere *(p.p.* **speso***)*	to spend (money)
visitare	to visit (a place)

Altre espressioni

Buon viaggio!	Have a nice trip!
comodamente	comfortably
durante	during
fa	ago
ieri	yesterday
in anticipo	early, ahead of time
in orario	on time
in punto	sharp, precisely (time)
in ritardo	late
presto/Presto!	early, fast, soon; Hurry up!
purtroppo	unfortunately
Quanto tempo fa?	How long ago?
tardi	late
viaggio d'affari	business trip
di nozze	honeymoon trip
di piacere	pleasure trip

CAPITOLO 8

Soldi e tempo

Edificio della Unicredit Banca.

Punti di vista | Un viaggio d'affari

    Studio di parole: Albergo e banca
    Informazioni: Alberghi e noleggio macchine
    Ascoltiamo! In banca, allo sportello del cambio

Punti grammaticali

    8.1 I verbi riflessivi e reciproci
    8.2 Il passato prossimo con i verbi riflessivi e reciproci
    8.3 Espressioni di tempo nel passato
    8.4 Avverbi

Per finire | Il primo giorno di lavoro

Attualità

    Adesso scriviamo!
    Parliamo insieme!
    ♫♫ **Intermezzo musicale: Il Quartetto Cetra, «Un bacio a mezzanotte»**

Vedute d'Italia | In Italia dopo l'euro

    Sapete che...?

Punti di vista

Roma. Via Veneto.

Un viaggio d'affari

 CD 1, Track 32

John White è un uomo d'affari americano. È arrivato a Roma e **soggiorna** all'albergo Excelsior, in via Veneto*, dove ha prenotato una **camera singola** con doccia. Dall'albergo telefona a Davide, un collega che lavora alla **filiale** di Roma.

stays
single room
branch

JOHN Pronto, Davide? Sono John White. Come stai?

DAVIDE **Salve,** John! Come va? Hai fatto un buon viaggio? *Hello*

JOHN Sì, **abbastanza,** però è stato un viaggio lungo e **mi sono annoiato parecchio.**
good enough/I got
bored a lot

DAVIDE In che albergo stai? Hai una macchina?

JOHN Sono all'Excelsior. No, **non ho noleggiato** la macchina. A Roma preferisco prendere il tassì.
I haven't rented

DAVIDE **Allora, ci vediamo** per il pranzo? Al Gladiatore? *Well, shall we meet*

JOHN Sì, certo, però prima devo **farmi la doccia** e poi andare in banca per cambiare dei dollari.
to take a shower

DAVIDE Allora, **ci incontriamo** al ristorante all'una. Va bene?
we will meet

JOHN D'accordo. A presto.

*Street with luxury hotels and chic shops.

Comprensione

1. Chi è John White? **2.** È venuto a Roma per un viaggio di piacere? **3.** Cos'ha prenotato all'albergo? **4.** Perché John si lamenta *(complain)* del viaggio? **5.** Ha noleggiato una macchina? Perché? **6.** Prima di vedere Davide, John deve farsi la doccia, vestirsi e...

Studio di parole   *Albergo e banca*

SR. WHITE: Vorrei cambiare un traveler's cheque di mille dollari.
IMPIEGATO: Ha il passaporto, per favore?

prenotare to reserve

alloggiare/soggiornare to lodge, to stay

un albergo hotel

   di lusso deluxe

   economico moderately priced

una pensione boardinghouse

un ostello della gioventù youth hostel

una camera singola single room

   doppia double room

   a due letti with twin beds

   con bagno with bath

   con doccia with shower

   con servizi with bath

   con televisione with TV

   con aria condizionata with air conditioning

l'ufficio cambio currency exchange office

cambiare un traveler's check to cash a traveler's check

Qual è il cambio del dollaro oggi? What is the rate of exchange for the dollar today?

noleggiare una macchina to rent a car

il denaro, i soldi money

pagare in contanti to pay cash

   con carta di credito with credit card

   con un assegno with a check

lo sportello N. 1 (2...) window number 1 (2…)

il Bancomat ATM machine

la valuta currency

cambiare to change, to exchange

il cambio rate of exchange

mostrare un documento d'identità to show an ID

la firma signature

firmare to sign

la ricevuta receipt

Si accomodi alla cassa. Please go to the cashier.

Applicazione

 A. Domande. Fatevi a turno le seguenti domande.

1. Quando uno studente (una studentessa) che non ha molti soldi viaggia all'estero, dove alloggia?
2. Una coppia prenota una camera singola?
3. Quando è una buon'idea prenotare una camera con aria condizionata?
4. Dove andiamo a cambiare i soldi quando siamo in un paese straniero?

B. Conversazione

1. Che cosa prenoti quando vai all'estero: una camera in un albergo di due o quattro stelle?
2. Sei mai stato in un ostello della gioventù?
3. Quando vuoi prenotare una camera in un albergo all'estero, telefoni all'albergo o mandi un fax?

C. Dialogo. Fate il seguente dialogo: Immaginate di fare una telefonata intercontinentale per prenotare una camera a Roma per tre giorni. Vi risponde un impiegato dell'albergo Excelsior di Roma. Nella conversazione con l'impiegato(a) usate la forma di cortesia **Lei.**

Informazioni — Alberghi e noleggio macchine

Gli alberghi in Italia sono classificati in categorie: da una a cinque stelle *(stars)*. Una pensione è generalmente più piccola e più economica di un albergo; è spesso gestita *(run)* da una famiglia. Gli alberghi e le pensioni possono offrire la scelta: pensione completa *(full board)* con i tre pasti, o mezza pensione: solo colazione e cena (o pranzo). Per i giovani viaggiatori che non vogliono spendere molto, gli ostelli per la gioventù offrono alloggio a prezzi modici *(low cost)*, però sono molto affollati durante l'estate.

La maggior parte *(Most)* delle automobili hanno la trasmissione a mano. Per avere un'automobile con la trasmissione automatica, bisogna *(one must)* prenotarla in anticipo *(in advance)*.

Roma. Hotel Excelsior.

Venezia. Pensione sul Canal Grande.

All'esterno di ogni banca c'è il Bancomat che permette di effettuare prelievi a qualsiasi ora.

Ascoltiamo!

 CD 1, Track 33

In banca, allo sportello del cambio. John White has arrived at the bank to change some American traveler's checks into **euro.** He is talking with the clerk at the exchange window. Listen to their conversation, then answer the following questions.

Comprensione

1. Perché è andato in banca il signor White?
2. Quanti dollari vuole cambiare?
3. Secondo l'impiegato, è una settimana fortunata per il dollaro? Perché?
4. Quale documento ha voluto vedere l'impiegato?
5. Che cosa vuole sapere?
6. Come si chiama l'impiegato?

Dialogo

Immaginate di essere in una banca italiana per cambiare dei dollari. Domandate quant'è il cambio del dollaro e decidete quanti dollari volete cambiare. L'impiegato vi chiederà *(will ask you)* prima un documento di identità e poi vi chiederà di firmare la ricevuta.

Punti grammaticali

8.1   I verbi riflessivi e reciproci

Mi chiamo Gino; sono impiegato di banca.

Mi alzo alle sette.

Mi lavo e mi vesto.

Mi riposo la sera.

1. I verbi riflessivi

    a. A verb is reflexive when the action expressed by the verb refers back to the subject. Only transitive verbs (verbs that take a direct object) may be used in the reflexive construction.

Lavo la macchina.	*I wash the car.* (transitive)
Mi lavo.	*I wash myself.* (reflexive)
Vedo la ragazza.	*I see the girl.* (transitive)
Mi vedo nello specchio.	*I see myself in the mirror.* (reflexive)

The infinitive of a reflexive verb is formed using the infinitive of the nonreflexive form without the final **-e** + the reflexive pronoun **si** *(oneself):* **lavarsi, mettersi, vestirsi.**

lavarsi *to wash oneself*			
mi lavo	*I wash myself*	**ci laviamo**	*we wash ourselves*
ti lavi	*you wash yourself*	**vi lavate**	*you wash yourselves*
si lava	*he/she/it washes himself/herself/itself*	**si lavano**	*they wash themselves*
Si lava	*you wash yourself (formal sing.)*	**Si lavano**	*you wash yourselves (formal pl.)*

The reflexive pronouns are **mi, ti, ci, vi,** and **si.** They must always be expressed and must agree with the subject, since the object and subject are the same. Usually the pronoun precedes the reflexive verb. Some common reflexive verbs are:

chiamarsi	*to be called*	**sentirsi**	*to feel*
svegliarsi	*to wake up*	**fermarsi**	*to stop (oneself)*
alzarsi	*to get up*	**riposarsi**	*to rest*
lavarsi	*to wash (oneself)*	**addormentarsi**	*to fall asleep*
vestirsi	*to get dressed*	**arrabbiarsi**	*to get angry*
prepararsi	*to get ready*	**innamorarsi**	*to fall in love*
mettersi	*to put on*	**sposarsi**	*to get married*
divertirsi	*to have fun, to enjoy oneself*	**scusarsi**	*to apologize*
		laurearsi	*to graduate from a university*
annoiarsi	*to get bored*		

(Noi) **ci alziamo** presto.	*We get up early.*
(Lei) **si veste** bene.	*She dresses well.*
Come **ti chiami?**	*What's your name?*
Mi sveglio tutti i giorni alle otto.	*I wake up every day at eight.*

NOTE: Many Italian reflexive verbs are idiomatic and do not translate literally into English. Some verbs change their meaning when they are reflexive.

Teresa **chiama** Rosa.	*Teresa calls Rosa.*
Mi chiamo Rosa.	*My name is Rosa.*
Sento la musica.	*I hear the music.*
Mi sento male.	*I feel sick.*

b. If a reflexive verb is used in an infinitive form, the appropriate reflexive pronoun is attached to the infinitive after dropping the final **-e.**

Desidero divertir**mi.**	*I want to enjoy myself (have a good time).*
Non dobbiamo alzar**ci** presto.	*We do not have to get (ourselves) up early.*
Oggi preferisce riposar**si.**	*Today she prefers to rest (herself).*

NOTE: With **dovere, potere,** and **volere,** the reflexive pronoun may be placed *before* the conjugated verb:

Voglio alzar**mi** ⎫	
Mi voglio alzare. ⎭	*I want to get (myself) up.*

c. When an action involves parts of the body or clothing, Italian uses the reflexive construction and the definite article instead of the possessive adjective.

Mi lavo **le** mani.   *I wash my hands.*
Mi metto **il** vestito rosso.   *I put on my red dress.*

d. **Sedersi** *(To sit down)* has an irregular conjugation.

mi siedo	**ci sediamo**
ti siedi	**vi sedete**
si siede	**si siedono**

Passato prossimo: *mi sono seduto(a)*

Carlo e Maria si telefonano.

2. I verbi reciproci

When a verb expresses reciprocal action (we know *one another*, you love *each other*), it follows the pattern of a reflexive verb. In this case, however, only the plural pronouns **ci, vi,** and **si** are used.

Lia e Gino **si salutano**. (Lia saluta   *Lia and Gino greet each other.*
  Gino e Gino saluta Lia.)
Noi **ci scriviamo** spesso, ma voi   *We write to each other often, but you*
  non **vi scrivete** mai.   *never write to each other.*

Pratica

A. Divertimenti. Dove si divertono le seguenti persone?

Esempio   mio zio, in montagna
                Mio zio si diverte in montagna.

1. io/al caffè con gli amici **2.** Mirella e Luisa/al campo da tennis **3.** noi/alla discoteca **4.** mia madre/a teatro **5.** voi/al cinema **6.** mio padre e i suoi amici/davanti alla televisione **7.** E tu, dove ti diverti?

B. Una questione di abitudini *(habits).* Completate il paragrafo.

Io _____ (chiamarsi) Alberto e il mio compagno di stanza _____ (chiamarsi) Stefano. Lui _____ (svegliarsi) molto presto la mattina, ma io _____ (svegliarsi) tardi. Lui _____ (lavarsi) e _____ (vestirsi) rapidamente e io _____ (lavarsi) e _____ (vestirsi) lentamente *(slowly).* Io non _____ (prepararsi) la colazione perché non ho tempo, ma Stefano _____ (prepararsi) una colazione abbondante. Io _____ (divertirsi) quando gioco a tennis, ma Stefano non _____ (divertirsi). Io _____ (annoiarsi) quando guardo la TV e lui _____ (annoiarsi) quando è solo. Io _____ (innamorarsi) delle ragazze bionde e lui _____ (innamorarsi) delle ragazze brune. Io _____ (arrabbiarsi) perché Stefano è sempre in ritardo, e lui _____ (arrabbiarsi) perché io dimentico sempre i miei appuntamenti. A mezzogiorno Stefano ed io _____ (fermarsi) al caffè e mangiamo insieme. Poi noi _____ (riposarsi) al parco prima di ritornare in banca. La sera noi _____ (addormentarsi) presto perché siamo stanchi morti *(dead tired).*

C. Che cosa fate quando...? Rispondete alle domande con il verbo riflessivo appropriato.

Esempio   la sveglia suona *(goes off)?* svegliarsi
—*Cosa fate quando la sveglia suona?*
—*Ci svegliamo.*

1. un amico è in ritardo?   mettersi un golf *(sweater)*

2. avete freddo?   addormentarsi

3. andate a una festa?   divertirsi

4. ascoltate un discorso *(speech)* noioso?   arrabbiarsi

5. siete stanchi(e) di camminare?   annoiarsi

6. avete sonno?   fermarsi a salutare

7. vedete un amico (un'amica)?   sedersi

D. Scambi rapidi. Completate con la forma corretta del verbo in parentesi.

1. (sposarsi)   —Allora *(So)*, Lisa, quando _____ tu e Piero?

—Se tutto va bene, _____ fra due mesi.

2. (vedersi)   —Franco, è tardi e io devo partire. (Noi) _____ domenica?

—No, domenica noi non possiamo _____, ma io sono libero sabato sera.

3. (scriversi)   —Laura e Davide _____ spesso?
(telefonarsi)   —No, ma loro _____ ogni settimana.

E. Conversazione. Rispondete usando la costruzione reciproca.

1. Dove vi incontrate, tu e i tuoi compagni?

2. Dove vi vedete, tu e il tuo ragazzo (la tua ragazza)?

3. Quante volte all'anno vi scrivete, tu e i tuoi genitori?

4. Quando vi telefonate, tu e tua madre?

5. Quando sei arrabbiato(a) *(mad)* con il tuo compagno (la tua compagna) di stanza, vi parlate o non vi parlate?

6. Quando tu e i tuoi amici vi vedete, vi abbracciate o vi date la mano?

F. Conosciamoci. Hai una nuova compagna/un nuovo compagno di stanza e desiderate conoscervi meglio *(better)*. Create delle domande con i verbi della lista e poi praticate con un compagno/una compagna di classe.

Lista di verbi: alzarsi, prepararsi, divertirsi, riposarsi, addormentarsi, arrabbiarsi, laurearsi

Esempio   svegliarsi
—*A che ora ti alzi di solito?*
—*Mi alzo alle otto.*

8.2 Il passato prossimo con i verbi riflessivi e reciproci

Pippo l'astuto si è seduto.

All reflexive and reciprocal verbs are conjugated with the auxiliary **ẹssere** in the **passato prọssimo.** The past participle must agree with the subject in gender and number.

lavarsi *to wash oneself*			
mi sono lavato(a)	*I washed myself*	**ci siamo lavati(e)**	*we washed ourselves*
ti sei lavato(a)	*you washed yourself*	**vi siete lavati(e)**	*you washed yourselves*
si è lavato(a)	*he (she) washed himself (herself)*	**si sono lavati(e)**	*they washed themselves*

Verbi reciproci:

Ci siamo incontrati(e).   *We met each other.*
Vi siete incontrati(e).   *You (plural) met each other.*
Si sono incontrati(e) ieri.   *They met each other yesterday.*

Le due ragazze **si sono salutate** e   *The two girls greeted each other, and*
    si sono baciate.   *they kissed each other.*

Verbi riflessivi:

Lia, **ti sei divertita** ieri?   *Lia, did you have fun yesterday?*
Ci siamo alzati alle sei.   *We got up at six.*
Il treno **si è fermato** a Parma.   *The train stopped in Parma.*

Pratica

A. **Sì, ma...** Completate con il verbo riflessivo al **passato prọssimo.**

Esempio   Ti alzi presto?/Sì, ma questa mattina (alzarsi) _____ tardi.
          Ti alzi presto? Sì, ma questa mattina mi sono alzato(a) tardi.

1. Vi fermate a salutare i nonni?/Di sọlito sì, ma questa volta non (fermarsi) _____.

2. Ti annoi alle conferenze?/Di solito sì, ma alla conferenza di ieri io non (annoiarsi) _____ affatto *(at all)*.

3. Ti svegli presto la mattina?/Sì, ma questa mattina io (svegliarsi) _____ tardi.

4. Vi scrivete spesso tu e la tua famiglia?/Sì, ma quest'anno (scriversi) _____ poco.

B. Una storia d'amore. Raccontate la storia di Laura e Francesco al **passato prossimo.**

Un bel giorno Laura e Francesco s'incontrano. Si guardano e si parlano: s'innamorano a prima vista *(at first sight)*. Si scrivono e si rivedono spesso. Finalmente si fidanzano e, dopo pochi mesi, si sposano.

C. Vacanze romane. Completate le seguenti frasi usando il **passato prossimo.**

Raffaella _____ (arrivare) a Roma ieri sera per incontrare l'amica Marina. Stamattina Raffaella _____ (svegliarsi) presto, _____ (alzarsi) e _____ (telefonare) all'amica. Poi _____ (lavarsi) e _____ (vestirsi). Quando le due ragazze _____ (incontrarsi), _____ (salutarsi) con molto affetto e _____ (uscire) dall'albergo. Marina e Raffaella _____ (visitare) la città e _____ (divertirsi) molto. A mezzogiorno le due ragazze _____ (sentirsi) stanche e _____ (fermarsi) a una tavola calda *(snack bar)*, dove _____ (riposarsi) per un'ora. Dopo il pranzo, Marina e Raffaella _____ (fare) le spese nei negozi e _____ (comprare) delle cartoline e dei francobolli *(postage stamps)*. Poi le due amiche _____ (sedersi) a un caffè e _____ (scrivere) le cartoline ai loro parenti e amici.

D. Domenica scorsa. Descrivete a turno quello che *(what)* avete fatto domenica scorsa. Usate anche verbi riflessivi e reciproci.

E. Conversazione

1. A che ora ti sei alzato(a) stamattina?

2. Hai avuto tempo di prepararti la colazione?

3. Ti sei fermato(a) al caffè a prendere qualcosa?

4. Ti sei divertito(a) o ti sei annoiato(a) in classe?

5. Tu e i tuoi amici vi siete visti o vi siete telefonati oggi?

6. Come pensate di divertirvi il prossimo weekend?

8.3 Espressioni di tempo nel passato

—L'anno scorso ho dovuto pagare un anno di studi per i miei due figli, e mi sono ridotto in miseria.

Here are some expressions that may be used to refer to actions or events that occurred recently or some time ago.

Quando?	When?
stamattina	*this morning*
ieri	*yesterday*
ieri mattina	*yesterday morning*
ieri pomeriggio	*yesterday afternoon*
ieri sera	*yesterday evening, last night*
l'altro ieri	*the day before yesterday*
la notte scorsa	*last night*
domenica scorsa	*last Sunday*
la settimana scorsa	*last week*
il mese scorso	*last month*
l'anno scorso	*last year*

Quanto tempo fa?	How long ago?
poco tempo fa	*a little while ago, not long ago*
alcuni minuti fa	*a few minutes ago*
due ore fa	*two hours ago*
tre giorni fa	*three days ago*
quattro settimane fa	*four weeks ago*
molti mesi fa	*many months ago*
dieci anni fa	*ten years ago*

Pratica

 A. Quando...? Rispondete alle seguenti domande, usando un'espressione di tempo al passato.

Esempio —Quando hai fatto colazione?
—*Stamattina.* (O...)

1. Quando sei stato(a) in un ostello della gioventù? **2.** Quando sei entrato(a) in un'agenzia di cambio? **3.** Quando sei andato(a) a un Bancomat? **4.** Quando hai noleggiato una macchina? **5.** Quando hai preso un tassì? **6.** Quando hai mangiato in un ristorante cinese? **7.** Quando ti sei comprato(a) un bel regalo?

B. Quanto tempo fa...? Formulate cinque domande che vi chiedete a turno per sapere quando avete fatto alcune cose.

Esempio —*Quanto tempo fa sei andato(a) in biblioteca?*
—*Sono andato(a) in biblioteca due ore fa.* (O...)

8.4 Avverbi

1. You have learned several adverbs (**molto, troppo, ora, presto,** etc.) in earlier chapters. In Italian, many adverbs are formed by adding **-mente** to the feminine form of the adjective. The suffix **-mente** corresponds to the English adverbial suffix *-ly*.

attento	attenta	**attentamente** (*carefully*)
fortunato	fortunata	**fortunatamente** (*fortunately*)
lento	lenta	**lentamente** (*slowly*)
rapido	rapida	**rapidamente** (*rapidly*)

Pippo l'ottimista.
PIPPO: Papà, quando sarò grande (*when I'm grown up*), comprerò una Ferrari, o probabilmente una Lamborghini.
PAPÀ: Certamente. Però prima devi lavorare duramente, risparmiare continuamente, spendere moderatamente...
PIPPO: Papà, non voglio più la Ferrari.

Adjectives ending in **-e** add **-mente** without changing the final vowel.

paziente	**pazientemente** *(patiently)*
semplice	**semplicemente** *(simply)*
veloce	**velocemente** *(fast, quickly)*

Adjectives ending in **-le** and **-re** drop the final **-e** before **-mente**.

facile	**facilmente** *(easily)*
particolare	**particolarmente** *(particularly)*
probabile	**probabilmente** *(probably)*

2. The following are some useful *adverbs of time:*

adesso, ora *now*	≠	**dopo** *later*
prima *first, before*	≠	**poi** *then*
presto *early, soon*	≠	**tardi, più tardi** *late, later*
spesso *often*	≠	{ **raramente** *seldom* **qualche volta** *sometimes*
già *already*	≠	**non... ancora** *not...yet*
ancora *still, more, again*	≠	**non... più** *not...any longer, not... anymore*
sempre *always*	≠	**non... mai** *never*

(**Mai** in an affirmative question means *ever:* **Hai *mai* visto Roma?**)

3. Adverbs generally follow the verb.

Viaggio **spesso** per affari.	*I often travel on business.*
Vado **sempre** in aereo.	*I always go by plane.*
Scrivono **raramente**.	*They seldom write.*

With *compound tenses*, however, the following adverbs of time are placed *between* the auxiliary verb and the past participle: **già, non... ancora, non... più, non... mai,** and **sempre.**

Non sono **mai** andata in treno.	*I've never gone by train.*
Non ho **ancora** fatto colazione.	*I have not had breakfast yet.*
Sei **già** stata in banca?	*Have you already been to the bank?*
Tina **non** è **più** ritornata a Perugia.	*Tina didn't return to Perugia anymore.*

Pratica

A. Come...? Rispondete con un avverbio, seguendo l'esempio.

Esempio   —Sei una persona cordiale: come saluti?
              —*Saluto cordialmente.*

1. Sei molto rapido a leggere: come leggi? **2.** Stai attento quando il professore spiega: come ascolti? **3.** Fai una vita tranquilla: come vivi? **4.** Per te *(you)* è facile scrivere: come scrivi? **5.** Sei sempre pronto a rispondere: come rispondi? **6.** I tuoi vestiti *(clothes)* sono sempre eleganti: come ti vesti?

B. Conversazione. Rispondete usando uno dei seguenti avverbi: **non... mai, spesso, raramente, qualche volta, già, non... ancora, non... più.**

1. Hai viaggiato spesso quest'anno?

2. Sei già stato(a) all'estero? In quali paesi?

3. Quale paese desideri visitare che non hai ancora visitato?

4. Sei già stato in Sicilia?

5. Quale città europea ti piace particolarmente? Perché?

6. Dove andrai *(will you go)* probabilmente l'estate prossima?

Per finire

Il primo giorno di lavoro

CD 1, Track 34

Le persone fanno la fila davanti allo sportello della banca.

Andrea si è laureato in economia e commercio l'anno scorso all'Università Bocconi di Milano. Dopo una breve vacanza per riposarsi, Andrea ha incominciato a cercarsi un impiego. Si è presentato a molti **colloqui,** ma l'unico impiego che ha potuto trovare è un lavoro part time in una ditta di **consulenze.**

    Sono le sei di sera, e Andrea e il suo amico Gianni si sono incontrati in centro. Sono seduti al caffè Verdi in via Durini, e Andrea parla a Gianni della sua prima giornata di lavoro.

ANDREA Stamattina mi sono alzato presto per essere sicuro di arrivare al lavoro in orario.

GIANNI E non è una cosa facile per te, alzarti presto; non ti svegli mai prima delle otto. Ti piace il lavoro?

ANDREA Non lo so ancora. Per il momento ho accettato questo lavoro part time perché non ho trovato **niente di meglio,** ma continuo a cercare.

GIANNI Non dirlo a me! Sono due anni che mi sono laureato, e sto ancora cercando. Per fortuna qualche giorno fa un amico di mio padre mi ha offerto di fare il **tirocinio** nella sua ditta farmaceutica. Con uno stipendio minimo, naturalmente.

ANDREA È sempre meglio di niente. **Intanto** ci facciamo un po' di esperienza e poi **vedrai** che **riusciremo** a sistemarci bene **tutt'e due.**

interviews

consulting

nothing better

apprenticeship

Meanwhile
you will see/we will
succeed/both

Comprensione

1. Quando si è laureato Andrea? In quale università? **2.** Ha trovato un lavoro a tempo pieno *(full time)*? Dove ha trovato un lavoro? **3.** Dove si sono incontrati Andrea e il suo amico? **4.** Perché Andrea ha dovuto alzarsi presto? Perché non è una cosa facile per lui? **5.** Andrea è entusiasta di questo lavoro? Perché lo ha accettato? **6.** Perché Gianni è stato fortunato? **7.** Secondo Andrea, qual è il lato *(side)* positivo della loro situazione?

Conversazione

1. Tu hai incominciato a pensare seriamente alla tua carriera?

2. Hai già lavorato? Dove? Lavori adesso?

3. Per il momento, preferisci un lavoro a tempo pieno *(full time)* o un lavoro part time?

4. Preferisci un lavoro in un ufficio o un lavoro all'aria aperta *(outdoors)*?

5. Vuoi cercare un lavoro immediatamente quando finisci i tuoi studi, o preferisci divertirti e viaggiare per qualche tempo?

Come si dice in italiano?

1. Marco and Vanna got married three years ago.

2. Marco found a good job at the Fiat plant **(fabbrica)**, and his wife continued to **(a)** work at the bank.

3. One day two months ago, Marco lost (his) job, and their life became very difficult.

4. For a few weeks, Marco looked for a new job, but without success.

5. Finally, last Thursday, he phoned his father's friend, Anselmo Anselmi, one of the directors **(dirigenti)** of Olivetti.

6. They met, and Anselmo offered Marco a job with **(nella)** his company **(ditta)**.

7. Now, every morning Marco and his wife get up at 6:00; they wash and get dressed in a hurry.

8. They only have time to **(di)** drink a cup of coffee. Then they say good-bye to each other **(salutarsi)** and go to work.

Attualità

Adesso scriviamo!

Il primo giorno

Racconta il tuo primo giorno di lavoro per una nuova **com-** *tell/firm*
pagnia. O, se preferisci, racconta il tuo primo giorno di lezioni all'università.

A. Leggi e rispondi alle seguenti domande per organizzare il tuo **tema**
(composition):

   1. È stato un giorno diverso dal solito? Perché?

   2. A che ora ti sei svegliato(a)? A che ora ti sei alzato(a)?

   3. A che ora sei uscito(a) di casa?

   4. Che cosa hai fatto al lavoro/scuola?

   5. Il tuo primo giorno di lavoro — o di lezioni — è stato interessante o noioso?

B. Adesso, scrivi un paragrafo sulla tua giornata.

Esempio   *Questa mattina mi sono alzata presto perché oggi è il primo giorno
di lezioni all'università. Mi sono svegliata alle sei, ma non mi sono
alzata fino alle sei e mezzo. Ho fatto la doccia, mi sono vestita e mi
sono preparata una bella colazione abbondante. Sono uscita alle
sette e trenta e sono arrivata all'università alle otto per seguire la
prima lezione di matematica. Mi sono annoiata molto!*

   *Nel pomeriggio Marisa ed io ci siamo incontrate in biblioteca e
abbiamo studiato per due ore. Quando sono tornata a casa due
amiche sono venute a casa mia. Ci siamo salutate e ci siamo abbracciate, poi abbiamo preparato insieme la cena. Alle undici di
sera mi sono addormentata e stamattina, quando la sveglia è suo-
nata, mi sono arrabbiata.*

C. Leggi di nuovo il tuo paragrafo. Tutte le parole sono scritte correttamente?
Controlla l'accordo tra il verbo e il soggetto e tra il nome e l'aggettivo. Controlla in modo particolare la forma del passato prossimo: ti sei ricordato(a)
che con i verbi riflessivi devi usare **essere** al passato prossimo? Alla fine,
con un compagno/una compagna, leggete le vostre narrazioni. Avete avuto
una giornata interessante o noiosa?

Parliamo insieme!

A. Dialogo a due. Un amico (Un'amica) o collega è arrivato(a) nella tua città
e ti telefona. Tu domandi com'è andato il viaggio, in quale albergo si trova
e se ha noleggiato una macchina. Fissate un appuntamento per il pranzo o
la cena e decidete a che ora e in quale ristorante vi incontrate. Esempio: il
dialogo «Un viaggio d'affari».

B. Proverbi. Conoscete dei proverbi in inglese con un significato simile *(similar)* a questi? Con quali proverbi siete d'accordo *(do you agree)*?

   1. Il tempo è denaro.

   2. Il tempo è buon maestro.

   3. I soldi non fanno la felicità.

C. Quali sono i tuoi desideri? Leggete la pubblicità della Unicredit e domandatevi cosa desiderate fare con un prestito (*loan*) della banca.

Esempio —Io vorrei tremila euro per andare a Machu Pichu, e tu?
—Io invece vorrei duemila euro per comprarmi una moto.
—Io vorrei anche...

CreditExpress.

UniCredit Banca
Al servizio delle tue idee.

Da 2.000 a 30.000 euro...

Realizza subito i tuoi
desideri: l'arredamento per
la tua casa, i viaggi, la moto,
l'auto e tutto ciò che vuoi.

GUARDIAMO!

Un viaggio di piacere
Alessandra e Fabio sono ritornati da un weekend ad Arezzo a casa di Fiorella. Daniela parla della gita con i suoi amici.

SITO WEB
Per fare più pratica con gli argomenti culturali e i punti grammaticali del **Capitolo 8**, vai a vedere il sito *Ciao!* A **http://ciao.heinle.com.**

♫ Intermezzo musicale

Il Quartetto Cetra, «Un bacio a mezzanotte»

Il Quartetto Cetra è un gruppo di quattro cantanti: A. Virgilio Savona (1920–), Felice Chiusano (1922–1990), Lucia Mannucci (1920–) e Tata Giacobetti (1922–1988). Il gruppo è stato fondato da Tata Giacobetti negli anni '40 e ha continuato a creare canzoni di successo fino agli anni '60. Molte di queste sono diventate canzoni classiche e rimangono nella memoria degli Italiani.

«Un bacio a mezzanotte» è una delle canzoni più famose del Quartetto Cetra. È cantata da Lucia, la voce femminile del gruppo. Racconta come un bacio a mezzanotte alla luce della luna può far innamorare (*make someone fall in love*).

L'euro, adottato da qualche anno, da molti paesi europei, è ora nella sua infanzia.
Photo from UniCredit Banca.

Vedute d'Italia

In Italia dopo l'euro

A. Prima di leggere

On January 1, 2002, the euro became the national currency of Italy and of other participating countries in the European Union. Although adoption of the euro, which replaced the lira, was greeted with feverish excitement by Italians, their subsequent experience with the new currency has not fully lived up to expectations. Read about their experience in the passage below, focusing especially on how adoption of the euro has benefited Italians and how, on the other hand, it has caused problems. With this overview, you can go back over the text a second time and fill in the details.

L'introduzione della moneta unica nei paesi europei ha avuto una grande influenza sull'economia italiana. Gli Italiani hanno dovuto **affrontare** un **aumento** del costo della vita: i prezzi di molte cose sono aumentati, specialmente dei **generi alimentari.** Molti negozianti hanno alzato i prezzi: in pratica, l'euro è diventato l'equivalente di mille lire, quando in realtà l'euro ha il valore di quasi duemila lire. Così i prezzi sono diventati il **doppio.** Per esempio, se prima dell'euro, in un buon ristorante, gli Italiani **pagavano** cinquantamila lire per una buona cena, oggi pagano il doppio, cinquanta euro. Mentre i prezzi sono aumentati, le pensioni e gli stipendi sono rimasti gli stessi. Le persone che pagano di più le conseguenze sono gli **anziani,** che hanno delle difficoltà a **farcela** con la loro pensione. L'euro ha dimostrato di essere una moneta stabile, ma la **debolezza** del dollaro nei confronti dell'euro ha causato una diminuzione delle esportazioni dei prodotti italiani negli Stati Uniti.

to face/increase

food

double
used to pay

older people
to make it
weakness

Il cambio della moneta ha portato indubbiamente dei vantaggi: ha **reso** più stabile l'Unione Europea, lo scambio delle **merci** è totalmente libero, i turisti e viaggiatori non devono più cambiare la loro moneta quando viaggiano nei paesi europei dove l'euro è la moneta corrente. C'è stato anche un aumento del turismo italiano negli Stati Uniti perché oggi il cambio euro/dollaro è più vantaggioso di prima per gli Italiani. **Inoltre,** gli Italiani, come la maggior parte degli Europei, si sentono cittadini di un unico grande paese: l'Europa Unita, bellissimo per le sue differenze, culturalmente ricco e pieno di iniziative.

made
goods

in addition

B. Alla lettura

1. Qual è una conseguenza positiva e una negativa dell'introduzione dell'euro?
2. Chi sono le persone che pagano di più le conseguenze degli aumenti dei prezzi?
3. Perché i turisti italiani che viaggiano negli Stati Uniti hanno un vantaggio?
4. Perché l'esportazione e l'importazione tra i paesi dell'Euro costano meno?

C. Culture a confronto

1. Prepara due liste: una lista delle conseguenze negative ed una lista delle conseguenze positive.

   a. Confronta le tue liste con le liste di un compagno/una compagna. Sono simili o sono differenti?

   b. In conclusione, l'adozione dell'euro è stata una cosa positiva per gli Italiani?

2. Secondo te, è facile rinunciare *(to let go)* alla propria moneta?

Sapete che...?

Il nome e il simbolo dell'euro: €

Il Consiglio europeo, riunito a Madrid nel dicembre 1995, ha dato il nome alla nuova moneta. Il simbolo dell'euro è una «€» con due **tratti orizzontali,** e si ispira all'epsilon greca e alla prima lettera di «Europa». I due tratti paralleli rappresentano la stabilità della moneta.

horizontal lines

La faccia comune.

La faccia nazionale.

Le banconote e le monete

Le **banconote** dell'euro sono le stesse in tutti i paesi dell'Europa. Le **monete, invece,** hanno una faccia comune e una faccia nazionale con un disegno o simbolo specifico per ogni paese. Per la moneta di un euro, l'Italia ha scelto l'immagine conosciuta dell'Uomo di Vitruvio di Leonardo da Vinci.

bills
coins/instead

I paesi dove l'euro è la moneta corrente

Comprensione

1. Chi ha dato il nome all'euro?

2. A cosa si ispira?

3. Cosa rappresentano i due tratti paralleli?

4. Come si distinguono le monete nei vari paesi europei?

5. Cosa c'è sulla moneta italiana di un euro?

6. Quanti paesi hanno adottato l'euro finora?

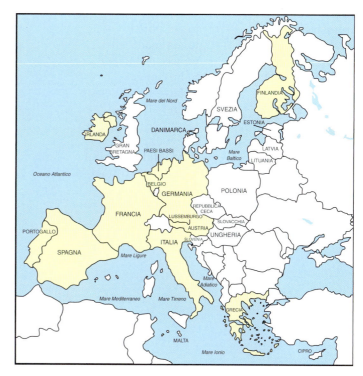

Paesi europei che hanno adottato l'euro.

Vocabolario

Nomi

l'abbraccio	hug
l'affare *(m.)*	business
l'affetto	affection
il bacio	kiss
il capoufficio	boss
la carriera	career
il (la) collega *(pl.* i colleghi, le colleghe)	colleague
la coppia	couple
l'errore *(m.)*	error, mistake
il francobollo	stamp
la giornata	day
la sveglia	alarm clock
la tavola calda	snack bar

Aggettivi

abbondante	abundant
arrabbiato	mad
gentile	kind
nervoso	nervous
puntuale	punctual

Verbi

abbracciarsi	to embrace each other
addormentarsi	to fall asleep
aiutare	to help
alzarsi	to get up
annoiarsi	to get bored
arrabbiarsi	to get mad
baciarsi	to kiss each other
chiamarsi	to be called
divertirsi	to have fun, to enjoy oneself
fermarsi	to stop
fidanzarsi	to get engaged
innamorarsi (di)	to fall in love (with)
laurearsi	to graduate from a university

lavarsi	to wash (oneself)
prepararsi	to prepare oneself, to get ready
riposarsi	to rest
risparmiare	to save
salutarsi	to greet each other; to say good-bye
scusarsi	to apologize
sedersi	to sit down
sentirsi	to feel
soggiornare	to stay (at a hotel, etc.)
sposarsi	to get married
suonare	to ring
svegliarsi	to wake up
vestirsi	to get dressed

Altre espressioni

ancora	still, more, again
è ora di	*(+ inf.)* it is time to
fare la conoscenza di	to make the acquaintance of, to meet
fare una pausa	to take a break
già	already
il lavoro a tempo pieno	full-time job
non... ancora	not…yet
non... mai	never
non... più	not…any longer, not …anymore
per affari	on business
prima	first; before
raramente	seldom
seriamente	seriously
se tutto va bene	if everything goes well
un uomo (una donna) d'affari	a businessman (woman)

CAPITOLO 9

Mezzi di diffusione

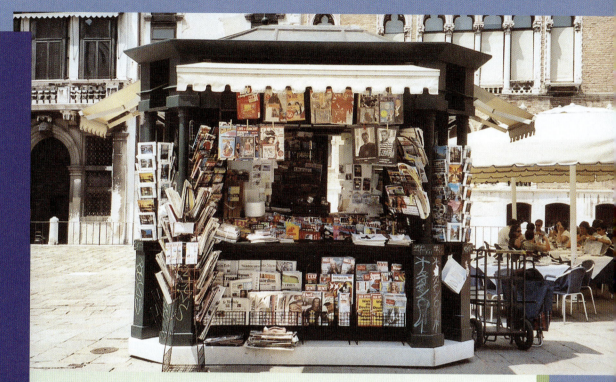

Un'edicola a Venezia. In un'edicola si vendono giornali, riviste, piante della città, biglietti dell'autobus e la guida della televisione. È aperta dalle 8.00 del mattino e gli Italiani comprano il giornale prima di andare al lavoro.

Punti di vista | Una serata alla TV

Studio di parole: Stampa, televisione, cinema
Informazioni: La televisione
Ascoltiamo! Dove vi siete conosciuti?

Punti grammaticali

9.1 L'imperfetto
9.2 Contrasto tra imperfetto e passato prossimo
9.3 **Da quanto tempo? Da quando?**
9.4 Il trapassato prossimo

Per finire | Al cinema «Odeon»: Opinioni diverse

Attualità

Adesso scriviamo!
Parliamo insieme!

Vedute d'Italia | Un'intervista con Ermanno Olmi

Sapete che...?

Punti di vista

Dopo la cena e dopo il telegiornale delle 8.00, gli Italiani hanno un'ampia scelta di programmi alla TV, su canali nazionali o su canali esteri.

Una serata alla TV CD 2, Track 2

Giovanni e Marina hanno finito di cenare e pensano di passare una serata tranquilla in casa. Giovanni accende la televisione.

GIOVANNI Sono le 8.00, possiamo vedere il telegiornale.

MARINA Veramente, abbiamo già letto le notizie di oggi sul giornale, quando eravamo in treno.

GIOVANNI Allora, cambio canale e vediamo le notizie sportive.

MARINA No, perché **non mi va** di sentire che pagano cifre astronomiche per i **giocatori di calcio.**

I don't feel like soccer players

GIOVANNI Allora, cosa vuoi vedere?

MARINA Vediamo la guida della TV. T'interessa un documentario sulle foreste tropicali? È su Canale 5.

GIOVANNI Per carità! In cinque minuti mi addormento. Non c'è per caso un bel film, un classico? Quando eravamo fidanzati, andavamo al cinema ogni domenica.

MARINA Sì, infatti c'è un bel film: *La vita è bella!*, con Roberto Benigni, su Rete 4. Ti va?

GIOVANNI D'accordo. L'ho già visto, ma lo rivedo volentieri.

Comprensione

1. Hanno voglia di uscire Giovanni e Marina questa sera? **2.** Cosa pensano di fare? **3.** Perché Marina non vuole vedere il telegiornale? **4.** A Marina interessano le notizie sportive? Perché no? **5.** Perché Giovanni non vuole vedere il documentario? **6.** Che cosa facevano Marina e Giovanni quando erano fidanzati? **7.** Che programma ha trovato Marina su Rete 4? **8.** Giovanni vede questo film per la prima volta? È contento di rivederlo?

Studio di parole — *Stampa, televisione, cinema*

Una scena dal film *La vita è bella!* con l'attore e regista Roberto Benigni.

La stampa *(The press)*

il (la) giornalista reporter
il giornale newspaper
la rivista magazine
le notizie news
l'autore (l'autrice) author
lo scrittore (la scrittrice) writer
il racconto short story
il romanzo novel
   giallo mystery
   di fantascienza science fiction
il riassunto summary
la trama plot
il personaggio character
il titolo title

La televisione (tivù)

il televisore TV set
il canale channel
l'annunciatore (l'annunciatrice) anchorman / anchorwoman, newscaster

il telegiornale TV news
il programma TV program
la telenovela soap opera
il documentario documentary
il videoregistratore VCR
accendere (*p.p.* **acceso**) to turn on
spegnere (*p.p.* **spento**) to turn off
il telecomando remote control
i video giochi video games

Il cinema

girare un film to make a movie
l'attore (l'attrice) actor / actress
il (la) regista director
lo spettatore (la spettatrice) viewer, spectator
i sottotitoli subtitles
il cartone animato cartoon
l'articolo (il libro, il film) tratta di... the article (book, movie) deals with…
fare la parte to play the role

Informazioni   La televisione

In Italia ci sono tre canali televisivi pubblici (RAI), e per questi si paga un canone annuo *(annual fee)* di circa 100 euro. Oltre a questi ci sono i canali privati, che trasmettono il telegiornale e programmi vari: «la televisione commerciale», con gli spot pubblicitari, spesso imitazioni dei programmi americani. Con il sistema SKY, a pagamento, si ricevono i canali via satellite: canali europei, russi, statunitensi (CNN), arabi, cinesi, ed altri asiatici. Tra i programmi favoriti dai giovani ci sono quelli di imitazione americana: «Grande fratello», «Chi vuol essere milionario», «La ruota della fortuna». Per i bambini la TV offre spettacoli istruttivi e divertenti. Si programmano anche veri corsi universitari la sera tardi.

Applicazione

A. Domande

1. Cosa sono *The New York Times* e il *Corriere della sera?*
2. Che cosa fa un(a) giornalista?
3. Chi era Steinbeck? Può nominare il titolo di qualche suo romanzo?
4. Quale film si gira nella foto a pagina 189? Conosci il regista e attore principale? Hai visto altri film con quest'attore?
5. Come si chiamavano gli attori e i personaggi principali di un film recente che hai visto?
6. Se andiamo a vedere un film straniero, che cosa ci aiuta *(help us)* a capire il dialogo?
7. Che cosa offre il telegiornale? Chi lo presenta?
8. Quando si usa il telecomando?

B. Ad un'edicola. In piccoli gruppi, immaginate di essere davanti ad un'edicola e di voler comprare una rivista. Dite quale rivista volete e perché. Quali sono le riviste più popolari nel tuo gruppo?

Esempio   Vorrei comprare *Gente* perché mi piace sapere le notizie della settimana.

Fioratti editore

C. Per i patiti (*fans*) del cinema

1. Guardate la lista dei film che sono popolari in Italia. Sapete dire il titolo in inglese di questi film?

2. Quale di questi film è sentimentale? Drammatico? Un giallo? Una commedia? Di fantascienza?

3. Guardate i giudizi dei critici. Secondo voi, come giudicate (*judge*) i film nella lista? Qual è memorabile? Molto bello? Niente male? Così così? Brutto? Quante stelle dareste (*would you give*) al film *Il signore degli anelli?*

   ◆ *La Bella e la Bestia* di Walt Disney

   ◆ *Guerre stellari* con Harrison Ford

   ◆ *Neverland–Un sogno per la vita* con Johnny Depp

   ◆ *Il giro del mondo in 80 giorni* con Jackie Chan

   ◆ *Nascosto nel buio* con Robert De Niro

   ◆ *Mi presenti i tuoi* con Ben Stiller, Robert De Niro, Barbra Streisand e Dustin Hoffman

   ◆ *Squadra 49* con John Travolta

   ◆ *Il gladiatore* con Russell Crowe

   ◆ *Gli incredibili* di Walt Disney/Pixar

   ◆ *Il signore degli anelli* con Elijah Wood

GIUDIZI
★★★★★ Memorabile
★★★★ Molto bello
★★★ Niente male
★★ Così così
★ Brutto

D. Conversazione

1. Vai spesso al cinema? Che genere di film ti piace?

2. Noleggi spesso le videocassette o DVD? Preferisci noleggiarle o andare al cinema?

3. Chi è il tuo attore (la tua attrice) preferito(a)?

4. Quali programmi preferisci vedere alla TV (film, spettacoli, giochi, programmi di politica, musica, sport, scienze, national geographic)?

5. A che ora di solito guardi la TV? Tieni la TV accesa quando fai i compiti, o ascolti la musica?

Ascoltiamo!   CD 2, Track 3

Dove vi siete conosciuti? This evening Diletta and Luciano have invited Luciano's new colleague to dinner. While Diletta is in the kitchen, the colleague asks Luciano a bit about himself and Diletta. Listen to the conversation; then answer the following questions.

Comprensione

1. Dove si sono conosciuti Luciano e la moglie?

2. In quale facoltà erano (*were*) Luciano e Diletta?

3. Sono ancora idealisti, o non lo sono più? Perché?

4. Si sono sposati prima della laurea?

5. Perché si considerano fortunati?

6. Che cosa pensa il collega della situazione economica?

Dialogo

Immaginate di essere una personalità della TV e intervistate uno studente (una studentessa) della classe che fa la parte di uno scrittore (una scrittrice). Fate domande sul suo nuovo romanzo in corso di pubblicazione (*in press*) e sulla vita personale dello scrittore (della scrittrice).

Punti grammaticali

9.1 L'imperfetto

C'era una volta un burattino di legno *(wooden puppet)* che si chiamava Pinocchio. Aveva il naso molto lungo perché diceva molte bugie….

1. The **imperfetto** (from the Latin *imperfectum*) means "imperfect," that is, incomplete. It is used to express an action that took place in the past but whose duration cannot be specified. Its endings are identical in all three conjugations.

parlare → parla**vo** = *I was speaking, I used to speak, I spoke*

parlare	ricevere	dormire
parla**vo**	riceve**vo**	dormi**vo**
parla**vi**	riceve**vi**	dormi**vi**
parla**va**	riceve**va**	dormi**va**
parla**vamo**	riceve**vamo**	dormi**vamo**
parla**vate**	riceve**vate**	dormi**vate**
parla**vano**	riceve**vano**	dormi**vano**

2. The following verbs are irregular in the imperfect tense:

essere: **ero, eri, era, eravamo, eravate, ẹrano**
fare: **facevo, facevi, faceva, facevamo, facevate, facẹvano**
bere: **bevevo, bevevi, beveva, bevevamo, bevevate, bevẹvano**
dire: **dicevo, dicevi, diceva, dicevamo, dicevate, dicẹvano**

3. The imperfect tense is used to describe:

a. the environment, time, weather; physical and mental states; and age in the past.

Erano le sette di sera.	*It was 7:00 P.M.*
Fuori **faceva** freddo e **pioveva.**	*Outside it was cold and it was raining.*
La gente **aveva** fame.	*People were hungry.*
L'attrice **era** preoccupata.	*The actress was worried.*
Nel 1996 **avevo** dieci anni.	*In 1996 I was ten years old.*

b. habitual actions in the past.

Da bambino **andava** spesso al teatro dei burattini.	*As a child he often went to the marionette theater.*
Leggeva favole tutte le sere.	*He read (used to read) fables every night.*

c. an action in progress while another action was taking place or was completed.

Mentre **scrivevo** una lettera, Nino **suonava** il piano.	*While I was writing a letter, Nino was playing the piano.*
Luisa **pranzava** quando Marcello è entrato.	*Luisa was having dinner when Marcello walked in.*

Pratica

A. Vacanze veneziane. Che cosa faceva tutti i giorni Franca quand'era a Venezia?

Esempio   visitare la città
Visitava la città.

1. prendere il vaporetto *(motorboat)* **2.** ammirare i palazzi veneziani **3.** camminare lungo le calli *(narrow Venetian streets)* e i ponti *(bridges)* **4.** entrare nelle chiese e nei negozi **5.** visitare i musei **6.** fare le spese **7.** la sera, sedersi a un caffè di piazza San Marco **8.** divertirsi a guardare la gente

Venezia e il Canal Grande. Venezia è costruita su un arcipelago di isole in una laguna del Mare Adriatico. All'origine, i primi abitanti si erano rifugiati nella laguna per sfuggire *(to escape)* alle invasioni e ai saccheggi dei Barbari che venivano dal Nord. Questi, con i loro cavalli e carri pesanti *(heavy carts)* erano costretti *(were forced)* ad arrestarsi di fronte al mare.

B. Da ragazzini(e) *(As young children)*. Cosa facevate quando eravate ragazzini(e)? Fate a turno le domande.

Esempio   che libri (leggere)
   —*Che libri leggevi?*
   —*Leggevo i libri di avventure.*

1. che cosa (guardare) alla TV

2. quali film (andare) a vedere

3. (dire) bugie

4. cosa (volere) diventare

5. con chi (giocare)

6. cosa (fare) durante l'estate

7. (avere) un amico/un'amica del cuore

8. come (chiamarsi)

C. Frammenti di ricordi. Sostituite l'infinito con la forma appropriata dell'**imperfetto**.

Ricordo che quand'ero bambino, io (passare) _____ ogni estate con i nonni. I nonni (abitare) _____ in una piccola casa in collina *(hill)*. La casa (essere) _____ bianca, con un tetto *(roof)* rosso. Davanti alla casa (esserci) _____ un bel giardino. Ogni giorno, quando (fare) _____ caldo, io (stare) _____ in giardino, e se (avere) _____ sete, la nonna (portare) _____ delle bevande fresche. Il pomeriggio io (guardare) _____ i cartoni animati alla tivù, (divertirsi) _____ a giocare a palla, o (fare) _____ lunghe passeggiate nei campi con il vecchio cane. Alle sette, la nonna (chiamare) _____ me e il nonno per la cena, e io (aiutarla) _____ ad apparecchiare *(to set)* la tavola. La sera noi (stare) _____ fuori a guardare il cielo stellato *(starry)*.

D. Cosa facevate? Tu e tuo fratello siete andati in vacanza. Un tuo amico (una tua amica) ti chiede cosa facevate tutti i giorni. Fatevi a turno le domande.

Esempio   alzarsi la mattina
—*A che ora vi alzavate la mattina?*
—*Ci alzavamo alle 10.00 (o...)*

1. dove fare colazione
2. come essere la cucina dell'albergo
3. cosa fare alla spiaggia
4. come divertirsi la sera
5. noleggiare le videocassette/DVD
6. andare spesso al cinema
7. giocare ai video-giochi
8. cos'altro fare

9.2   Contrasto tra imperfetto e passato prossimo

Ho letto questa rivista perché ieri il mio computer non funzionava.

1. Both the **passato prossimo** and the **imperfetto** present events and facts that took place in the past. However, they are not interchangeable.

  a. If a past action took place only *once*, was repeated a *specific* number of times, or was performed within a *definite* time period, the **passato prossimo** is used.

  b. If a past action was *habitual*, was repeated an *unspecified* number of times, or was performed for an *indefinite* period (with no beginning or end indicated), the **imperfetto** is used. It is also used to *describe circumstances* surrounding a past action or event (time, weather, physical appearance, age, feelings, attitudes, etc.).

The following pairs of sentences illustrate further the contrast between these two tenses.

Ieri sera **ho ascoltato** la radio.	*Last night I listened to the radio.*
Tutte le sere **ascoltavo** la radio.	*Every evening I would (= used to) listen to the radio.*
La settimana scorsa Gianni mi **ha telefonato** tre volte.	*Last week Gianni phoned me three times.*
Prima mi **telefonava** molto spesso.	*Before he used to phone me very often.*
L'estate scorsa **ho fatto** del tennis tutti i giorni.	*Last summer I played tennis every day.*
Quando **ero** giovane, **facevo** del tennis tutti i giorni.	*When I was young I would (= used to) play tennis every day.*
Gina **ha preso** l'impermeabile ed **è uscita.**	*Gina took her raincoat and went out.*
Gina **ha preso** l'impermeabile perché **pioveva.**	*Gina took her raincoat because it was raining.*

2. Certain verbs, such as **dovere, potere, sapere, volere,** and **conoscere,** have different meanings depending on whether they are used in the **imperfetto** or in the **passato prossimo;** the **imperfetto** describes circumstances and states of being, while the **passato prossimo** describes actions.

Doveva lavorare, ma non stava bene.	*He (She) was supposed to work, but he (she) was not well.*
Ha dovuto lavorare anche se non stava bene.	*He had to work even if he was not well.*
Potevo uscire, ma non ne avevo voglia.	*I was able to go out, but I did not feel like it.*
Ho potuto finire il lavoro in un'ora.	*I was able to finish the job in one hour.*
Sapevamo che le elezioni erano in giugno.	*We knew the elections were in June.*
Abbiamo saputo che i socialisti non hanno vinto.	*We found out that the Socialists didn't win.*
Lui **voleva** divertirsi, ma non aveva soldi.	*He wanted to have fun, but he did not have any money.*
Maria **ha voluto** comprare una casa in Riviera.	*Maria wanted to buy a house on the Riviera (and she did).*
Conoscevo il senator Fabbri.	*I knew Senator Fabbri.*
Ieri **ho conosciuto** suo padre.	*Yesterday I met his father (for the first time).*

Pratica

A. **Discussioni pericolose** *(dangerous).* Sei stato(a) testimone *(witness)* a una discussione di politica, e adesso la racconti a un amico (un'amica). Usa il **passato prossimo** o l'**imperfetto,** a seconda del caso *(according to the context).*

1. È il primo giugno. 2. Sono le otto di sera. 3. Piove. 4. Entro al Caffè Internet. 5. Ordino un espresso. 6. Un giovane arriva al bar. 7. Ha circa vent'anni. 8. Porta un vecchio impermeabile. 9. Incomincia a parlare male del governo. 10. Un cliente s'arrabbia. 11. I due litigano. 12. La confusione è grande. 13. Un cameriere telefona alla polizia.

B. Di solito…, ma una volta… Fạtevi a turno le domande su quello che facevate una volta, e su quello che avete fatto questa volta.

Esempio tu e la tua ragazza **andare** al cinema la domenica/sì, ma ieri noi **andare** alla partita di calcio
—*Tu e la tua ragazza **andavate** al cinema la domenica?*
—*Sì, ma ieri **noi siamo andati** alla partita di calcio.*

1. tu una volta **annoiarsi** ai film di fantascienza/sì, ma ieri **divertirsi** al film italiano *Manuale d'amore*

2. tu di solito non **guardare** i programmi culturali/no, ma ieri io **guardare** un documentạrio sulla natura molto interessante

3. tu una volta non **volere** i programmi via satellite/sì, ma ora io **capire** che ci sono dei programmi molto interessanti

4. tu prima non **accendere** mai la TV prima delle 9/sì, ma ieri sera io **volere** vedere il telegiornale delle 8

5. tu non **comprare** mai la guida della TV/sì, ma la settimana scorsa io **decidere** che **essere** una buon'idea comprarla

C. Passato prossimo o imperfetto? Sostituite all'infinito la forma corretta dell'**imperfetto** o del **passato prossimo,** a seconda del significato (*according to the meaning*).

1. Questa mattina mia moglie ed io _____ (svegliarsi) presto e _____ (uscire) di casa alle 7.30.

2. Poiché la nostra macchina non _____ (funzionare), noi _____ (andare) a prendere l'autobus.

3. Alla fermata dell'autobus _____ (esserci) molte persone che _____ (aspettare).

4. Ma l'autobus non _____ (arrivare).

5. Un uomo _____ (venire) e _____ (dire) che _____ (esserci) lo sciopero (*strike*) degli autobus fino alle 11.00, e che noi _____ (dovere) aspettare per molto tempo.

6. Mia moglie _____ (dire) che lei _____ (volere) andare al lavoro a piedi, perché il suo ufficio _____ (essere) vicino. Io, invece, _____ (dovere) fare circa 3 chilometri a piedi per arrivare al lavoro.

7. Così io _____ (pensare) di prendere un taxi, anche se _____ (costare) molto.

8. Ma a causa dello (*because of*) sciopero degli autobus, io non _____ (trovare) un taxi e _____ (tornare) a casa.

9. Ma prima di andare a casa io _____ (noleggiare) una videocassetta: un bel film giallo, *Il silenzio degli innocenti.* Così io _____ (passare) un bel pomeriggio in casa mentre (io) _____ (aspettare) il ritorno di mia moglie.

 D. Conversazione

1. Hai visto il film italiano *Il postino?* Sapevi che era uno dei film stranieri nominati per un Oscar?

2. Hai letto un libro interessante recentemente? Di cosa trattava?

3. Che cosa volevi fare la settimana scorsa che non hai potuto fare? (una gita, andare al cinema, comprare qualcosa)? Perché non hai potuto farlo?

4. Quale film volevi vedere che non sei riuscito a vedere?

9.3 Da quanto tempo? Da quando?

1. To ask *how long?* **(da quanto tempo?)** something has been going on, the following construction is used:

Da	+	**(quanto tempo)**	+	*present tense*
Da		**quanti anni**		**abiti** qui?
(For) How		*many years*		*have you been living here?*

To answer, the following construction is used:

present tense	+	**da**	+	**(tempo)**
Abito qui		**da**		**dieci anni.**
I have been living here		*(for)*		*ten years.*

Da quanti giorni sei a Roma?	*How many days have you been in Rome?*
Sono a Roma **da tre giorni.**	*I have been in Rome (for) three days.*
Da quanto tempo siete sposati?	*How long have you been married?*
Siamo sposati **da due anni.**	*We have been married (for) two years.*

—Da quando hai la patente?
—Da stamattina.

2. If the question is **da quando?** *(since when?),* **da** means *since.*

Da quando studi l'italiano?	*Since when have you been studying Italian?*
Studio l'italiano **dall'anno scorso.**	*I have been studying Italian since last year.*

3. The **imperfetto** + **da** is used to express an action that had started at some point in the past and was still in progress when another action occurred.

Parlava da trenta minuti quando l'amico è arrivato.	*He had been speaking for thirty minutes when his friend arrived.*

NOTE: The **passato prossimo** + **per** is used when the action began and was completed in the past.

Ha parlato per trenta minuti.	*He spoke for thirty minutes.*

Pratica

A. Da quanto tempo? Chiedetevi a turno le seguenti informazioni.

Esempio   abitare in questa città
—*Da quanto tempo abiti in questa città?*
—*Abito in questa città da sei mesi (un anno, due anni, ecc.).*

1. frequentare l'università **2.** studiare l'italiano **3.** ẹssere alla lezione d'italiano **4.** abitare all'indirizzo attuale *(present)* **5.** non vedere la tua famiglia **6.** non andare a un ristorante cinese **7.** avere la patente *(driver's license)*

B. Date importanti. Completate le seguenti frasi che rispondono alla domanda **Da quando?**

Esempio   L'Italia è una nazione unita, 1861
L'Italia è una nazione unita dal 1861.

1. L'Itạlia è una repubblica, 1946

2. Il Vaticano è uno stato indipendente, 1929

3. L'Italia fa parte del Mercato Comune Europeo, 1957

4. L'Italia usa l'euro, 2002

5. Il divorzio esiste in Italia, 1970

C. Trasformazione. Leggete le seguenti frasi e dite **da quanto tempo** non facevate le seguenti cose. Seguite l'esempio.

Esempio Oggi sono andato(a) al cinema.
Non andavo al cinema da tre mesi. (o...)

1. La settimana scorsa ho letto un romanzo.
2. Venerdì sera ho guardato il telegiornale.
3. Sabato ho invitato a pranzo degli amici.
4. Domenica ho fatto il footing.
5. L'altro ieri mi sono comprato(a) un bel vestito.
6. Ieri sera ho visto un film di fantascienza.
7. ...

D. Da quando? Da quanto tempo? Formulate quattro domande che vi chiederete a turno, usando **da quanto tempo** e **da quando.**

9.4 Il trapassato prossimo

The **trapassato prossimo** *(pluperfect tense)* expresses an action that took place prior to another action in the past (**avevo ascoltato** = *I had listened*). It is a compound tense formed with the *imperfect tense* of the auxiliary (**avere** or **essere**) + *the past participle* of the main verb. It is conjugated as follows:

parlare		partire		alzarsi	
avevo		ero		mi ero	
avevi		eri	partito(a)	ti eri	alzato(a)
aveva	parlato	era		si era	
avevamo		eravamo		ci eravamo	
avevate		eravate	partiti(e)	vi eravate	alzati(e)
avevano		erano		si erano	

Prima di morire, Giulietta aveva parlato molte volte a Romeo da questo balcone (Verona, Veneto). Quale grande scrittore inglese si è ispirato alla storia tragica di questi due personaggi?

Non aveva fame perché **aveva** già **mangiato.**
She wasn't hungry because she had already eaten.

Non siamo andati a San Remo perché c'**eravamo** già **stati** l'anno scorso.
We didn't go to San Remo because we had already been there last year.

Pratica

A. A Cinecittà. Un vostro amico romano ha visitato il set dove si girava un film con un'attrice americana. Ora vi parla del suo incontro con questa attrice. Completate il paragrafo, usando il **trapassato prossimo.**

La signorina X parlava abbastanza bene l'italiano perché lo (studiare) _____ al liceo. Prima di venire in Italia, (leggere) _____ molte volte il copione *(script)*. Mi ha detto che (accettare) _____ con piacere di girare quel film. Quando io l'ho conosciuta, (finire) _____ di girare una scena importante. Mi ha raccontato che (venire, già) _____ in Italia, ma che ora voleva conoscerla meglio *(better)*. Nei giorni liberi, (visitare) _____ il Lazio e l'Umbria con il suo regista, ed era entusiasta dell'arte italiana e degli Italiani.

 **B. Amici curiosi.** Fatevi a turno le seguenti domande. Usate il passato prossimo e il trapassato prossimo come nell'esempio.

Esempio non andare al cinema/andare al cinema la sera prima
—*Perché non sei andato al cinema?*
—*Perché ero andato al cinema la sera prima.*

1. non fare colazione/fare colazione la mattina presto
2. non guardare il programma alla TV/guardare lo stesso programma il mese scorso
3. non ascoltare le notizie alle 8/ascoltare le notizie alle 6
4. non uscire/uscire la sera prima
5. non andare alla conferenza sull'unione europea/andare alla stessa conferenza due mesi fa

Per finire   CD 2, Track 4

Davanti al cinema.

Al cinema «Odeon»: Opinioni diverse

Filippo, Gabriella, Marcello e la sua amica Jane Clark sono seduti nella gelateria davanti al cinema «Odeon». Hanno appena finito di vedere il film *Ticket* di Ermanno Olmi.

FILIPPO Allora Gabriella, sei soddisfatta del film?

GABRIELLA Sì, moltissimo. Finalmente un film serio che parla dei problemi veri della vita!

MARCELLO Io invece preferivo gli altri film di Olmi, come ***L'albero degli Zoccoli,*** che è stato un film che documenta veramente la vita italiana di molti anni fa.   *The Tree of Clogs*

GABRIELLA Tu vuoi sempre vedere film esclusivamente italiani. Questo film, **invece,** è un film che veramente   *instead* illustra la realtà del giorno d'oggi.

FILIPPO Sono d'accordo con Gabriella, avevo letto la recensione sulla *Repubblica* e pensavo di vedere un film bello ma un po' noioso. Invece non mi sono annoiato affatto.

MARCELLO E tu Jane, **che ne pensi?** È molto diverso dai   *what do you think* film americani?   *of it?*

JANE Devo dire di sì. Ma i film europei sono di solito difficili. I registi italiani e europei devono sempre produrre **qualcosa** di importante per fare carriera.   *something*

MARCELLO È un po' la tradizione di tutta l'arte italiana. Bisogna creare qualcosa di significativo **per fare strada,** come *La vita è bella* di Roberto Benigni, il film che **gli** ha dato l'Oscar.

to be successful
to him

GABRIELLA Come sei serio stasera, Marcello! Allora la settimana prossima andiamo a vedere l'ultimo film di Ozpetec: *Cuore sacro.* Ho sentito dire che è un altro **capolavoro** come i suoi primi film, che parla della crisi d'identità di una donna.

masterpiece

FILIPPO Gabriella! Tu e i tuoi film difficili! **Comunque, se vale la pena,** andiamo a vederlo.

Anyway/if it is worth it

Comprensione

1. Dove sono seduti Filippo e i suoi amici? **2.** Che film hanno appena visto? **3.** Perché Gabriella è soddisfatta? **4.** Che film pensava di vedere Filippo? Si è annoiato? **5.** Secondo Jane, è un film diverso dai film americani? Perché? **6.** Di che altro film parla Marcello? L'hai visto, tu? **7.** Chi è l'altro regista che nomina Gabriella? Lo conosci? **8.** Cosa hanno intenzione di fare gli amici la settimana prossima?

Conversazione

1. Tu conoscevi già il film *Ticket* di Ermanno Olmi?
2. Conosci qualche altro regista italiano?
3. Hai mai visto un film italiano? Quale?
4. Conosci un attore o un'attrice famoso(a) italiano(a)? Quale?
5. Andavi al cinema da bambino?
6. Ora vai spesso al cinema?
7. Preferisci andare da solo o con gli amici?
8. Che genere di film preferisci?
9. Quali sono il tuo attore e la tua attrice preferiti?
10. Sei andato al cinema il fine-settimana scorso? Se sì, che film hai visto?

Come si dice in italiano?

1. Last week I went to a movie with my friend Laura.
2. Laura wanted to see an old, romantic movie, a classic. She said they were showing *Casablanca* at a movie theater downtown.
3. I had a lot of homework, and I had already seen that movie at least **(almeno)** twice, but I had not seen Laura since her birthday, so I decided to go with her **(lei).**
4. When we were coming out of the movie theater, we met John, an old friend of mine. We used to go to the same high school.
5. Since it was early, we invited John to come with us **(noi)** to have **(prendere)** an ice cream at our favorite ice cream shop **(gelateria),** where they had the best **(migliore)** ice cream in town.
6. I asked John if he was working or if he was still going to school.
7. He said he was attending the university and it was his last year. He was planning **(progettare)** to travel for three months at the end of the school year.
8. It was 8:00 o'clock and it was beginning to rain. Since we had an umbrella, we decided to walk home in the rain **(sotto la pioggia).**

Attualità

Adesso scriviamo!

Un film

Scrivi la recensione di un film che hai visto recentemente.

A. Nel primo paragrafo, presenta informazioni specifiche del film rispondendo alle seguenti domande:

    1. Era americano o straniero?

    2. Qual era il titolo?

    3. Chi erano il regista e gli attori principali?

    4. Dove è stato filmato?

    5. Chi sono i personaggi principali?

    6. Che genere di film era? Avventuroso, comico, poliziesco, romantico, ecc.

B. Nel secondo paragrafo descrivi brevemente la trama e la fine.

C. Nel terzo paragrafo parla della tua reazione, rispondendo alle seguenti domande.

    1. È stato un film interessante? Noioso? Divertente? Drammatico? Romantico?

    2. Inviti un amico (un'amica) ad andare a vedere questo film?

D. Leggi di nuovo la tua descrizione. Tutte le parole sono scritte correttamente? L'accordo tra il verbo e il soggetto e tra il nome e l'aggettivo sono corretti? Hai usato il passato prossimo e l'imperfetto correttamente?

E. Alla fine, con un compagno (una compagna), leggete le vostre narrazioni. Avete visto gli stessi film? Avete avuto la stessa reazione? Perché sì o perché no?

Parliamo insieme!

A. Programmi televisivi. In piccoli gruppi, discutete quali programmi televisivi preferite guardare alla TV americana (telegiornale, telefilm, teleromanzi, notizie sportive, programmi di varietà, documentari, dibattiti politici, giochi come *OK: il prezzo è giusto!* o *La ruota della fortuna*, spot pubblicitari) e spiegate perché vi piacciono.

B. Quale programma vuoi vedere? Avete deciso di passare un pomeriggio e una serata in casa. Consultate insieme la guida della TV alla pagina seguente e decidete quale programma preferite vedere e spiegate perché.

GUARDIAMO!

Che cosa c'è alla TV?
Fabio, Alessandra, Daniela e Luigi sono in salotto a casa di Alessandra e guardano la TV. Fabio cambia continuamente canale.

SITO WEB

Per fare più pratica con gli argomenti culturali e punti grammaticali del **Capitolo 9**, vai a vedere il sito *Ciao!* a **http://ciao.heinle.com**.

RAITRE
☎ 199/123000 proteste e proposte

12.00	● TG3 Sport - Meteo [20527]
12.25	TG3 PUNTO DONNA [7701508]
12.45	COMINCIAMO BENE - Le storie [905275]
13.00	SCI Coppa del mondo [63817] ⚭⚭⚭
	Slalom gigante maschile
14.00	● TG REGIONE Meteo - Tg3 [5767614]
14.50	TGR LEONARDO [7642362]
15.00	TGR NEAPOLIS [42121]
15.10	TREDDI Presenta la Tv dei ragazzi [5003817]
15.15	POLIZIA DIPARTIMENTO FAVOLE [45343] 😊
15.40	SCREENSAVER [8019607]
16.00	TG3 GT RAGAZZI [16782]
16.15	MELEVISIONE favole e cartoni [248527]
	Little Robots dis. an.; Il nido dis. an.
16.30	MELEVISIONE Un regno perfetto [6817]
17.00	COSE DELL'ALTRO GEO doc. [97275]
	Nelle isole Galapagos, i pesci stanno scomparendo? chi sta mettendo in crisi l'ambiente? Sono accusati i pinguini...
17.50	GEO & GEO doc. [3978985]
	Tema della puntata: gli spinaci.
18.00	● Tg3 Meteo
19.00	● TG3 Tg Regione - Meteo [8091]
20.00	RAI SPORT TRE rubr. sportiva [71411]
20.10	BLOB spettacolo [9994879]
20.30	UN POSTO AL SOLE scen. [324]
	L'imprevisto incontro tra Jacopo e Lorenzo mette in chiaro le vere intenzioni dell'avvocato.
21.00	**BALLARÒ** attualità [7986966]
23.05	● TG3 Tg Regione [9788256]
23.20	TG3 PRIMO PIANO [5322275]
23.40	CORREVA L'ANNO Il palazzo doc. [125817]
	Ultima puntata del ciclo dedicato agli avvenimenti degli anni '70.
0.35	● TG3 Meteo [2026763]
0.45	RAI EDUCATIONAL [5921218]

RETE 4
☎ 199757782 http://www.rete4.com

13.30	● TG4 [9102]
14.00	POIROT tel. [96218]
	«Hastings indaga». Poirot ha deciso di ritirarsi. Il capitano Hastings sta pensando di fare lo stesso, ma...
15.00	SENTIERI scen. [12015] 777
15.45	SOLARIS - IL MONDO A 360° doc. [3744522]
	Tessa Gelisio racconta la storia dell'isola di Malta, che è stata colonia inglese fino al 1964.
16.45	FILM COMMEDIA ◆◆◆ (180) 1:34
	COME SPOSARE UN MILIONARIO
●	1953 (Usa) di Jean Negulesco
	con Marilyn Monroe, Betty Grable 777
	Tre affascinanti indossatrici sono a caccia di uomini ricchio da sposare. La fortuna sembra dar loro una mano, anche se alla fine preferiranno sposarsi per amore.
18.55	● TG4 Telegiornale [5548386]
19.35	SIPARIO DEL TG4 [5738270]
20.10	WALKER TEXAS RANGER tel. (2ª p) [4102560]
21.00	FILM TV GIALLO (180) 1:34
	MAIGRET IN VACANZA
1ª TV	1995 (Fr./Belgio/Sv.) di Pierre Joassin
	con Bruno Cremer, Alain Doutey [39526]
23.00	IMMAGINE con Emanuela Folliero [90015]
23.05	2000 [1491305]
0.05	FILM DRAMMATICO ◆◆◆ (180) 1:58
	FEARLESS - SENZA PAURA
●	1994 (Usa) di Peter Weir
	con Jeff Bridges, Isabella Rossellini
	Un uomo sopravvive a uno spaventoso incidente aereo.

◆ film scadente ◆◆ discreto ◆◆◆ buono ◆◆◆◆ ottimo
● tutti   ● cautela   ● adulti
(180) cassetta cons.   1:30 durata
😊 per ragazzi ⚭⚭⚭ sport ♪♪ musica ● telegiornale

C. Fumetti. A molti Italiani piace leggere il fumetto *Mafalda*, che presenta come protagonista una bambina intelligente che fa commenti divertenti ma che servono anche per commentare la società moderna. Leggete il seguente fumetto e poi rispondete alle seguenti domande.

1. Che cosa ha chiesto Mafalda alla mamma? Come ha risposto la mamma?

2. Perché Mafalda ha chiamato la mamma una burlona *(joker)?*

3. Perché Mafalda non è convinta della risposta della mamma? Cosa si aspettava?

Ora immaginate un dialogo alternativo per questo fumetto, e parla delle tue idee con un compagno (una compagna).

1. Che altre risposte diverse può dare Mafalda alla mamma?

2. Come può rispondere diversamente la mamma quando Mafalda la definisce «una burlona»?

Vedute d'Italia

Un intervista con Ermanno Olmi

Ermanno Olmi sulla scena
del film *Ticket.*

A. Prima di leggere

You are about to read excerpts from an interview with the Italian film director Ermanno Olmi. Born in 1931, Olmi has had a distinguished career spanning a number of decades. His most famous films reflect his strong social conscience:... *E venne un uomo (...And a Man Came)* (1965), is a passionate portrait of Pope John XXIII. *L'albero degli zoccoli (The Tree of Clogs)* (Palma d'oro, 1978), filmed with nonprofessional actors, presents the realities of agricultural life. *Lunga vita alla signora (Long Life to the Lady)* (Leone d'argento, 1987), is the story of a boy who discovers the hypocrisies of high society during a hotel banquet. *La leggenda del santo bevitore (The Legend of the Holy Drinker)* (Leone d'oro, 1988) is based on a short story by Joseph Roth. His recent film, *Il mestiere delle armi (The Soldier's Job)* (2000), which was well received at the Cannes Film Festival, relates the last week of the life of a Renaissance warrior who is dying from a wound received in battle. One of Olmi's latest scripts, *Ragazzo della Bovisa,* which was supposed to be a film, has instead been published as his first novel.

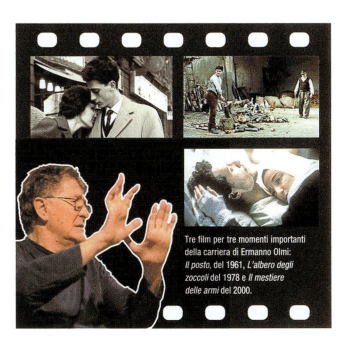

Tre film per tre momenti importanti
della carriera di Ermanno Olmi:
Il posto, del 1961, *L'albero degli
zoccoli* del 1978 e *Il mestiere
delle armi* del 2000.

In the passages from the interview that follow, Olmi talks about his latest creation, *Ticket,* filmed in collaboration with two other well-known directors: the Scot Ken Loach, and the Iranian Abbas Kiarostami. Issues about life in a global setting surface during the conversation, as do some of the director's views about modern life. Before you read the interview as a whole, read first the three questions the journalist asks. This approach will give you a clear sense of what to expect as the interview progresses from discussion of Olmi's experience filming *Ticket,* to discussion of the film itself, to personal reflection.

GIORNALISTA Ha finito le riprese di *Ticket*, film girato insieme con lo scozzese Ken Loach e l'iraniano Abbas Kiarostami. Ci vuole anticipare qualcosa?

ERMANNO OLMI Mi fa piacere parlarne, perché è stata un'esperienza straordinaria. Ora la **pellicola** è al **montaggio** e il lavoro è stato ultimato poco prima di Natale. Non ci conoscevamo di persona ma ciascuno di noi aveva visto i film degli altri due. Perciò incontrarci e lavorare insieme è stato un po' come **chiacchierare** con dei vecchi amici al bar. La diversa **estrazione** culturale si è rivelata una ricchezza, mai un limite. La diversità è sempre un grande dono, un'immensa opportunità quando si comprende, come diceva il mio **conterraneo papa** Giovanni, che sono più le cose che uniscono che quelle che dividono. *(film/assembly) (to chat) (origin) (fellow countryman/Pope)*

GIORNALISTA Di cosa parla il film?

ERMANNO OLMI Racconta un viaggio in treno da una città del Nord Europa fino a Roma. Ognuno di noi tre registi segue alcuni personaggi nelle diverse **tratte** del **percorso**. Il viaggio è un'occasione per **gettare uno sguardo** sull'uomo di oggi. *(length/itinerary/take a look)*

GIORNALISTA Come vede l'uomo contemporaneo?

ERMANNO OLMI **Avverto** un senso di inquietudine nel mio **prossimo** che mi preoccupa, perché tende ad impedire la possibilità di essere **gioiosi**. Mi riferisco a diversi **ambiti**: politica, religione, famiglia, economia, lavoro. **Faccio fatica** a trovare intorno a me gente gioiosa. Paradossalmente, **i più** felici sembrano gli **anziani**, perché da giovani sono stati educati alla gioia, una condizione **di cui** oggi sembra **essersi smarrita** la possibilità. Tutti propongono la felicità attraverso esperienze straordinarie ma sono cose che alla fine lasciano **il vuoto**. La vera gioia, invece, dobbiamo cercarla dentro di noi. E, possibilmente, **condividerla** con gli altri. *(I perceive/neighbour) (happy) (areas) (I find difficult) (the most/elderly) (of which/to have lost) (emptiness) (share it)*

From "Ermanno Olmi, ragazzo della Bovisa," in *Club 3 vivere in armonia*, January 2005.

B. Alla lettura

I. Trovate tutte le possibili risposte corrette alle seguenti affermazioni (*statements*):

   1. Con *Ticket*, Olmi vuole anticipare...

     a. che la diversità è un grande dono.

     b. che *Ticket* è un film difficile.

     c. che la diversità è un limite.

     d. che è stata un'esperienza straordinaria.

     e. che non gli piace lavorare con altri registi.

2. Il film *Ticket* è un'occasione per...

   a. raccontare un viaggio in treno.

   b. seguire le vite di alcuni personaggi.

   c. vedere i panorami dell'Europa dell'Est.

   d. vedere il punto di vista di diversi registi.

   e. osservare l'uomo moderno.

3. Secondo Olmi, l'uomo contemporaneo...

   a. è pieno di gioia.

   b. deve fare esperienze straordinarie per essere felice.

   c. è felice solo se è vecchio.

   d. lo preoccupa.

   e. può essere felice solo con gli altri.

C. Culture a confronto

1. Sapete nominare qualche film italiano che ha avuto successo in America? Perché ha avuto successo in America?

2. Se avete visto alcuni film italiani, li avete trovati differenti dai film americani? In che modo *(way)?*

3. Desideri vedere *Ticket?* Perché sì o perché no?

4. Ermanno Olmi dice che gli anziani sono più felici dei giovani, sei d'accordo? Spiega.

5. Tu (o qualcuno che conosci), hai mai provato a trovare la felicità attraverso esperienze straordinarie? Spiega.

Sapete che... ?

Il cinema italiano

Il cinema italiano ha ricevuto il primo riconoscimento internazionale nel dopoguerra con i due grandi maestri del neorealismo, Vittorio De Sica e Roberto Rossellini. Negli anni cinquanta-settanta due nomi hanno dominato la scena cinematografica: Federico Fellini e Michelangelo Antonioni. Fellini è considerato il grande genio del cinema italiano: ha ritratto l'Italia e gli Italiani con l'occhio di un visionario. Il film *La strada* (1954) è diventato subito un classico.

Negli ultimi dieci anni, il cinema italiano si è affermato oltre frontiera con film quali *Nuovo Cinema Paradiso* di Giuseppe Tornatore, *Mediterraneo* e *Io non ho paura* di Giuseppe Salvatore, *L'america* di Gianni Amelio, *Il postino,* interpretato dall'attore Massimo Troisi, e *La vita è bella,* vincitore di tre oscar, diretto e interpretato da Roberto Benigni. Una nuova generazione di registi promette di continuare la gloria del cinema italiano. Registi come Ferzan Orzpetec con *La finestra di fronte,* Gabriele Muccino con *L'ultimo bacio,* Nanni Moretti con *La stanza del figlio,* Silvio Soldini con *Pane e Tulipani,* e questo solo per nominarne alcuni. Il futuro del cinema italiano si presenta promettente.

Comprensione

1. Chi sono i due grandi maestri del neorealismo?

2. Quali due registi hanno dominato la scena cinematografica?

3. Com'è considerato Fellini?

4. Chi sono tre dei promettenti giovani registi italiani?

Vocabolario

Nomi

l'accordo	agreement
la bugia	lie
la cifra	amount
la cultura	culture
il discorso	speech
la discussione	discussion
l'economia	economy
l'edicola	newsstand
la fine	end
la gente	people
l'inizio	beginning
l'intervista	interview
il marciapiede	sidewalk
la nazione	nation
il paese	country
il partito	party
la patente	driver's license
la politica	politics
la polizia	police
il problema	problem
lo scambio	exchange
l'unione (*f.*)	union
il vantaggio	advantage

Aggettivi

attuale	present, current
costoso	expensive
culturale	cultural
diverso	various, different
divertente	amusing
estero	foreign
etnico	ethnic
idealista	idealist
ottimista	optimistic
pessimista	pessimistic
politico	political
romantico	romantic
unito	united

Verbi

decidere (*p.p.* **deciso**)	to decide
discutere (*p.p.* **discusso**)	to discuss
esprimere (*p.p.* **espresso**)	to express
frequentare	to attend
intervistare	to interview
interessarsi (di)	to be interested (in)
litigare	to argue, to quarrel
migliorare	to improve
partecipare	to participate
trovare	to find

Altre espressioni

ancora	still, yet
a proposito	by the way
c'era una volta	once upon a time
un classico	a classic
così-così	so-so
Da quando?	Since when?
Da quanto tempo?	How long?
dare un film	to show a movie
essere d'accordo	to agree
poiché	since

CAPITOLO 10

La moda

Milano. Lo shopping in un negozio di articoli sportivi.

Punti di vista | Che vestiti metto in valigia?

Studio di parole: Articoli di abbigliamento
Informazioni: La moda italiana
Ascoltiamo! Che vestiti compriamo?

Punti grammaticali

10.1 L'imperativo
10.2 Aggettivi e pronomi dimostrativi
10.3 I mesi e la data
10.4 Le stagioni e il tempo

Per finire | Alla Rinascente

Attualità

Adesso scriviamo!
Parliamo insieme!
♪♪ **Intermezzo musicale: Gianmaria Testa, «Le traiettorie delle mongolfiere»**

Vedute d'Italia | Dolce e Gabbana: Una storia di successo

Sapete che...?

Punti di vista

Perugia. La pittoresca piazza
4 Novembre, centro della città.

Che vestiti metto in valigia? CD 2, Track 5

Lucia e la sua amica Marina abitano a Perugia, e oggi studiano insieme nella stanza di Lucia. Lucia ha appena ricevuto una e-mail da Lindsay, una ragazza americana di Boston, figlia di un amico di famiglia. Lindsay viene a Perugia in primavera per studiare all'Università per Stranieri, e vuole sapere che vestiti deve portare.

LUCIA Devo rispondere all'e-mail di Lindsay; **dammi** un consiglio. — *give me*

MARINA Scrivi che in primavera fa fresco a Perugia; ha bisogno di una giacca di lana, di un maglione, dei pantaloni e una gonna pesante. **Dille** di portare anche un impermeabile perché piove spesso in primavera. — *Tell her*

LUCIA (mentre scrive)... e porta anche delle scarpe comode, perché nelle città italiane si gira a piedi e non in macchina. Non mettere in valigia troppa roba. Metti due o tre magliette e dei jeans.

(a Marina) Cos'altro devo **dirle** di portare? — *tell her*

MARINA Dille di portare un vestito elegante per le occasioni speciali.

LUCIA (mentre scrive)... porta anche un vestito elegante per quando andiamo a una festa o a teatro. **Non vedo l'ora** che tu arrivi: io e la mia amica Marina vogliamo farti vedere la città e portarti fuori a cena. E non dimenticare che a Perugia puoi mangiare tanti Baci Perugina! — *I can't wait.*

Comprensione

1. Chi è Lindsay? **2.** Dove vuole andare a studiare Lindsay? **3.** Perché ha scritto una e-mail a Lucia? **4.** Perché Marina suggerisce di dirle di portare una giacca di lana? E perché un impermeabile? **5.** Perché Lucia suggerisce di portare scarpe comode? E perché un vestito elegante? **6.** Cosa hanno intenzione di fare Lucia e Marina quando Lindsay arriva? **7.** Come si chiamano i cioccolatini che sono la specialità di Perugia?

Studio di parole   *Articoli di abbigliamento*
(clothing)

la moda fashion	**i vestiti** clothes
la sfilata di moda fashion show	**la taglia/la misura** size
mettersi to put on	**un paio di calze (scarpe, pantaloni)** a pair of stockings (shoes, pants)
portare to wear	
provare to try on	**i pantaloncini** shorts
il portafoglio wallet	**sportivo** casual
la pelle leather	**elegante** elegant
la seta silk	**a buon mercato** cheap
la lana wool	**in svendita** on sale
il cotone cotton	**lo sconto** discount
leggero light	**il commesso (la commessa)** salesperson
pesante heavy	
pratico practical	**la vetrina** shop window, display window

Che taglia porti?

Abiti da donna					Abiti da uomo				
Italia	40	42	44	46	48	44	46	48	50	52
USA	6	8	10	12	14	34	36	38	40	42

Informazioni   La moda italiana

La moda italiana si è affermata in tutto il mondo. Ecco alcuni dei nomi degli stilisti italiani di fama internazionale: Armani, Versace, Valentino, Trussardi, Moschino, Prada, Roberto Cavalli, Dolce e Gabbana, Laura Biagiotti. Molti stilisti hanno abbinato alla loro collezione di abiti la creazione di accessori: scarpe e borsette, oltre a gioielli e profumi. Il «Made in Italy» si è imposto anche grazie alla qualità dei tessuti *(fabric)*, molto apprezzati dagli stilisti stranieri. La lavorazione della lana, della seta e della pelle vanta *(boasts)* una tradizione di molti secoli.

In ogni stagione ci sono sfilate di moda nei maggiori centri. Milano, Firenze e Roma sono specialmente importanti per queste manifestazioni. Molto suggestiva è la sfilata d'estate in Piazza di Spagna a Roma, «Sotto le stelle». Buon gusto *(taste)*, tecnica e creatività si trovano anche nell'artigianato dei piccoli centri di provincia. Nelle serate estive, è comune assistere a sfilate dell'abbigliamento di creazione locale. Su passerelle *(catwalks)* improvvisate sfilano le «bellezze» del luogo, trasformate in modelle... e modelli!

Roma. Piazza di Spagna. La sfilata di moda «Sotto le stelle» che ha luogo d'estate.

Applicazione

 A. La comodità prima di tutto.

1. Che cosa portiamo quando piove *(it rains)?*
2. Che cosa ci mettiamo per proteggere *(to protect)* gli occhi dal sole?
3. Che cosa si mette un uomo sotto la giacca?
4. Quando ci mettiamo il cappotto?
5. Quando ci mettiamo un vestito leggero?
6. Com'è una camicetta di seta?
7. Quando ci mettiamo le scarpe da tennis?
8. Se vogliamo sentirci comodi *(comfortable),* ci mettiamo dei pantaloni eleganti o dei jeans?
9. Dove mettiamo i soldi e le carte di credito?

B. Acquisti in un negozio d'abbigliamento. Leggete questo dialogo. Poi, fate la parte del commesso (della commessa) e del(la) cliente e scambiate brevi dialoghi sugli articoli *(items)* che seguono. Usate un po' d'immaginazione.

Esempio

—Le piace questo vestito di seta a fiori? È in svendita.
—Quant'è lo sconto?
—È del 20% (per cento).
—È la mia taglia?
Sì, è taglia 40.
—Va bene, lo provo.

1.

2.

3.

4.

5.

6.

 C. Che cosa portate? Descrivete il vostro abbigliamento di oggi.

D. Conversazione

1. Ti piace la moda italiana? Compri articoli di abbigliamento italiani? Quali? Perché sì o perché no?

2. Porti vestiti eleganti o pratici quando viaggi? Che vestiti porti?

3. Cosa ti piace portare il weekend? e quando esci con gli amici?

4. Come ti vesti per un'occasione speciale (il matrimonio di un tuo parente, per esempio)?

5. Tu sei in Italia, e vuoi comprare un regalo per un amico (un'amica). Sai che lui (lei) preferisce un articolo d'abbigliamento. Cosa compri per lui? e per lei?

Ascoltiamo!

 CD 2, Track 6

Che vestiti compriamo? Lindsay has been in Perugia for several weeks. Today she is shopping for clothes with her friend Lucia in a store on corso Vannucci. Listen to their comments as Lindsay makes a decision about buying a blouse and talks with a clerk. Then answer the following questions.

Comprensione

1. Dove sono Lindsay e Lucia oggi? Perché?

2. Che cosa ammirano le due ragazze?

3. Perché Lindsay non compra la camicetta di seta?

4. C'è uno sconto sulla camicetta di cotone? Di quanto?

5. Che taglia ha Lindsay?

6. Paga in contanti Lindsay?

Dialogo

In un negozio d'abbigliamento. Avete bisogno di comprare un articolo d'abbigliamento: quale? In gruppi di due, discutete con il commesso (la commessa) che cosa preferite: il colore, la stoffa *(material)*, la taglia. Domandate il costo dell'articolo che vi piace e se è in svendita. L'articolo è troppo caro; vi scusate e uscite.

Punti grammaticali

10.1 L'imperativo

Shopping big
L'ideale di tutte le donne? Trovare prodotti di qualità e stile senza uscire fuori budget. La soluzione c'è: visitate i piani degli «stores», dove troverete molte cose belle che non costano troppo: il prendisole per la spiaggia e la camicia hawaiana, i piatti eleganti e gli oggetti da giardino. Scegliete pochi oggetti, ma di qualità, che potete trovare a prezzi «very nice».

1. The **imperativo** *(imperative mood)* is used to express a command, an invitation, an exhortation, or advice. The **noi** and **voi** forms of all three conjugations, and the **tu** form of **-ere** and **-ire** verbs are identical to the corresponding forms of the present tense. The **tu** form of **-are** verbs and all of the **Lei** and **Loro** forms differ from the present tense.

	ascoltare	prendere	partire
(tu)	Ascolta!	Prendi!	Parti!
(Lei)	Ascolti!	Prenda!	Parta!
(noi)	Ascoltiamo!	Prendiamo!	Partiamo!
(voi)	Ascoltate!	Prendete!	Partite!
(Loro)	Ascoltino!	Prendano!	Partano!

The pattern of the imperative for **-isc-** verbs is as follows: fin**isci**, fin**isca!**, fin**iamo!**, fin**ite!**, fin**iscano!**

NOTE

a. Subject pronouns are ordinarily *not* expressed in imperative forms.

b. The imperative **noi** form corresponds to the English "Let's…" (**Guardiamo!** = *Let's look!*)

Mangia la minestra!	*Eat the soup!*
Leggi la lettera!	*Read the letter!*
Non viaggi in treno!	*Don't travel by train!*
Viaggi in treno, signora!	*Travel by train, madam!*
Prenda l'aereo, signora!	*Take the airplane, madam!*
Non prenda l'aereo!	*Don't take the airplane!*
Partiamo domani!	*Let's leave tomorrow!*
Non partiamo oggi!	*Let's not leave today!*
Spedisci queste lettere!	*Mail these letters!*
Entrino, signorine!	*Come in, young ladies!*

2. The *negative imperative* of the **tu** form uses **non** + *infinitive*.

Non mangiare quei dolci!   *Don't eat those sweets!*
Non leggere quella rivista   *Don't read that magazine!*

3. Here are the imperative forms of some irregular verbs:

	tu	Lei	noi	voi	Loro
andare	va' (vai)	vada	andiamo	andate	vadano
dare	da' (dai)	dia	diamo	date	diano
fare	fa' (fai)	faccia	facciamo	fate	facciano
stare	sta' (stai)	stia	stiamo	state	stiano
dire	di'	dica	diciamo	dite	dicano
avere	abbi	abbia	abbiamo	abbiate	abbiano
essere	sii	sia	siamo	siate	siano
venire	vieni	venga	veniamo	venite	vengano

NOTE: The forms **va'**, **da'**, **fa'**, and **sta'** are abbreviations of the regular forms. Either form may be used.

Di' la verità!   *Tell the truth!*
Sii buono!   *Be good!*
Non fare rumore!   *Don't make noise!*
Non abbia paura!   *Don't be afraid!*
Stia qui!   *Stay here!*
Vadano avanti!   *Go ahead!*
Venite a casa mia!   *Come to my house!*

Pratica

A. **Consigli di una madre al figlio (alla figlia)**

   Esempio   studiare
                   —*Studia!*

   1. telefonare alla nonna **2.** guidare *(to drive)* con prudenza **3.** prendere le vitamine **4.** bere il succo d'arancia **5.** spendere poco **6.** venire a casa presto

B. **Esortazioni a degli amici.** Usate la forma **tu** o **voi**, secondo il caso.

   Esempio   Tino/stare zitto
                   —*Tino, sta' zitto!*

   1. Enrico/avere pazienza   **4.** Pippo/dire la verità
   2. ragazzi/fare attenzione al traffico   **5.** Luisa e Roberta/essere in orario
   3. Paola/dare l'ombrello a Luisa

C. **Il cugino Enrico.** Enrico è un giovane raffinato *(refined)*. Tu, invece, sei più semplice ed esprimi la tua opinione. Segui l'esempio.

   Esempio   Enrico mangia in ristoranti eleganti.
                   —*Non mangiare in ristoranti eleganti! Mangia al McDonald!*

   1. Beve acqua minerale.   **5.** Va in macchina all'università.
   2. Ascolta la musica classica.   **6.** Segue dei corsi di poesia.
   3. Spende molti soldi in *(for)* vestiti. **7.** Paga gli acquisti *(purchases)* con
   4. Porta sempre un completo elegante.   la carta di credito.

D. Sì, certo *(By all means)!* Gabriella (Filippo) è in una boutique di via Montenapoleone a Milano, e fa delle domande alla commessa (al commesso) che risponde affermativamente.

Esempio domandare una cosa
—*Posso domandare una cosa?*
—*Domandi pure!*

1. guardare
2. provare questa giacca
3. entrare nel camerino *(dressing room)*
4. vedere se c'è un'altra giacca
5. fare una telefonata a mio marito (mia moglie)
6. aspettare qui mio marito (mia moglie)
7. pagare con la carta di credito

E. Scambi rapidi. Completate con la forma **Lei** dell'imperativo.

1. In una via del centro.

—Mi (dire) _____, per favore, dov'è il negozio di Armani?

—(Andare) _____ avanti dritto, e poi (girare [*to turn*]) _____ a destra, e, all'angolo c'è il negozio di Armani.

2. Sul treno.

—Signora, vuole vedere la nuova sfilata di Ferré? (aprire) _____ la rivista a pagina 43.

—Che moda strana! E (pensare) _____ che molti giovani vanno matti per questo stilista!

3. Nel negozio di Armani.

—Signorina, per piacere, mi (dare) _____ la taglia più piccola.

—(Aspettare) _____ un secondo per favore signora, arrivo subito.

F. Un amico (un'amica) fa dei commenti. Tu rispondi dando *(giving)* dei consigli.

Esempio He/She wants to buy a pair of Gucci shoes.
You tell him/her not to buy Gucci shoes because they are too expensive.
—*Vorrei comprare un paio di scarpe Gucci.*
—*Non comprare le scarpe Gucci perché sono troppo care.*

1. He/She wants to go shopping downtown.

You tell him/her not to go today because it is raining.

2. He/She is going on vacation and wants to pack **(mettere in valigia)** only lightweight clothes.

You tell him/her to pack a heavy sweater because it is cold in the evening.

3. He/She is going to dinner at the home of Italian friends and wants to know what to bring.

Tell him/her to bring a bouquet of flowers and a bottle of good wine.

4. He/She is going to Milan to a fashion show and asks if you know of a good inexpensive hotel.

Tell him/her not to go downtown, but to stay at the Marini Hotel near the train station.

G. In un negozio d'abbigliamento. Tu e tuo fratello (tua sorella) siete in un negozio d'abbigliamento per comprare un regalo per il Giorno della mamma. Non siete d'accordo e discutete insieme cosa comprare.

Esempio —*Io compro un ombrello.*
—*No, non comprare un ombrello. Compra...*

10.2 Aggettivi e pronomi dimostrativi

Alcuni turisti ammirano questa presentazione degli abiti di Valentino, che ha luogo nel Museo dell'Accademia a Firenze. Sullo sfondo, l'originale del *Davide* di Michelangelo.

1. The demonstrative adjectives **(aggettivi dimostrativi)** are **questo, questa** *(this)* and **quello, quella** *(that)*. A demonstrative adjective always precedes the noun. Like all other adjectives, it must agree in gender and number with the noun.

   Questo has the singular forms **questo, questa, quest'** (before a noun beginning with a vowel); the plural forms are **questi, queste** and mean *these*.

Quanto hai pagato **questa** maglietta?	*How much did you pay for this T-shirt?*
Quest'anno vado in montagna.	*This year I'll go to the mountains.*
Queste scarpe sono larghe.	*These shoes are wide.*

   Quello, quella have the same endings as the adjective **bello** and the partitive (see *Punti grammaticali 4.2*). The singular forms are **quel, quello, quella, quell'**; the plural forms are **quei, quegli, quelle** and mean *those*.

Ti piace **quel** completo?	*Do you like that outfit?*
Preferisco **quell'**impermeabile.	*I prefer that raincoat.*
Quella gonna è troppo lunga.	*That skirt is too long.*
Quegli stivali non sono più di moda.	*Those boots are no longer fashionable.*
Guarda **quei** vestiti!	*Look at those dresses/suits!*
Quelle borsette sono italiane.	*Those handbags are Italian.*

2. **Questo(a)** and **quello(a)** are also pronouns when used alone.

   Questo(a) means *this one* and **quello(a)** means *that one*. Both have regular endings **(-o, -a, -i, -e)**.

Compra questo vestito; **quello** rosso è caro.	*Buy this dress; the red one is expensive.*
Questa macchina è **quella** di Renzo.	*This car is Renzo's (that of Renzo).*
Ho provato queste scarpe e anche **quelle.**	*I tried on these shoes and also those.*

Pratica

A. Come sono...? Siete in un negozio d'abbigliamento e domandate l'opinione del vostro amico (della vostra amica) sui seguenti articoli. Usate l'aggettivo **questo** nelle forme corrette.

Esempio —*Come sono queste scarpe?*
—*Sono comode.*

1. pratico
2. elegante
3. stretto

4. leggero
5. corto
6. brutto

B. Quello... Completate con la forma corretta dell'aggettivo **quello**.

1. Vorrei _____ stivali e _____ scarpe marrone.
2. Preferisci _____ gonna o _____ vestito?
3. Ho bisogno di _____ impermeabile e di _____ calzini.
4. Dove hai comprato _____ occhiali da sole?
5. _____ negozio d'abbigliamento è troppo caro.
6. _____ commesse sono state molto gentili.

C. No! Rispondete, secondo l'esempio.

Esempio (Giovanni) È il cappotto di Maria?
—*No, è quello di Giovanni.*

1. (Sig. Smith) È l'assegno di Pietro? No, è _____.
2. (suo padre) Sono le chiavi di Luigi? No, sono _____.
3. (Oggi) Hai letto il giornale di ieri? No, ho letto _____.
4. (Puccini) Preferisci le opere di Verdi? No, preferisco _____.
5. (Al Pacino) Desideri vedere dei film con Harrison Ford? No, preferisco vedere _____.

D. Preferenze. Immaginate di essere nel reparto *(department)* abbigliamento di un grande magazzino con un amico (un'amica). Esprimete le vostre preferenze per i seguenti articoli usando **questo** o **quello** nelle forme corrette.

Esempio cravatta rossa/verde
—*Mi piace questa cravatta rossa.*
—*Io preferisco quella verde.*
pantaloni sportivi/eleganti
—*Mi piacciono questi pantaloni sportivi.*
—*Io preferisco quelli eleganti.*

1. guanti di lana/di pelle
2. stivali neri/marrone
3. orologio Gucci/Tissot

4. borsa piccola/grande
5. berretto *(cap)* blu/grigio
6. maglietta a fiori/a righe *(striped)*

E. Gusti *(taste).* Fate a turno le seguenti domande.

Esempio　　cucina italiana o francese
　　　　　　　—*Preferisci la cucina italiana o francese?*
　　　　　　　—*Preferisco quella italiana.*

1. macchine italiane o giapponesi　　**4.** scarpe nere o blu

2. vestiti eleganti o sportivi　　　　　**5.** lezione di matematica o di inglese

3. moda italiana o francese　　　　　**6.** ...

10.3　I mesi e la data

A settembre Magia Moda (negozio di abbigliamento) presenta la nuova collezione di abiti per l'autunno e per l'inverno.

1. As you learned in the **Primo incontro,** the months of the year are masculine and are *not* capitalized: **gennaio, febbraio, marzo, aprile, maggio, giugno, luglio, agosto, settembre, ottobre, novembre, dicembre.**

2. Dates are expressed according to the following pattern:

definite article	+	*number*	+	*month*	+	*year*
il		**20**		**marzo**		**2003**

The abbreviation of the above date would be written **20/3/2003.** Note that in Italian the day comes *before* the month (compare both March 20, 2003 and 3/20/2003).

3. As you have learned, to express days of the month, *cardinal* numbers are used except for the first of the month, which is indicated by the ordinal number **primo.**

Oggi è il **primo** (di) aprile.	*Today is April first.*
È il **quattordici** (di) luglio.	*It is July fourteenth.*
Lia è nata il **sedici** ottobre.	*Lia was born on October sixteenth.*
Abito qui dal **tre** marzo 2000.	*I have been living here since March 3, 2000.*

4. To ask the day of the week, the day of the month, and the date, the following questions are used:

Che giorno è oggi?	*What day is today?*
Oggi è venerdì.	*Today is Friday.*
Quanti ne abbiamo oggi?	*What day of the month is it today?*
Oggi ne abbiamo tredici.	*Today is the thirteenth.*
Qual è la data di oggi?	*What is the date today?*
Oggi è il tredici (di) dicembre.	*Today is the thirteenth of December.*

5. The article **il** is used before the year.

Il 1996 è stato un anno bisestile.	*1996 was a leap year.*
Siamo nati **nel** 1984.	*We were born in 1984.*

Per ricordare *(To remember)* quanti giorni ci sono in ogni mese, gli Italiani recitano *(recite)* questo ritornello *(refrain)*:
Trenta giorni ha novembre,
con aprile, giugno e settembre;
di ventotto ce n'è uno,
tutti gli altri ne hanno trentuno.

Pratica

A. Date da ricordare. Abbinate *(Match)* le date e gli eventi e formate delle frasi complete.

1.	25/12	il giorno di San Valentino
2.	21/3	l'anno dell'unificazione d'Italia
3.	1861	il primo giorno di primavera
4.	4/7/1776	l'anno della scoperta dell'America
5.	31/10	il giorno di Natale
6.	1492	l'anno della fondazione della Repubblica Italiana
7.	14/2	*Halloween*
8.	1946	la data della dichiarazione dell'indipendenza americana

B. Feste. Ecco le date di alcune feste civili e religiose in Italia. Fa' a un altro studente le seguenti domande. Incomincia con **Quand'è... ?**

1. Capodanno/1/1   **5.** Ferragosto/15/8

2. l'Epifania/6/1   **6.** Tutti i Santi/1/11

3. Pasqua *(Easter)*/in marzo o in aprile   **7.** ...

4. la Festa del Lavoro/1/5

C. Sai... ? Fatevi a turno le domande.

1. Quanti ne abbiamo oggi?   **5.** Qual è l'ultimo giorno dell'anno?

2. Che giorno è oggi?   **6.** Quand'è il tuo compleanno?

3. Qual è la data di oggi?   **7.** Quando diciamo «Tanti auguri!»?

4. Quando incomincia l'autunno?

D. Date importanti. Fatevi a turno le domande.

1. Quand'è il tuo compleanno?   **4.** Quando vai in vacanza?

2. Quand'è il compleanno dei tuoi genitori?   **5.** Quando ti laurei?

3. Quando finisce questo semestre?

10.4 Le stagioni e il tempo

In primavera fa bel tempo. Ci sono molti fiori.

In estate fa caldo. C'è molto sole.

In autunno fa brutto tempo. Piove e tira vento.

In inverno fa freddo e nevica.

1. The seasons are **la primavera** *(spring)*, **l'estate** *(f.) (summer)*, **l'autunno** *(autumn)*, and **l'inverno** *(winter)*. The article is used before these nouns except in the following expressions: **in primavera, in estate, in autunno, in inverno.**

L'autunno è molto bello.	*Fall is very beautiful.*
Vado in montagna **in estate.**	*I go to the mountains in the summer.*

2. **Fare** is used in the third-person singular to express many weather conditions.

Che tempo fa?	*How is the weather?*
Fa bel tempo.	*The weather is nice.*
Fa brutto tempo.	*The weather is bad.*
Fa caldo.	*It is hot.*
Fa freddo.	*It is cold.*
Fa fresco.	*It is cool.*

3. Other common weather expressions are:

Piove. (piovere)	*It is raining.*	**È nuvoloso.**	*It is cloudy.*
Nevica. (nevicare)	*It is snowing.*	**È sereno.**	*It is clear.*
Tira vento.	*It is windy.*	**la pioggia**	*the rain*
C'è il sole.	*It is sunny.*	**la neve**	*the snow*
C'è nebbia.	*It is foggy.*	**il vento**	*the wind*

   NOTE: Piovere and **nevicare** may be conjugated in the **passato prossimo** with either **essere** or **avere.**

   Ieri ha piovuto OR è piovuto.
   Ieri ha nevicato OR è nevicato.

Pratica

A. Che tempo fa? Fatevi a turno delle domande sul tempo in alcuni luoghi *(places)*.

Esempio estate/New York
— *Che tempo fa d'estate a New York?*
— *Fa molto caldo.*

1. agosto/Sicilia **2.** primavera/Perugia **3.** inverno/montagna **4.** novembre/ Chicago **5.** dicembre/Florida **6.** autunno/Londra **7.** ...

B. Variabilità del tempo. Completate le frasi con l'espressione di tempo appropriata (con il verbo al **presente** o al **passato prossimo,** secondo il caso).

1. Mi metto il cappotto perché _____.

2. Liliana porta l'ombrello perché _____.

3. L'inverno scorso _____ in montagna.

4. In autunno a Milano, non vediamo bene perché _____.

5. Anche se è estate, a San Francisco abbiamo bisogno di un golf perché _____.

6. Faccio lunghe passeggiate quando _____.

7. D'estate mi metto un vestito leggero perché _____.

8. Non abbiamo bisogno dell'impermeabile quando non _____.

9. Chicago si chiama «*The Windy City*» perché _____.

10. L'estate scorsa _____.

C. Parliamo del tempo. Fatevi a turno le domande.

1. Ieri era sereno o nuvoloso?

2. Quand'è l'ultima volta che ha piovuto?

3. Che tempo ha fatto l'inverno scorso?

4. Secondo te, in quale mese fa più caldo qui? E in quale mese fa più freddo?

D. Il tempo dove abiti tu. Fatevi a turno le domande.

1. Che tempo fa nella tua città?

2. Nevica qualche volta?

3. Piove molto in autunno?

4. In quali mesi fa molto caldo?

5. C'è nebbia in inverno?

6. Quale stagione preferisci e perché?

Per finire CD 2, Track 7

Milano. Il reparto «Cosmetici» della Rinascente, uno dei grandi magazzini in centro.

Alla Rinascente

Questa mattina Antonio è andato alla **Rinascente** per comprarsi un completo nuovo. Di solito Antonio porta jeans, camicia e maglione, ma venerdì ha un **colloquio** importante, e ha bisogno di un completo nuovo. **Ẹccolo** ora nel reparto abbigliamento maschile. Un commesso **si avvicina.**

(name of a department store)

interview/Here he is
is approaching

COMMESSO Buon giorno. Posso aiutarLa?

ANTONIO Vorrei vedere un completo.

COMMESSO Pesante o leggero? Chiaro o scuro?

ANTONIO Di **mezza stagione,** scuro.   *between seasons*

COMMESSO Che tạglia porta?

ANTONIO La 52 o la 54.

COMMESSO Ecco un completo che **fa per lei,** grigio scuro.   *suits you*

ANTONIO OK. *(Dopo la prova.)* La giacca mi va bene, ma i pantaloni sono lunghi.

COMMESSO Non si preoccupi! Li **accorciamo.**   *we will shorten*

ANTONIO Sono pronti per giovedì? Ho un colloquio importante...

COMMESSO Oggi è lunedì... sì, **senz'altro!** Mi lasci il suo numero di telefono. Se sono pronti prima Le do un colpo di telefono.   *of course*

ANTONIO Quanto costa il completo?

COMMESSO Trecentoventi euro.

ANTONIO Così caro? Costa **un occhio della testa!** *a fortune*

COMMESSO Ma Lei compra un abito di ottima qualità.

ANTONIO Avrei bisogno anche di un paio di scarpe.

COMMESSO Per le scarpe scenda al primo piano, al reparto calzature. Per pagare il completo si accomodi alla cassa.

ANTONIO Grazie. ArrivederLa.

COMMESSO Grazie a Lei, e... auguri per il suo colloquio.

Comprensione

1. Perché Antonio è andato in un negozio di abbigliamento? **2.** Perché ha bisogno di un completo nuovo? **3.** Come vuole il completo Antonio? **4.** Il completo che Antonio prova, va bene? Perché no? **5.** Perché il commesso chiede ad Antonio il numero di telefono? **6.** Antonio trova il completo a buon mercato? Cosa pensa? **7.** Di cos'altro ha bisogno Antonio? Trova quello che cerca nello stesso reparto?

Conversazione

1. Tu vai spesso a fare le spese in un negozio di abbigliamento?

2. Ti piace fare lo shopping?

3. Preferisci fare le spese in un grande magazzino o in negozi specializzati?

4. Preferisci andare a fare le spese solo(a) o con amici? Chiedi spesso i loro consigli?

5. Preferisci un abbigliamento sportivo o elegante? Qual è il tuo colore preferito?

6. Spendi molto per vestirti?

Come si dice in italiano?

1. Patrizia, why don't we go shopping today?

2. Oh, not today. It is raining and it is cold. Besides **(Inoltre)**, I went shopping yesterday.

3. Really? What did you buy?

4. I bought these black boots.

5. They are very beautiful. Next week I plan to **(penso di)** go shopping too **(anch'io)**. Do you want to come with me?

6. Yes. What do you want to buy?

7. I would like to buy a two-piece suit for my birthday.

8. When exactly is your birthday? I know it is in May, but I forgot the exact **(esatta)** date.

9. I was born on June 17, 1984.

10. Oh, that's right! The other day I saw a beautiful silk blouse in Armani's window **(vetrina)**, and I am planning to buy that blouse for your birthday.

11. Oh, Patrizia, thank you.

Attualità

Adesso scriviamo!

Cosa devo portare?

Un amico (Un'amica), che hai conosciuto in Italia la scorsa estate, viene a **trovarti** durante le vacanze di **Pasqua** in primavera. **Ti chiede dei consigli** su cosa mettere in valigia.

visit you/Easter/Asks you for advice

A. Per organizzare i tuoi pensieri completa la seguente tabella:

Clima: _____ Vestiti: _____

Eventi all'università: _____ Accessori: _____

Feste: _____

B. Ora che hai finito di completare la tabella scrivi una lettera alla tua amica (al tuo amico) e dai dei suggerimenti su cosa deve mettere in valigia.

> **Esempio** *Cara Susanna,*
>
> *Siamo in primavera ma fa già caldo. Quando prepari la valigia, metti delle magliette e dei pantaloncini. Porta anche il costume da bagno perché c'è una piscina vicino al mio appartamento. La settimana prossima all'università ci sono le gare di nuoto e andiamo a vederle. Compra un cappellino e non dimenticare gli occhiali da sole.* ***Non vedo l'ora di vederti*** *(I can't wait to see you)!* ***Un caro abbraccio*** *(a warm hug), Giovanna*

C. Quando hai finito di scrivere la tua lettera controlla tutte le parole: hai scritto tutto correttamente? Hai usato la forma del *tu* dell'imperativo? Con un compagno (una compagna) leggete le vostre lettere. Vi siete ricordati tutti gli eventi all'università? I vostri suggerimenti su cosa deve mettere in valigia sono simili?

PERUZZI SPA-BORGO DÈ GRECI, 8-20R
VIA DELL'ANGUILLARA, 5-23R - 50122 FIRENZE
PH. 055.289.039 - 055.238.2670 - FAX 055.287.619
e-mail: info@peruzzispa.com
Website: http://www.peruzzispa.com

Peruzzi-Firenze

Parliamo insieme!

A. Spese natalizie! Stanno arrivando le vacanze d'inverno e per alcuni di voi anche Natale (*Christmas*). Con un amico (un'amica) guardate questa pagina di una rivista di moda. Dovete comprare alcuni regali per i parenti e gli amici che sono sulla vostra lista. Discutete cosa volete comprare e per chi.

> **Esempio** Quella bella sciarpa di lana è così bella, la compro per la mia nonna.

B. Come ti vesti? Considerate le seguenti situazioni e rispondete alla domanda.

1. Il presidente degli Stati Uniti ti ha invitato(a) ad un pranzo ufficiale alla Casa Bianca.

2. Un tuo amico e la sua famiglia ti hanno invitato(a) a passare un fine-settimana con loro nel loro cottage in montagna. È novembre e fa freddo.

3. Vai a un concerto rock con degli amici. È luglio e fa molto caldo.

 ## Intermezzo musicale

Gianmaria Testa, «Le traiettorie delle mongolfiere» ("The Paths of the Hot-Air Balloons")

Nel 1995, con l'etichetta *(label)* Label Bleu, esce il primo disco di Gianmaria Testa (1958–), *Mongolfières* (che include la canzone «Le Traiettorie delle mongolfiere»). Questa canzone parla di un gruppo di mongolfiere partite per un viaggio. Dice che noi abbiamo perso le tracce *(lost the traces)* del loro volo tra le nuvole *(clouds)* dei pomeriggi nella città. Vuole dire che non sappiamo più sognare. Le melodie limpide *(clear)* di Testa emergono da un universo ricco dove il tango, la bossanova (musica brasiliana), l'habanera (musica latina) e il jazz stanno fianco a fianco *(side-by-side)*.

Nel 2004 un nuovo disco di Gianmaria Testa, *Altre Latitudini* esce in Europa, negli Stati Uniti e in Canada. Subito dopo Testa fa una presentazione al Cafe de la Danse a Parigi e da una serie di oltre 60 concerti in tutta Europa. All'inizio del 2005, piu di 45 mila copie del suo disco sono vendute in Europa e in Canada.

GUARDIAMO!

L'abbigliamento
Alessandra e Daniela si trovano in un negozio di abbligliamento a fare spese. Di solito le due amiche preferiscono vestirsi in modo sportivo, ma oggi cercano qualcosa di elegante.

SITO WEB

Per fare più pratica con gli argomenti culturali e i punti grammaticali del **Capitolo 10,** vai a vedere il sito *Ciao!* a **http://ciao.heinle.com.**

Vedute d'Italia

Dolce e Gabbana: Una storia di successo

Simona Ventura posa sul divano circondata da Domenico Dolce e Stefano Gabbana.

Tre tigri italiane. Milano. Simona Ventura, 39, regina della TV italiana, posa nell'atelier tigrato degli amici stilisti Stefano Gabbana, 42 (accanto a lei), e Domenico Dolce, 46. «Indosso i loro abiti da 10 anni: mi fanno sentire femminile, ma anche molto pratica. Inoltre *(Also)* il loro stile ha quell'ironia di base che mi appartiene (*that it belongs to me*)».

A. Prima di leggere

During their twenty-year career, the Italian clothing designers Dolce and Gabbana have become world famous, in their own words, "l'immagine dell'Italia nel mondo." Throughout the interview that you are about to read, they consider, from a variety of perspectives, a key question raised near the outset by the interviewer: "Qual è il vostro elisir di lunga vita?" As you read, focus on how the designers explain their extraordinary—and long-lasting—success, and be ready to summarize their responses in your own words.

GIORNALISTA Era l'ottobre 1985 quando **nacque il marchio** Dolce & Gabbana con la prima sfilata a Milano Collezioni, nella sezione Nuovi Talenti.

was born/brand

D&G Sembra incredibile: quando abbiamo iniziato nessuno credeva in noi eccetto la famiglia Dolce. Avevamo 2 milioni di lire ed entusiasmo da vendere. Oggi, **quanto a** stile, **ci ritroviamo** a essere l'immagine dell'Italia nel mondo.

in regards to/we find ourselves

[. . .]

GIORNALISTA Qual è il vostro elisir di lunga vita?

D&G Siamo arrivati al momento giusto e abbiamo trovato un linguaggio
stilistico che bene incontra **i gusti** della gente. Anni fa Isabella Rossellini   *tastes*
ci disse: «Fate cose nuove ma che ricordano molto il passato, i dettagli di
una volta». A pensarci, è così: anche al **capo** più innovativo abbiamo   *long ago/piece of clothing*
fatto incontrare la tradizione. E il mix funziona.

GIORNALISTA Che cosa c'è dietro a ogni vostra creazione?

D&G Noi stessi. **Siamo riusciti** a trasferire al pubblico quello che siamo: *We were able*
sinceri, genuini, con i piedi sempre per **terra**.   *ground*
[...]

GIORNALISTA Rileggendo i capitoli della vostra storia, ce n'è uno che si
potrebbe intitolare: indipendenza sempre e **comunque**...   *at any rate*

D&G Vero, siamo rimasti indipendenti, **nonostante lusinghe** e   *despite flattery*
corteggiamenti da parte di multinazionali e grandi compagnie. Noi abbi-   *courting*
amo sempre preservato la nostra identità. Ci hanno offerto tanto denaro ma
ci siamo domandati: «Perché essere **avidi** e perdere la nostra libertà?». Ogni   *greedy*
abito è come se **fosse** un nostro figlio, e **farci comprare** da un gruppo   *it were/to have us bought*
equivaleva a vendere i nostri bambini. Sarà business sentimentale, ma è an-
data così. Dolce & Gabbana sono nati indipendenti e lo resteranno.
[...]

Excerpts from the interview: "Un anno d'oro, gli auguri di Simona con Dolce e
Gabbana," from *Gente*, January 3, 2005.

B. Alla lettura

1. Torna all'inizio dell'articolo e rileggi la prima domanda e di nuovo
l'intervista, poi completa l'attività che segue:

Le cause del loro successo:

a. Avevano 2 milioni ed...

b. Sono arrivati al momento...

c. Hanno trovato un linguaggio stilistico che...

d. Il mix che funziona è l'unione del nuovo e...

e. Dietro ad ogni loro creazione c'è...

f. Sono riusciti a trasferire al pubblico quello che sono...

g. Loro hanno sempre preservato...

h. Ogni abito è come se fosse...

2. Scrivi un paragrafo per riassumere (*summarize*) con le tue parole le cause
del successo di Dolce & Gabbana. Confronta il tuo riassunto con quello
di una compagna/un compagno.

C. Culture a confronto

1. Guarda le foto di moda di Dolce & Gabbana che seguono. C'è un modello che ti piace? Perché?

2. Da cosa è evidente che i giovani italiani e americani amano la moda di
Dolce e Gabbana?

3. Puoi pensare ad uno stilista americano che rappresenta l'immagine
dell'America nel mondo, come D&G lo sono per l'Italia?

Sfilate di modelli degli stilisti Dolce & Gabbana.

Sapete che... ?

Fare bella e brutta figura

Per gli italiani è molto importante «fare bella figura» e non «fare brutta figura». «Fare bella figura» vuol dire essere sempre **a posto,** puliti e vestiti bene. Ma non solo questo.

in order

«Fare bella figura» vuol dire fare una buona impressione e sapere **comportarsi** bene in tutte le situazioni.

to behave

È importante soprattutto vestire bene, e non solo per andare al lavoro, in ufficio o in banca, ma anche per andare a **fare compere** o **perfino** per andare al supermercato.

to go shopping/even

Anche i bambini devono essere vestiti bene, con i jeans e la maglietta **stirati.** Devono essere sempre **pettinati** e puliti.

ironed/with their hair combed

Questo è sopratutto vero anche tra i giovani italiani che portano tutti l'ultimo modello di jeans, di scarpe o gli accessori di un particolare colore o stile. Per andare all'università si vestono come per andare ad una festa, o in chiesa. «Fare bella figura» significa anche essere ben preparati per un esame per non «fare brutta figura» con il professore o con i compagni.

Gli Italiani fanno molti commenti sulla moda, il **trucco,** le scarpe e **i capi firmati.** È un'occasione per fare conversazione e per mostrare agli amici i nuovi acquisti.

make-up/designer's clothes

Comprensione

1. Scrivi tre esempi di come gli Italiani fanno bella figura.
2. Scrivi un esempio di come uno/una studente può fare brutta figura con un professore.

Vocabolario

Nomi

l'acquisto	purchase
l'angolo	corner
l'articolo	item
l'autunno	autumn, fall
il Capodanno	New Year's Day
la cassa	cash register
il cielo	sky
il (la) cliente	customer
il consiglio	advice
l'estate (*f.*)	summer
il gusto	taste
l'inverno	winter
il Natale	Christmas
la nebbia	fog
la neve	snow
la Pasqua	Easter
la pioggia	rain
la primavera	spring
il reparto	department
la roba	stuff, things
la sfilata	fashion show
il sole	sun
la stagione	season
lo (la) stilista	designer
il tempo	weather
il vento	wind
la vetrina	display window

Aggettivi

comodo	comfortable
largo (*pl.* larghi)	large; wide
quello	that
questo	this
stretto	narrow, tight

Verbi

ammirare	to admire
consigliare	to advise
guidare	to drive
nevicare	to snow
piovere	to rain
preoccuparsi	to worry

Altre espressioni

andare bene	to fit
C'è il sole.	It is sunny.
C'è nebbia.	It is foggy.
Che tempo fa?	What is the weather like?
costare un occhio della testa	to cost a fortune
di mezza stagione	between-seasons
di moda	fashionable
È nuvoloso.	It is cloudy.
È sereno.	It is clear.
È un affare.	It is a bargain.
Fa bel tempo.	It is nice weather.
Fa brutto tempo.	It is bad weather.
Fa caldo.	It is hot.
Fa freddo.	It is cold.
Fa fresco.	It is cool.
fare le valigie	to pack (suitcases)
forse	maybe
scarpe da tennis	tennis shoes
subito	immediately
Tanti auguri!	Best wishes!
Tira vento.	It is windy.

CAPITOLO 11

In cucina

Una brava cuoca in cucina. Oggi molte donne italiane lavorano fuori casa, e hanno meno tempo di una volta da dedicare alla cucina. La pasta e i ravioli fatti in casa sono un lusso che ci si può permettere solo nei giorni di festa.

Punti di vista | Il giorno di Pasqua

Studio di parole: La cucina e gli ingredienti
Informazioni: La cucina italiana
Ascoltiamo! Dopo il pranzo

Punti grammaticali

11.1 I pronomi diretti
11.2 I pronomi indiretti
11.3 I pronomi con l'infinito e **Ecco!**
11.4 L'imperativo con un pronome (diretto, indiretto o riflessivo); Esclamazioni comuni

Per finire | Una buona ricetta: tiramisù

Attualità

Adesso scriviamo!
Parliamo insieme!

Vedute d'Italia | Le abitudini alimentari degli Italiani

Sapete che...?

Punti di vista

A Pasqua i dolci tradizionali sono: l'uovo di Pasqua, la torta a forma di colomba e le uova sode colorate dai bambini.

Il giorno di Pasqua CD 2, Track 8

Oggi è la domenica di **Pasqua** e, per festeggiarla, Marco e Paolo sono ritornati da Bologna, dove studiano medicina. Sono venuti per passare alcuni giorni con la loro famiglia. È l'ora del pranzo: i due fratelli **apparecchiano** la tavola.

PAOLO Hai messo i piatti, le posate e i bicchieri?

MARCO Sì, li ho già messi. E anche i tovaglioli.

PAOLO Hai preso l'acqua minerale dal frigo?

MARCO Ma sì! L'ho presa! E tu, hai portato a casa la **colomba pasquale?**

PAOLO Certo, ho comprato una colomba **Motta.** E i fiori?

MARCO Ho dimenticato di comprarli, ma ho preso un bell'**uovo di cioccolato con la sorpresa.** Lo diamo adesso alla mamma?

PAOLO **È meglio** aspettare la fine del pranzo.

E così, alla fine del pranzo, la mamma riceve un grosso uovo di cioccolato, con gli auguri di Pasqua.

Easter

set

an Easter cake in the shape of a dove/an Italian brand

a hollow chocolate Easter egg containing a surprise/It is better

Comprensione

1. Che giorno è oggi? **2.** Da dove sono ritornati Marco e Paolo? **3.** Cosa fanno a Bologna? **4.** Con chi festeggiano il giorno di Pasqua? **5.** Che cosa hanno messo sulla tavola? **6.** Cos'ha comprato Paolo per la festa di Pasqua? E Marco?

Studio di parole — *La cucina e gli ingredienti*

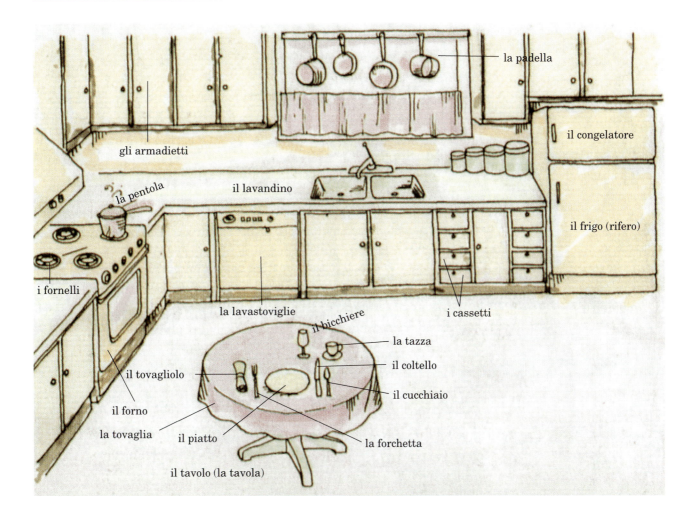

- la padella
- il congelatore
- il frigo (rifero)
- gli armadietti
- la pentola
- il lavandino
- i fornelli
- la lavastoviglie
- il bicchiere
- i cassetti
- la tazza
- il coltello
- il cucchiaio
- il tovagliolo
- il forno
- la tovaglia
- il piatto
- la forchetta
- il tavolo (la tavola)

---

la farina flour	**cucinare** to cook, to prepare (food)
il burro butter	**al forno** to bake
lo zucchero sugar	**arrosto** to roast
il sale salt	**alla griglia** to grill
il pepe pepper	**al dente** to cook pasta so that it is firm (not overcooked)
l'olio oil	**cuocere** (*p.p.* **cotto**) to cook
l'aceto vinegar	**friggere** (*p.p.* **fritto**) to fry
l'aglio garlic	**mescolare** to mix
la cipolla onion	**le posate** silverware
bollire to boil	**apparecchiare la tavola** set the table
condire to dress (a salad); to season	

Applicazione

A. Cosa c'è in cucina?

1. Guardate il disegno a pagina 231. Che cosa vedete su un fornello?
2. Che cosa vedete sotto i fornelli?
3. Quali ingredienti sono necessari per preparare una torta?
4. Dove mettiamo il latte per conservarlo *(to keep it)* fresco?
5. Quali ingredienti usano gli Italiani per condire l'insalata?

B. Conversazione

1. Hai una cucina grande tu? Hai un forno a microonde *(microwave)*? una lavastoviglie?
2. Ti piace cucinare? Prepari molti pasti a casa? Quali?
3. Apparecchi la tavola e ti siedi a mangiare almeno *(at least)* una volta al giorno? Perché si o perché no?
4. Quando hai degli invitati per un'occasione speciale, come apparecchi la tavola?
5. Quando cucini, ti piace preparare piatti al forno, alla griglia? Quali?
6. Cucini una torta tu, o la compri dal pasticciere *(baker)*?

C. Un buon piatto di pasta.
Dite quali sono gli ingredienti necessari per cucinare un buon piatto di pasta e che cosa fate per prepararlo.

Diverse forme di pasta.

Informazioni   La cucina italiana

La cucina italiana, nel senso di *cuisine,* occupa un posto importante nella gastronomia internazionale. Ogni regione si differenzia per i suoi piatti, formaggi, dolci e vini. Citiamo qui solo qualche specialità. La cucina piemontese offre la fonduta e la bagna cauda, e quella lombarda l'ossobuco e la cotoletta alla milanese. Diversi piatti veneti sono con polenta, come il baccalà e il fegato alla veneziana. In Liguria sono famose la pasta al pesto e la burrida (zuppa di pesce). La cucina toscana può essere semplice—la bistecca alla fiorentina—o più elaborata—il cacciucco (zuppa di pesce). Le Marche, l'Umbria, l'Abruzzo e il Molise hanno in comune la porchetta allo spiedo e svariate zuppe di pesce. L'abbacchio (arrosto di agnello) e gli gnocchi alla romana sono specialità del Lazio, mentre vari piatti alla pizzaiola, il calzone e la mozzarella in carrozza fanno *(are)* parte della gastronomia napoletana. La Puglia, la Basilicata e la Calabria vantano la loro varietà di frutti di mare *(seafood),* di formaggi e di salsicce. In Sicilia si trovano dolci e gelati squisiti, come i cannoli e le cassate. La Sardegna, infine, è fiera *(proud)* dei suoi prosciutti di cinghiale *(boar)* e delle aragoste che abbondano nelle sue acque.

Ascoltiamo!

 CD 2, Track 9

Dopo il pranzo. Listen to Paolo's and Marco's conversation as they wash the dishes after Easter dinner. Then answer the following questions.

Comprensione

1. Cosa fanno i due ragazzi in cucina?
2. Perché Marco vuole lavare i piatti domani?
3. Perché non possono lavarli domani?
4. Che cosa pensano di dire al papà? Perché?
5. Marco sta attento quando asciuga i piatti o è maldestro *(clumsy)*?

Dialogo

Una scampagnata *(picnic in the country)*. Immaginate di fare una scampagnata il giorno di Pasqua con un amico (un'amica). Decidete dove andate, come, cosa preparate per il picnic e cosa mettete nel cestino *(picnic basket)*.

Punti grammaticali

11.1 I pronomi diretti

In una salumeria in un quartiere di Milano.
—Non dimenticare di comprare il prosciutto.
—Va bene, lo compro.

1. Remember that a direct object is a noun or a pronoun designating the person(s) or thing(s) directly affected by the verb. It answers the question *whom?* or *what?*

Vedo il ragazzo → **Lo vedo.**	*I see the boy.* → *I see him.*
Mangio la torta. → **La mangio.**	*I eat the cake.* → *I eat it.*

You have already learned the direct-object pronouns **lo, la, li,** and **le.** Here is a chart showing all of the direct-object pronouns. Note the forms you have not yet encountered: **mi** and **ti,** in the singular, and **ci** and **vi** in the plural. Note also the formal direct-object pronouns; as you will see, the formal pronoun **La (L')** is both masculine and feminine, as in **Arriveder*La.***

Singular			Plural		
mi (m')	*me*	**mi** chiamano	**ci**	*us*	**ci** chiamano
ti (t')	*you (familiar)*	**ti** chiamano	**vi**	*you (familiar)*	**vi** chiamano
lo (l')	*him, it*	**lo** chiamano	**li**	*them (m.)*	**li** chiamano
la (l')	*her, it*	**la** chiamano	**le**	*them (f.)*	**le** chiamano
La (L')	*you (formal, m. & f.)*	**La** chiamano	**Li, Le**	*you (formal, m. & f.)*	**Li/Le** chiamano

As you have learned, the direct-object pronoun immediately precedes the verb. The final vowel of a singular direct-object pronoun may be dropped before a vowel or an *h*.

Apro il frigo. **L'**apro.	*I open the refrigerator.* *I open it.*
Leggo le lettere. **Le** leggo.	*I read the letters. I read them.*
Mi vedono? No, non **ti** vedono.	*Do they see me? No, they don't see you.*
Non **ci** invitavano mai.	*They never used to invite us.*
Buona sera, dottore. **La** vedo domani.	*Good evening, Doctor. I'll see you tomorrow.*
Signori Bianchi, **Li** chiamano al telefono.	*Mr. and Mrs. Bianchi, they are calling you on the phone.*

2. In the **passato prossimo,** remember that:

   a. the pronoun comes before the auxiliary verb **avere;**

   b. the past participle must agree in gender and number with the direct-object pronouns **lo, la, La, li, le, Li, Le.** Agreement with the other direct-object pronouns is optional.

Hai cucinato le patate? Sì, **le** ho cucinat**e.**	*Did you cook the potatoes?* *Yes, I cooked them.*
Avete incontrato Luigi? No, non **l'**abbiamo incontrat**o.**	*Did you meet Luigi?* *No, we did not meet him.*
Hai accompagnato i ragazzi? Sì, **li** ho accompagnat**i.**	*Did you accompany the boys?* *Yes, I accompanied them.*
Signora Rossi, non **L'**ho vist**a.**	*Mrs. Rossi, I did not see you.*
Gina, **ti** ho aspettat**o** (aspettat**a**).	*Gina, I waited for you.*

3. Unlike their English equivalents, Italian verbs such as **ascoltare** *(to listen to),* **guardare** *(to look at),* **cercare** *(to look for),* and **aspettare** *(to wait for)* are not followed by a preposition; they therefore take a direct object.

Cercavi la ricetta? Sì, **la** cercavo.	*Were you looking for the recipe?* *Yes, I was looking for it.*
Hai guardato l'arrosto nel forno?	*Did you check the roast in the oven?*
No, **lo** guardo adesso.	*No, I'm looking at it now.*
Vi aspetto stasera alle otto.	*I will be waiting for (expecting) you at eight o'clock tonight.*
Avete ascoltato le notizie? No, non **le** abbiamo ascoltate.	*Did you listen to the news?* *No, we did not listen to it.*

Il dolce tradizionale di Natale è il panettone, che gli Italiani regalano a parenti, amici e colleghi di lavoro. È un dolce fatto con frutta candita *(candied)* e uva sultanina *(raisins)*. Hai mangiato il panettone qualche volta? In quale occasione l'hai mangiato?

Pratica

A. **In cucina.** Voi siete in cucina e pensate ad alcune cose che dovete fare. Sostituite il nome in corsivo *(italics)* con il pronome appropriato.

Esempio   Aspetto *il mio amico* a cena. *Lo aspetto.*

1. Apparecchio *la tavola.*   **2.** Metto *la tovaglia.*   **3.** Metto *i piatti e i bicchieri.* **4.** Prendo *l'acqua minerale* dal frigo. **5.** Metto *le lasagne* nel forno. **6.** Lavo *l'insalata.* **7.** Apro *la porta* al mio amico. **8.** Servo *la cena.* **9.** Non servo *il dolce* perché siamo a dieta *(we are on a diet).*

B. Conversazione

Esempio —Dove lavi *i piatti?*
—*Li lavo nella lavastoviglie.*

1. Quando inviti *i tuoi amici?*

2. Dove cucini *l'arrosto?*

3. A chi mandi *gli inviti?*

4. Dove fai *la spesa?*

5. Dove trovi *le tue ricette?*

6. Come prepari *le uova?* strapazzate *(scrambled)* o sode *(hard-boiled)?*

7. Usi *il burro* quando cucini?

8. Per una cena elegante, metti *la tovaglia?*

9. Metti *il formaggio* sui maccheroni?

10. Dove lavi *le pentole e le padelle?*

C. Dal salumiere. Tua sorella ti ha mandato dal salumiere a fare la spesa. Quando tu ritorni, lei ti chiede se hai comprato le cose che erano sulla lista. Fatevi a turno le domande.

Esempio i funghi sott'olio
—*Hai comprato i funghi sott'olio?*
—*Sì, li ho comprati.*

1. il prosciutto crudo/sì

2. le uova/sì

3. il salame/no

4. le olive nere/no

5. i tortellini freschi/sì

6. la mozzarella/sì

7. il formaggio parmigiano/no

8. la ricotta/sì

9. le patatine fritte/sì

10. i piselli surgelati/no

D. Intervista. Lucy Bloom è appena ritornata da un anno di studi all'università di Padova. Le sue amiche le fanno molte domande sulla sua esperienza.

Esempio la pizza (buona, cattiva, ottima)
—*Come hai trovato la pizza?*
—*L'ho trovata buona (abbastanza buona). (o...)*

1. i corsi all'università di Padova (facili, difficili, lunghi)

2. i professori italiani (indulgenti, severi, cordiali)

3. i film italiani (divertenti, noiosi, interessanti)

4. i vini Valpolicella e Soave (eccellenti, mediocri, leggeri)

5. la cucina veneta (semplice, complicata, gustosa *[tasty]*)

6. la moda degli stilisti (elegante, inelegante, stravagante)

7. i mezzi di trasporto (efficienti, inefficienti, abbondanti, scarsi)

E. Un ospite *(guest)* a cena. È tardi e la signora Cattaneo è ancora in ufficio. È preoccupata e telefona al marito per domandargli se ha fatto le seguenti cose. Il marito la rassicura *(reassures her)*. Seguite l'esempio.

Esempio   preparare la cena
—*Hai preparato la cena?*
—*Sì, l'ho preparata.*

1. trovare la tovaglia
2. mettere piatti, bicchieri e posate
3. tirare fuori *(to take out)* l'acqua dal frigo
4. fare riscaldare *(to warm up)* l'arrosto
5. lavare l'insalata
6. tirare fuori dal congelatore il dolce
7. comprare i grissini

F. Scambi rapidi. I genitori parlano con il figlio Aldo, giornalista, che è ritornato da un lungo viaggio. Completate il dialogo con i pronomi appropriati.

ALDO Cari mamma e papà, finalmente _____ rivedo *(I see you again)*! Come state?

PAPÀ Noi stiamo benone. Ma tu, come _____ trovi *(do you find us)*? Tristi e vecchi forse?

ALDO Anzi *(On the contrary)*, _____ trovo sempre giovani e in ottima forma, e _____ rivedo con tanto piacere!

MAMMA Anche noi _____ rivediamo con tanta gioia. Siamo tanto contenti quanto tu _____ chiami e vieni a trovarci.

ALDO Purtroppo devo partire domani! A proposito, papà, domani tu _____ accompagni alla stazione in macchina?

PAPÀ Sì, _____ accompagno volentieri.

MAMMA Noi _____ aspettiamo sempre, e speriamo che tu ritorni ad abitare nella nostra città.

G. Quando? Domandate a un compagno (una compagna) quando ha fatto le seguenti cose. Usate per ogni frase espressioni di tempo differenti.

Esempio   leggere il giornale
—*Quando hai letto il giornale?*
—*L'ho letto ieri (domenica scorsa, venerdì mattina, ecc.).*

1. mangiare le lasagne
2. ascoltare la radio
3. comprare il parmigiano
4. salutare i compagni di classe
5. preparare la salsa di pomodoro
6. prendere la macchina
7. vedere i tuoi genitori
8. lavare i piatti e le pentole
9. comprare le verdure surgelate *(frozen)*

11.2 I pronomi indiretti

—Che cosa regali a tua madre per Pasqua?
—Le regalo un bell'oggetto per la casa.

1. An indirect object designates the person *to whom* an action is directed. It is used with verbs of *giving:* **dare, prestare, offrire, mandare, restituire, regalare, portare,** etc., and with verbs of *oral* and *written communication:* **parlare, dire, domandare, chiedere, rispondere, telefonare, scrivere, insegnare, spiegare, consigliare,** etc. The preposition **a** follows these verbs and precedes the name of the person to whom the action is directed.

Scrivo **una lettera.** *(direct object)*
Scrivo una lettera **a Lucia.** *(indirect object)*

An indirect-object pronoun replaces an indirect object.

Here are the forms of the indirect-object pronouns:

Singular			Plural		
mi (m')	*(to) me*	**mi** scrivono	**ci**	*(to) us*	**ci** scrivono
ti (t')	*(to) you (familiar)*	**ti** scrivono	**vi**	*(to) you (familiar)*	**vi** scrivono
gli	*(to) him*	**gli** scrivono	**loro** OR **gli**	*(to) them (m. & f.)*	scrivono **loro**
le	*(to) her*	**le** scrivono			(**gli** scrivono)
Le*	*(to) you (formal, m. & f.)*	**Le** scrivono	**Loro** OR **Gli***	*(to) you (formal, m. & f.)*	scrivono **Loro** *(very formal)*

*The capital letter in **Le, Loro,** and **Gli** is optional and is used to avoid ambiguity.

2. Note that the pronouns **mi, ti, ci,** and **vi** can be used as both direct- and indirect-object pronouns. With the exception of **loro,** which always follows the verb, indirect-object pronouns, like direct-object pronouns, precede the conjugated form of the verb. In negative sentences, **non** precedes the pronouns.

Mi dai un passaggio?	*Will you give me a lift?*
Chi **ti** telefona?	*Who is calling you?*
Non **gli** parlo.	*I am not speaking to him.*
Perché non **ci** scrivevate?	*Why didn't you write to us?*
Le offro un caffè.	*I am offering you a cup of coffee.*
Domandavo **Loro** se era giusto.	*I was asking you if it was right.*

NOTE: In contemporary Italian, the tendency is to replace **loro** with the plural **gli.**

Gli parlo OR Parlo **loro.**	*I am speaking **to them.***

3. In the **passato prossimo,** the past participle *never* agrees with the indirect-object pronoun.

Le ho parlat**o** ieri.	*I spoke to her yesterday.*
Non **gli** abbiamo telefonat**o**.	*We did not call them.*

4. Unlike in English, **telefonare** and **rispondere** take an indirect-object pronoun.

Quando telefoni a Lucia?	*When are you going to call Lucia?*
Le telefono stasera.	*I'll call her tonight.*
Hai risposto a Piero?	*Did you answer Piero?*
No, non **gli** ho risposto.	*No, I didn't answer him.*

5. The following chart presents all the forms of the direct- and indirect-object pronouns. Note that they differ only in the third-person singular and plural forms.

Direct-Object Pronouns		Indirect-Object Pronouns
mi		mi
ti		ti
lo, la, La	←——————→	gli, le, Le
ci		ci
vi		vi
li, le, Li, Le	←——————→	gli (loro), Loro

Pratica

A. Sostituzione. Sostituite le parole in corsivo con i pronomi appropriati.

1. Scrivo *a mia cugina.* **2.** Perché non telefoni *a tuo fratello?* **3.** Lucia spiega una ricetta *a Liliana.* **4.** Presto il libro di cucina *al mio ragazzo.* **5.** Do cento dollari *a mia sorella.* **6.** I due ragazzi chiedono un favore *al padre.* **7.** Liliana scrive un biglietto di auguri *a sua madre.* **8.** Date spesso dei consigli *ai vostri amici?* **9.** Paolo manda dei fiori *alla sua ragazza.*

B. Mille promesse. Roberto promette a tutti molte cose.

Esempio a suo fratello/andare a casa sua
Gli promette di andare a casa sua.

1. a suo padre/ascoltare i suoi consigli

2. a sua madre/aiutarla

3. ai suoi professori/studiare di più

4. a noi/andare insieme al cinema

5. a me/essere più paziente

6. alle sue amiche/invitarle al ristorante

C. Quando? Una persona curiosa vuole sapere quando tu fai le seguenti cose. Un compagno (una compagna) fa la parte della persona curiosa.

> **Esempio** —Quando dai dei consigli *al tuo amico?*/quando ha dei problemi
> —*Gli do dei consigli quando ha dei problemi.*

1. Quando telefoni *a tua madre?*/la domenica
2. Quando *ci* mandi una cartolina?/quando arrivo a Roma
3. Quando presti il libro di cucina *alla tua amica?*/quando dà una festa
4. Quando scrivi *ai tuoi genitori?*/quando ho bisogno di soldi
5. Quando *mi* fai gli auguri?/il giorno del tuo compleanno
6. Quando *ci* offri un gelato?/dopo cena
7. Quando rispondi *ai tuoi parenti?*/quando ho tempo
8. Quando porti un regalo *a tua madre?*/per Natale

D. Un giovane generoso. Per Natale Gianfranco ha comprato regali per tutti i parenti ed amici. Che cosa ha regalato loro?

> **Esempio** a suo fratello/un maglione
> *Gli ha regalato un maglione.*

1. a sua madre/una macchina per fare il cappuccino
2. alle sorelle/alcuni CD delle canzoni di San Remo
3. al fratellino/un giocattolo *(toy)* e caramelle *(candies)*
4. alla zia Maria/una scatola di cioccolatini Perugina
5. all'amico Lucio/un portafoglio di pelle marrone
6. ai nonni/...
7. alla sua ragazza/...
8. al(la) professore(ssa) d'italiano/...

E. Quando lo fai? Domandatevi quando avete intenzione di fare le seguenti cose. Usate i pronomi nella risposta.

> **Esempio** parlare al professore
> —*Quando parli al professore?*
> —*Gli parlo quando ho bisogno di una spiegazione (o...)*

1. chiedere consiglio a tuo padre
2. scrivere ai tuoi parenti
3. mandare una e-mail alla tua amica
4. offrire a me un pranzo
5. portare dei fiori a tua madre
6. telefonare al dottore
7. chiedere un appuntamento alla professoressa
8. mandare a me e al mio compagno (alla mia compagna) inviti per la festa

F. Diretto o indiretto? Tu e il tuo compagno (la tua compagna) organizzate una cena per gli amici. Il tuo compagno (La tua compagna) doveva fare alcune cose e tu vuoi sapere se le ha fatte.

Esempio   invitare Luisa
—*Hai invitato Luisa?*
—*Sì, l'ho invitata.*

1. mandare gli inviti
2. telefonare a Gino
3. comprare gli antipasti
4. scrivere a Marco
5. invitare anche i due fratelli Rossi

6. chiedere a Luisa la ricetta del tiramisù
7. comprare le bottiglie di vino bianco
8. chiamare Marisa

11.3 I pronomi con l'infinito e **Ecco!**

1. When a direct or indirect pronoun is the object of an infinitive, it—with the exception of **loro**—is attached to the infinitive, which drops the final **-e.**

Non desidero veder**la.**   *I don't wish to see her.*
Preferisco scriver**le.**   *I prefer to write to her.*

NOTE: With the verbs **potere, volere, dovere,** and **sapere,** the object pronoun may either be placed before the conjugated verb or attached to the infinitive.

Ti posso parlare? }
Posso parlar**ti?** }   *May I speak to you?*

2. A direct-object pronoun attaches to the expression **ecco!**

Ecco**lo!**   *Here (There) he is!*
Ecco**mi!**   *Here I am!*

Pratica

A. Sostituzione. Sostituite le espressioni in corsivo con il pronome appropriato.

1. Incomincio a capire *questa lingua*. **2.** Abbiamo bisogno di parlare *a Tonino*. **3.** Preferisco scrivere *a Luisa* domani. **4.** Ho deciso di invitare *gli amici*. **5.** Ho dimenticato di comprare *le uova*. **6.** Quest'anno non posso fare molti regali *ai miei amici*. **7.** Desidero invitare *le mie amiche* a una festa. **8.** Sapete parlare bene *lo spagnolo*? **9.** Voglio trovare *le mie chiavi*! **10.** Non posso aspettare *mio fratello*. **11.** Devi prendere *la macchina*?

B. Un invito a cena. Tu e tuo fratello (tua sorella) volete invitare gli amici a cena. Fatevi a turno le domande e sostituite le espressioni in corsivo con il pronome appropriato.

Esempio — *Vuoi invitare* **gli amici** *a cena?*
— *Sì, voglio invitarli.*

1. Dobbiamo chiamare *Tony?*
2. Pensi di telefonare *a Luisa?*
3. Possiamo mandare *gli inviti?*
4. Dobbiamo domandare *alla mamma* se è O.K.?
5. Abbiamo bisogno di chiedere *a papà* dei soldi?
6. Vogliamo mandare *ai nostri amici* una e-mail?
7. Vuoi preparare tu *la cena?*
8. Sai fare *le pappardelle con i funghi?*
9. Vai tu a fare *la spesa?*

C. Intenzioni. Tua sorella ti domanda quando hai intenzione di fare alcune cose importanti.

Esempio telefonare a papà/domani
— *Quando pensi di telefonare a papà?*
— *Penso di telefonargli domani.*

1. invitare gli amici/sabato
2. comprare le uova di cioccolato/venerdì
3. scrivere alla cugina/questo weekend
4. parlare ai professori/la settimana prossima *(next)*
5. vedere gli zii di Vicenza/domani pomeriggio
6. mandare le cartoline di auguri/prima delle feste

D. Dove sono? Il tuo compagno domanda dove sono alcune cose nella classe. Tu rispondi usando **ecco** e il pronome appropriato.

Esempio — *Dov'è la penna?*
— *Eccola!*

11.4 L'imperativo con un pronome (diretto, indiretto o riflessivo)

Molti preferiscono il dolcificante allo zucchero

Perchè ingrassi il tuo caffé? **Dimagriscilo con Tac.**

1. Object and reflexive pronouns—except **loro**—attach to the end of the **tu, noi,** and **voi** imperative forms. With the **Lei** and **Loro** imperative forms, the object pronoun precedes the verb, except when you use the object pronoun **loro**, which always follows the verb.

Familiar	Formal	
Parla**le!**	**Le** parli!	*Talk to her!*
Compra**li!**	**Li** compri!	*Buy them!*
Scrivete**ci!**	**Ci** scrivano!	*Write to us!*
Parla**gli!**	**Gli** parli!	*Talk to them! (Talk to him!)*
BUT		
Parla **loro!**	Parli **loro!**	*Talk to them!*

Note the imperative construction with reflexive and reciprocal verbs:

fermarsi			scriversi	
(tu)	**Fermati!**	*Stop!*		
(noi)	**Fermiamoci!**	*Let's stop!*	**Scriviamoci!**	*Let's write to each other!*
(voi)	**Fermatevi!**	*Stop!*	**Scrivetevi!**	*Write to each other!*
(Lei)	**Si fermi!**	*Stop!*		
(Loro)	**Si fermino!**	*Stop!*	**Si scrivano!**	*Write to each other!*

2. When a pronoun attaches to the monosyllabic imperatives **va', da', fa', sta',** and **di',** the initial consonant of the pronoun—except **gli**—is doubled. Remember that with the formal imperative, the pronoun (except **loro**) precedes the verb.

Dammi il libro!	**Mi** dia il libro!	*Give me the book!*
Dicci qualcosa!	**Ci** dica qualcosa!	*Tell us something!*
Falle un regalo!	**Le** faccia un regalo!	*Give her a gift!*
BUT		
Digli la verità!	**Gli** dica la verità	*Tell him the truth!*

3. In the familiar forms of the *negative imperative,* object and reflexive pronouns may either precede or follow the imperative verb. When a pronoun follows an imperative verb in the **tu** form, the infinitive drops the final **-e.**

Non **ti** alzare! ⎫
Non alzar**ti!** ⎭   *Don't get up!*

Non **gli** diciamo niente! ⎫
Non diciamo**gli** niente! ⎭   *Let's not tell him anything!*

Non **lo** fare! ⎫
Non far**lo!** ⎭   *Don't do it!*

Pratica

 A. La spesa. Tu devi uscire e chiedi alla mamma di che cosa ha bisogno in cucina.

> **Esempio** le mele/sì
> —*Compro le mele?*
> —*Sì, comprale!*

1. lo zucchero/sì **2.** il sale/no **3.** il burro/sì **4.** la farina/no **5.** le cipolle/sì **6.** le uova/no **7.** gli spinaci/no **8.** ...

B. In una nuova città. Fabio si è appena trasferito nella tua città e ha bisogno di informazioni.

  a. Tu rispondi con un po' d'immaginazione.

> **Esempio** dire dov'è l'ufficio postale
> —*Per favore, dimmi dov'è l'ufficio postale.*
> —*L'ufficio postale è qui vicino, in Piazza Garibaldi. (o...)*

    1. consigliare una buona banca   **4.** aiutare a trovare una stanza

    2. suggerire un buon ristorante   **5.** telefonare a questo numero

    3. mostrare dov'è l'università   **6.** mandare un'e-mail

  b. Fabio chiede le stesse informazioni a un impiegato in un'agenzia.

> **Esempio** *Per favore, mi dica dov'è l'ufficio postale.*

C. Consigli e suggerimenti. I tuoi amici di New York sono venuti a trovarti per alcuni giorni. Tu dai loro dei consigli e dei suggerimenti.

> **Esempio** gli suggerisci di **alzarsi** presto se vogliono vedere molte cose
> —*Alzatevi presto se volete vedere molte cose.*

1. gli suggerisci di **vestirsi** con abiti leggeri perché fa molto caldo

2. li inviti a **prepararsi** la colazione che preferiscono

3. li inviti a **sentirsi** come a casa loro

4. li incoraggi a **divertirsi**

5. gli dici di **non arrabbiarsi** se hanno perso la carta di credito

6. gli dici di **non preoccuparsi** se ritornano tardi la sera

7. prepari la vasca con l'acqua calda e li inviti a **farsi** un bagno rilassante

8. gli dici di **fermarsi** ancora qualche giorno

9. li inviti a **riposarsi** il giorno prima del viaggio di ritorno

 D. Che fare? Aldo ha litigato con la sua fidanzata, che gli ha restituito l'anello di fidanzamento e domanda all'amico se fare o non fare certe cose. L'amico risponde di sì o di no.

> **Esempio** telefonarle/no
> —*Le telefono?*
> —*Sì, telefonale!* o —*No, non telefonarle!*

    1. chiederle scusa/sì   **4.** inviarle *(to send)* un fax/sì

    2. mandarle un mazzo di fiori/sì   **5.** regalarle un braccialetto/no

    3. scriverle una lunga lettera/no   **6.** offrirle due biglietti per il balletto/sì

 E. Progetti per una riunione tra amici. Chiedetevi a turno cosa dovete fare per organizzare una riunione. (Chi dovete invitare, cosa dovete comprare, cosa dovete preparare, a chi mandare gli inviti, eccetera).

> **Esempio** —*Devo comprare le bibite o le abbiamo già a casa?*
> —*No, non le abbiamo, comprale!*

Dai, che sei primo!

Esclamazioni comuni

Here are some exclamations expressing a wish or a feeling. You have already encountered some of them.

Auguri! Best wishes!
Congratulazioni! Felicitazioni! Congratulations!
Buon Anno! Happy New Year!
Buon compleanno! Happy Birthday!
Buon appetito! Enjoy your meal!
Buon divertimento! Have fun!
Buona fortuna! Good luck!
In bocca al lupo! Break a leg! (*lit.*, In the wolf's mouth!)
Buona giornata! Have a good day (at work)!
Buon Natale! Merry Christmas!
Buona Pasqua! Happy Easter!
Buone vacanze! Have a nice vacation!
Buon viaggio! Have a nice trip!

Salute! Cin cin! Cheers!
Salute! God bless you! (when someone sneezes)
Aiuto! Help!
Attenzione! Watch out!
Bravo(a)! Well done!
Caspita! Wow! Unbelievable!
Chissà! Who knows!
Mah! Bah!
Ma va! Macché! No way!
Magari! I wish it were true!
Meno male! Thank goodness!
Peccato! What a pity!
Su, dai! Come on!
Va bene! D'accordo! O.K.
Be' (Beh)... Well . . .
Purtroppo! Unfortunately!

Pratica

Cosa si dice? A turno, reagisci con un'espressione esclamativa appropriata alle seguenti situazioni.

1. Tua cugina si sposa sabato prossimo. **2.** Bevi con amici un bicchiere di spumante. **3.** È l'ora di pranzo e tutti sono a tavola. **4.** Vedi un pedone (*pedestrian*) che attraversa la strada in un momento di traffico. **5.** Un parente ha vinto cinque milioni di euro alla lotteria. **6.** Ti domandano se andrai (*you will go*) in vacanza, ma tu sei incerto. **7.** Tuo fratello ha perduto il treno. **8.** Vuoi convincere Alberto ad uscire con te. **9.** Domani tua sorella ha un esame importante.

Per finire
 CD 2, Track 10

Una buona ricetta: tiramisù
pick-me-up

Ecco una ricetta per un ottimo dolce alla fine di un buon pranzo.

Ingredienti:

2 pacchi di biscotti **savoiardi** (circa 40)	*ladyfingers*
500 grammi di **mascarpone**	*(a typical Italian cream cheese)/1 cup*
1/4 **di litro** di caffè forte	
1/4 di litro di **Marsala**	*(a dry wine)*
4 uova	
100 **grammi** di zucchero	*1/3 cup*
40 **cc** di rum	*1/3 cup*
1 cucchiaio di estratto di vaniglia	

Preparazione:

Disponete metà dei biscotti in una **pirofila.** Mescolate caffè, marsala e estratto di vaniglia. Versate **metà** del
liquido sui biscotti.

Lay/11 × 13
Pyrex® pan/half

Separate il bianco e il giallo delle uova. **Montate il
bianco a neve.** Mescolate il giallo con lo zucchero. Unite
insieme il bianco, il giallo, il mascarpone e il rum. Mescolate bene. Avete così una crema densa.

Beat the whites stiff.

Spalmate metà di questa crema sui biscotti. Disponete **sopra** il resto dei biscotti. Versate il resto del liquido
(caffè, marsala, vaniglia). Spalmate il resto della crema.

Spread
on top

Il tiramisù è pronto. Se volete decorarlo, **cospargete
il tutto** con **polvere** di cioccolato semi-dolce. Mettete
il tiramisù nel frigorifero per almeno 12 ore prima di
servirlo.

sprinkle the whole
thing/powder

Comprensione

1. Quando serviamo un tiramisù? **2.** Quali sono alcuni ingredienti di questa ricetta? **3.** Che cos'è il Marsala? E i savoiardi, che cosa sono? **4.** Abbiamo bisogno del forno per preparare il tiramisù? **5.** Quanto tempo è bene tenerlo *(to keep
it)* in frigorifero prima di servirlo?

Conversazione

1. Sai preparare qualche dolce? Quale? Preferisci comprarlo in pasticceria?

2. Hai mai mangiato il tiramisù? L'hai preparato tu o l'hai comprato in una
pasticceria? Ti è piaciuto?

3. Sai preparare qualche piatto tipico (americano, italiano, o...)?

4. Conosci alcune buone ricette? Quali?

5. Cosa ordini come dolce al ristorante?

6. Ti piace il gelato? Quale (alla fragola, alla panna, al cioccolato, al limone,
alla nocciola)?

Come si dice in italiano?

1. Mark's parents intend to spend a few days in town, and Mark has invited
them to dinner at his house.

2. Since **(Poiché)** he does not know how to cook, he is worried.

3. He has phoned his girlfriend and asked her to give him a good recipe.

4. She has suggested preparing **(di preparare)** *spaghetti alla carbonara* and has
explained to him how to make it *(pl.)*.

5. It is a very easy recipe.

6. At seven o'clock, his parents arrive. Here they are!

7. Mark is very happy to **(di)** see them, but he does not want his mother in
the kitchen.

8. Unfortunately, his girlfriend hasn't told him how much salt to use, and he
has used it generously.

9. She has also forgotten **(di)** to tell him how long **(per quanto tempo)** to cook
the spaghetti.

10. Tonight Mark and his parents are eating scrambled eggs and bacon **(pan-
cetta)** with bread.

Attualità

Adesso scriviamo!

Una cena elegante

Inviti degli amici a casa tua per una cena elegante. Decidi di preparagli un menù italiano.

A. Fai una ricerca (sull'Internet, nella biblioteca...) e decidi che piatto tipico e molto semplice preparare. Poi completa la tabella che segue con le informazioni di base sul piatto che hai scelto.

> Il piatto italiano che decidi di preparare:
>
> Gli ingredienti che devi comprare:
>
> Gli ingredienti che hai già nella tua cucina:
>
> Cosa devi fare in cucina per preparare questo piatto:
>
> Di quanto tempo hai bisogno per prepararlo:
>
> Come vuoi apparecchiare la tavola:

B. Ora racconta, in uno o due paragrafi, quello che devi fare prima dell'arrivo dei tuoi amici.

Esempio

Ho deciso di invitare i miei amici, Carlo e Anna, a cena a casa mia sabato sera. Ho deciso di preparargli il minestrone. Poi ho del formaggio fresco, della frutta e una bella torta di mele.

Nel mio frigorifero ci sono degli zucchini che la mia mamma mi ha dato ieri, ma non ho molte verdure, così devo andare al supermercato per comprarle. Ho bisogno delle patate, del sedano, delle carote, di una grossa cipolla e dei fagioli; non posso aggiungere la carne perché la mia amica Anna è vegetariana.

Quando arrivo a casa, un paio d'ore prima dell'ora di cena, lavo tutte le verdure e le taglio a pezzetti, le metto in una grande pentola, le copro con l'acqua e accendo i fornelli, lascio cucinare a fuoco basso per un paio d'ore e non mi dimentico di aggiungere il sale. Adesso preparo la tavola, metto una bella tovaglia bianca con i tovaglioli, i piatti belli, i bicchieri per l'acqua e per il vino e le posate d'argento. Ho anche delle candele da mettere come centro tavola.

C. Adesso che hai finito la tua descrizione controlla di aver scritto tutte le parole correttamente. L'accordo tra il verbo e il soggetto e tra il nome e l'aggettivo sono corretti?

Alla fine, con un compagno (una compagna), leggete le vostre narrazioni. Che piatto preparerà il tuo compagno (la tua compagna)? Pensi che la sua cena sarà un successo?

Parliamo insieme!

 A. Che cosa prepariamo? Voi aspettate degli amici italiani e decidete di preparare un tipico piatto americano, semplice e alla buona *(informal)*. Quale piatto? Discutete insieme. Forse un'insalata e... Quali ingredienti? *[One student can be the organizer and direct the others to go to . . . , to buy . . . , to wash . . . , to prepare. . . . Use imperatives.]* Attività in piccoli gruppi.

Il mercato all'aperto. Al banco *(stand)* del salumiere si possono comprare molti generi alimentari, come, per esempio: prosciutto, salame, salsicce, vari tipi di formaggio (parmigiano, ricotta, mozzarella, gorgonzola, fontina), yogurt, uova, burro, olive, funghi sott'olio, acciughe *(anchovies)*, eccetera.

 B. Il mercato all'aperto. Questa sera hai invitato alcuni amici a casa tua e vuoi preparare alcuni piatti di antipasti e formaggi. Prepara la lista di quello che ti serve e vai al banco del salumiere. Con un'altro studente (un'altra studentessa) create e praticate la conversazione con il venditore.

    Fa' attenzione alle seguenti conversioni: 1 kilo = 2.2 pounds; 1 etto = .1 kilo.

Esempio
  —*Buon giorno, desidera?*
  —*Mi dia per favore tre o quattro etti di formaggio parmigiano.*
  —*Ha bisogno d'altro?*
  —*Sì, qual è il prosciutto migliore?*
  —*Il prosciutto di Parma. Quanti etti le do?*
  —*Tre etti, e anche una dozzina di uova fresche...*
  —*Benissimo, il totale è 35 euro e 50 centesimi.*
  —*Va bene, ecco a Lei, arrivederci.*
  —*ArrivederLa e grazie!*

C. Utensili. Dite quando usate questi utensili.

Esempio *Uso il tostapane quando voglio tostare il pane per preparare un sandwich.*

GUARDIAMO!

In cucina
Fabio aiuta Daniela a preparare una cena speciale. Fabio è ben intenzionato ma purtroppo non è di grande aiuto in cucina!

SITO WEB

Per fare più pratica con gli argomenti culturali e i punti grammaticali del **Capitolo 11,** vai a vedere il sito *Ciao!* a **http://ciao.heinle.com.**

lo scolapasta

la pentola

il cavatappi

il tostapane

la pentola a pressione

il frullatore

le spatole

la padella

la macchinetta per il caffè

Vedute d'Italia

Le abitudini alimentari degli Italiani

A. Prima di leggere

The eating habits of Italians are reported in the following article from the magazine *Panorama*. For weeks A.C. Nielsen, a market research company, monitored the habits of 17,000 men and women older than 14 from all parts of Italy. One of the objectives of the research was to determine which foods Italians prefer and to explain these preferences. Keep this objective in mind as you read and be prepared to summarize in your own words the survey's main findings.

Per mesi sono state monitorate dalla A.C. Nielsen, grande compagnia delle **indagini** sul mercato, le abitudini alimentari di 17.000 Italiani. Primi, secondi, dolci, salumi, formaggi, bevande: tutto passato sotto la lente di **ingrandimento.** — *research / magnifying glass*

Obiettivo: stabilire quali sono i piatti preferiti e perché. La compagnia ha ottenuto una bella classifica... [dei] cibi tipici.

La classifica dei «top ten», i cibi più amati dagli Italiani (riportata a fondo pagina), vede il trionfo della tradizione. Le prime cinque posizioni sono occupate da prodotti più tipici: parmigiano reggiano, prosciutto crudo, gelato, pizza, lasagne. Dietro le prime posizioni, **tuttavia,** emerge il vero fatto nuovo: il desiderio di varietà. — *though*

Gli Italiani, oggi, desiderano mangiare a **qualsiasi** ora, **ovunque,** e quello che vogliono: dal panino all'**aragosta.** — *any/anywhere / lobster*

Nella classifica dei primi piatti non sono importanti i cibi sofisticati, ma, **piuttosto,** i piatti ricchi per definizione, come le lasagne, i cannelloni, le paste al forno, dove è possibile mettere dentro di tutto, e una persona può usare più liberamente la fantasia. — *rather*

Riguardo ai secondi, **in discesa le pietanze in umido** o cotte in padella, ma sono preferiti i piatti alla griglia: di carne o di pesce. Segue la **frittura di pesce,** in perfetto stile mediterraneo. — *With regard to/in descending order/ stewed dishes/fried seafood*

Discorsi a parte i dolci e le **bevande. Che c'è di meglio** di un buon gelato a fine pasto? **Quanto al** bere, gli Italiani preferiscono l'acqua minerale. **Strabattuto il vino per non parlare** della birra. Resistono il caffé, tè, latte e **persino** la camomilla. — *As separate categories/drinks/What can be better than/As to / Wine was badly beaten not to mention beer/even*

La classifica dei dieci cibi preferiti

Alimenti — 1° Parmigiano reggiano — Voto medio di preferenza (da 0 a 100) **89,5** — 2° Prosciutto crudo e Gelato **86,6** — 4° Pizza **86,1** — 5° Lasagne **84,1**

6° Grigliata di carne **83,3** — 7° Grana padano **81,3** — 8° Grigliata di pesce **80,6** — 9° Frittura di pesce **79,4** — 10° Dolci al cucchiaio **78,3**

B. Alla lettura

Leggi un'altra volta l'articolo, poi con un compagno (una compagna) discutete le conclusioni dell'articolo e riassumete insieme l'inchiesta e i suoi obiettivi principali. Poi rispondi alle seguenti domande:

1. Quali sono i cinque cibi preferiti dagli Italiani?
2. Dopo i cinque cibi preferiti dagli Italiani, qual è il vero fatto nuovo che emerge da questa classifica? Che cosa desiderano fare oggi gli Italiani?
3. Quali primi piatti preferiscono gli Italiani, e perché?
4. Quali secondi piatti preferiscono?
5. Qual è il dolce più mangiato?
6. Che cosa preferiscono bere gli Italiani?

C. Culture a confronto

1. Che cosa ti ha sorpreso nelle liste delle preferenze degli Italiani? Che cosa non ti ha sorpreso?
2. Ci sono molte differenze tra le preferenze degli Italiani e quelle dei Nord-Americani? Spiega la tua risposta.

Sapete che... ?

La cucina emiliana e la pasta

La gastronomia italiana **vanta** una delle tradizioni più illustri d'Europa. La cucina italiana è nota sopratutto per la varietà dei suoi piatti a base di pasta. *boasts*

Oggi troviamo la pasta in una varietà di forme e di preparazioni, a seconda delle tradizioni locali. Può essere preparata in brodo con o **senza** verdure, con salse elaborate o condimenti semplici come l'olio d'oliva o il burro. *without*

Una regione da visitare è l'Emilia-Romagna: Bologna, la città principale, è stata definita **«la dotta»** per la sua tradizione universitaria, ma anche **«la grassa»** per la ricchezza della sua cucina. I **salumi** emiliani sono molto vari: prosciutti, salami, cotechini, zamponi, mortadelle, pancette e salsicce. In Emilia la lunga lista di paste fresche va dalle **tagliatelle** alle lasagne e ai raffinati tortelli, e ravioli. *"the learned": doctors* *pork cold cuts* *thin ribbon noodles*

Nelle città e nei paesi vicino al mare, la pasta è condita molto spesso con **frutti di mare,** come i **vermicelli con le vongole** di Napoli—la città d'origine della pizza—o come la pasta con **le sarde** della Sicilia. *seafood/noodles with baby clams* *sardines*

In diverse regioni del Nord sono popolari anche il riso, che è l'ingrediente base di diverse ricette di risotto, e **la polenta** che **si fa** con la farina di **granturco.** *cornmeal/is made* *corn*

Comprensione

1. La cucina italiana è nota sopratutto per...
   a. il tiramisù.
   b. la pasta.
   c. le lasagne.

2. Il condimento più semplice della pasta è...
   a. la carne.
   b. la verdura.
   c. l'olio.

3. Bologna è chiamata «la dotta» per...
   a. la sua cucina.
   b. la sua università.
   c. la pizza.

4. Nelle regioni lungo il mare, la pasta è spesso condita con salse a base di...
   a. farina di granturco.
   b. carne.
   c. frutti di mare.

Vocabolario

Nomi

gli auguri	wishes
il biglietto	card, ticket
il brodo	broth
la chiave	key
i cioccolatini	chocolate candies
la dieta	diet
l'etto(grammo)	100 grams
l'ingrediente *(m.)*	ingredient
l'invitato	guest
il libro di cucina	cookbook
il mazzo di fiori	bouquet of flowers
l'ospite *(m. & f.)*	guest
il parmigiano	Parmesan cheese
la pasticceria	pastry shop
le posate	silverware
la ricetta	recipe
la salsa	sauce
il suggerimento	suggestion

Aggettivi

efficiente	efficient
grosso	big
gustoso	tasty
inefficiente	inefficient
necessario	necessary
ottimo	excellent
piccante	spicy
surgelato	frozen

Verbi

apparecchiare	to set (the table)
asciugare	to dry
mostrare	to show
passare	to spend (time)
preoccuparsi	to worry
prestare	to lend
promettere *(p.p.* promesso*)*	to promise
rivedere	to see again
rompere *(p.p.* rotto*)*	to break
suggerire (-isc)	to suggest
usare	to use

Altre espressioni

almeno	at least
anzi	on the contrary
benone	very well
ci vuole (+ *sing. noun*)	it takes, it is necessary
ci vogliono (+ *pl. noun*)	they are necessary
è l'ora di pranzo (cena)	it is lunch time (dinner)
essere a dieta	to be on a diet
in ottima forma	in excellent shape
purtroppo	unfortunately

CAPITOLO 12

Le vacanze

Il Duomo di Orvieto. La costruzione fu iniziata nel 1290. Molti artisti hanno contribuito alla sua costruzione.

Punti di vista | Al mare

    Studio di parole: In vacanza

    Informazioni: La villeggiatura

    Ascoltiamo! Un salvataggio

Punti grammaticali

    12.1 Il futuro

    12.2 I pronomi tonici

    12.3 **Piacere**

    12.4 Il **si** impersonale

    12.5 Plurali irregolari

Per finire | Vacanze in Sicilia

Attualità

    Adesso scriviamo!

    Parliamo insieme!

    ♪♪ **Intermezzo musicale: Renato Carosone, «Piccolissima Serenata»**

Vedute d'Italia | Inverno tutto italiano

    Sapete che...?

Punti di vista

Bagnanti su una spiaggia dell'Adriatico.

Al mare CD 2, Track 11

Due **bagnini** su una spiaggia dell'Adriatico parlano fra di loro.	*lifeguards*
GIOVANNI Hai visto quanti turisti ci sono quest'anno?	
LORENZO Sì, e molti altri arriveranno nelle prossime settimane.	
GIOVANNI Arrivano con le loro tende e i loro camper da tutta l'Europa.	
LORENZO Il campeggio è un modo economico di fare le vacanze.	
GIOVANNI Molti non hanno la tenda, ma solo uno **zaino** e un **sacco a pelo.** Quando sono stanchi di stare sulla spiaggia, fanno l'autostop e vanno in montagna.	*backpack* *sleeping bag*
LORENZO E hai visto come sono **attrezzati?** Hanno **tutto l'occorrente** per passare l'estate in Italia.	*equipped/all they need*
GIOVANNI Sì, e viaggiano con le loro carte geografiche. Molti conoscono l'Italia **meglio di** noi.	*better than*
LORENZO Quest'estate saremo più occupati **del solito.** Non ho mai visto tanta gente!	*than usual*
GIOVANNI È vero. Ma mi piace questo lavoro perché posso ammirare lo spettacolo magnifico del mare.	
UNA VOCE Bagnino, **aiuto!** Aiuto!	*help*
LORENZO **Addio** spettacolo!	*Good-bye*

Comprensione

1. Chi sono e dove si trovano i due che fanno commenti sui turisti? **2.** Come viaggiano e cos'hanno molti turisti europei che vengono in Italia? **3.** Dove vanno quando sono stanchi di stare sulla spiaggia? Si perdono facilmente? Perché? **4.** Dove e come dormono? **5.** Chi interrompe la conversazione dei due bagnini?

Studio di parole   *In vacanza*

l'ombrellone
la barca a vela
il mare
il costume da bagno
la spiaggia
l'asciugamano
la sabbia (*sand*)

AL MARE

la guida tour guide, guide book	**all'estero** abroad
la gita turistica tour, excursion	**abbronzarsi** to tan
la villeggiatura summer vacation	**nuotare** to swim
passare le vacanze to take a vacation	**annegare** to drown
in montagna in the mountains	**pericoloso** dangerous
al lago at the lake	**il (la) bagnino(a)** lifeguard
in campagna in the country	**salvare** to rescue
al mare at the beach	

la carta geografica
il bosco
la tenda
lo zaino
gli scarponi da montagna

IN MONTAGNA

la giacca a vento windbreaker
il sacco a pelo sleeping bag
montare le tende to pitch the tents

fare {
   l'autostop to hitchhike
   il campeggio to go camping, to camp
   un'escursione (*f.*) to take an excursion
   l'alpinismo to climb a mountain

Informazioni La villeggiatura

Fare la villeggiatura significa «passare un periodo di riposo e di svago *(relaxation)* fuori città, in una località di campagna, di montagna, di lago o di mare». **Andare in ferie** è l'espressione usata per le vacanze dei lavoratori. Di solito agosto è il mese preferito per le ferie. Per il Ferragosto (15 agosto) quasi tutti sono in vacanza e le città sono semideserte. Molti negozi sono chiusi e i mezzi di trasporto riducono il servizio.

Nelle località di villeggiatura del Nord e nel Centro, le spiagge sono in genere occupate da stabilimenti balneari *(beachfront businesses)*. Si deve pagare un biglietto d'ingresso per accedere alla spiaggia e ai servizi necessari. I tratti di spiaggia libera sono pochi.

Negli ultimi tempi gli amanti del mare si dirigono, sempre più numerosi, verso la Puglia, la Calabria, la Sicilia e la Sardegna. In queste regioni, lunghi tratti di costa sono liberi, e le acque sono più pulite *(clean)*. Vicino, ci sono villaggi turistici con sport e svaghi per tutti, grandi e piccoli.

Oggi, però, gli Italiani sono diventati più curiosi e molti preferiscono le vacanze «intellettuali», alla scoperta di nuove città e di paesi sconosciuti.

Applicazione

A. Domande

1. Quando andiamo all'estero, come risolviamo il problema della lingua?
2. Con quali mezzi possiamo viaggiare se vogliamo passare delle vacanze economiche? E se preferiamo vacanze lussuose?
3. Alla spiaggia, chi salva le persone in pericolo di annegare?
4. Che cosa ci mettiamo quando andiamo a nuotare?
5. Perché si sta molte ore al sole?
6. Dove si dorme quando si fa il campeggio?
7. Siamo in montagna. Le previsioni del tempo *(weather forecast)* annunciano vento e pioggia: cosa ci mettiamo?
8. Quando ci perdiamo, di cosa abbiamo bisogno per ritrovare la strada?

B. Una crociera. Da dove salpa *(sails)* la nave di questa crociera? In quale stagione? Discutete: Che cosa vi piace di questa vacanza? Quale scalo *(stop)* vi piacerà di più? Perché?

C. Conversazione

1. Ti piace fare il campeggio? Dove preferisci farlo?

2. Preferisci dormire sotto la tenda o in un bell'albergo?

3. Hai mai viaggiato in un camper? Dove sei andato(a)?

4. Preferisci una vacanza a contatto con la natura, o un viaggio turistico in alcune città europee? Perché?

5. Quando sei in vacanza al mare, fai una vita attiva? Nuoti? Cammini sulla spiaggia? Giochi a pallavolo? Oppure preferisci riposarti e prendere il sole?

Ai giovani piace moltissimo fare il campeggio in montagna.

Ascoltiamo!   CD 2, Track 12

Un salvataggio. The lifeguards, Giovanni and Lorenzo, rush into the water to rescue a swimmer who seems to be drowning. They return to the beach, carrying an apparently lifeless woman. Listen to the ensuing conversation; then answer the following questions.

Comprensione

1. Chi hanno salvato i due bagnini?

2. Perché Giovanni deve praticarle la respirazione artificiale?

3. Dopo qualche minuto che cosa fa la ragazza?

4. È riconoscente *(grateful)* la ragazza? Che cosa dice a Giovanni?

5. Ha avuto paura di annegare perché non sa nuotare?

6. Dove l'accompagna Lorenzo?

Dialogo

In gruppi di due, progettate *(plan)* di passare una giornata al mare. Decidete come andare, cosa portare, come vestirvi e cosa fare alla spiaggia.

Punti grammaticali

12.1 Il futuro

Bomarzo (Viterbo, Lazio). Il parco dei mostri, creato da Pier Francesco Orsini nel sedicesimo secolo. Chi sarà quel mostro?

1. The future (**futuro**) is a simple tense expressing an event that will take place in the future. It is formed by adding the endings of the future to the infinitive after dropping the final **-e.**

rispondere → risponderò = *I will answer*

The future is conjugated as follows:

parlare	rispondere	partire
parlerò	risponderò	partirò
parlerai	risponderai	partirai
parlerà	risponderà	partirà
parleremo	risponderemo	partiremo
parlerete	risponderete	partirete
parleranno	risponderanno	partiranno

The endings are the same for all conjugations. Note that the **-a** of the first conjugation infinitive ending changes to **-e** before adding the future endings.

I turisti **prenderanno** il pullman.   *The tourists will take the tour bus.*
Noi **visiteremo** un castello.   *We will visit a castle.*
Quando **finirai** gli studi?   *When will you finish (your) studies?*

2. The following groups of verbs are irregular in the future tense:

a. Verbs that end in **-are** but do not undergo a stem change

dare:	**darò, darai,** ecc.
fare:	**farò, farai,** ecc.
stare:	**starò, starai,** ecc.

b. Verbs that end in **-care, -gare, -ciare,** and **-giare** and undergo a spelling change for phonetic reasons

dimenticare:	**dimenticherò, dimenticherai,** ecc.
pagare:	**pagherò, pagherai,** ecc.
cominciare:	**comincerò, comincerai,** ecc.
mangiare:	**mangerò, mangerai,** ecc.

c. Verbs that drop a stem vowel

andare:	**andrò, andrai,** ecc.
avere:	**avrò, avrai,** ecc.
cadere:	**cadrò, cadrai,** ecc.
dovere:	**dovrò, dovrai,** ecc.
potere:	**potrò, potrai,** ecc.
sapere:	**saprò, saprai,** ecc.
vedere:	**vedrò, vedrai,** ecc.
vivere:	**vivrò, vivrai,** ecc.

d. Verbs that have an irregular stem

essere:	**sarò, sarai,** ecc.
bere:	**berrò, berrai,** ecc.
venire:	**verrò, verrai,** ecc.
volere:	**vorrò, vorrai,** ecc.

—Dove cadrà?
—Chi vivrà, vedrà!

Saremo pronti alle otto.	*We will be ready at eight.*
Dovrà studiare se **vorrà** riuscire.	*He will have to study if he wants to succeed.*
Pagherai tu il conto?	*Will you pay the bill?*
A che ora **mangerete?**	*At what time will you eat?*
Prometto che non **berrò** più.	*I promise that I will not drink any more.*

3. When the main verb of a sentence is in the future, the verb of a subordinate clause introduced by **se, quando,** or **appena** *(as soon as)* is also in the future.

Andremo alla spiaggia se **farà** bello.	*We will go to the beach if the weather is nice.*
Ti **racconterò** tutto quando ti **vedrò.**	*I will tell you everything when I see you.*
Mi **scriverà** appena **arriverà** a Roma.	*He will write to me as soon as he arrives in Rome.*

NOTE: Colloquial Italian often uses the present tense to express the near future.

Quando **parti?**	*When are you leaving?*
Parto la settimana prossima.	*I am leaving next week.*

4. **Futuro di probabilità.** The future tense is also used to convey probability or conjecture in the present.

Dov'è la guida? **Sarà** al bar.	*Where is the tour guide? He/She is probably (He/She must be) in the bar.*
Che ore sono? **Saranno** le tre.	*What time is it? It is probably (It must be) three.*
Quanto costa una Ferrari? **Costerà** 100.000 dollari.	*How much does a Ferrari cost? It probably costs 100,000 dollars.*

Here are a few expressions of time used with the future tense:

domani	*tomorrow*
dopodomani	*the day after tomorrow*
la settimana prossima	*next week*
l'anno (il mese) prossimo	*next year (month)*
fra un anno	*one year from now*
fra 3 giorni (una settimana, ecc.)	*in 3 days (a week, etc.)*
fra poco	*in a little while*

Pratica

A. Progetti di vacanze. Rispondete alla domanda secondo l'esempio.

a. Cosa farai quando andrai in vacanza?

Esempio   andare a Portofino
Andrò a Portofino.

1. stare in un bell'albergo **2.** mangiare nelle trattorie locali **3.** visitare i villaggi vicini **4.** nuotare nel mare **5.** abbronzarsi **6.** fare passeggiate sulla spiaggia **7.** dormire fino a tardi **8.** andare in barca **9.** comprare dei ricordi *(souvenirs)*

b. Cosa faranno i boy-scouts quando andranno in montagna?

Esempio   fare il campeggio
Faranno il campeggio.

1. partire presto la mattina

2. trovare un bel posto

3. montare la tenda

4. andare a pescare delle trote nel fiume *(river)*

5. accendere *(to light)* il fuoco

6. cucinare le trote sul fuoco

7. mangiarle

8. dormire nel sacco a pelo

9. vivere all'aperto

10. dimenticare i rumori della città

B. In pullman. Usate le informazioni seguenti per ricreare la conversazione tra due passeggeri americani in gita turistica in Italia.

Esempio   mangiare le lasagne/Bologna
—Ha già mangiato le lasagne?
—No, ma le mangerò a Bologna.

1. cambiare i dollari/fra poco

2. leggere la guida di Venezia/prima di sera

3. vedere la città di Firenze/dopodomani

4. visitare la Sicilia/l'anno prossimo

5. imparare alcune frasi in italiano/prima del ritorno

6. bere il vino di Frascati/a Roma

C. Cosa farete? Domanda a due tuoi amici che partono per le vacanze cosa faranno. Fatevi a turno le domande usando i verbi: **partire, andare, viaggiare, visitare, fermarsi, stare, comprare, ritornare.** Potete cominciare le domande con: **cosa, quando, dove, come,** eccetera.

Esempio   arrivare
—*In quale città arriverete?*
—*Arriveremo a Roma.*

D. Se e quando. Completate con **il presente** o **il futuro** secondo il senso della frase.

1. Se noi (stare) _____ in un albergo di una stella, risparmieremo.

2. Faremo una lunga crociera quando noi (avere) _____ più soldi.

3. Quando i ragazzi (arrivare) _____ nel bosco, monteranno la tenda.

4. Non potranno divertirsi se (piovere) _____ .

5. Se tu (volere) _____ divertirti, dove vai?

6. Che cosa fai quando (essere) _____ in vacanza?

7. Se (volere) _____ visitare la Sicilia, i turisti dovranno passare lo stretto di Messina in traghetto *(ferryboat).*

E. Indovinello *(Guessing game).* Dove saranno le seguenti persone e il gatto in questo momento? Completate le frasi con le espressioni appropriate delle due colonne.

1. i turisti	in giardino, con un topo
2. alcuni studenti assenti	a Roma o in viaggio
3. il gatto	in crociera
4. Bill Gates	a casa a dormire
5. il presidente degli Stati Uniti	in ufficio a contare i suoi soldi
6. il Papa	alla Casa Bianca

F. Un turista curioso. Siete in pullman a Pompei, in partenza per la Sicilia. Mentre aspettate l'autista, un turista continua a fare domande e commenti. Voi rispondete senza sapere con esattezza la risposta. Usate il **futuro di probabilità.**

Esempio   —Dov'è l'autista?
—*Sarà al bar.* o...

1. Che ore sono?

2. Quella ragazza ha uno zaino e un sacco a pelo. Dove va?

3. Perché il bambino continua a piangere *(cry)?*

4. Perché quell'uomo dorme continuamente?

5. Che tempo fa in Sicilia?

6. Ma dov'è la guida?

G. Conversazione

1. Se l'estate prossima avrai un mese di vacanza, dove andrai? Al mare o in montagna?

2. Quale preferisci e perché?

3. Andrai in vacanza da solo(a), con amici o con la famiglia?

4. Quali attività farai se andrai in montagna?

5. E se andrai al mare quali attività farai?

12.2 I pronomi tonici

Sciatori sulle piste di sci a Misurina, nelle Alpi Orientali. È la «settimana bianca», la settimana di vacanze che si passa in montagna, di solito durante il periodo delle feste di Natale.

—Gianni, a me piace andare in montagna quando c'è la neve, e a te?
—Anche a me, però a me piace stare al caldo vicino al caminetto a guardare la neve che cade.
—Non sei sportivo. A me piace di più sciare.

1. Disjunctive pronouns (**I pronomi tonici**) are personal pronouns that are used after a verb or a preposition. They are:

Singular		Plural	
me	*me; myself*	**noi**	*us; ourselves*
te	*you (familiar); yourself*	**voi**	*you (familiar); yourselves*
lui	*him*		
lei	*her*	**loro**	*them*
Lei	*you (formal)*	**Loro**	*you (formal)*
sé	*himself, herself, yourself*	**sé**	*themselves, yourselves*

2. As a direct or indirect object, a disjunctive pronoun is used after the verb for emphasis, to avoid ambiguity, and when the verb has two or more objects.

Vedo **te!**	*I see you!*
Parlo **a lui,** non **a lei.**	*I'm speaking to him, not her.*
Ha scritto a Franco e **a me.**	*He wrote to Franco and me.*

3. A disjunctive pronoun is also used as the object of a preposition.

Parto **con loro.**	*I'm leaving with them.*
Abita vicino **a noi.**	*He lives near us.*
Sono arrivati **prima di me.**	*They arrived before me.*
Siamo andati **da lei.**	*We went to her house.*
Luisa impara il francese **da sé.**	*Luisa is learning French by herself.*
Pensa solo **a sè stesso.**	*He thinks only of himself.*

4. This chart summarizes the pronouns you have now learned:

Subject pronouns	Direct-object pronouns	Indirect-object pronouns	Reflexive pronouns	Disjunctive pronouns
io	mi	mi	mi	me
tu	ti	ti	ti	te
lui/lei, Lei	lo/la, La	gli/le, Le	si	lui/lei, Lei, sé
noi	ci	ci	ci	noi
voi	vi	vi	vi	voi
loro, Loro	li/le, Li/Le	gli (loro), Loro	si	loro, Loro, sé

Pratica

A. Insistenza. Vostro fratello non fa attenzione a quello che *(what)* dite. Voi ripetete la frase, usando il pronome tonico. Seguite l'esempio.

Esempio　　Ti ho visto alla spiaggia.
　　　　　　　Ho visto te alla spiaggia.

1. I nonni ci hanno scritto. **2.** Abbiamo invitato lo zio a pranzo, e non la cugina. **3.** Perché non mi ascolti quando ho ragione? **4.** Devi parlare a nostro padre, non alla tua amica. **5.** Se ti ho chiamato, è perché ti voglio parlare. **6.** Questo regalo non è per te, è per la mamma.

B. Tra compagni. Immaginate di avere un nuovo compagno (una nuova compagna) di classe e di fargli(le) delle domande. Seguite l'esempio.

Esempio　　*—Abiti con i tuoi genitori?*
　　　　　　　—Sì, abito con loro. o *No, non abito con loro. Abito solo(a).*
　　　　　　　(o con...)

1. Sei venuto(a) all'università con degli amici oggi?

2. Hai già parlato con il professore (la professoressa) d'italiano?

3. Hai bisogno di me per qualche informazione?

4. Io abito in via _____ . E tu, abiti vicino a me?

5. A mezzogiorno vado a mangiare alla mensa degli studenti con due compagni. Vieni con noi?

C. Da chi? Fatevi a turno le seguenti domande. Rispondete con una frase negativa usando **da** con il pronome tonico.

Esempio　　*— Vai a casa di Paolo oggi?*
　　　　　　　—No, non vado da lui. Vado...

1. Vieni a casa mia a studiare oggi pomeriggio?

2. Andrai dai tuoi genitori per le vacanze estive?

3. Se hai bisogno di consigli, vai da tua madre? o da un'amica (un amico)?

4. Vai dal dottore quando stai male?

5. Vieni da noi stasera, guardiamo l'ultimo film di Moretti?

6. Quando hai bisogno di soldi, vai da tuo padre? Se no, cosa fai?

12.3 **Piacere**

Le tre cime di Lavaredo (Alpi Orientali), una delle mete preferite dagli alpinisti *(mountain climbers)*. Ti piace andare in montagna? In quale stagione?

1. The irregular verb **piacere** means *to please*. It is used mainly in the third-persons singular and plural (present: **piace, piacciono**) and in an indirect construction that corresponds to the English *to be pleasing to.*

mi piace		**ci piace**	
ti piace	leggere	**vi piace**	cantare
gli piace		**piace loro, Loro**	
le, Le piace		**(gli piace)**	

Participio passato: **piaciuto**

Mi piace la pasta.	*I like pasta. (Pasta is pleasing to me.)*
Ci piace l'appartamento.	*We like the apartment. (The apartment is pleasing to us.)*
Le piacciono queste scarpe?	*Do you like these shoes? (Are these shoes pleasing to you?)*

NOTE

a. In Italian, the word order is *indirect object + verb + subject*; in English it is *subject + verb + direct object.*

b. The singular form **piace** is followed by a singular noun; the plural form **piacciono** is followed by a plural noun.

2. **Piacere** is singular when followed by an infinitive.

Ti piace fare il campeggio?	*Do you like to go camping?*
Vi piacerà andare alla spiaggia.	*You will like to go to the beach.*

3. When the indirect object is a noun or a disjunctive pronoun, the preposition **a** is used.

Ai bambini piace il gelato.	*Children like ice cream.*
Ad Antonio piacerà la Sardegna.	*Antonio will like Sardinia.*
A me piacevano le feste.	*I used to like parties.*

4. The opposite of **piacere** is **non piacere**. **Dispiacere** has the same construction as **piacere**, but it translates as *to be sorry, to mind.*

Non mi piace la birra.	*I don't like beer.*
Non mi piacevano gli spinaci.	*I didn't like spinach.*
Non sta bene? **Mi dispiace.**	*You are not well? I am sorry.*
Le dispiace se fumo?	*Do you mind if I smoke?*

5. The **passato prossimo** of **piacere** is conjugated with **essere**. Therefore, the past participle **(piaciuto)** agrees in gender and number with the subject.

Ti **è piaciuta** la sala?	*Did you like the living room?*
Non mi **sono piaciuti** i mobili.	*I did not like the furniture.*

Pratica

A. Svaghi e interessi. Rispondi alle seguenti domande.

1. Che cosa ti piace fare quando sei al mare? (tre attività) **2.** Che cosa piace fare a te e ai tuoi amici quando andate in montagna? (tre attività) **3.** Che cosa piace fare ai turisti quando arrivano in Italia? (tre attività)

B. Al lago. Immaginate di essere due villeggianti in un albergo del lago di Garda e di parlare dei vostri gusti. Fatevi a turno le seguenti domande.

Esempio   le lasagne
        —*Le piacciono queste lasagne?*
        —*Sì, mi piacciono molto (moltissimo).* o *No, non mi piacciono tanto.*

1. la cucina di questo ristorante
2. la Sua camera
3. le gite in battello *(rowboat)* sul lago
4. i negozi di Sirmione
5. i bagni di sole
6. nuotare in piscina
7. le serate davanti alla TV
8. il profumo degli aranci e dei limoni

C. Tutti i gusti sono gusti. Rispondete affermativamente o negativamente alle domande di un compagno (una compagna) usando i pronomi indiretti.

Esempio   ai bambini/giocare
        —*Ai bambini piace giocare?*
        —*Sì, gli piace giocare.*

1. a te e ai tuoi amici/gli spaghetti
2. ai tuoi genitori/i tuoi voti
3. alla tua amica/andare al mare
4. agli studenti di questa classe/studiare l'italiano
5. a voi/il cappuccino
6. a te/fare una vacanza in crociera

D. Conversazione. Domandatevi a turno le seguenti informazioni.

> **Esempio**   —Cosa piace fare a te quando hai tempo libero?
>   *—Mi piace andare al cinema.*

1. Cosa piace fare a te e ai tuoi amici il sabato sera?
2. A tua madre cosa piace ricevere per il «giorno della mamma»?
3. A tuo padre piacciono i tuoi voti?
4. Che cosa piace fare a te quando vai in vacanza?
5. A tuo padre e a tua madre piacciono le crociere?

E. Preferenze. Quali sono i gusti delle seguenti persone? Usate **piacere** e il pronome tonico.

> **Esempio**   Luisa preferisce cantare.
>   *A lei piace cantare.*

1. Antonio preferisce insegnare.
2. Noi preferiamo divertirci.
3. La signora Tortora ha preferito le spiagge del mare Adriatico.
4. Io ho preferito una casa al mare.
5. Gabriella e Filippo hanno preferito un appartamento in città.
6. So che voi preferite viaggiare in pullman.
7. I miei genitori preferiscono stare in un albergo di prima categoria.
8. Io, invece, preferisco dormire sotto la tenda.

 F. Ricordi piacevoli o no? Domandatevi a turno se vi sono piaciute o no le seguenti cose. Usate il verbo **piacere** al passato.

> **Esempio**   —*Ti è piaciuto il film di ieri sera?*
>   *—No, non mi è piaciuto.* o *Sì, mi è piaciuto molto (abbastanza, moltissimo). E a te?*
>   *—A me non è piaciuto per niente.*

1. le vacanze dell'estate scorsa
2. l'ultima gita che hai fatto
3. il ristorante dove hai mangiato recentemente
4. gli anni passati al liceo
5. la pensione dove sei stato(a) durante l'ultimo viaggio

12.4 Il **si** impersonale

The impersonal **si** + *verb* in the third-person singular is used:

1. in general statements corresponding to the English words *one, you, we, they,* and *people* + verb.

Come **si dice** «...»?	*How do you say " . . . "?*
Se **si studia, s'impara.**	*If one studies, one learns.*

2. conversationally, meaning **noi.**

Che **si fa** stasera?	*What are we doing tonight?*
Si va in palestra?	*Are we going to the gym?*

PER ME SI VA NELLA CITTÀ DOLENTE,
PER ME SI VA NELL'ETERNO DOLOR,
PER ME SI VA TRA LA PERDUTA GENTE.

Dante. *Divina Commedia, Inferno, Canto III.**

*At the beginning of his mystic journey, Dante comes to the gate of hell and reads the following solemn inscription: "Through me one goes to the grieving city, Through me one goes to the eternal sorrow, Through me one goes among the lost souls."

3. as the equivalent of the passive construction. In this case, the verb is singular or plural depending on whether the noun that follows is singular or plural.

In Francia **si parla** francese.	*In France, French is spoken.*
In Svizzera, **si parlano** diverse lingue.	*In Switzerland, several languages are spoken.*

Pratica

A. Si dice anche così. Ripetete le seguenti frasi usando il **si** impersonale.

1. Mangiamo bene in quel ristorante. **2.** Se tu studi, impari. **3.** In montagna, la gente va a dormire presto. **4.** Se vuoi mangiare, devi lavorare. **5.** Andiamo al cinema stasera? **6.** Oggi la gente non ha più pazienza. **7.** Mangiamo per vivere, non viviamo per mangiare.

B. Dove... ? Immaginate di essere in viaggio in Italia e di rivolgere molte domande alle persone del luogo per avere informazioni.

Esempio   comprare le carte geografiche/libreria
—*Scusi, dove si comprano le carte geografiche?*
—*Si comprano in una libreria.*

1. potere telefonare/cabina telefonica

2. fare ginnastica/palestra *(gym)*

3. affittare un ombrellone e una sedia a sdraio *(beach chair)*/(a) spiaggia

4. comprare le carte telefoniche/(a) negozio di Sali e Tabacchi

5. chiedere informazioni sui tour/ufficio turistico

6. pagare il conto delle bevande/(a) cassa

C. Che cosa si fa quando si va in vacanza? Date a turno cinque risposte a questa domanda.

Esempio   *Si fa il campeggio in montagna e si dorme sotto una tenda.*

12.5 Plurali irregolari

Il lago Maggiore, in Lombardia, è uno dei più grandi laghi italiani (il secondo dopo il lago di Garda). Ai piedi delle Alpi, il lago è alimentato dai ghiacciai (*glaciers*) alpini. Il lago Maggiore è luogo di vacanza e meta di turisti italiani e stranieri.

1. Most nouns and adjectives that end in **-co** and **-go** form the plural with **-chi** and **-ghi:**

il fuoco	**i fuochi**	fresco	**freschi**
il parco	**i parchi**	stanco	**stanchi**
l'albergo	**gli alberghi**	largo	**larghi**
il lago *(lake)*	**i laghi**	lungo	**lunghi**

NOTE: The plural of most nouns and adjectives ending in **-ico** ends in **-ici:** l'amico, **gli amici;** il medico, **i medici;** simpatico, **simpatici;** pratico, **pratici.**

BUT antico, **antichi**

2. Nouns ending in **-io** with the stress on the last syllable form the plural with **-ii**:

lo zio	**gli zii**
l'addio	**gli addii**

3. Nouns ending in **-cia** and **-gia** keep the **i** in the plural when the **i** is stressed; otherwise the plural is formed with **-ce** and **-ge**:

la farmacia	**le farmacie**
la bugia *(lie)*	**le bugie**
BUT la ciliegia *(cherry)*	**le ciliege**
la pioggia	**le piogge**

4. Some masculine nouns ending in **-a** form the plural with **-i.** (They derive mainly from Greek. Most end in **-ma** or **-amma**.) The most common are:

il diploma	**i diplomi**
il problema	**i problemi**
il sistema	**i sistemi**
il programma	**i programmi**

5. Nouns and adjectives ending in **-ista** can be either masculine or feminine. They form the plural in **-isti** (masculine) and **-iste** (feminine).

il/la musicista	**i musicisti/le musiciste**
il/la turista	**i turisti/le turiste**
egoista *(selfish)*	**egoisti/egoiste**
idealista	**idealisti/idealiste**

6. The following nouns that refer to the body are masculine in the singular and feminine in the plural.

il braccio *(arms)*	**le braccia**	la mano *(f.)* *(hands)*	**le mani**
il dito *(fingers)*	**le dita**	l'orecchio *(ears)*	**le orecchie**
il ginocchio *(knees)*	**le ginocchia**	l'osso *(bones)*	**le ossa**
il labbro *(lips)*	**le labbra**		

Pratica

A. Gioco dei plurali. Mettete le seguenti frasi al plurale.

1. L'ufficio turistico è chiuso oggi. **2.** Il turista e la turista hanno visitato il parco di Roma. **3.** L'acqua del lago è sporca *(dirty)*. **4.** La camera dell'albergo è abbastanza larga. **5.** Non possiamo accendere un fuoco in questo bosco. **6.** Non ho mangiato quest'arancia perché è marcia *(rotten)*. **7.** Il tuo problema non è molto serio. **8.** Ho un dolore *(pain)* al ginocchio.

B. Riflessioni di un liceale. Completate usando il plurale delle parole in parentesi.

Oggi è la fine degli esami di maturità; presto avremo (il diploma) _____ . È anche il giorno (dell'addio) _____ ai vecchi (amico) _____ di liceo. Siamo tutti felici e pensiamo a (lungo) _____ vacanze (sulla spiaggia) _____ italiane e a (fresco) _____ pomeriggi (nel parco) _____ delle città. Per diversi mesi non avremo più libri tra (la mano) _____ ; siamo (stanco) _____ di studiare e facciamo (programma) _____ molto (ottimista) _____ per il nostro futuro. In questi giorni ci sentiamo (idealista) _____ ; a domani (il problema) _____ della vita!

Per finire CD 2, Track 13

Sicilia. Il Teatro Greco di Taormina è uno dei teatri lasciati dai Greci e ricostruito più tardi dai Romani. Secondo secolo B.C.

Vacanze in Sicilia

L'estate è vicina e Antonio scrive una lettera ai nonni in Sicilia.

4 giugno

Carissimi nonni,

Come state? Noi in famiglia stiamo tutti bene, e così speriamo di voi. Le mie vacanze arriveranno presto, e io verrò **a trovarvi** per qualche settimana. Arriverò prima di Ferragosto, **verso** il 2 o il 3 del mese. Purtroppo non potrò fermarmi **a lungo** perché incomincerò a lavorare la prima settimana di settembre.

to visit you
around
for a long time

Vorrei chiedervi un favore: vorrei portare con me il mio amico Marcello. Durante il viaggio ci fermeremo sulla costa Amalfitana e visiteremo Ercolano e Pompei. Resteremo là una settimana, poi partiremo per la Sicilia. Viaggeremo con la macchina di Marcello. Pensate! Vostro nipote arriverà in una Ferrari nuova!

Siccome ha paura di **disturbarvi,** Marcello starà in un albergo o in una **pensione.** Ma gli ho detto che per mangiare potrà venire da voi. Sono certo che Marcello vi piacerà. Non vedo l'ora di venire in Sicilia per rivedere voi, cari nonni, e tanti posti che amo. Visiterò certamente la Valle dei Templi e Siracusa. Sono sicuro che Marcello preferirà visitare la spiaggia di Taormina, perché è innamorato del sole e del mare. Ma saliremo **tutti e due** sull'Etna e ci divertiremo **da matti.**

Since/to bother you
boardinghouse

both
a lot

Aspetto una vostra telefonata per sapere se posso portare Marcello con me. Saluti **affettuosi** anche **da parte dei** miei genitori.

affectionate/from

Antonio

Comprensione

1. A chi scrive Antonio? Perché? **2.** Potrà fermarsi per molto tempo dai nonni? Perché no? **3.** Che favore vuole chiedere loro? **4.** Antonio e Marcello andranno subito in Sicilia? Dove andranno prima? **5.** Antonio non vede l'ora di arrivare in Sicilia. Per quale ragione? **6.** Perché Marcello non visiterà con lui la Valle dei Templi? **7.** Si annoieranno i due in Sicilia? **8.** Con quale saluto ha finito la sua lettera Antonio?

Conversazione

1. Quali aspetti (o attrazioni) dell'Italia del Sud vi interessano in particolare? Perché?

2. Immaginate di visitare un giorno la Sicilia: andrete alla spiaggia o vedrete le antichità dell'isola? Perché?

3. Avete mai fatto un lungo viaggio in auto con amici? Dove siete andati? Lungo il viaggio, vi siete mai fermati in qualche posto per visitare le attrazioni del luogo o a salutare parenti o amici? Che cosa o chi?

Come si dice in italiano?

1. It is August and Franca and Raffaella are beginning their vacation (**vacanze,** *f. pl.*) today.

2. Since they don't like to travel by train, they are traveling by car and will arrive tomorrow in the beautiful Dolomites (**Dolomiti,** *f. pl.*).

3. They will camp there for a week.

4. We will stop near a lake, so we will have water to (**per**) wash and cook.

5. I like your idea! And we will be able to swim every day!

6. Since it is my first camping experience (**esperienza**), you will pitch the tent and I will help you.

7. Then we will take the backpack and go for a short hike (**escursione**).

8. How is the weather in the mountains?

9. It is probably beautiful. The weather forecast (**le previsioni del tempo**) stated that (**dire che**) it will be nice weather until next Friday.

10. Franca and Raffaella arrived and camped, but unfortunately it rained all week.

Attualità

Adesso scriviamo!

Vacanze in Italia

Scegli una regione italiana dove passerai le vacanze e scrivi una lettera ai parenti (agli amici) in Italia che andrai a trovare. Ricerca delle informazioni sulla regione che hai scelto sull'Internet o nella biblioteca.

A. Parla delle varie attività che farai. Rispondi alle seguenti domande:

    1. Quanto tempo sarai in vacanza e dove andrai?

    2. Che posti visiterai?

    3. Dove alloggerai?

    4. Dove mangerai?

B. Per cominciare segui questo esempio:

Carissimi nonni/Carissimi tutti/Carissimi Luca e Marianna, non vedo l'ora di vedervi, arriverò il primo di luglio nella vostra bellissima città in Liguria: Rapallo.

    Andrò anche a Genova perché voglio vedere la città natale di Cristoforo Colombo. Viaggerò in treno per vedere le Cinque Terre. Andrò al mare, nuoterò molto e mi abbronzerò.

    Affitterò una camera da una famiglia del posto. Così spenderò poco. Mangerò molte pizze e molti gelati perché mi piacciono moltissimo. Quando verrò a trovarvi, voi mi porterete al vostro ristorante preferito: Da Ponte, dove assaggerò le specialità liguri...

    Sono sicuro(a) che mi divertirò molto.

    Un caro saluto (firma)

C. Leggi di nuovo il tuo paragrafo. Tutte le parole sono scritte correttamente? Controlla l'accordo tra il verbo e il soggetto e tra il nome e l'aggettivo. Controlla in modo particolare la forma del futuro: ti sei ricordato(a) gli accenti?

    Alla fine, con un compagno (una compagna), leggete le vostre lettere. Hai alcuni suggerimenti per il tuo compagno (la tua compagna)? C'è un altro posto o monumento da visitare?

Parliamo insieme!

A. Una gita. Gli studenti della classe d'italiano organizzano una gita. Ogni studente contribuisce con qualche frase. Dove andrete? Quando partirete? Come viaggerete? Che cosa farete? Che cosa porterete con voi? Perché?

B. Quale albergo? Voi desiderate passare le vacanze al mare. Consultate la pubblicità dei seguenti alberghi. Fanno anche pensione. Discutete in gruppi di due quale promette di più per le vostre vacanze, e fate la vostra scelta (*choice*).

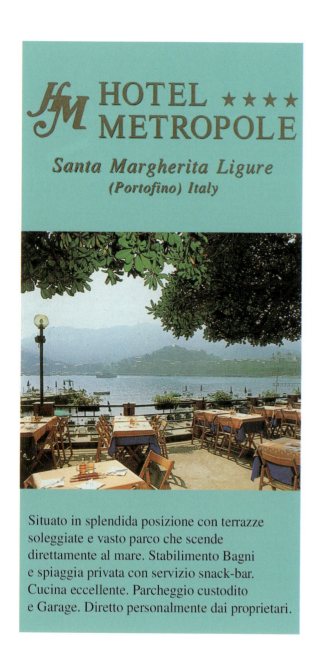

HOTEL METROPOLE ★★★★

Santa Margherita Ligure
(Portofino) Italy

Situato in splendida posizione con terrazze soleggiate e vasto parco che scende direttamente al mare. Stabilimento Bagni e spiaggia privata con servizio snack-bar. Cucina eccellente. Parcheggio custodito e Garage. Diretto personalmente dai proprietari.

★★★★
HOTEL PRINCIPE

30121 VENEZIA - ITALY

Dopo il Ponte degli Scalzi s'incontra uno dei primi palazzi del Canal Grande, Palazzo "Calbo-Crotta", cotruzione gotica del XV secolo. Il palazzo accoglie oggi l'hotel Principe, storico e bellissimo albergo completamente rinnovato dispone di un pontile privato per gondole e taxi d'acqua. Le sue camere arredate in stile veneziano, alcune delle quali con vista sul Canal Grande, sono dotate di TV satellitare, telefono, minibar, cassaforte, asciugacapelli e aria condizionata. Il bar "Marco Polo" ed il ristorante "Il Principe", sono il luogo ideale per gustare le specialità locali ed internazionali godendosi uno spettacolo inimitabile offerto dal Canal Grande.

C. Cosa farete? In piccoli gruppi, dite a turno cosa farete durante le vacanze, dove, quando, con chi, per quanto tempo e perché.

Esempio   *Io farò una crociera nel mar dei Caraibi, nel mese di aprile. Viaggerò con mio fratello e mia zia, perché mia zia pagherà il viaggio. La crociera durerà due settimane.*

Possibilità: fare il campeggio, fare escursioni in montagna, stare a casa, fare un viaggio, lavorare, studiare, fare dei picnic, andare a trovare dei parenti, andare all'estero, andare alla spiaggia, ecc.

♪♪Intermezzo musicale

Renato Carosone, «Piccolissima Serenata»

Grande autore e interprete della canzone napoletana, Renato Carosone (1920–2000), era molto popolare negli anni '60 e poi ha deciso di ritirarsi dalle scene. È autore di molte canzoni classiche nel repertorio napoletano come «Tu vuò fa l'americano». Carosone ha inventato una nuova musica napoletana, moderna e allegra, ironica e con molti temi antichi della tradizione napoletana. Le sue canzoni sono diventate famose nel mondo intero, alcune star del cinema le hanno cantate in film di successo, e i suoi concerti-spettacolo mandavano *(used to send)* il pubblico in delirio.

«Piccolissima Serenata» è un simpatico esempio di una serenata *(serenade)*. È una dolce poesia cantata da un innamorato alla sua innamorata. Il ritmo è tipico delle canzoni napoletane.

GUARDIAMO!

Le vacanze
Luigi e Fabio parlano dei loro programmi per le vacanze. Guardano una carta geografica, e trovano il posto dove Alessa e Daniela andranno in campeggio.

SITO WEB

Per fare più pratica con gli argomenti culturali e i punti grammaticali del **Capitolo 12,** vai a vedere il sito *Ciao!* a **http://ciao.heinle.com.**

Vedute d'Italia

Inverno tutto italiano

A. Prima di leggere

You are about to read about winter travel opportunities in two very different parts of Italy. As preparation for approaching these texts, spend a little time looking at the maps—**la carta politica** and **la carta fisica**—at the beginning of this textbook, and thinking about the related questions below. Begin by locating the two regions, Trentino–Alto Adige and Campania, on the maps. Then consider these questions:

1. Where is Trentino–Alto Adige? How would you characterize the physical landscape of this region?
2. Where is Campania? What famous islands are part of this beautiful region?

Now that you have consulted the maps and thought about these regions in geographical terms, you are ready to read the texts themselves. **Buon viaggio!**

Trentino

Una proposta offerta a tutti gli innamorati, **ma non solo:** vacanze sulla neve per la settimana bianca di San Valentino. Il Residence Lastei propone un soggiorno a San Martino di Castrozza, sulle Dolomiti. Il residence offre ai suoi ospiti per il pomeriggio, dopo lo sci, delle **merende** a base di cioccolata calda, **vin brûlé** e pasticcini assortiti, in un'atmosfera romantica. Il costo di una settimana per un appartamento **arredato** a due posti letto, è di euro 445,00.

but not for them alone

snacks
hot wine
furnished

Campania

A chi desidera fare un viaggio culturale, storico e archeologico, Imperatore Travel, il tour operator specializzato nei viaggi nell'Italia del Sud, propone il giro della Campania. Il viaggio che **dura** otto giorni, sette notti, è in pullman. La prima fermata è Napoli, con le sue allegre piazze, la sua gente e i suoi musei. Poi c'è il Vesuvio, il vulcano che è **oramai** diventato il simbolo della città e Pompei, la città distrutta dall'eruzione del Vesuvio all'epoca degli antichi romani. Poi c'è l'isola di Capri, una delle isole più romantiche del mondo che ha **incantato** imperatori, poeti e letterati di tutto il mondo. Poi è **la volta** della costiera amalfitana, **quindi** Sorrento, Amalfi e Positano. La partenza **avviene** sempre di sabato da Napoli. È organizzato il pernottamento in hotel a tre o quattro stelle, con trattamento di pensione completa. Il costo, nel mese di gennaio, è di euro 506,00. Nei mesi di febbraio e marzo, invece il costo sale a euro 542,00.

lasts

by now

enchanted
it is time/consequently
takes place

Il Residence Lastei di San Martino di Castrozza, nota località sciistica trentina.

La romantica isola di Capri è una tappa del tour della Campania.

B. Alla lettura

Adesso che hai finito di leggere, guarda le domande che seguono, ma prima di scrivere le risposte trovale nel testo e sottolineale.

1. A chi è rivolta le proposta della settimana bianca nel Trentino? Perché?
2. Cosa offre il Residence Lastei ai suoi ospiti nel pomeriggio?
3. Dove vai per vedere dei resti archeologici?
4. Chi è stato incantato dall'isola di Capri?

C. Culture a confronto

1. Quali delle due destinazioni descritte nell'articolo preferisci? Perché?
2. C'è una vacanza simile alla settimana bianca italiana dove vivi tu? Molte persone vanno in vacanza d'inverno? Dove vanno?
3. È possibile fare un viaggio culturale, storico o archeologico in Nord America? Dove si può fare un viaggio così?

Sapete che... ?

Le feste dell'anno in Italia

Molti italiani fanno un viaggio, una gita o vanno in vacanza durante le feste. Il calendario italiano abbonda di giorni festivi. Le celebrazioni sono **legate** alle tradizioni religiose, popolari e gastronomiche. — *linked*

L'anno comincia con la festa di Capodanno (1 gennaio). In questo giorno la gente si **scambia** gli auguri, dopo i divertimenti della notte di San Silvestro (31 dicembre). Il 6 gennaio è l'Epifania, festa che commemora la visita dei tre re magi al bambino Gesù. La notte dell'Epifania molti bambini aspettano l'arrivo della Befana, che secondo la leggenda, è una donna vecchia e brutta, ma generosa perché porta i **giocattoli.** — *exchange* / *toys*

Segue il **Carnevale** che continua fino alla **Quaresima.** La gente si diverte con banchetti, balli mascherati e **sfilate** di carri grotteschi; famosi sono il Carnevale di Viareggio, in Toscana, e quello di Venezia, città di origine delle **maschere.** La Pasqua (in primavera) è con il Natale, la più solenne festa religiosa dell'anno. — *Carneval (similar to Mardi Gras)/Lent* / *parades* / *masks*

Il Ferragosto (15 agosto) è la festa più importante dell'estate. In questo periodo gli Italiani partono per le vacanze.

Il Natale e il giorno seguente, Santo Stefano, hanno perso parte del loro carattere religioso. L'albero di Natale ha sostituito in molte case il **presepio,** usanza iniziata da San Francesco d'Assisi (1182–1226). Il dolce tipico di questi giorni è il **panettone.** — *nativity set* / *(sweet bread with raisins and dry fruits)*

Quasi ogni città, grande e piccola, celebra anche il suo santo protettore e la data di qualche **avvenimento** storico. Le antiche usanze restano **vive** nella vita italiana e ritornano ogni anno con i **costumi** di quell'epoca. — *event/alive* / *customs*

Comprensione

1. In quale giorno auguriamo «Buon Anno»?
2. In quale festa la Befana porta giocattoli ai bambini?
3. In quale periodo dell'anno molti Italiani portano costumi e maschere, e si divertono?
4. Come si chiama la festa cristiana che si celebra in primavera?
5. Gli Italiani aspettano con impazienza il 15 agosto. Perché?
6. L'albero di Natale ha sostituito un'altra usanza: quale?

Vocabolario

Nomi

il caminetto	fireplace
la crociera	cruise
le ferie	annual vacation
il Ferragosto	August holidays
il fiume	river
il fuoco	fire
la gente	people
il lago	lake
il luogo	place
il mezzo di trasporto	means of transportation
la pallavolo	volleyball
il posto	place
il rumore	noise
il saluto	greeting
lo spettacolo	spectacle, view, sight

Aggettivi

affettuoso	affectionate
attivo	active
attrezzato	equipped
economico	economical
locale	local
lussuoso	deluxe
prossimo	next

Verbi

accendere (*p.p.* **acceso**)	to light
accompagnare	to accompany
andare (venire) a trovare	to visit (a person)
dispiacere	to be sorry; to mind
disturbare	to disturb, to bother
gridare	to scream
perdersi	to get lost
pescare	to fish
piacere	to like
progettare	to plan
sperare	to hope

Altre espressioni

Addio!	Good-bye (forever)!
Aiuto!	Help!
all'aperto	outdoors
da matti	a lot
da parte di	from
del solito	than usual
dopodomani	the day after tomorrow
fra (tra) poco	in a little while
fra (tra) un mese (un anno)	in a month (a year)
non vedo l'ora di (+ *inf.*)...	I can't wait to . . .
prendere il sole	to get some sun
le previsioni del tempo	weather forecast
prima di	before
siccome	since
tutt'e due	both
verso	around; toward

CAPITOLO 13

La casa

Appartamenti moderni all'interno di un vecchio palazzo.

Punti di vista | Il nuovo appartamento
Studio di parole: La casa e i mobili
Informazioni: Case e appartamenti
Ascoltiamo! Il giorno del trasloco

Punti grammaticali
13.1 Ne
13.2 Ci
13.3 I pronomi doppi
13.4 I numeri ordinali

Per finire | Si affitta appartamento ammobiliato

Attualità
Adesso scriviamo!
Parliamo insieme!

Vedute d'Italia | Arredamento Made in Italy
Sapete che...?

Punti di vista

Nuovi appartamenti in città.

Il nuovo appartamento CD 2, Track 14

Emanuela e Franco abitano a Napoli in un piccolo appartamento e da qualche mese ne cercavano uno più grande. Finalmente ne hanno trovato uno che piace a tutt'e due. È in via Nazionale, al terzo piano. Ha una camera da letto, soggiorno, cucina, bagno e una piccola **anticamera.** Ora sono nell'appartamento con il padrone di casa.

entrance

PADRONE DI CASA L'appartamento ha molta **luce:** ci sono tre finestre e un balcone. La cucina è abbastanza grande.

light

FRANCO Sì, l'appartamento ci piace, ma nell'annuncio non è indicato quant'è l'affitto.

PADRONE DI CASA Sono 600 euro al mese, più le spese: acqua, luce, gas, **spazzatura.** Avete già i mobili?

garbage

EMANUELA Li abbiamo per la camera da letto e la cucina, ma dovremo comprare divano e poltrone perché dove abitiamo adesso non abbiamo il soggiorno.

PADRONE DI CASA Dovete firmare il contratto per un anno.

FRANCO Non ci sono problemi, possiamo firmarglielo.

PADRONE DI CASA Benissimo. Allora se venite domani verso quest'ora a firmare il contratto, vi darò le chiavi.

FRANCO Grazie e arrivederci a domani.

Comprensione

1. Perché Emanuela e Franco vogliono cambiare casa? **2.** Com'è l'appartamento che piace a tutt'e due? **3.** Oltre all'affitto, che altre spese ci sono? **4.** L'appartamento è vuoto o ammobiliato? **5.** Di quali nuovi mobili hanno bisogno? Perché? **6.** Quando il padrone di casa gli darà le chiavi?

Studio di parole — *La casa e i mobili* (furniture)

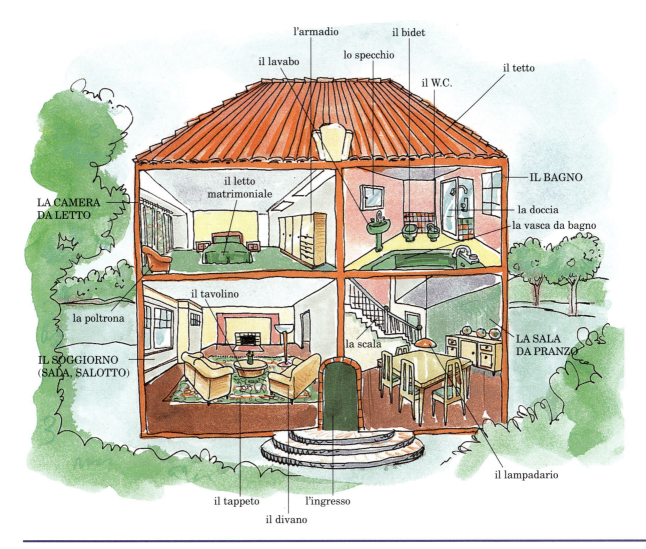

l'armadio
il bidet
il lavabo
lo specchio
il W.C.
il tetto

LA CAMERA DA LETTO
il letto matrimoniale
IL BAGNO
la doccia
la vasca da bagno

la poltrona
il tavolino
la scala
LA SALA DA PRANZO

IL SOGGIORNO (SALA, SALOTTO)
il lampadario
il tappeto
l'ingresso
il divano

L'Alloggio *(Housing)*

il palazzo building

la villetta small villa

il padrone di casa landlord

l'inquilino, l'inquilina tenant

l'affitto rent

affittare to rent

traslocare to move

il trasloco move

il pianterreno ground floor

il primo (secondo, terzo) piano first (second, third) floor

l'ascensore elevator

la roba household goods

le chiavi keys

Informazioni Case e appartamenti

Nei centri urbani e di provincia, come anche nell'immediata periferia *(suburbs),* la gente vive in appartamenti. Questi si trovano in palazzi antichi o moderni a tre o più piani. Nella maggior parte dei casi, gli appartamenti sono occupati dai loro proprietari; perciò non è facile trovare appartamenti da affittare.

In periferia, e soprattutto nei paesi di campagna, sono comuni le case singole a due piani: ville, villette e case coloniche *(farmhouses).*

Il piano a livello della strada è chiamato **pianterreno,** mentre il primo piano corrisponde al *second floor.* Sotto il tetto si trova la **soffitta** *(attic),* che nei vecchi palazzi e ville serviva da abitazione al personale di servizio. Molte case ed anche palazzi hanno una **cantina** *(basement).* Nelle case di campagna serve a conservare il vino.

Molti Italiani che abitano in città, possiedono anche una casetta o un appartamento in montagna o al mare, dove vanno a passare le vacanze o le ferie. In montagna, d'inverno, vanno a passare la settimana bianca *(a vacation week in the winter).*

Una graziosa casetta per le vacanze. I proprietari, che di solito vivono in città, vi trascorrono le vacanze o l'affittano per i mesi estivi.

Applicazione

 A. Dove li mettiamo? Tu e il tuo compagno (la tua compagna) avete traslocato. A turno, domandatevi dove mettere questi mobili.

Esempio —*Dove devo mettere questa sedia?*
—*Mettila in cucina.*

1.   2.   3.

4.   5.   6.   7.   8.   9.

B. Descrizione. Descrivete l'uno all'altro la vostra stanza o il vostro appartamento. Che cosa vi piace di più della stanza del vostro compagno? Che cosa vi piace di meno *(less)?*

C. Conversazione

1. Se tu affitti un appartamento, lo preferisci ai primi piani o ai piani alti?

2. In generale, gli studenti preferiscono affittare un appartamento vuoto o ammobiliato?

3. Tu preferisci affittarlo soltanto per te o condividerlo con un'altra persona? Se lo condividi, quali ne sono i vantaggi e gli svantaggi?

4. Cosa ti piace, o non ti piace, del tuo alloggio?

5. Puoi avere degli animali domestici *(pets)*? Ne hai?

6. Nel soggiorno, preferisci i tappeti orientali o la moquette *(wall-to-wall carpet)*?

7. Ti piacciono di più i mobili antichi o i mobili moderni?

Ville sulle rive del Lago di Como.

Ascoltiamo!

CD 2, Track 12

Il giorno del trasloco. Emanuela and Franco, exhausted from moving into their new apartment today, are taking a break and talking about what they have yet to do and what it has all cost them. Listen to their conversation; then answer the following questions.

Comprensione

1. Emanuela e Franco hanno dimenticato qualche cosa nel vecchio appartamento? Hanno portato tutta la loro roba?

2. Chi è Mimì? Dove sarà?

3. Perché Franco sembra preoccupato? Che cosa ha dovuto dare al padrone di casa?

4. Mentre loro parlano, chi arriva? Sembra contento o scontento lui? Perché, secondo Lei?

Dialogo

In due, immaginate di avere affittato insieme un appartamento vuoto di due locali *(rooms)*; ora dovete arredarlo *(furnish it)*. Discutete insieme quali mobili comprare e dove metterli.

Punti grammaticali

13.1 Ne

—Buon giorno, signora Filomena.
—Buon giorno, Antonio. Cosa Le do oggi?
—Vorrei delle pere, per favore.
—Quante ne vuole?
—Ne vorrei un chilo.
—Vuole anche delle banane?
—No, grazie, ne ho ancora tre o quattro.
—Arrivederci, Antonio, e buona giornata.
—Buona giornata anche a Lei, signora Filomena.

1. Ne is an invariable pronoun with several meanings: *some (of it, of them); any (of it, of them); about it, about them; of it, of them.* **Ne** can replace a noun used in a partitive sense or a noun introduced by a number or expression of quantity, such as **poco, molto, tanto, chilo, litro,** etc.

Hai **del vino bianco?**	*Do you have some white wine?*
No, non **ne** ho.	*No, I don't have any (of it).*
Volevo **delle pesche.**	*I wanted some peaches.*
Ne volevo alcune.	*I wanted some (of them).*
Quante **stanze hai?**	*How many rooms do you have?*
Ne ho tre.	*I have three (of them).*
Hai molti **vestiti?**	*Do you have many outfits?*
Sì, **ne** ho molti.	*Yes, I have many (of them).*
Vorrei due cestini **di fragole.**	*I would like two baskets of strawberries.*
Ne vorrei due cestini.	*I would like two baskets (of them).*

2. Ne replaces the noun or infinitive used after verbs such as **avere bisogno di, avere paura di, essere contento di, parlare di,** and **pensare di** (when asking for an opinion).

Hai bisogno **di lavorare?**	*Do you need to work?*
No, non **ne** ho bisogno.	*No, I do not need to.*
Che pensi **di quel film?**	*What do you think of that movie?*
Che **ne** pensi?	*What do you think of it?*

3. Like object pronouns, **ne** attaches to the end of the infinitive and the **tu, noi,** and **voi** forms of the imperative.

Desideri comprare **delle arance?**	*Do you want to buy some oranges?*
Desidero comprar**ne** 4 o 5.	*I want to buy 4 or 5 (of them).*
Compra**ne** due chili!	*Buy two kilos (of them)!*

4. When **ne** is used with the **passato prossimo,** the past participle agrees with the noun replaced by **ne** only when this noun is a direct object.

Quanti **annunci** hai letto?	*How many ads have you read?* (direct object)
Ne ho letti molti.	*I have read many (of them).*

Pratica

A. In un negozio di frutta. Fate la parte del fruttivendolo e del cliente. Usate il pronome **ne.**

Esempi
    — *Vorrei delle arance.*
    — *Quante ne desidera?*
    — *Ne vorrei quattro.* (mezzo chilo, un chilo) o...

1. zucchini **2.** patate **3.** pomodori **4.** fragole **5.** uva **6.** mele **7.** funghi **8.** pere

B. Ritorno dall'Italia. Rispondete affermativamente alle domande di un amico. Usate **lo, la, li, le** o **ne,** secondo il caso.

Esempi
    — Hai comprato i libri?   — *Sì, li ho comprati.*
    — Hai comprato dei libri?   — *Sì, ne ho comprati.*

1. Hai veduto le fontane di Roma?

2. Hai visitato i musei Vaticani?

3. Hai incontrato dei turisti americani?

4. Hai bevuto il Frascati?

5. Hai comprato dei regali?

6. Hai noleggiato la macchina?

7. Hai fatto delle escursioni?

8. Hai comprato l'Eurailpass?

C. Quando hai bisogno di...? Fatevi a turno le seguenti domande. Usate **ne** nella risposta e seguite l'esempio.

Esempio   carta da scrivere
    — *Quando hai bisogno di carta da scrivere?*
    — *Ne ho bisogno quando devo scrivere una lettera.*

1. passaporto

2. carta telefonica

3. soldi

4. occhiali da sole

5. carta geografica

6. impermeabile

7. coperta

8. telecomando

9. chiave

D. Conversazione. Rispondete usando **ne.**

1. Quanti corsi segui questo trimestre (semestre)?

2. Hai dei fratelli? Quanti?

3. Quanti anni avevi quando hai incominciato a guidare *(to drive)*?

4. Fai molti viaggi in macchina? Viaggi lunghi?

5. Spendi molti soldi per i divertimenti?

6. Dai molte o poche feste? Perché?

13.2 Ci

ASTA DI
MOBILI, DIPINTI, ARGENTI,
MEDAGLIE E ARTI DECORATIVE
DEL '900

IMPORTANTI ARREDI DA UNA
DIMORA PATRIZIA

MILANO

ESPOSIZIONE DAL 10 MARZO, APERTA ANCHE
SABATO 15 E DOMENICA 16 (ORE 10-19)

SOTHEBY'S

Sotheby's Palazzo Broggi, Via Broggi 19 - 20129 Milano
Telefono: 02/295001 - Telefax: 02/29518595

—Anna, sei andata all'esposizione?
—Sì, ci sono andata.
—Ci sono dei begli oggetti?
—Sì, ce ne sono molti!

1. The adverb **ci** means *there* when it is used in the expressions **c'è** and **ci sono.**

Scusi, **c'è** una galleria d'arte qui vicino?	*Excuse me, is there an art gallery near here?*
Ci sono due lampade in sala.	*There are two lamps in the living room.*

2. Ci is also used to replace an expression indicating location and introduced by **a, in, su,** or **da.** Its position is the same as that of object pronouns.

Quando vieni **da me?**	*When are you coming to my house?*
Ci vengo stasera.	*I am coming (there) tonight.*
Sei stato(a) **in Italia?**	*Have you been to Italy?*
No, non **ci** sono mai stato(a).	*No, I have never been there.*
Voglio andar**ci.** **Ci** voglio andare.	*I want to go there.*

3. Ci may also replace a prepositional phrase introduced by **a** after verbs such as **credere** *(to believe in)* and **pensare** *(to think about).*

Credi **all'astrologia?**	*Do you believe in astrology?*
No, non **ci** credo.	*No, I don't believe in it.*
Devi pensare **al futuro!**	*You have to think about the future!*
Pensa**ci** bene!	*Think hard about it!*

4. Ci + **vuole** or **vogliono** has the idiomatic meaning *it takes* or *one needs.*

ci vuole + *singular noun:*

Ci vuole un'ora per andare da Bologna a Firenze.	*It takes one hour to go from Bologna to Florence.*

ci vogliono + *plural noun:*

Ci vogliono venti minuti per andare da Firenze a Fiesole.	*It takes twenty minutes to go from Florence to Fiesole.*

5. When **ci** is followed by a direct-object pronoun or **ne,** it becomes **ce.**

Ci sono quadri in sala?	*Are there paintings in the living room?*
Sì, **ce ne** sono quattro.	*Yes, there are four.*

Pratica

A. Piccoli e grandi viaggi. Quando sei stato(a) in questi posti? Fatevi a turno le seguenti domande. Usate **ci** nella risposta.

Esempio a Los Angeles
     —*Quando sei stato(a) a Los Angeles?*
     —*Ci sono stato(a) l'estate scorsa.* o...
     —*Non ci sono mai stato(a).*

1. in Europa **2.** a un museo **3.** a teatro **4.** dal dentista **5.** dal medico (dottore) **6.** dai tuoi nonni **7.** al cinema **8.** all'ospedale **9.** in Sardegna **10.** in montagna a sciare *(to ski)*

B. Pensieri. Pensi mai alle seguenti cose o situazioni? Fatevi a turno le seguenti domande e seguite l'esempio.

Esempio la politica
     —*Pensi mai alla politica?*
     —*Sì, ci penso spesso (qualche volta).* o...
     —*No, non ci penso mai.*

1. il costo della vita

2. l'inflazione

3. i senzatetto *(homeless)*

4. il tuo futuro

5. i problemi ecologici

13.3 I pronomi doppi

—Mi leggi gli annunci pubblicitari?
—Sì, te li leggo subito.

—Ci mostra l'appartamento?
—Sì, ve lo mostro volentieri.

1. When two object pronouns accompany the same verb, the word order is the following:

indirect object + direct object + verb
  Me   **lo**   **leggi?**

(**Mi** leggi il giornale?)
Me lo leggi?   *Will you read it to me?*
Sì, **te lo** leggo.   *Yes, I'll read it to you.*

Here are all the possible combinations.

| mi
ti
ci
vi | + lo, la, li, le, ne = | **me lo, me la, me li, me le, me ne**
te lo, te la, te li, te le, te ne
ce lo, ce la, ce li, ce le, ce ne
ve lo, ve la, ve li, ve le, ve ne |
| gli
le (Le) | + lo, la, li, le, ne = | **glielo, gliela, glieli, gliele, gliene** |

NOTE

a. **Mi, ti, ci,** and **vi** change to **me, te, ce,** and **ve** before **lo, la, li, le,** and **ne** (for phonetic reasons).

b. **Gli, le,** and **Le** become **glie-** in combination with direct-object pronouns.

c. **Loro** does *not* combine with direct-object pronouns and always follows the verb.

2. The position of double-object pronouns is the same as that of the single-object pronouns. They precede a conjugated verb; they attach to the **tu, noi,** and **voi** imperative forms and to the infinitive. Note that if the infinitive is governed by **dovere, volere,** or **potere,** the double pronouns may either precede these verbs or attach to the infinitive. The following chart illustrates the position of the double-object pronouns.

with present tense:	Dai il libro a Luigi? **Glielo** do.
with past tense:	Hai dato le chiavi a Pietro? **Gliele** ho date.
with infinitive:	Vuoi dare i regali ai bambini? Voglio dar**glieli.**
with imperative:	Do il libro a Marco? Da**glielo!** Non dar**glielo!** **Glielo** dia! (*formal*)

3. With reflexive verbs, the reflexive pronouns combine with the direct-object pronouns **lo, la, li, le,** and **ne,** and follow the same word order as double-object pronouns.

| Mi metto
Ti metti
Si mette
Ci mettiamo
Vi mettete
Si mettono | il vestito. = | **Me lo** metto.
Te lo metti.
Se lo mette.
Ce lo mettiamo.
Ve lo mettete.
Se lo mettono. |

| Mi lavo la faccia. | *I wash my face.* |
| **Me la** lavo. | *I wash it.* |

If the reflexive verb is in a compound tense, the past participle must agree with the *direct-object pronoun* that precedes the verb.

| Gino si è lavato **le mani.** | *Gino washed his hands.* |
| Gino **se le** è lavat**e.** | *Gino washed them.* |

Pratica

A. Volentieri! Come reagisce un amico alle seguenti domande. Rispondete secondo l'esempio.

Esempio   —Ci presti la cassetta?
—*Sì, ve la presto volentieri!*

1. Mi mostri la tua casa? **2.** Ci offri il caffè? **3.** Ci dai il tuo nuovo indirizzo? **4.** Ci presti l'aspirapolvere *(vacuum cleaner)*? **5.** Mi regali il tuo tavolino? **6.** Mi presti la macchina? **7.** Ci mostri i tuoi quadri?

B. Un amico generoso. Gianni ha vinto dei soldi alla lotteria, e tu vuoi sapere se ha intenzione di essere generoso con i parenti e amici.

Esempio   —Regali la tua poltrona al nonno?
—*Sì, gliela regalo.*

1. Compri dei vestiti a tua sorella?

2. Regali il motorino a tuo fratello?

3. Porti i fiori alla tua ragazza?

4. Compri molti giocattoli alla tua sorellina?

5. Paghi la cena al tuo compagno di stanza?

6. Regali la televisione allo zio Beppe?

7. Dai molti soldi ai poveri?

8. Mi compri la Ferrari?

C. Quando ti metti...? Fatevi a turno le seguenti domande. Sostituite i nomi con il pronome appropriato.

Esempio   i guanti di lana
—*Quando ti metti i guanti di lana?*
—*Me li metto quando fa freddo.*

1. le scarpe da tennis

2. il costume da bagno

3. la cravatta

4. il cappotto

5. l'impermeabile

6. un vestito elegante

D. Una scelta difficile. Proponete *(propose)* a turno cosa regalare a due vostri amici, sposini novelli *(newlyweds)*. Scegliete quattro oggetti per la casa.

Esempio   —*Gli regaliamo un quadro?* o...
—*Sì, regaliamoglielo!* o *No, non regaliamogli un quadro, regaliamogli...*

13.4 **I numeri ordinali**

Vicenza. Palazzo Chiericati. Andrea Palladio, architetto del sedicesimo secolo, rivoluzionò l'architettura del diciassettesimo e del diciottesimo secoli e influenzò l'architettura degli Stati Uniti (due esempi: U.S. Capitol e Monticello).

1. *Ordinal numbers* (*first, second, third,* etc.) are adjectives and must agree in gender and number with the noun they modify. From *first* through *tenth,* they are:

primo(a, i, e)	**quarto**	**settimo**
secondo	**quinto**	**ottavo**
terzo	**sesto**	**nono**
		decimo

From **undicesimo** *(eleventh)* on, ordinal numbers are formed by dropping the final vowel of the cardinal number and adding the suffix **-esimo (a, i, e).** Exceptions: Numbers ending in **-trè** (**ventitrè, trentatrè,** etc.) and in **-sei** (**ventisei, trentasei,** etc.) preserve the final vowel.

quindici	quindic**esimo**
venti	vent**esimo**
trentuno	trentun**esimo**
trentatrè	trentatre**esimo**
ventisei	ventisei**esimo**
mille	mill**esimo**

Ottobre è il **decimo** mese dell'anno.	*October is the tenth month of the year.*
Hai letto le **prime** pagine?	*Did you read the first pages?*
Ho detto di no, per **la millesima** volta.	*I said no, for the thousandth time.*

2. Ordinal numbers precede the noun they modify except when referring to popes and royalty. When referring to centuries, they may follow or precede the noun.

Papa Giovanni XXIII (ventitreesimo)	*Pope John XXIII*
Luigi XIV (quattordicesimo)	*Louis XIV*
il secolo XXI (ventunesimo) *or* il ventunesimo secolo	*the twenty-first century*

Pratica

A. Nomi nella storia. Completate le frasi con il numero ordinale appropriato.

1. Machiavelli è vissuto *(lived)* nel secolo (XVI) _____ .
2. Il Papa Giovanni (XXIII) _____ ha preceduto il Papa Paolo (VI) _____ .
3. Enrico (VIII) _____ ha avuto sei mogli.
4. La regina *(queen)* d'Inghilterra è Elisabetta (II) _____ .
5. Dante è nato nel secolo (XIII) _____ .

 B. Lo sai o non lo sai? Fatevi a turno le domande che seguono.

Esempio —In quale capitolo di questo libro ci sono gli articoli?
—*Nel primo capitolo.*

1. Quale pagina del libro è questa?
2. A quale capitolo siamo arrivati?
3. Quale giorno della settimana è mercoledì? E venerdì?
4. Aprile è il sesto mese dell'anno? E dicembre?
5. In quale settimana di novembre festeggiamo il Thanksgiving?
6. In quale settimana di settembre festeggiamo la Festa del Lavoro?
7. Un minuto è un cinquantesimo di un'ora?

Per finire  CD 2, Track 16

Nei traslochi dai piani alti, i mobili sono portati giù *(down)* dalle finestre.

Si affitta appartamento ammobiliato

Un mese fa Antonio ha incominciato a insegnare in una scuola media come **supplente.** È ora pieno di entusiasmo e di progetti. Eccolo che ne parla a Marcello.

substitute

ANTONIO Sai, ho intenzione di cercarmi un appartamentino ammobiliato e di **rendermi** indipendente.

to become

MARCELLO Ehi! Super! Così possiamo dare **un sacco** di feste! Hai guardato gli annunci pubblicitari sul *Corriere della Sera?*

a lot
(well-known Italian newspaper)

ANTONIO No, non ancora... eccoli!

MARCELLO Non ce ne sono molti. Te ne leggo uno: «Appartamento **signorile** 4 locali **doppi servizi** libero... »   *deluxe/two baths*

ANTONIO Sei matto?! **Mi basta** una cucina-soggiorno con bagno.   *Is enough for me*

MARCELLO Eccone uno che va bene: monolocale **Lambrate.**   *(neighborhood in Milan)*

ANTONIO Sì, mi piace. Quant'è l'affitto?

MARCELLO Non lo dice. Perché non **fissiamo** un appuntamento e ci andiamo?   *we set up*

(Il monolocale si trova al quinto piano di un modesto edificio senza ascensore. Il **portinaio**, svegliato dalla siesta, glielo mostra **malvolentieri**.)   *concierge* *reluctantly*

IL PORTINAIO Scusi, ha una lettera di referenze?

MARCELLO Certamente. Mio padre, l'ingegner Scotti della **ditta** Scotti e Figli, è pronto a scrivergliene una.   *company*

ANTONIO Grazie, Marcello. Che ne pensi?

MARCELLO Mah! Mi sembra un **buco**... con dei mobili **preistorici.**   *hole* *prehistoric*

ANTONIO Caro mio, io non ho la **grana** di tuo padre; per uno come me che ha **condiviso** fino a oggi la stanza con due fratelli, quest'appartamento sembra un palazzo!   *money (slang)* *shared*

Comprensione

Usate i pronomi quando è possibile.

1. In che scuola ha incominciato ad insegnare Antonio? **2.** Da quanto tempo ci insegna? **3.** Perché vuole cercarsi un appartamento? **4.** Dove suggerisce di cercare gli annunci Marcello? **5.** Perché il primo annuncio che Marcello legge non piace ad Antonio? Di quante stanze ha bisogno? **6.** Nell'annuncio c'è il costo dell'affitto? **7.** Com'è l'appartamento che Antonio decide di andare a vedere? Dove si trova? **8.** Chi mostra l'appartamento ai due amici? **9.** Piace a Marcello quell'appartamento? **10.** Che ne dice Antonio? Perché?

Conversazione

1. Che cosa pensi dell'appartamento che Antonio sta per affittare? È diverso da quello che un(a) giovane che sta per rendersi indipendente affitta negli Stati Uniti?

2. Un edificio negli Stati Uniti simile a quello di Lambrate ha di solito un portinaio? Dove si può trovare un portinaio?

3. Negli Stati Uniti è comune salire a piedi al quinto piano? Perché?

4. Hai mai avuto bisogno di una lettera di referenze per affittare un appartamento?

Come si dice in italiano?

1. Giulia has been living in San Francisco for a month with her friend Kathy, and now she wants to rent an apartment.

2. Today Kathy is helping her find one by reading her the newspaper ads.

3. I found one that I like: "Studio, Golden Gate Park. Available immediately. $950."

4. How big is a studio? How many rooms are there?

5. There is only one, with a bathroom.

6. Now here they are near Golden Gate Park to see the studio.

7. The manager (**l'amministratore,** *m.*) willingly shows it to them.

8. Giulia is enthusiastic about (**di**) the studio and asks Kathy what (**cosa**) she thinks of it.

9. I like it a lot, because there are big windows with a view (**veduta**) of the park.

10. Next Saturday Giulia will be able to move to (**nel**) her new apartment.

Un monolocale con grandi finestre che danno sul giardino.

Attualità

Adesso scriviamo!

La casa ideale

Com'è la tua casa ideale? Descrivila in due o tre brevi paragrafi.

A. Per mettere in ordine le tue idee, rispondi alle seguenti domande con una o due frasi per ognuna:

1. Dove si trova la casa? In città, in campagna, in montagna,...?
2. È una casa moderna, tradizionale o in uno stile particolare?
3. Quanti piani ci sono?
4. Quali stanze ci sono?
5. Quante camere? Quanti bagni?
6. C'è un giardino?

B. Ora scrivi la tua descrizione. Usa gli appunti che hai scritto.

Esempio

La mia casa ideale si trova in campagna perché mi piace essere a contatto con la natura. È una casa tradizionale, vecchia, che ho fatto ristrutturare. Ci sono due piani, uno per la zona giorno e uno per la zona notte. Deve avere una bella cucina moderna, perché mi piace cucinare, una sala da pranzo e un salotto. Ci sono tre camere e due bagni perché voglio avere uno(a) o due compagni(e) di stanza. Non mi piace vivere da solo(a). Naturalmente in campagna c'è molto verde ed anche la mia casa avrà un bel giardino pieno di fiori.

C. Leggi di nuovo la tua descrizione. Tutte le parole sono scritte correttamente? Controlla l'accordo tra il verbo e il soggetto e tra il nome e l'aggettivo. Alla fine, con un compagno (una compagna), leggete le vostre descrizioni. In che cosa sono simili le vostre case ideali? In che cosa sono differenti?

Parliamo insieme!

A. La casa e i suoi abitanti. Immaginate, e descrivete in piccoli gruppi, l'abitazione di:

1. uno studente disordinato e molto occupato
2. una modella
3. una coppia di sposi ricchi
4. una coppia di pensionati (*retirees*)

B. Appartamenti. Guardate i piani di questi tre appartamenti. A turno, descrivete ogni immagine e poi dite quale preferite e perché.

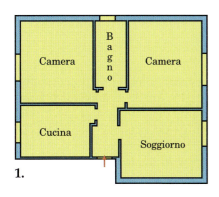

1.

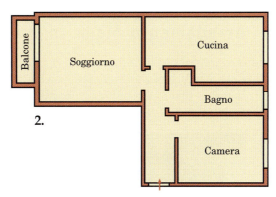

2.

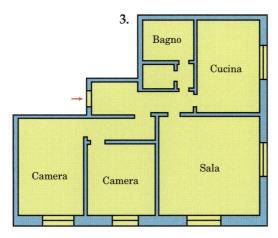

3.

C. Alla ricerca di un alloggio. Attività in gruppi di tre. Un padrone (Una padrona) di casa e due eventuali *(probable)* inquilini *(tenants)*. Voi cercate un appartamento in affitto e leggete nel giornale i seguenti annunci. Sceglietene *(Choose)* uno e telefonate al numero indicato: specificate l'appartamento che cercate e discutete le condizioni dell'affitto con il padrone (la padrona) di casa.

AFFITTASI

Vicino al centro affitto appartamento ristrutturato, ultimo piano: grande soggiorno, cucina, due camere, bagno, balcone, ripostigli e cantina. Vicinanza metropolitana.
Euro 1.200 + spese.
Fax 02/47127896

Appartamento ammobiliato, in zona signorile, terzo piano, con ascensore, composto da: soggiorno-cucina, camera, bagno, ripostiglio, box posto auto. Euro 950 + spese, solo referenziati. Telefornare dopo le ore 17.30 al 02/2954578

Monolocale con balcone, grande bagno e ripostiglio; secondo piano; giardino condominiale; senza ascensore; ben servito da mezzi di trasporto pubblici. Euro 780 + spese tel. ore pasti 02/3567897

GUARDIAMO!

La casa
Fabio cerca un appartamento e Luigi l'accompagna a vederne qualcuno. Mentre aspettano l'agente immobiliare, parlano di uno degli appartamenti disponibili e i termini del contratto.

SITO WEB
Per fare più pratica con gli argomenti culturali e i punti grammaticali del **Capitolo 13**, vai a vedere il sito *Ciao!* a **http://ciao.heinle.com**.

Vedute d'Italia

Arredamento Made in Italy

A. Prima di leggere

Italian artists and artisans reflect a tradition of outstanding design and crafts-manship that spans centuries. Articles for the home "made in Italy," like those featured here, draw on this tradition while also displaying a creative flair

for contemporary design that is recognized throughout the world. You can get a good immediate overview of the focus of this reading by looking at the accompanying photos. Then, as you read each paragraph, refer to the photos again in order to understand the text more clearly.

Il vetro fragile e bellissimo dall'isola di Murano, vicino a Venezia, ha una storia antichissima, di più di 1000 anni.

Nel medioevo, i Veneziani, **attraverso** il contatto con i Bizantini, hanno perfezionato **l'arte vetraia.** Nello stesso periodo, Venezia è diventata il centro principale del vetro **pregiato** per tutta l'Europa. Già a cavallo tra **il duecento** e **il trecento** importanti famiglie nobiliari dall'Europa commissio-navano alle **vetrerie** veneziane importanti bicchieri. Tutt'ora questi **pezzi** antichi sono conservati nei musei.

Al giorno d'oggi, il vetro veneziano, anche se con un tocco di stile moderno, rimane sempre molto ricercato in tutto il mondo. Da sottolineare che ogni pezzo è unico perché è prodotto **a mano** e diventa sempre più pregiato con il passare del tempo.

through
glass-blowing technique
precious/1200
1300
glass-blowing firms/pieces

nowadays

by hand

Gianpaolo Zandegiacomo è un giovane «designer» che ha saputo unire, nella lavorazione del **legno**, il gusto contemporaneo con l'aspetto tradizionale della casa, **dando** alle sue creazioni un'impronta di originalità. Gianpaolo ci propone un nuovo concetto nell'arredamento delle stanze da bagno, con i suoi lavabi e le sue vasche da bagno realizzate in legno. Parte dal concetto che una fusione armonica di elementi naturali, come l'acqua ed il legno, crea una sensazione di benessere nelle persone. Questa fusione armonica dà anche alle sue creazioni un valore estetico eccezionale.

wood

giving

Questa poltrona, chiamata «Margy», a forma di **margherita,** invita al relax. Ha petali attorno a un **corpo** centrale. Ogni petalo si flette per creare la base, **lo schienale** e **i braccioli.** Il colore è rosso **vivo,** che contribuisce al proprio benessere psicofisico. L'effetto buonumore continua tutto l'anno!

daisy
body
back/handles
bright

B. Alla lettura

Con l'aiuto delle foto, rispondi alle seguenti domande:

1. Perché ogni pezzo di vetro di Murano è definito unico?
2. Su che concetto basa il suo successo Gianpaolo Zandegiacomo?
3. Cosa provoca il colore rosso vivo della poltrona «Margy»?

C. Culture a confronto

1. Conoscevi alcuni di questi pezzi d'arredamento made in Italy?
2. Hai dei pezzi simili a casa tua o a casa dei tuoi genitori?
3. Useresti uno degli oggetti delle foto per arredare la tua casa o il tuo appartamento? Perché sì, perché no?
4. Preferisci pezzi di arredamento contemporanei o tradizionali? Usiamo di più l'uno o l'altro in nord America?

Sapete che... ?

Le case italiane

I vecchi palazzi delle città italiane hanno avuto come prototipo l'antica casa romana. **Essi** sono uniti l'uno all'altro. Al centro di ogni **facciata** un **portone ad arco** dà su un **cortile** interno. All'esterno, il pianterreno è occupato da negozi o da uffici, mentre gli altri piani sono occupati, in genere, da appartamenti. Nel vecchio centro urbano convivono diverse classi sociali e questo contribuisce alla vitalità del centro cittadino. Fra il 1950 e il 1970 i **cambiamenti** economici e sociali hanno determinato un'espansione notevole dei centri urbani. **Intorno** alla vecchia città ne è nata una interamente moderna, fatta di edifici a molti piani e di villette. Durante la prosperità degli anni settanta–ottanta molti Italiani hanno potuto **farsi** una seconda casa o un appartamentino in zone di villeggiatura. Gli **amanti** della campagna hanno ristrutturato vecchie case e **fienili, trasformandoli** in confortevoli rifugi lontano dalla vita cittadina.

they/front
arched front gate/courtyard

changes
Around

buy
lovers
barns/transforming them

Comprensione

Completate le seguenti frasi.

1. Come le antiche case romane, i vecchi palazzi hanno un cortile...
   a. davanti.
   b. dietro.
   c. all'interno.

2. La coabitazione di diverse classi sociali dà vita...
   a. agli uffici.
   b. ai cortili dei palazzi.
   c. al vecchio centro urbano.

3. Molti Italiani si sono fatti una seconda casa, stimolati (*spurred*)...
   a. dal costo economico delle costruzioni.
   b. da un periodo di economia favorevole.
   c. dall'amore per la villeggiatura.

Vocabolario

Nomi

l'animale domestico	pet
l'annuncio pubblicitario	ad
l'arredamento	furnishing
il contratto	contract
il costo	cost
la ditta	firm, company
l'entusiasmo	enthusiasm
il locale	room
la luce	light
il mobile	piece of furniture
il monolocale	studio apartment
la moquette	wall-to-wall carpet
la morte	death
il portinaio, la portinaia	concierge
il quadro	painting, picture
la scelta	choice
lo svantaggio	disadvantage
le tende	curtains, draperies

Aggettivi

ammobiliato	furnished
arredato	furnished
antico	antique; ancient
disponibile	available
entusiasta (di)	enthusiastic (about)
libero	free; vacant; available
moderno	modern
modesto	modest
vuoto	vacant, empty

Verbi

arredare	to furnish
condividere (*p.p.* condiviso)	to share
ristrutturare	to restructure
scegliere (*p.p.* scelto)	to choose
sembrare	to seem; to look like
trovarsi	to find oneself; to be located
vivere (*p.p.* vissuto)	to live

Altre espressioni

certamente	certainly
doppi servizi	two baths
essere disposto (a)	to be willing (to)
fissare un appuntamento	to make an appointment
immediatamente	immediately
in affitto	for rent
in vendita	for sale
lettera di referenze	reference letter
penso di sì/penso di no	I think so/I don't think so
rendersi indipendente	to become independent
va bene	it is good, right, OK

CAPITOLO 14

Il mondo del lavoro

Giovani che si preparano al lavoro.

Punti di vista | Una scelta difficile

Studio di parole: Il mondo del lavoro
Informazioni: L'economia in Italia
Ascoltiamo! Una decisione pratica

Punti grammaticali

14.1 Il condizionale presente
14.2 Il condizionale passato
14.3 Uso di **dovere, potere** e **volere** nel condizionale
14.4 Verbi e espressioni verbali + *infinito*

Per finire | In cerca di un impiego

Attualità

Adesso scriviamo!
Parliamo insieme!
♪♪ **Intermezzo musicale: Fred Buscaglione, «Juke Box»**

Vedute d'Italia | Immigrati: la carica della seconda generazione

Sapete che...?

Punti di vista

Dalla veterinaria.

Una scelta difficile

 CD 2, Track 17

Laura e Franco frequentano l'ultimo anno di liceo e parlano del loro futuro.

FRANCO Non so a quale facoltà **iscrivermi.** Tu cosa mi consigli, Laura? *to enroll*

LAURA Cosa **ti piacerebbe** fare nella vita? *would you like*

FRANCO Mi piacerebbe insegnare matematica.

LAURA Devi considerare che ci sono vantaggi e svantaggi nell'insegnamento, come nelle altre professioni. I vantaggi? **Faresti** un lavoro che ti piace e d'estate avresti *You would do*
tre mesi di vacanza. **Potresti** viaggiare, riposarti o dedi- *You could*
carti ad altre attività.

FRANCO Ma gli stipendi degli insegnanti sono bassi.

LAURA È vero e inoltre non è facile trovare lavoro nell'insegnamento.

FRANCO Hai ragione. E tu hai deciso a quale facoltà iscriverti?

LAURA Sì, farò la veterinaria.

FRANCO **Davvero?** Ti piacciono così tanto gli animali? *Really?*

LAURA Oh, sì, moltissimo! A casa mia ho un piccolo zoo:
due cani, quattro gatti, un **coniglio** e due **porcellini** *rabbit/guinea pigs*
d'India.

Comprensione

1. Che anno di liceo frequentano Laura e Franco? **2.** Che cosa deve decidere Franco? **3.** Che cosa gli piacerebbe fare? **4.** Quali sono i vantaggi nell'insegnamento? Quali sono gli svantaggi? **5.** Anche Laura è indecisa sulla sua professione? **6.** Che cosa vuole fare? Perché? **7.** Cos'ha a casa sua?

Studio di parole   *Il mondo del lavoro*

I Mestieri *(Trades)*

il lavoratore, la lavoratrice worker
l'elettricista electrician
l'idraulico plumber
l'operaio factory worker
il meccanico mechanic

Le professioni

il medico (dottore, dottoressa) physician
il chirurgo surgeon
l'oculista *(m. & f.)* eye doctor
lo psicologo, la psicologa psychologist
il/la dentista dentist
l'infermiere, l'infermiera nurse
il/la dirigente chief executive
l'ingegnere *(m. & f.)* engineer
l'architetto *(m. & f.)* architect
il/la commercialista accountant, CPA
l'avvocato *(m. & f.)* lawyer
il programmatore, la programmatrice di computer computer programmer

il segretario, la segretaria secretary
la casalinga homemaker
fare il/la... to be a…(profession or trade)
il colloquio interview
l'impiego employment, job
l'agenzia di collocamento employment agency
un lavoro part-time part-time job
un posto position, job
fare domanda to apply
assumere *(p.p.* **assunto)** to hire
licenziare to lay off, to fire
guadagnare to earn
il salario ⎱ salary, wages
lo stipendio ⎰
l'aumento raise
disoccupato unemployed
la disoccupazione unemployment
fare sciopero to strike
andare in pensione to retire
il pensionato, la pensionata retiree

Informazioni   L'economia in Italia

Oggi la disoccupazione in Italia è del 7,4 per cento, e non è mai stata così bassa dal 1992. La differenza tra il Nord e il Sud è di 5–6 punti a favore del Nord.

Oggi in Italia c'è una crisi generale nella produzione: il «made in Italy» non tiene più i mercati *(has a smaller market share)* come prima e la situazione economica è diventata più difficile. Tuttavia il tenore di vita *(standard of living)* degli Italiani, in generale, è abbastanza buono. Oltre all'esistenza di una forma di industria a carattere familiare o artigianale, il lavoratore italiano gode *(enjoys)*

di alcuni privilegi: riceve alla fine dell'anno uno stipendio extra (la tredicesima); se cambia lavoro o va in pensione, riceve la liquidazione *(a sum of money).* Il lavoratore ha anche quattro settimane di ferie pagate. Le lavoratrici hanno sei mesi di sospensione dal lavoro per il parto *(when they give birth).* Il Governo inoltre dà una pensione anche alle persone che non hanno mai lavorato fuori casa, come le casalinghe.

Dati ISTAT, gennaio 2005.

Applicazione

A. Domande

1. Guardate le foto a pagina 297: che cosa fanno queste persone?

2. Se ha bisogno di occhiali, da quale specialista va Lei?

3. Quando un lavoratore (una lavoratrice) arriva a sessantacinque anni ed è stanco(a) di lavorare, cosa fa?

4. Che cosa riceve alla fine del mese una persona che lavora?

5. Di tutte le professioni o i mestieri elencati *(listed)*, qual è, secondo Lei, la (il) più difficile *(the most difficult)*? Perché?

6. Se i lavoratori non sono soddisfatti delle loro condizioni di lavoro, cosa fanno?

B. Cosa fanno? Dite quale mestiere o professione fanno le seguenti persone e aggiungete qualche vostra definizione.

1. Scrive lettere e tiene *(keeps)* in ordine i documenti in ufficio.

2. È una donna che non conosce orario né *(nor)* stipendio.

3. Lavora in una fabbrica *(factory)*.

4. Dirige una grande ditta.

5. Ha finito di lavorare e ora dovrebbe *(should)* riposare e... divertirsi.

6. Prepara programmi per una macchina elettronica.

7. È una persona che...

C. Biglietti da visita. Guardate i biglietti da visita e dite che cosa fanno queste persone. Quale professione è la più difficile? Quale vi farebbe diventare più ricchi in breve tempo? Chiedetevi l'un l'altro quale di queste professioni vi piacerebbe fare e quale non vi piacerebbe, e perché.

D. Conversazione

1. Che professione o mestiere fai o pensi di fare? Che cosa influenza la tua decisione? L'interesse economico o la tua inclinazione?

2. Se hai la scelta, in quale stato degli Stati Uniti preferisci lavorare? Perché?

3. Se hai la possibilità di lavorare all'estero, quale paese dell'Europa o dell'Asia preferisci? Perché?

4. Se fai domanda per un impiego, quali sono i fattori che influenzano la tua scelta? Il clima? La famiglia? Lo stipendio? Le condizioni di lavoro? Il costo degli alloggi?

5. Attualmente *(At present)* dov'è più facile trovare un impiego: nell'industria, nel commercio, nel governo, nell'insegnamento o in altri servizi?

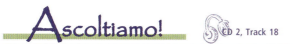

Ascoltiamo!   CD 2, Track 18

Una decisione pratica. Paola has just run into Luigi, an old friend from the **liceo.** Listen to their conversation as they each catch up on what the other is doing. Then answer the following questions.

Comprensione

1. Com'è vestito Luigi? Perché?

2. Che cosa voleva fare Luigi quand'era al liceo? Perché ha cambiato idea *(did he change his mind)?*

3. Che cosa cerca Paola? Perché?

4. Adesso che cosa vorrebbe fare anche Paola?

5. Secondo Lei, Paola parla seriamente o scherza *(is joking)?*

Dialogo

Lavoro estivo. Leggete l'annuncio e poi telefonate per sapere dettagli sul lavoro, i giorni, le ore e il salario. Fate le parti di chi cerca lavoro e del padrone del ristorante che lo offre.

> **Ristorante** (Rimini) cerca
> 2 apprendisti cameriere/a
> 17-20 anni max   periodo
> estivo minima esperienza.
> Tel. 902.5610

Punti grammaticali

14.1 Il condizionale presente

AGENZIA LAVOROTEMP S.p.A
Sede Milano

SELEZIONA

ASSISTENTI AL COMMERCIO

Mansioni: coordinazione, gestione e supervisione di gruppo FILIALI

Si richiede: cultura universitaria, abilità organizzative e relazionali, ottimo uso Pc. resistenza allo stress, capacità di problem solving.

Età: 25/30 anni.
Assunzione: 9 mesi con possibilità di occupazione permanente.
Inquadramento: basato sull'esperienza e titolo universitario
Sede: Milano

I candidati sono pregati di inviare il curriculum a Meroni@lavorotemp.it
Fax: 02/47127889

LT Lavoro Temp
Creating Job Opportunities

Ti piacerebbe fare domanda per questo lavoro? Dove lavoreresti? A chi spediresti il tuo curriculum vitae (CV)?

1. The present conditional **(condizionale presente)** expresses an intention, a preference, a wish, or a polite request; it is the equivalent of the English *would* + verb. Like the future, it derives from the infinitive, and its stem is always the same as the future stem. Also like the future, **-are** verbs change the **-a** to **-e.**

partire → **partirei** = *I would leave*

It is conjugated as follows:

parlare	rispondere	partire
parler**ei**	risponder**ei**	partir**ei**
parler**esti**	risponder**esti**	partir**esti**
parler**ebbe**	risponder**ebbe**	partir**ebbe**
parler**emmo**	risponder**emmo**	partir**emmo**
parler**este**	risponder**este**	partir**este**
parler**ebbero**	risponder**ebbero**	partir**ebbero**

NOTE: The endings of the present conditional are the same for all conjugations.

Mi **piacerebbe** essere ricco.	*I would like to be rich.*
Preferirebbe lavorare.	*She would prefer to work.*
Ci **aiuteresti?**	*Would you help us?*

2. Verbs that are irregular in the future are also irregular in the conditional. Here is a comprehensive list:

dare:	**darei, daresti,** ecc.	sapere:	**saprei, sapresti,** ecc.
fare:	**farei, faresti,** ecc.	vedere:	**vedrei, vedresti,** ecc.
stare:	**starei, staresti,** ecc.	vivere:	**vivrei, vivresti,** ecc.
andare:	**andrei, andresti,** ecc.	essere:	**sarei, saresti,** ecc.
avere:	**avrei, avresti,** ecc.	bere:	**berrei, berresti,** ecc.
cadere:	**cadrei, cadresti,** ecc.	venire:	**verrei, verresti,** ecc.
dovere:	**dovrei, dovresti,** ecc.	volere:	**vorrei, vorresti,** ecc.
potere:	**potrei, potresti,** ecc.		

Verresti al cinema con me?	*Would you come with me to the movies?*
Mi **darebbe** alcuni consigli?	*Would you give me some advice?*
Che cosa **vorrebbe** fare Paolo?	*What would Paolo like to do?*
Io **vorrei** fare l'oculista.	*I would like to be an eye doctor.*

3. Verbs ending in **-care, -gare, -ciare,** and **-giare** undergo a spelling change for phonetic reasons, as in the future tense (see **Capitolo 12,** 12.1).

cercare:	**Cercherei** un lavoro.	*I would look for a job.*
pagare:	**Pagherei** molto.	*I would pay a lot.*
cominciare:	**Comincerei** a lavorare.	*I would start working.*
mangiare:	**Mangerei** della frutta.	*I would eat fruit.*

—Papà, mi presteresti 100 euro? Esco con gli amici.
—Perché dovrei darti 100 euro?
—Perché se non ho soldi potrebbe venirmi un complesso di inferiorità, e chissà per quanti mesi tu dovresti curarmi!

4. Remember that when *would* indicates a habitual action in the past, Italian uses the imperfect tense.

Da bambino, **andavo** alla spiaggia tutte le estati.	*When I was a child, I would (I used to) go to the beach every summer.*

Pratica

A. Desiderio di rilassarsi. Cosa faresti durante le vacanze? Rispondete secondo l'esempio.

Esempio   vedere gli amici
Vedrei gli amici.

1. dormire fino a tardi **2.** fare delle passeggiate **3.** leggere molti libri **4.** mangiare al ristorante **5.** guardare la TV **6.** divertirsi **7.** scrivere delle lettere **8.** andare al cinema **9.** stare alla spiaggia tutto il giorno **10.** uscire con gli amici **11.** riposarsi **12.** giocare a tennis

B. Sogni. Un vostro amico spera di vincere alla lotteria. Aiutatelo con le vostre domande a esprimere i suoi sogni *(dreams).*

Esempio   fare un viaggio in Florida
—*Faresti un viaggio in Florida?*
—*No, farei un viaggio in Oriente.* o...

1. passare i weekend in città

2. viaggiare in treno

3. mangiare al McDonald's

4. vivere in un appartamentino di due o tre locali

5. comprare una Fiat

6. spendere tutti i soldi in un anno

7. prestarmi mille dollari

C. Scambi rapidi. Completate con il **condizionale presente.**

1. A un caffè di Viareggio, in Toscana.

—Ragazzi, io _____ (prendere) un espresso lungo *(weak)*. E voi?

—Con questo caldo? Noi _____ (bere) volentieri qualcosa di fresco.

—Sì, mi _____ (piacere) bere un succo di pompelmo. E a te?

—Per me la stessa cosa.

2. Un turista in una banca di Bari, in Puglia.

—Scusi, Lei _____ (potere) cambiarmi un assegno di cento dollari?

—Non a questo sportello; Lei _____ (dovere) andare allo sportello del Cambio.

3. All'ingresso di un albergo di Verona, nel Veneto.

—Che camera _____ (volere) i signori? Una sul davanti?

—Sì, _____ (andare) bene, se non c'è troppo rumore *(noise)* però.

—Possono stare tranquilli. _____ (Potere) darmi un Loro documento?

—Ecco il passaporto.

D. Cosa faresti tu in questa situazione? Fatevi a turno le domande. Scegliete l'espressione corretta della seconda colonna e rispondete usando il verbo al **condizionale.**

Esempio   —Sei in ritardo a un appuntamento. Cosa faresti?
              —*Mi scuserei.*

1. La macchina non funziona.	protestare (o...)
2. Un amico ti chiede un favore.	fargli le mie congratulazioni
3. Il padrone di casa aumenta l'affitto dell'appartamento.	farglielo
4. Un collega d'ufficio riceve una promozione.	portarla dal meccanico
5. Devi spedire un pacco *(package)*, e all'ufficio postale ci sono molte persone.	fare la fila e aspettare ringraziarlo preparare il mio curriculum vitae
6. Devi presentarti ad un colloquio.	
7. Il tuo direttore ti dà un aumento di stipendio.	

E. Cosa vorresti? A turno, fatevi delle domande usando i seguenti verbi al condizionale. Potete incominciare usando: **quando, dove, perché, cosa,** eccetera.

Esempio   volere
              —*Cosa vorresti fare domenica?*
              —*Vorrei andare a vedere la partita di calcio.*

1. bere
2. mangiare
3. lavorare
4. vivere
5. andare
6. preferire
7. comprare
8. passare le vacanze

14.2 Il condizionale passato

Coda di automezzi sull'autostrada Padova-Milano.
   L'automobilista guarda preoccupato la lunga fila di automezzi e pensa: Avrei dovuto prendere il treno.

1. The conditional perfect **(condizionale passato)** is the equivalent of the English *would have* + past participle. It is formed with the present conditional of **avere** or **essere** + the past participle of the main verb.

avrei finito = *I would have finished*

It is conjugated as follows:

parlare		rispondere		partire	
avrei		avrei		sarei	
avresti		avresti		saresti	partito(a)
avrebbe	parlato	avrebbe	risposto	sarebbe	
avremmo		avremmo		saremmo	
avreste		avreste		sareste	partiti(e)
avrebbero		avrebbero		sarebbero	

Avrei scritto, ma non avevo l'indirizzo.	*I would have written, but I did not have the address.*
Avresti accettato l'invito?	*Would you have accepted the invitation?*

2. In indirect discourse with verbs such as **dire, rispondere, scrivere, telefonare,** and **spiegare,** Italian uses the conditional perfect to express a future action seen from a point of view in the past. Compare the constructions in Italian with those in English:

Ha detto che **sarebbe andato.**	*He said he would go.*
Hanno scritto che **sarebbero venuti.**	*They wrote that they would come.*
Ha risposto che non **avrebbe aspettato.**	*He answered that he would not wait.*

Pratica

A. **Contrasti.** Le seguenti persone hanno agito *(acted)* in un certo modo *(way)*. Altre, invece, avrebbero agito diversamente *(differently)*. Dite come.

Esempio   Lisa ha comprato un cappotto./Marco...
Marco, invece, avrebbe comprato un impermeabile. o...

1. Silvio ha ordinato lasagne al forno./Noi... **2.** L'ingegner Scotti è partito in aereo./La signora Scotti... **3.** Il direttore della ditta è andato in vacanza a Miami./La sua segretaria... **4.** Gabriella e Filippo hanno bevuto una bottiglia di Frascati./Tu... **5.** Io mi sono alzato tardi./I miei fratelli... **6.** I miei genitori hanno preferito un appartamento in centro./Io...

B. **Hanno detto che...** Usate il discorso indiretto *(indirect discourse)* e il **condizionale passato**.

Esempio   la mia fidanzata/telefonare alle tre
La mia fidanzata ha detto che avrebbe telefonato alle tre.

1. Lorenzo/comprare un computer

2. i miei zii/venire presto

3. Liliana/andare a un colloquio

4. Luigi/fare l'architetto o l'ingegnere

5. la segretaria/chiedere un aumento di stipendio

C. **Supposizioni.** Cosa avresti fatto nelle seguenti situazioni? A turno, fate le domande e rispondete.

Esempio   al lago
—*Cosa avresti fatto al lago?*
—*Avrei preso il sole.* o...

1. a Roma

2. dopo un esame difficile

3. prima di un colloquio per un impiego

4. in caso di cattivo tempo

5. per il compleanno del tuo ragazzo (della tua ragazza)

6. il giorno delle elezioni

7. dopo un trasloco

D. **Desideri impossibili.** Formate delle frasi complete con il primo verbo al **condizionale passato** e il secondo verbo all'**imperfetto**.

Esempio   Lia (fare) un viaggio, non (avere) soldi
Lia avrebbe fatto un viaggio, ma non aveva soldi.

1. io (prestarti) la macchina, non (funzionare)

2. lui (cambiare) lavoro, (essere) difficile trovarne un altro

3. noi (prendere) il treno, (esserci) lo sciopero dei treni

4. lei (fare) medicina, ma gli studi (essere) troppo lunghi

5. il nostro amico (partire), non (stare) bene

6. io (preferire) un lavoro a tempo pieno, (esserci) solo lavori part-time

E. Presente o passato? Completate con il condizionale presente o passato.

1. Io (andare) _____ in vacanza ma sono al verde.

2. Noi (uscire) _____, ma piove.

3. (vivere) _____ in campagna Lei?

4. Loro (essere) _____ contenti di stare a casa oggi.

5. Gino (partire) _____ con il treno delle sei, ma la sua valigia non era pronta.

6. Che cosa (rispondere) _____ a un amico che ti domanda un favore?

7. (piacere) a te _____ fare il chirurgo?

8. Hai scritto a Pietro? Gli (scrivere) _____, ma lui non ha risposto alla mia ultima lettera.

F. Quale professione mi consiglia (*do you suggest*)? Fate a turno la parte di qualcuno che domanda consigli sulla professione da seguire, e dell'impiegato di un'agenzia di collocamento.

Esempio —Mi piacerebbe viaggiare e vedere paesi stranieri.
—*Allora Le consiglierei di fare l'agente di viaggi. (o la guida o...)*

1. Sono una persona ordinata, metodica, precisa e puntuale.

2. Mi piacerebbe studiare per tutta la vita.

3. Mi appassiono ai problemi personali e mi piacerebbe trovare le soluzioni.

4. Vorrei vedere il trionfo della giustizia (*justice*) e diventare ricco(a) allo stesso tempo.

5. Amo curare i bambini e la casa e preparare pranzi deliziosi.

6. Mi diverto a montare e smontare i motori delle macchine.

14.3 Uso di **dovere, potere** e **volere** nel condizionale

1. The present conditional of **dovere, potere,** and **volere** is used instead of the present indicative to make a request more polite or a statement less forceful. It has the following meanings:

dovrei = *I should, I ought to*
potrei = *I could, I might*
vorrei = *I would like*

—Potrebbe ripararla in un'ora, prima del ritorno di mio marito?

Compare:

Devi aiutare la gente.	*You must help people.*
Dovresti aiutare la gente.	*You should (You ought to) help people.*
Non **voglio** vivere qui.	*I don't want to live here.*
Non **vorrei** vivere qui.	*I would not like to live here.*
Può aiutarmi?	*Can you help me?*
Potrebbe aiutarmi?	*Could you help me?*

2. In the conditional perfect, **potere, volere,** and **dovere** correspond to the following English constructions:

avrei dovuto + *infinitive* = *I should have* + past participle
avrei potuto + *infinitive* = *I could have* + past participle
avrei voluto + *infinitive* = *I would have liked* + infinitive

Avrei dovuto parlare all'avvocato.	*I should have spoken to the lawyer.*
Avrebbe potuto laurearsi l'anno scorso.	*She could have graduated last year.*
Avrebbe voluto fare un viaggio.	*He would have liked to take a trip.*

Pratica

A. Belle maniere (*Polite manners*). Attenuate (*Make less forceful*) le seguenti frasi, usando il **condizionale presente.**

1. I due turisti: Vogliamo due camere singole con doccia. Può prepararci il conto per stasera? **2.** Il direttore di una ditta: Dobbiamo assumere una persona competente. Può inviarci (*send us*) il Suo curriculum vitae? **3.** Il capoufficio: Deve pensare al Suo futuro. Vuole una lettera di raccomandazione? **4.** Un lavoratore part-time: Oggi voglio finire prima. Devo andare all'agenzia di collocamento. **5.** Gli studenti d'italiano: Possiamo uscire mezz'ora prima? Può ripetere le spiegazioni sul condizionale domani?

B. Desideri e possibilità. Rispondete alle seguenti situazioni secondo l'esempio, e confrontate (*compare*) le vostre risposte con quelle del compagno (della compagna) vicino.

> **Esempio**   Il signor Brambilla era stanco di lavorare. Che cosa avrebbe voluto fare?
> *Avrebbe voluto andare in pensione.* o...

1. Non avevate notizie di una vostra amica. Che cosa avreste potuto fare?

2. Avevi un appuntamento, ma non ci potevi andare. Che cosa avresti potuto fare?

3. Un amico ti ha telefonato perché era in gravi difficoltà finanziarie. Che cosa avresti potuto fare?

4. L'altro giorno sei andato(a) in ufficio; il computer non funzionava, faceva troppo caldo e il direttore era di cattivo umore. Cosa avresti voluto fare?

5. Ieri era una bellissima giornata. A scuola c'era un esame difficile; tu e altri studenti non eravate preparati(e), e non avevate voglia di andare in classe. Cosa avreste voluto fare?

C. Il fine-settimana scorso. Dite quattro cose che avreste dovuto fare il fine-settimana scorso e che non avete fatto.

> **Esempio**   *Il fine-settimana scorso avrei dovuto scrivere una lettera a...*

14.4 Verbi e espressioni verbali + *infinito*

1. Some verbs and verbal expressions are followed by an infinitive without a preposition. Among the most common are:

   a. semiauxiliary verbs: **dovere, potere, volere, sapere**

   b. verbs of *liking* and *disliking*: **piacere, desiderare, preferire**

   c. impersonal verbal expressions with the verb **essere**, such as **è facile (difficile), è possibile (impossibile), è necessario**

Potresti aiutarmi?	*Could you help me?*
Mi **piace** ascoltare i dischi di Pavarotti.	*I like to listen to Pavarotti's albums.*
È facile sbagliarsi.	*It is easy to make a mistake.*
È possibile laurearsi in quattro anni.	*It is possible to graduate in four years.*

—Non è stanco di aspettare l'autobus?
—Sì, avrei dovuto chiedere se il numero 4 passa ancora di qui.

2. Some verbs and verbal expressions require the preposition **di** + *infinitive*. Among the most common are:

   a. **essere** + *adjective:* **contento, felice, stanco**

   b. **avere** + *noun:* **paura, bisogno, tempo**

   c. verbs of *saying:* **dire, domandare, chiedere**

   d. verbs of *thinking:* **credere, pensare, ricordarsi, sperare**

   e. other verbs: **dimenticare, cercare** *(to try),* **finire**

Sono contento di vederLa.	*I am glad to see you.*
Non ho tempo di fermarmi.	*I don't have time to stop.*
Sperava di diventare un grande pittore.	*He was hoping to become a great painter.*

3. Some verbs require the preposition **a** + *infinitive.* Among the most common are:

aiutare	continuare	(in)cominciare
andare	imparare	venire

Abbiamo continuato a camminare.	*We continued walking.*
Ha imparato a usare il PC.	*He learned to use the PC.*
Vorrei **venire a** trovarti.	*I would like to come visit you.*

NOTE: A more complete list of verbs and verbal expressions + infinitive appears in Appendix 2.

Pratica

A. La giornata di un bambino. Completate con le preposizioni **a, di** o **per,** se necessario.

Pierino impara _____ suonare il piano. Non gli piace _____ studiare. Preferisce _____ giocare con gli amici. Dopo la scuola incomincia _____ studiare e spera _____ finire presto perché vuole _____ andare _____ giocare al pallone. Dopo cena Pierino chiede _____ guardare la televisione, ma non può _____ guardarla per molto tempo perché ha sonno e desidera _____ dormire. La mattina del giorno dopo, deve _____ alzarsi presto _____ finire i compiti.

B. Un po' di tutto. Cambiate le frasi seguenti secondo l'esempio e usate le preposizioni appropriate quando sono necessarie.

Esempio   Ci iscriviamo all'università. (speriamo)
—*Speriamo di iscriverci all'università.*

1. Beviamo un cappuccino. (vorremmo)
2. Vai in Italia? (sei contento)
3. I lavoratori aspettavano un aumento. (erano stanchi)
4. Ho riparato la macchina da scrivere. (ho cercato)
5. Lucia guarda le vetrine. (si è fermata)
6. Ti accompagno a casa? (posso)
7. Lei leggeva fino a tardi. (le piaceva)
8. Lavoriamo per vivere. (è necessario)

C. Cercate di indovinare. Completate le seguenti frasi secondo il significato. Usate le preposizioni appropriate quando è necessario.

Esempio   Il professore ha sonno. Desidera...
—*Desidera dormire.* o...

1. Il padre di Marcello ha 65 anni. Pensa...
2. Il segretario ha perso l'impiego. Ha paura...
3. Noi partiremo alle cinque di mattina. Dovremo...
4. Gli operai sono scontenti del loro salario. Vorrebbero...
5. A Marcello non piaceva il lavoro in banca. Non voleva continuare...
6. È marzo e piove quasi ogni giorno. Io non dimentico mai...

D. Conversazione

1. Cos'hai intenzione di fare l'estate prossima?
2. Speri di fare un viaggio? Dove desideri andare?
3. Chiederai a tuo padre di aiutarti a pagare le tue vacanze?
4. Hai mai cercato di risparmiare? È facile risparmiare? Perché?
5. Quanti anni avevi quando hai cominciato a guadagnare?
6. Hai un lavoro adesso? È a tempo pieno? Se l'hai, sei soddisfatto(a) di averlo? Perché?

Per finire
CD 2, Track 19

Un colloquio.

In cerca di **un impiego**

in search of

Liliana ha preparato il suo curriculum vitae e oggi si è presentata nello studio dell'avvocato Rizzi per un colloquio.

Rizzi Ah, questo è il Suo curriculum. Mi dica, ha mai lavorato in un ufficio legale?

Liliana No, ho lavorato per alcuni mesi in una ditta di import-export, ma poiché sono studentessa in legge mi piacerebbe fare esperienza in uno studio legale.

Rizzi Come Lei avrà letto nel nostro annuncio, noi avremmo bisogno di **qualcuno** solamente per un lavoro part-time di due mesi, per fare delle ricerche.

somebody

Liliana Sì, un lavoro di due mesi a orario ridotto mi andrebbe bene, perché mi permetterebbe di frequentare i miei corsi.

Rizzi Benissimo. Allora, benvenuta a bordo! **Per quanto riguarda** l'orario, si metta d'accordo con la mia segretaria.

As far as

(Liliana fa la conoscenza della segretaria)

Marina Molto piacere, signorina.

Liliana Piacere. Mi chiami pure Liliana.

Marina Grazie. Io sono Marina. Lei è disponibile la mattina o il pomeriggio?

Liliana Il pomeriggio, due o tre ore. Posso incominciare anche domani.

Marina Ottimo. Io ho il Suo curriculum... dovrei vedere anche il Suo codice fiscale.

Liliana Eccolo!

Marina Benissimo, grazie. Allora ci vediamo domani pomeriggio alle due.

Liliana Grazie, arrivederci.

Comprensione

1. Perché Liliana si è presentata ad uno studio legale? Sarebbe un'impiegata inesperta? Perché? **2.** Per quali ragioni vorrebbe lavorare in uno studio legale? **3.** Ha ottenuto *(obtained)* l'impiego Liliana? Perché è contenta? **4.** Che cosa le dice l'avvocato prima di salutarla? **5.** Chi conosce poi Liliana? Perché? **6.** Quando incomincia a lavorare?

Conversazione

1. Ti sei mai presentato(a) a un colloquio tu? Com'è andato? Ti hanno chiesto il curriculum vitae?

2. Ti piacerebbe fare l'impiegato(a)? Perché?

3. Se non hai ancora un lavoro, quale mestiere o professione vorresti fare? Perché?

4. Se hai già un impiego, sei soddisfatto(a) del tuo stipendio? Lo spendi tutto o riesci a risparmiare un po' di soldi?

5. Se non hai un impiego, è perché sei disoccupato(a), molto ricco(a), in pensione o perché prima avresti intenzione di finire gli studi?

Come si dice in italiano?

1. Roberto S. is a young lawyer who **(che)** lost (his) job.

2. Since he would like to find a new one, today he is in an employment agency for an interview.

3. Would you have a job for a person with my qualifications?

4. Well **(Beh!)**, the C & C brothers are building a wall **(muro)** around their property **(proprietà)** and will be hiring several people.

5. I would prefer to work in an office: I can type . . .

6. Well, maybe you should come back next month; we might have another job.

7. I can't wait. I will take this job, though **(però)** I would have preferred a more **(più)** intellectual job.

8. Who knows? Today you start as (a) laborer, and tomorrow you might become the president of C & C.

Attualità

Adesso scriviamo!

Il mio lavoro ideale

Cosa vorresti diventare? È una domanda che forse hai già sentito. Adesso elabora la tua risposta e scrivi una descrizione del tuo lavoro ideale.

A. Organizza le tue idee rispondendo alle seguenti domande:

1. Qual è la tua professione/mestiere ideale? Per quale ragione?
2. Quali corsi di studio sono necessari?
3. Per chi o con chi lavoreresti?
4. Quali vantaggi e svantaggi ci sono in questa professione o in questo mestiere?

B. Ora descrivi quello che vorresti fare nel tuo futuro.

Esempio

Io vorrei diventare un medico perché mi piace aiutare la gente. Dovrei seguire corsi di anatomia,... Dovrei conseguire una laurea in medicina. Mi piacerebbe aprire il mio studio in una piccola città, in centro. Potrei aiutare le persone malate e soprattutto le persone anziane che vivono sole. Prima, lavorerei in un ospedale per imparare la professione, poi, nel mio studio, lavorerei con altri medici e infermieri/infermiere. Spero di avere il mio studio privato.
Così farei più soldi ed avrei una bella casa, ma soprattutto mi piacerebbe diventare medico per poter curare gente diversa tutti i giorni.

C. Adesso che hai finito la tua descrizione controlla di aver scritto tutte le parole correttamente. Controlla l'accordo tra il verbo e il soggetto e tra il nome e l'aggettivo. Ti sei ricordato(a) di usare il condizionale?

Alla fine, con un compagno (una compagna), leggete le vostre descrizioni. Che professione preferisce il tuo compagno (la tua compagna)? Pensi che avrà una vita interessante?

Parliamo insieme!

A. Offriamo lavoro. Leggete gli annunci di «Azienda Multinazionale». Immagini di avere bisogno di una segretaria con conoscenza delle lingue straniere. Inizi una conversazione telefonica con la persona che ha inviato il curriculum. Questa persona chiederà informazioni precise sul lavoro offerto e sulle condizioni: l'orario, lo stipendio, gli studi, l'esperienza, le referenze, la data di inizio e a chi rivolgersi per fare domanda.

AZIENDA MULTINAZIONALE
Sede Torino

CERCA: IMPIEGATI
Si richiede:
• Esperienza in comunicazioni telefoniche
• Laurea/Diploma
• Disponibilità entro breve termine
• Età massima 35 anni
Assunzione 6 mesi con possibilità di assunzione permanente.

CERCA: INGEGNERI INDUSTRIALI
Si richiede:
• Esperienza in costruzione e gestione impianti
• Abilità di utilizzare avanzate tecnologie informatiche.
• Conoscenza inglese
• Età non superiore ai 35 anni
Inquadramento: commisurato all'esperienza. Ottime possibilità carriera.

CERCA: SEGRETARIE
Si richiede:
• Archiviazione documenti
• Supporto attività organizzative e amministrative
• Gestione corrispondenza
• Ottima conoscenza del pacchetto Microsoft (Word, Outlook)
• Conoscenza inglese preferibile
• Abilità di utilizzare supporti informatici
Offriamo: posizione permanente
Inquadramento: basato su esperienza

Inviare curriculum a cattaneo@occupazione.com
Fax: 011/86334578

B. Il colloquio. Immaginate di essere in un'agenzia di collocamento per un colloquio, e di rispondere alle domande dell'impiegato dell'agenzia. A turno fatevi domande per ottenere le seguenti informazioni.

Esempio   nome e cognome
—Qual è il Suo nome e cognome?
—Mi chiamo... (state your first and last name)

1. nome e cognome
2. data di nascita
3. indirizzo e numero di telefono
4. titolo di studio (diploma o laurea, nome della scuola o dell'università)
5. conoscenza delle lingue (quali)
6. soggiorno all'estero (in quali paesi)
7. esperienza di lavoro (dove, quando, quanto tempo)
8. attività e interessi personali
9. lettere di raccomandazione (da chi: nome, qualifica, scuola o ditta)

L'INDIRIZZO

Good job!

Volete un lavoro estivo negli **Stati Uniti** (e anche in altri paesi) per andare a imparare le lingue? Provate qui: www. greatsummer-jobs.com. Sono elencate 167 categorie diverse di lavori all'interno di campi estivi per studenti delle superiori. Ci sono altre possibilità: www. summerjobs. com (che elenca 500 lavori possibili). Chi ama i parchi nazionali americani può orientarsi su www. coolworks.com. Per altri paesi del mondo: www. overseasjobs.com. Buon lavoro.

C. Dialogo a due. Con un tuo amico (una tua amica) leggete questo annuncio che incoraggia i giovani Italiani a considerare i lavori estivi offerti negli Stati Uniti. Fatevi a turno le seguenti domande.

1. Secondo l'annuncio, perché i giovani Italiani potrebbero essere interessati a lavorare all'estero durante l'estate?
2. Nell'annuncio sono specificate due categorie di lavori. Quali?
3. Quali, tra queste due categorie, ti interesserebbe di più? Perché?
4. Saresti interessato(a) a lavorare all'estero durante l'estate? In quale paese preferiresti andare? Che cosa ti piacerebbe fare?

GUARDIAMO!

Il mondo del lavoro
Luigi cerca un lavoro per l'estate come programmatore di computer. Deve fare un colloquio ad un ufficio di collocamento.

SITO WEB
Per fare più pratica con gli argomenti culturali e i punti grammaticali del **Capitolo 14**, vai a vedere il sito **Ciao!** a **http://ciao.heinle.com.**

 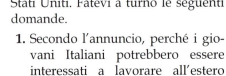 **Intermezzo musicale**

Fred Buscaglione, «Juke Box»

Uno dei cantanti più originali ed innovati degli anni cinquanta è stato Fred Buscaglione (Ferdinando Buscaglione 1921–1960). In un momento quando la musica leggera si era arrestata agli anni precedenti, a rime banali *(ordinary)* usate e riusate, Buscaglione entra sulla scena con canzoni completamente diverse, come «Che bambola!», «Teresa non sparare», «Eri piccola così». Anche il suo personaggio era completamente diverso: niente aria ispirata e sofferente, nessun gesto *(gesture)* romantico con le braccia *(arms).* Fred presentava al pubblico un'immagine completamente nuova: niente aria romantica e sentimentale, ma aveva l'aspetto e le pose simili ai gangster dei film americani, con la sigaretta che gli pendeva all'angolo della bocca e gli atteggiamenti da duro.

La canzone «Juke Box» riflette il gusto jazz di Buscaglione nella musica. Canta dolcemente di questa magica invenzione che è il juke box. Con il juke box si può trovare la felicità con una semplice canzone!

Vedute d'Italia

Immigrati: la carica della seconda generazione

A. Prima di leggere

Italy, formerly a country of emigrants, has for more than twenty years received large numbers of immigrants from all over the world. This article discusses the experience of the children of immigrants, the second generation that has been born and grown up in Italy. The focus is on the story of a Chinese-Italian brother and sister, who are still students living in Milan with their parents. To better grasp their experience, stop to consider before you begin to read what you know about immigrants and their children in your own country. What probably led many first-generation immigrants to come to your country? What sorts of interests and concerns are members of the second generation likely to have? How might they feel about their parents' country of origin and their own ethnicity? And what are their possible feelings about the country that is their home? Thinking about such issues, which are universal, will help you understand more clearly the reading below.

Un ristorante in una città italiana.

I figli degli extracomunitari nati e cresciuti in Italia sono già più di 400 mila. Si sentono italiani, ma sono anche **orgogliosi** delle proprie origini. E, soprattutto, sognano una vita diversa da quella dei loro genitori. Noi siamo andati a conoscerli da vicino. Possono passare senza difficoltà dal **napoletano** alla lingua **senegalese.** O dal **milanese** a uno dei tanti dialetti cinesi. Le loro mamme sanno cucinare **la pasta al forno,** ma anche lo zighinì, piatto tipico dell'**Eritrea,** o il cuscus alla **marocchina.** In tv guardano film indiani e filippini, ma poi comprano i CD di Tiziano Ferro e Nek. Sono i figli e le figlie degli immigrati. Immigrati di seconda generazione, li definiscono i sociologi. Italiani con il **trattino,** hanno cominciato a chiamarli giornali e tv: Italiani-cinesi, italiani-marocchini, italiani-filippini, italiani e **chissà** quante altre cose.

— Alla cucina cinese preferiamo la **carbonara**
I cugini dei due fratelli Hu hanno nomi italiani. Loro no. Lei, 16 anni, si chiama Giaowei, che si legge Ciauì e significa intelligente. Lui, ha 19 anni, si

proud

Neapolitan
Senegal language/Milano dialect
lasagna
(African country by Ethiopia)/
(Moroccan dish)

hyphen
who knows

(pasta dish with eggs and bacon)

chiama Yungi, che si legge come si scrive e significa buono e bello. E di quei nomi cinesi sono **fieri**. Sono nati e vivono a Milano, da perfetti milanesi. Lei frequenta il terzo anno al **liceo scientifico,** lui fa il primo anno di Economia aziendale alla **Bocconi.** «I nostri genitori sono arrivati in Italia 23 anni fa» racconta Giaowei. «Vengono dallo stesso villaggio, ma in Cina non si conoscevano. Si sono incontrati qui, dove nell'84 hanno aperto un ristorante». Giaowei e Yungi (che hanno un fratello più piccolo, Yong Peng, di 14 anni) si sentono il **cuore** diviso a **metà.**

proud
high school
(famous Milan university)

heart/half

«Quando mi guardo allo specchio, non posso dimenticare le mie origini» dice Yungi. «Alle olimpiadi, probabilmente, **tiferò** Cina. Spero di tornarci presto e restare un po' per imparare la lingua. [...] Alla **dogana,** l'ultima volta che sono andato laggiù, mi **hanno preso in giro:** un cinese che non sa il cinese. Non voglio che succeda più. Però sono nato qui. Papà e mamma frequentano amici sopratutto cinesi. Io invece ho amici italiani, non mi perdo un **tiggì**, mangio la carbonara e le patate al forno, seguo le **disgrazie** dell'**Inter.**

I will be a fan
custom
they teased me

telegiornale/misfortunes
(Milan soccer team)

Insomma sono anche uno di voi. I miei genitori dicono sempre che un giorno torneranno in Cina. Io no, io voglio restare qui». Come s'immaginano il futuro i fratelli Hu? Yungi non esclude di usare la sua futura laurea per restare nel campo della ristorazione. «Non so ancora cosa farò **da grande**» confessa invece Giaowei, che ha solo una certezza: «Non lavorerò al ristorante». «Però» aggiunge scherzando « potrei aprire una pasticceria, sono golosissima di dolci, ho appena fatto fuori due brioches alla crema». Intanto fa la sua vita di studentessa, che cerca di scroccare passaggi al fratello per uscire la sera, ascolta David Bowie, Eros Ramazzotti e Laura Pausini e a chi le chiede: «Sposerai un cinese o un italiano?» risponde: «Quando ti innamori, ti innamori». E pazienza se mamma e papà sognano un genero con gli occhi a **mandorla.**

grown-up

almond

From www.donnamoderna.com/attualita 23 marzo 2004. Article by Sabrina Barbieri.

B. Alla lettura

Rileggi il testo e rispondi alle seguenti domande.

1. Quanti sono gli extracomunitari di seconda generazione?
2. Come si sentono e cosa sognano?
3. Come sono chiamati dai giornali e dalla TV?
4. Come si chiamano e che scuole frequentano i due fratelli italiani-cinesi?
5. Di dove sono i loro genitori e cosa fanno a Milano?
6. Perché Yungi vuole andare in Cina? Cosa è successo alla dogana?
7. Sa cosa vuole fare da grande Giaowei?

C. Culture a confronto

1. Secondo te, le esperienze di questi due fratello e sorella sono simili o diverse a quelle di cinesi di seconda generazione nel tuo paese? Spiega le possibili differenze.
2. Secondo te, per quel che riguarda la lingua, è diversa la loro esperienza da quella di immigranti dall'Europa in America dell'inizio del 1900? Spiega il perché.
3. Che cosa pensi ci sarà nel futuro di questi giovani italiani-cinesi?

Sapete che...?

L'immigrazione in Italia

L'Italia, che per molte generazioni ha mandato emigrati per tutto il mondo, ha dovuto **affrontare,** in un periodo relativamente breve, il fenomeno dell'immigrazione nel suo paese su larga scala. **Pur avendo molti lati positivi,** ha creato delle difficoltà che **richiedono** del tempo per essere risolte. Ci sono stati casi di reazioni negative da parte di alcuni Italiani che hanno visto il loro lavoro passare nelle mani degli immigrati **disposti** a lavorare per un compenso inferiore. **Tuttavia,** l'immigrazione in Italia **ha colmato** delle **lacune** nel campo del lavoro. Per esempio, oggi più di 100.000 donne straniere hanno trovato lavori permanenti come domestiche o assistenti-casalinghe: il 3% dei bambini Italiani hanno una figura materna straniera e la «**badante**» è diventata una presenza molto importante nella società che assiste i malati e le persone anziane.

La maggior parte degli Italiani manifesta il desiderio di conoscere più a fondo le culture di altri paesi. Un recente **sondaggio** ha rivelato che l'80% degli Italiani pensano che le minoranze etniche non dovrebbero rinunciare alle loro culture pur integrandosi nella società italiana. Le scuole promuovono attività culturali per facilitare l'integrazione tra i bambini italiani e quelli stranieri, anche se i bambini accettano le diversità culturali molto più facilmente degli adulti.

face
Even having positive factors
require

willing
On the other hand
filled/gaps

assistant

survey

Comprensione

1. Qual è un lato positivo della venuta degli immigrati?

2. Qual è un lato negativo della venuta degli immigrati? Perché è successo?

3. Quali sono alcuni dei lavori delle donne immigrate in Italia?

4. Cosa pensano degli immigrati l'80 per cento degli Italiani?

Vocabolario

Nomi

l'agenzia di collocamento	employment agency
l'aumento	increase
il campo	field
il commercio	commerce
la condizione	condition
la ditta	firm
l'esperienza	experience
la fabbrica	factory
il fattore	factor, element
l'inclinazione *(f.)*	inclination
l'industria	industry
l'insegnamento	teaching
l'interesse *(m.)*	interest
la lettera di raccomandazione	letter of recommendation
l'orario	schedule
il (la) professionista	professional (person)
la promozione	promotion
la qualifica	qualification
la referenza	reference
la ricerca	research
lo (la) specialista	specialist
il titolo di studio	degree
il (la) veterinario(a)	veterinarian

Aggettivi

competente	competent
esperto	experienced, expert
finanziario	financial
grave	grave, serious
inesperto	inexperienced
legale	legal
soddisfatto	satisfied

Verbi

appassionarsi (a)	to be very interested (in)
dirigere *(p.p.* **diretto***)*	to manage
funzionare	to function, to work
influenzare	to influence
iscriversi	to enroll, to register
presentarsi	to introduce (present) oneself
riparare	to repair
risparmiare	to save (money)
scherzare	to joke

Altre expressioni

Benvenuto(a)!	Welcome!
Come mai?	How come?
Così tanto!	So much!
di cattivo umore	in a bad mood
fare la fila	to stand in line

CAPITOLO 15

Paesi e paesaggi

La Costa Amalfitana

Punti di vista | Una gita scolastica

    Studio di parole: Termini geografici
    Informazioni: Paesaggi d'Italia
    Ascoltiamo! Un incontro

Punti grammaticali

    15.1 I comparativi
    15.2 I superlativi
    15.3 Comparativi e superlativi irregolari
    15.4 Uso dell'articolo determinativo

Per finire | Paragoni

Attualità

    Adesso scriviamo!
    Parliamo insieme!

Vedute d'Italia | L'ispirazione della natura: due poesie

    Sapete che...?

Punti di vista

Una gita scolastica CD 2, Track 20

field trip

Giovani sciatori sulla neve.

Alcuni professori del liceo «M» dell'Aquila hanno organizzato una gita scolastica a Roccaraso. Così Tina e i compagni
vanno in montagna a passare **la settimana bianca.** Ora i ragazzi sono in pullman, **eccitati** e felici.

*a winter skiing
vacation/excited*

TINA Mi piace viaggiare in pullman, e a te?

STEFANO Mi piace **di più** viaggiare in treno.

more

RICCARDO Viaggi spesso?

STEFANO Viaggio spesso con la mia famiglia nell'Italia settentrionale, ma l'estate prossima visiteremo l'Italia
meridionale: la Campania e la Sicilia.

LISA L'anno prossimo io prenderò l'aereo per la prima
volta: andrò con la mia famiglia negli Stati Uniti **a trovare** dei parenti.

to visit

TINA Dove andrete?

LISA Andremo prima a San Francisco, e ci staremo per
una settimana. Poi noleggeremo una macchina e visiteremo l'Arizona, il New Mexico e il Grand Canyon.

STEFANO Ho visto delle foto: il Grand Canyon è uno degli
spettacoli più belli del mondo.

LISA **Penso di sì. Non vedo l'ora** di vederlo.

*I think so./I can't
wait*

RICCARDO Sarà un viaggio interessantissimo.

TINA Io non prenderò mai l'aereo: **ho una paura da morire!** Un viaggio in treno è molto più piacevole di un
viaggio in aereo: dal treno puoi vedere pianure, colline,
laghi, fiumi...

I am scared to death

RICCARDO **Ma va!** Tu hai paura di **tutto!** Come mai non
hai paura di sciare?

*Come on!/
everything*

TINA Perché sciare mi piace moltissimo. E poi mio padre
mi ha comprato per Natale un bellissimo paio di sci.

Comprensione

1. Dove vanno Tina e i suoi compagni? **2.** A Stefano piace di più viaggiare in treno o in pullman? **3.** Quali regioni visiterà Stefano l'estate prossima? Sono regioni settentrionali? **4.** Perché Lisa si fermerà a San Francisco? **5.** Com'è il Grand Canyon, secondo Stefano? Dove l'ha visto? **6.** Perché Tina non prenderà mai l'aereo? **7.** Perché Tina non ha paura di sciare?

Studio di parole *Termini geografici*

Il golfo di Napoli. Sullo sfondo, il Vesuvio.

la terra earth	**la superficie** area, surface
la montagna mountain	**il cielo** sky
la collina hill	**il sole** sun
la valle valley	**l'alba** dawn
la pianura plain	**il tramonto** sunset
il paese country; small town	**la luna** moon
l'isola island	**la stella** star
la penisola peninsula	**il pianeta** planet
la costa coast	**attraversare** to cross
il fiume river	**confinare (con)** to border
il porto port	**circondare** to surround
il golfo gulf	**distare** to be distant, to be far (from)
il lago lake	**settentrionale = del nord** northern
il mare sea	**meridionale = del sud** southern
l'oceano ocean	**orientale = dell'est** eastern
il continente continent	**occidentale = dell'ovest** western

Informazioni   Paesaggi d'Italia

L'Italia è una penisola montuosa, limitata al nord dalla maestosa catena delle **Alpi,** e attraversata nella sua lunghezza dalla catena degli **Appennini.** Tra le Alpi e gli Appennini settentrionali si estende la **Pianura Padana,** attraversata dal Po, il fiume più lungo del paese. Questa pianura è ricca di fiumi e di laghi: i più grandi sono il **lago di Garda,** il **lago Maggiore** e il **lago di Como.** Nelle regioni settentrionali il paesaggio è dolcemente ondulato *(gently rolling)* mentre verso il sud acquista una bellezza severa e selvaggia. Le coste occidentali sono in genere alte, rocciose e pittoresche, come la Riviera Ligure. Le coste dell'Adriatico sono più basse, con ampie spiagge sabbiose *(sandy)* che attirano folle di bagnanti *(bathers).* La Sicilia è la più grande isola del Mediterraneo, ed è considerata il museo archeologico d'Europa per i suoi templi e teatri greci. Sulla costa orientale si erge il maestoso Etna, il più importante vulcano d'Europa. La Sardegna, seconda isola per grandezza del Mediterraneo, montuosa all'interno, attira molti turisti italiani e stranieri per le sue bellissime coste, come la Costa Smeralda.

Applicazione

A. Geografia. Per riferimento guardate le due carte geografiche d'Italia all'inizio del libro.

1. La Sardegna è un'isola o una penisola?
2. Da che cosa è circondata l'Italia?
3. Che cosa attraversiamo per andare dall'Italia all'Austria?
4. È più lunga la catena *(chain)* degli Appennini o quella delle Alpi?
5. Che cosa sono il Po, l'Arno e il Tevere? Quali città bagnano?
6. Quali sono le regioni che confinano con la Campania?

B. Il cielo

1. Che cosa illumina *(lightens)* il cielo la notte?
2. In quale stagione il sole tramonta *(sets)* presto?
3. Di che colore è il cielo sull'oceano quando il sole tramonta?
4. Che cosa si vede nel cielo nelle notti serene?
5. Nel 1997 la sonda *(space probe)* «Pathfinder» è arrivata su Marte. Che cos'è Marte?

C. Un test di geografia. Fatevi a turno le seguenti domande.

1. Sai quali sono i paesi che confinano con l'Italia?
2. Conosci il nome di un vulcano attivo in Italia? Sai dov'è?
3. Conosci il nome di due belle isole nel Golfo di Napoli?
4. Sai come si chiamano le montagne che circondano l'Italia al nord?
5. Sai come si chiama il fiume più lungo d'Italia?

D. Conversazione. Interessi particolari. Immaginate di aver già visitato molte città italiane; ora volete vedere alcune zone interessanti della provincia. Chiedetevi a turno cosa vi interesserebbe vedere e perché.

Esempio   —Ti piacerebbe andare sulle Dolomiti?
     —*Sì, vorrei fare delle escursioni in montagna e salire ai rifugi.*

1. In quale regione d'Italia ti piacerebbe fare un lungo giro in bicicletta, e perché?

2. Preferiresti fare delle escursioni sulle Alpi durante l'estate o andare a sciare in inverno?

3. Sai che in Italia si può soggiornare in conventi e monasteri? Ti piacerebbe farlo? Perché?

4. In Italia ci sono spettacoli e manifestazioni varie, come l'opera all'Arena di Verona o il Palio di Siena. A quali ti piacerebbe assistere, e perché?

5. Quali altri posti famosi ti piacerebbe visitare? La costa Amalfitana, le Cinque Terre, il monte Etna, il monte Bianco o una delle isole? Perché?

Ascoltiamo!   CD 2, Track 21

Un incontro. Lisa has stopped at a pharmacy in Roccaraso to buy a few items. There she runs into Giovanni, an old school friend whom she has not seen for several years. Listen to their conversation; then answer the following questions.

Comprensione

1. Che sorpresa ha avuto Lisa quando è entrata nella farmacia?

2. Con chi è venuto in montagna Giovanni? Perché?

3. In quale periodo dell'anno Lisa e Giovanni venivano in montagna con le loro famiglie?

4. Lisa era una brava sciatrice quand'era bambina? Perché Giovanni rideva (*was laughing*)?

5. Perché Giovanni non potrà vedere Lisa sugli sci domani?

6. Che cosa vuole sapere Giovanni da Lisa? Perché?

Dialogo

In gruppi di due, immaginate di incontrare un vecchio amico (una vecchia amica), che non vedevate da molto tempo, in un posto di villeggiatura. Abbracciatevi e scambiatevi (*exchange*) notizie e indirizzi.

Punti grammaticali

15.1 I comparativi

Assisi è tanto bella quanto Siena.

Assisi è la mistica città di San Francesco e di Santa Chiara nella regione Umbria. La Basilica di San Francesco contiene stupendi esempi d'arte del '200 e del '300.

Siena, nella regione Toscana, ha mantenuto il suo aspetto medievale. Nella sua piazza centrale, Piazza del Campo, ha luogo il Palio di Siena, la famosa corsa dei cavalli.

There are two types of comparisons: comparisons of **equality** (i.e., *as tall as*) and comparisons of **inequality** (i.e., *taller than*).

1. Comparisons of equality are expressed as follows:

(così)...come	*as...as*
(tanto)...quanto	*as...as, as much...as*

Both constructions may be used before an adjective or an adverb; in these cases, **così** and **tanto** may be omitted. Before a noun, **tanto...quanto** must be used; **tanto** must agree with the noun it modifies and cannot be omitted.

Roma è **(tanto)** bella **quanto** Firenze.	*Rome is as beautiful as Florence.*
Studio **(così)** diligentemente **come** Giulia.	*I study as diligently as Giulia.*
Io ho **tanta** pazienza **quanto** Lei.	*I have as much patience as you.*
Ho **tanti** amici **quanto** Luigi.	*I have as many friends as Luigi.*

2. Comparisons of inequality are expressed as follows:

più... di, più... che   *more ... than*
meno... di, meno... che   *less ... than*

a. **Più... di** and **meno... di** are used when two persons or things are compared in terms of the same quality or performance.

La California è **più** grande **dell'**Italia.	*California is bigger than Italy.*
Una Fiat è **meno** cara **di** una Ferrari.	*A Fiat is less expensive than a Ferrari.*
Gli aerei viaggiano **più** rapidamente **dei** treni.	*Planes travel faster than trains.*
Tu hai **più** soldi **di** me.	*You have more money than I.*

NOTE: Di *(Than)* combines with the article. If the second term of the comparison is a personal pronoun, a disjunctive pronoun (**me, te,** etc.) must be used.

b. **Più di** and **meno di** are also used before numbers.

Avrò letto **più di trenta** annunci.	*I probably read more than thirty ads.*
Il bambino pesa **meno di quattro** chili.	*The baby weighs less than four kilos.*

c. **Più... che** and **meno... che** are used when two adjectives, adverbs, infinitives, or nouns are directly compared with reference to the same subject.

L'Italia è **più** lunga **che** larga.	*Italy is longer than it is wide.*
Studia **più** diligentemente **che** intelligentemente.	*He studies more diligently than intelligently.*
Mi piace **meno** studiare **che** divertirmi.	*I like studying less than having fun.*
Luigi ha **più** nemici **che** amici.	*Luigi has more enemies than friends.*

Pratica

A. **Paragoni.** Paragonate *(Compare)* le seguenti persone (o posti o cose) usando **(tanto)... quanto** o **(così)... come.**

Esempio   (alto) Teresa, Gina
                Teresa è (tanto) alta quanto Gina.
                Teresa è (così) alta come Gina.

1. (bello) l'isola di Capri, l'isola d'Ischia

2. (elegante) le donne italiane, le donne americane

3. (piacevole) le giornate di primavera, quelle d'autunno

4. (romantico) la musica di Chopin, quella di Tchaikovsky

5. (serio) il problema della disoccupazione, quello dell'inflazione

B. Più o meno. A turno, fatevi le domande usando **più... di** o **meno... di.**

Esempio (popolato) l'Italia, la California
—*L'Italia è più popolata o meno popolata della California?*
—*L'Italia è più popolata della California.*

1. (riservato) gli Italiani, gli Inglesi
2. (lungo) le notti d'inverno, le notti d'estate
3. (leggero) un vestito di lana, un vestito di seta
4. (rapido) l'aereo, il treno
5. (necessario) la salute, i soldi
6. (pericoloso) la bicicletta, la motocicletta

C. Chi più e chi meno? Fatevi a turno le seguenti domande, usando **più... di** o **meno... di.**

Esempio Chi ha più soldi? I Rockefeller o Lei?
—*I Rockefeller hanno più soldi di me.*
—*I Rockefeller hanno meno soldi di me.*

1. Chi ha più preoccupazioni? I Suoi genitori o Lei?
2. Chi ha più clienti? Gli avvocati o i dottori?
3. Chi cucina più spaghetti? Gli Italiani o i Francesi?
4. Chi cambia la macchina più spesso? Gli Europei o gli Americani?
5. Chi ha ricevuto più voti nelle ultime elezioni? I repubblicani o i democratici?
6. Chi guadagna più soldi? Un professore o un idraulico?
7. Chi va più volentieri al ristorante? La moglie o il marito?
8. Chi ha un lavoro più faticoso *(tiring)*? Un meccanico o un postino?

D. Più... che... Fatevi a turno le seguenti domande, scegliendo *(choosing)* l'alternativa appropriata.

Esempio Milano è industriale o artistica?
Milano è più industriale che artistica.

1. La Maserati è sportiva o pratica?
2. L'Amaretto di Saronno è dolce o amaro?
3. Venezia ha strade o canali?
4. A un bambino piace studiare o giocare?
5. Lei mangia carne o verdura?
6. Le piace sciare o andare a un concerto?
7. Per Lei è interessante viaggiare nell'America del Nord o all'estero?

E. Scelta. Completate le frasi usando **come, quanto, di** (con o senza articolo) o **che.**

1. La tua stanza è tanto grande _____ la mia.
2. Ho scritto più _____ dieci pagine.
3. La sua sorellina è più bella _____ lei.
4. È meno faticoso camminare in pianura _____ camminare in collina.
5. La moda di quest'anno è meno attraente *(attractive)* _____ moda degli anni scorsi.
6. Non siamo mai stati così poveri _____ adesso.
7. Pescare *(Fishing)* è più riposante _____ nuotare.
8. I bambini sono più semplici _____ adulti.
9. L'italiano è più facile _____ cinese.

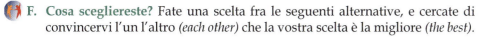

F. Cosa scegliereste? Fate una scelta fra le seguenti alternative, e cercate di convincervi l'un l'altro *(each other)* che la vostra scelta è la migliore *(the best)*.

Esempio   una crociera nel Mediterraneo/un giro in bicicletta nella zona dei laghi

—*Io sceglierei una crociera perché sarebbe più interessante e potremmo vedere più paesi.*

—*Io preferirei un giro in bicicletta perché sarebbe meno costoso di una crociera e più divertente.*

1. Venezia/Roma
2. andare a sciare/andare al mare
3. un viaggio in aereo/un viaggio in treno
4. studiare in Italia d'estate/studiare in Italia per un anno
5. andare sulla luna/andare sul fondo *(bottom)* dell'oceano
6. visitare il monte Etna/visitare il monte Bianco

15.2 I superlativi

La Sardegna è un'isola nel Mediterraneo con alcune delle più belle coste d'Italia.

There are two types of superlatives: the relative superlative **(superlativo relativo)** and the absolute superlative **(superlativo assoluto).**

1. The relative superlative means *the most…, the least…, the (…)est.* It is formed by placing the definite article before the comparative of inequality.

Firenze è **la più** bella città d'Italia.

Florence is the most beautiful city in Italy.

Pierino è **il meno** studioso della classe.

Pierino is the least studious in the class.

Il monte Bianco è **il più** alto d'Europa.

Mont Blanc is the highest mountain in Europe.

Note that the English preposition *in* is rendered in Italian by **di** or **di** + definite article. The position of the superlative in relation to the noun depends on the adjective. If the adjective follows the noun, the superlative also follows the noun. In this case, the article is placed *before* the noun.

Roma è **la più grande** città d'Italia. O Roma è **la** città **più grande** d'Italia.	*Rome is the largest city in Italy.*
Genova e Napoli sono **i** porti **più importanti** del mare Tirreno.	*Genoa and Naples are the most important ports in the Tyrrhenian Sea.*

2. The absolute superlative means *very* or *extremely* + adjective or adverb. It is formed in the following ways:

   a. By placing **molto** before the adjective or the adverb:

Capri è un'isola **molto bella.**	*Capri is a very beautiful island.*
Lui impara le lingue **molto facilmente.**	*He learns languages very easily.*

   b. By adding the suffix **-ssimo (-ssima, -ssimi, -ssime)** to the masculine plural form of the adjective. This form of the absolute superlative is more emphatic.

È stata una **bellissima** serata.	*It was a very beautiful evening.*
Ho passato delle vacanze **interessantissime.**	*I spent a very interesting vacation.*
Roma è una città **antichissima.**	*Rome is a very ancient city.*

   NOTE: The superlatives of **presto** and **tardi** are **prestissimo** and **tardissimo.**

Pratica

A. Più o meno? Rispondete usando il **superlativo relativo,** secondo l'esempio.

Esempio i vini francesi, famosi, mondo
   —*I vini francesi sono i più famosi o i meno famosi del mondo?*
   —*Sono i più famosi.*

1. lo stato di Rhode Island, grande, Stati Uniti **2.** il baseball, popolare, sport americani **3.** un chirurgo, caro, professionisti **4.** febbraio, lungo, mesi **5.** il 21 dicembre, breve, giorni dell'anno **6.** l'estate, calda, stagioni **7.** il jogging, pericoloso, sport **8.** il Po, lungo, fiumi italiani **9.** il cane, fedele, animali

B. Secondo te...? Fatevi a turno le domande, seguendo l'esempio.

Esempio il giorno, bello, settimana
   STUDENTE 1: *Secondo te, qual è il giorno più bello della settimana?*
   STUDENTE 2: *Secondo me, il giorno più bello della settimana è il sabato.*
   STUDENTE 1: *Per me, invece, il giorno più bello è...*

1. il programma, popolare, televisione

2. la città, attraente, l'America del Nord

3. le attrici, brave, Hollywood

4. il ristorante, caro, questa città

5. la moda, elegante, Europa

6. la stagione, bella, anno

C. Tutto è superlativo! Fatevi a turno le domande. Usate il **superlativo assoluto** nella risposta.

Esempio   bravo, Maria
—*È brava Maria?*
—*È bravissima.*

1. bello, l'isola di Capri
2. veloce, la Lamborghini
3. alto, il monte Everest
4. antico, Roma
5. vasto, lo spazio
6. profondo, l'oceano Pacifico
7. luminoso, le stelle
8. verde, le colline umbre

D. Persone e luoghi che meritano il superlativo assoluto. Nominate cinque persone e cinque luoghi che meritano il superlativo assoluto. Abbinate *(Match)* i nomi con gli aggettivi che ritenete appropriati. Poi presentate le vostre scelte alla classe descrivendole con l'aggettivo superlativo scelto.

Esempi   *Bill Gates è ricchissimo.*
San Marino è uno stato piccolissimo.

15.3 Comparativi e superlativi irregolari

San Marino è una repubblica piccolissima. Geograficamente è nelle Marche, ed è situata su una roccia altissima che si vede a grande distanza. Secondo la leggenda, fu fondata nell'anno 301. Ha sempre mantenuto la sua indipendenza ed il suo aspetto medievale.

1. Some adjectives have both regular and irregular comparative and superlative forms. The most common irregular forms are:

Adjective	Comparative		Relative superlative		Absolute superlative regular	irregular	
buono	migliore	*better*	il migliore	*the best*	buonissimo	ottimo	*very good*
cattivo	peggiore	*worse*	il peggiore	*the worst*	cattivissimo	pessimo	*very bad*
grande	maggiore	*bigger, greater*	il maggiore	*the biggest, the greatest*	grandissimo	massimo	*very big, very great*
piccolo	minore	*smaller*	il minore	*the smallest*	piccolissimo	minimo	*very small*

Although the regular and irregular forms are sometimes interchangeable, the choice is often determined by the context. The regular forms are generally used in a literal sense, to describe size, physical characteristics, and character traits, for example. The irregular forms are generally used to express opinions about less concrete qualities, such as skill, greatness, and importance.

Il lago di Como è **più piccolo** del lago di Garda.	*Lake Como is smaller than Lake Garda.*
Le autostrade italiane sono tra **le migliori** d'Europa.	*Italian highways are among the best in Europe.*
Dante è **il maggior** poeta italiano.	*Dante is the greatest Italian poet.*
Le tagliatelle alla Bolognese sono **buonissime (ottime).**	*Tagliatelle alla bolognese is very good.*
La Russia è un paese **grandissimo.**	*Russia is a very large country.*
Non ho la **minima** idea di quello che farò.	*I don't have the slightest idea of what I am going to do.*
D'inverno il clima di Milano è **pessimo.**	*In winter the climate in Milan is very bad.*

NOTE

a. When referring to birth order, *older (the oldest)* and *younger (the youngest)* are frequently expressed by **maggiore (il maggiore)** and **minore (il minore).**

Tuo fratello è **maggiore** o **minore** di te?	*Is your brother older or younger than you?*
Franca è **la minore** delle sorelle.	*Franca is the youngest of the sisters.*

b. When referring to food or beverages, *better (the best)* and *worse (the worst)* may be expressed with the regular or irregular form.

Il vino bianco è **migliore (più buono)** quando è refrigerato.	*White wine is better when it is chilled.*
A Napoli si mangia **la migliore (la più buona)** pizza d'Italia.	*The best pizza in Italy is eaten in Naples.*

2. The adverbs **bene, male, molto,** and **poco** have the following comparative and superlative forms:

Adverb	Comparative		Relative superlative		Absolute superlative	
bene	meglio	*better*	il meglio	*the best*	benissimo	*very well*
male	peggio	*worse*	il peggio	*the worst*	malissimo	*very badly*
molto	più, di più	*more*	il più	*the most*	moltissimo	*very much*
poco	meno, di meno	*less*	il meno	*the least*	pochissimo	*very little*

Lei conosce gli Stati Uniti **meglio** di me.	*You know the United States better than I do.*
Viaggio **più** d'estate che d'inverno.	*I travel more in summer than in winter.*
Parlerò **il meno** possibile.	*I will speak as little as possible.*
Guadagni come me? No, guadagno **di più.**	*Do you earn as much as I (do)? No, I earn more.*
È **meglio** partire ora.	*It is better to leave now.*
Qui si mangia **benissimo.**	*Here one eats very well.*
Ho dormito **pochissimo.**	*I slept very little.*

Proverbi. Quali sono i proverbi in inglese che hanno un significato simile a questi?

1. Meglio tardi che mai.
2. È meglio un asino *(donkey)* vivo che un dottore morto.
3. È meglio un uovo oggi che una gallina *(hen)* domani.
4. Non c'è peggior sordo *(deaf)* di chi non vuol sentire.

Pratica

A. Opinioni. Domandatevi a turno la vostra opinione sulle seguenti cose.

a. Quale dei due è **migliore?**

Esempio il clima della California, il clima dell'Oregon
—*Secondo te, è migliore il clima della California o il clima dell'Oregon?*
—*Il clima della California è migliore del clima dell'Oregon.*

1. una vacanza al mare, una vacanza in montagna **2.** un gelato al cioccolato, un gelato alla vaniglia **3.** la musica classica, la musica rock **4.** la cucina italiana, la cucina francese

b. Quale dei due è **peggiore?**

1. la noia *(boredom)*, il troppo lavoro **2.** un padre avaro, un padre severo **3.** la pioggia, il vento **4.** un chirurgo nervoso, un chirurgo lento

c. Quale dei due è **maggiore?**

1. un figlio di vent'anni, un figlio di tredici anni **2.** la popolazione dello stato di New York, quella della California **3.** il costo di un biglietto per le Hawaii, uno per l'Inghilterra **4.** la responsabilità di un padre, quella di un figlio

d. Quale dei due è **minore?**

1. la distanza Milano–Roma, quella Milano–Napoli **2.** i problemi di uno studente, quelli di un padre di famiglia **3.** il peso di una libbra, quello di un chilo **4.** l'autorità di un deputato, quella del primo ministro

B. Paragoni. Formate una frase completa con il **comparativo** dell'avverbio in corsivo, seguendo l'esempio.

Esempio Maria canta *bene*, Elvira
—*Maria canta meglio di Elvira.*

1. un povero mangia *male*, un ricco

2. un avvocato guadagna *molto*, un impiegato

3. un barista *(bartender)* va a letto *tardi*, un elettricista

4. un neonato *(newborn)* mangia *spesso*, un ragazzo

5. uno studente pigro studia *poco*, uno studente diligente

6. una segretaria scrive a macchina *velocemente*, una professoressa

7. mia madre cucina *bene*, me

C. Superlativi. Rispondete usando il **superlativo assoluto** dell'aggettivo o dell'avverbio.

1. Canta bene Pavarotti?

2. Le piace molto viaggiare?

3. Mangia poco quando è a dieta?

4. Sta male quando riceve una brutta notizia?

5. È cattivo l'olio di ricino *(castor oil)?*

6. È grande l'oceano Pacifico?

7. È piccolo un atomo?

8. Sono buoni i dolci italiani?

D. Confrontando le vacanze. Al ritorno dalla breve vacanza sulla neve a Cortina d'Ampezzo, Tina e Riccardo parlano dell'albergo dove hanno alloggiato e fanno diversi paragoni *(comparisons)*. Completate il loro dialogo e aggiungete una o due battute nuove.

RICCARDO Quest'anno il nostro albergo era *(better)* _____ di quello dell'anno scorso, non ti pare?

TINA Sì, era *(more attractive)* _____, ma la mia camera era *(smaller)* _____ della tua. L'anno scorso io sono stata *(better)* _____ di questa volta.

RICCARDO Però non puoi negare *(deny)* che la cucina del ristorante era *(very good)* _____.

TINA Hai ragione. I primi piatti erano tutti *(good)* _____, ma i tortellini erano *(the best)* _____. Purtroppo, il cameriere che ci serviva era *(the worst)* _____ di tutto il ristorante.

RICCARDO Tina, cerca di criticare *(less)* _____. Il poveretto era austriaco e parlava *(very badly)* _____ l'italiano.

15.4 Uso dell'articolo determinativo

Puglia. I trulli di Alberobello (Bari). I trulli sono abitazioni circolari di pietra, attribuite a civiltà antichissime.

1. We have already seen that the definite article is used with titles, days of the week, possessive adjectives, reflexive constructions, and dates and seasons.

2. The definite article is also required with:

   a. nouns used in a general or an abstract sense, whereas in English it is often omitted.

I bambini amano **gli animali.**	*Children love animals.*
La gente ammira **il coraggio.**	*People admire courage.*
Il tempo è prezioso.	*Time is precious.*

   b. names of languages (except when immediately preceded by the verb **parlare**).

Ho incominciato a studiare **l'italiano.** Parlo inglese.	*I began to study Italian.* *I speak English.*

c. geographical names indicating continents, countries, states, regions, large islands, and mountains. Names ending in **-a** are generally feminine and take a feminine article; those ending in a different vowel or a consonant are masculine and take a masculine article.

L'Everest è il monte più alto del mondo.	*Mount Everest is the highest mountain in the world.*
La capitale de**gli Stati Uniti** è Washington.	*The capital of the United States is Washington.*
L'Asia è più grande dell'**Europa**.	*Asia is larger than Europe.*
I miei genitori vengono dal**la Sicilia**.	*My parents come from Sicily.*
Il Texas è ricco di petrolio.	*Texas is rich in oil.*
Il Piemonte confina con **la Liguria**.	*Piedmont borders on Liguria.*
La Sicilia è una bellissima isola.	*Sicily is a very beautiful island.*

NOTE: When a feminine noun designating a continent, country, region, or large island is preceded by the preposition **in** *(in, to)*, the article is omitted unless the noun is modified.

Andrete **in Italia** questa estate?	*Will you go to Italy this summer?*
Sì, andremo **nell'Italia meridionale**.	*Yes, we will go to southern Italy.*

Pratica

A. Gusti di una coppia. Mirella parla di sé e del marito. Completate il suo discorso con l'**articolo determinativo,** se necessario.

Io amo _____ musica classica, lui ama _____ calcio. A me piacciono _____ acqua minerale e _____ frutta; a lui piacciono _____ panini al salame e _____ vino rosso. Io preferisco _____ lettura e lui preferisce _____ TV. _____ mia stagione favorita è _____ autunno; _____ sua è _____ estate. Io ho imparato _____ francese ed anche _____ inglese; lui ha studiato solamente _____ spagnolo. _____ mio padre è fiorentino e _____ suo padre è romano. _____ Toscana è _____ mia regione; _____ Lazio è _____ sua. Io vedo sempre _____ mie amiche _____ venerdì e lui vede _____ suoi amici _____ sabato. Ma _____ domenica prossima non ci saranno differenze e partiremo insieme per _____ Grecia.

B. Dove si trova...? Fatevi a turno le domande.

Esempio　　Cina/Asia
　　　　　　—*Dove si trova la Cina?*
　　　　　　—*La Cina si trova in Asia.*

1. Portogallo/Europa
2. Brasile/America del Sud
3. monte Etna/Sicilia
4. Russia/Europa orientale
5. Calabria/Italia meridionale
6. monte Bianco/Alpi occidentali
7. Toronto/America del Nord
8. Maine/Stati Uniti dell'est
9. Chicago/Illinois
10. Denver/Colorado

C. I vostri gusti. A turno, nominate cinque cose che amate e cinque cose che detestate. Quanto simili sono i risultati? Vi piacciono o non vi piacciono le stesse cose?

Esempio   *Amo le giornate piene di sole. Detesto la pioggia.*

Per finire   CD 2, Track 22

Paragoni

Brett è uno studente americano di San Francisco che è venuto a studiare per un anno all'Università Bocconi di Milano. Ora è a un caffè vicino all'università e scambia opinioni e commenti con il suo amico Matteo, di Milano, che è anche lui studente alla Bocconi.

MATTEO Come ti sembra Milano, adesso che sei qui da quasi un anno? Com'è, **paragonata** a San Francisco?   *compared*

BRETT Meno bella, credo. È molto più vecchia di San Francisco, e le case sono più grigie. Però il centro mi piace molto: ci sono degli edifici bellissimi. Per esempio mi piace in modo particolare il Teatro Alla Scala.

MATTEO E come trovi il clima?

BRETT In inverno fa molto più freddo che a San Francisco. Faceva già freddo a novembre. Ieri sera c'era una nebbia così **fitta** che non si vedeva a un metro di distanza.   *thick*
E d'estate, in luglio e agosto, ci sono giornate caldissime, **afose:** tutti sono in vacanza e la città è   *sultry*
semideserta.

MATTEO E la cucina italiana ti piace?

BRETT Sì, moltissimo. Da quando sono qui mangio molto meglio di prima. I ristoranti sono in genere eccellenti, anche quelli modesti, e offrono una grande varietà di cibi.

MATTEO Che cos'altro ti piace qui?

BRETT La gente: è molto cordiale e ospitale.

Comprensione

1. Di dov'è Brett, e cosa fa a Milano? **2.** Dov'è Brett oggi, e con chi? Di cosa parlano? **3.** Perché Brett trova Milano meno bella di San Francisco? **4.** Che cosa gli piace di Milano? Perché? **5.** Secondo Brett, qual è la differenza tra il clima di Milano e quello di San Francisco? **6.** Perché Brett dice che in Italia si mangia benissimo? **7.** Cos'altro gli piace a Milano, e perché?

Conversazione

1. Se tu paragoni l'Italia al tuo stato, quali differenze noti? Per esempio, il tuo stato è più grande o più piccolo?

2. Pensa alla città più vicina a te, come si paragona a Milano? Gli edifici sono più vecchi o più nuovi?

3. Sai se il clima è differente a Milano? Come?

4. Pensa ai ristoranti della tua città, come si paragonano ai ristoranti di Milano?

5. Cosa pensi degli abitanti dove abiti: sai se sono poco cordiali o molto cordiali? Sono desiderosi di comunicare con gli stranieri o indifferenti?

6. Ti piacerebbe fare l'esperienza di vivere per un anno in Italia? Quali aspetti dell'Italia ti interesserebbero di più?

Come si dice in italiano?

1. Gino Campana and Gennaro De Filippo are two mechanics who work at the Fiat plant **(fabbrica)** in Torino.

2. Gennaro often talks about his region, Campania, and his city, Napoli, to his friend Gino.

3. Napoli is the most beautiful city in the world, with its fantastic gulf, Capri, Ischia…

4. Yes, Gennarino, but you must admit **(ammettere)** that Torino is more industrial and richer than Napoli.

5. But the climate is not as good as that of Napoli. In winter it is much colder, and in summer it is more humid.

6. You are right. Life is more pleasant in Napoli than in Torino for very rich people.

7. If one wants to earn more money, it is better to live in Torino. There are better jobs and salaries are higher.

8. In fact, my younger brother, who is an engineer, has been working only three years and he earns more than I.

9. I will work in Torino until **(fino a quando)** it is time to retire, and then I will return to my very beautiful city.

10. So, Gennarino, it is true what **(quello che)** they say: *Vedi Napoli, e poi muori.*

Adesso scriviamo!

Il mio posto preferito

A. Scrivi una breve descrizione del tuo posto preferito e spiega che cosa significa per te. Per mettere in ordine i tuoi pensieri completa le seguenti attività:

   1. Il mio posto preferito è: _____

   2. Dov'è il tuo posto preferito? in campagna? in città? al parco? nel giardino? al lago? in montagna?

   3. Scrivi almeno tre caratteristiche fisiche o geografiche del tuo posto preferito.

   Esempio   *C'è un lago.*
   Ci sono molti alberi.
   Fa fresco all'ombra.

   4. Scrivi almeno tre ragioni per cui ti piace questo posto.

   Esempio   *C'è molto verde.*
   È lontano dalla strada.
   Ci sono molti animali.

   5. Nel primo paragrafo descrivi il tuo posto preferito in termini di paesaggio.

   Esempio   *Il mio posto preferito è il parco Querini vicino a casa mia.*
   Questo parco è molto grande. C'è un lago e si può passeggiare e sedersi all'ombra....

   6. Nel secondo paragrafo descrivi i motivi per cui ti piace questo posto.

   Esempio   *Questo parco mi piace molto perché c'è molto verde. C'è anche una bella fontana e mi piace ascoltare il rumore dell'acqua che scorre. Il parco è lontano dalla strada e non si sente il rumore delle macchine. Ci sono molti uccellini che cantano....*

   7. Concludi con una frase finale che riassuma perché questo posto ha un significato speciale per te.

   Esempio   *Questo parco ha un significato speciale per me perché è molto tranquillo, e mi ricorda quando venivo qui a giocare a calcio con mio fratello.*

B. Quando hai finito la tua descrizione controlla di aver scritto tutte le parole correttamente, e controlla l'accordo tra il verbo e il soggetto, e tra il nome e l'aggettivo. Ora con un compagno (una compagna) leggete le vostre descrizioni. Il tuo compagno (la tua compagna) preferisce un posto simile al tuo?

Parliamo insieme!

A. **Il vostro stato.** Descrivete la geografia del vostro stato. Quali sono gli stati che lo circondano? Quali ne sono le caratteristiche fisiche, il clima, ecc.? Dite che cosa vi piace di più di questo stato, che cosa non vi piace e perché. (Ogni studente dovrebbe contribuire con le sue osservazioni.)

B. **Identificate le sequenti foto.**

2.

1.

3.

Foto numero 1: Riconoscete questa piazza? Si trova nel più piccolo stato del mondo. Quale? In quale regione si trova la città che lo circonda? È una regione dell'Italia settentrionale? Come si chiama il fiume che attraversa la città?

Foto numero 2: Riconoscete la città? In quale regione si trova? Come si chiama il fiume che l'attraversa? Sapete il nome del suo ponte famoso (visibile nella foto)? Perché è famosa questa città?

Foto numero 3: Riconoscete questa antica città? Dove si trova? Cosa l'ha distrutta?

Se voi poteste (*If you could*) visitare soltanto una delle tre città, quale scegliereste e perché?

C. Un giro in bicicletta al Lago di Garda. Consultate la carta geografica e organizzate un giro in bicicletta alla scoperta *(discovery)* di luoghi interessanti. Discutete l'itinerario, il punto di partenza e quello di arrivo e la durata del viaggio. Indicate i luoghi in cui vorreste fermarvi, cosa vorreste vedere e dove alloggereste la notte.

Il Lago di Garda è il più grande lago in Italia; è tra Verona, Brescia e Trento. Ecco alcune cittadine sulle rive del lago:

◆ Sirmione (castello medievale e rovine romane)

◆ Peschiera (porto pittoresco e fortezza)

◆ Bardolino (ha dato il nome al famoso vino rosso)

◆ Malcesine (castello medievale e funivia *(cable car)*, al monte Baldo, con vista panoramica)

◆ Riva (fortezza degli Scaligeri; luogo preferito per windsurfing)

◆ Salò (cattedrale)

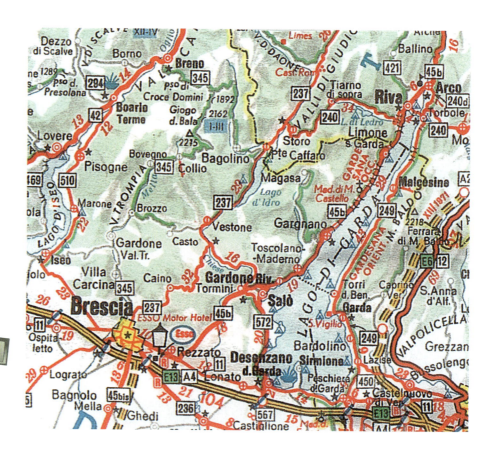

GUARDIAMO!

Paesi e paesaggi
Alessandra è appena ritornata da una gita in Campania, dove ha visitato il famoso Vesuvio. Daniela e Fabio ascoltano con molto interesse.

SITO WEB

Per fare più pratica con gli argomenti culturali e i punti grammaticali del **Capitolo 15**, vai a vedere il sito *Ciao!* a **http://ciao.heinle.com.**

Vedute d'Italia

L'ispirazione della natura: due poesie

A. Prima di leggere

The poems you are about to read are by the distinguished contemporary poet and artist Graziella Riga d'Eramo. Each poem describes the beauty of nature in a distinctive way. *Sicilia* alludes to the island's long, glorious history while at the same time evoking the rich present-day beauty of its landscape. *Montagne* conveys the mountains' powerful, distinctive beauty that seems very distant from the populated world. As you read each poem, consider the images the poet uses. In *Sicilia,* how does she give the reader a feel for the island's intense colors and scents? In *Montagne,* how does she evoke the distant grandeur of the mountains on the one hand, and the condition of solitary human beings on the other?

Sicilia

Odore di arance vivo,
      fra il verde di alberi densi,
        colmi, in un mare dolce   *full*
          nel cielo del Sud!....
Terra di Sicilia! Luogo di storia e di arte,
        di affetto e di gloria!....
Selvaggia, come dipinta in un quadro,   *Wild*
      sorgi sovrana, quale **vetusto** tempio,   *rise / ancient*
      vegliata dalle onde dei mari.   *watched over*
Scorre lieto il pensiero lungo i tuoi verdi piani   *Flows*
      diseguali, **smaltati** di fiori,   *glazed*
      e le nude **alture**, fresche di sogno!   *hills*
Offri, ancor'oggi, oh Sicilia,
      ricchi, come in un libro di fiabe,
        i tuoi alberi d'oro!....

Montagne

Nuvole bianche,
      montagne verdi,
che siete lì, a guardare
         inutilmente,
le vite, le morti,
      lontane, distanti,
quasi nulla **fosse** il **desio**   *were/desire*
      di chi soffre morendo,
    o il lamento nell'**ombra**,   *shadow*
     dell'uomo che è solo!
Nuvole bianche, montagne verdi
       che belle restate,
      né **sorriso**,   *smile*
     consiglio voi date,
      ma ferme, più belle,
la notte **vegliate** silenti,   *watch over*
   turchine,   *dark blue*
    quel mondo **affannato**,   *distressed*
    che soffre, che geme, che vive!...
Montagne sicure, che **altere**,   *proud*
      guardate
     un dorato tramonto di sole,
    delle tiepide aurore lontane.

B. Alla lettura

Rileggi le due poesie per apprezzare le immagini che evocano la bellezza della natura, poi rispondi alle seguenti domande.

1. Quali odori e colori rendono *(make)* viva l'evocazione della «terra di Sicilia»? Date almeno quattro esempi.

2. Cosa vuol dire la poetessa quando descrive i piani «smaltati di fiori»?

3. Di cosa sono carichi *(full)* gli alberi d'oro in Sicilia?

4. Quali sono alcuni aggettivi che l'autrice usa per descrivere le montagne nella seconda poesia? Quale visione delle montagne evocano questi aggettivi?

5. Su cosa vegliano *(watch over)* le montagne silenti? Com'è questo mondo?

6. Notate il contrasto tra la bellezza superba, distante e indifferente della natura (le montagne) e la sofferenza dell'uomo. Potete indicare alcune parole che sottolineano *(underline)* questo contrasto?

C. Culture a confronto

1. Ci sono posti o paesaggi nel tuo paese che hanno ispirato poeti, pittori o musicisti? Se lo sai, dai qualche esempio.

2. Ci sono dei luoghi nel tuo paese simili a quelli descritti nell'una o nell'altra delle due poesie?

3. Che sentimenti provi quando guardi dei bei paesaggi come quelli descritti in queste poesie?

4. Nella poesia *Montagne*, l'ultimo verso sembra suggerire che la bellezza distante della natura —«un dorato tramonto di sole»— ha il potere di elevare lo spirito. Sei d'accordo anche tu?

Parco nazionale del Gran Paradiso.

Parco nazionale, Calabria.

Parco nazionale, le Alpi.

Sapete che...?

I parchi nazionali in Italia

I parchi nazionali in Italia sono numerosi tanto nella zona alpina quanto in quella appenninica. I parchi più antichi sono quelli del Gran Paradiso, dello Stelvio, d'Abruzzo, del Circeo e della Calabria; ma nel 1989 è stato **varato** un piano per l'istituzione di 22 nuovi parchi nazionali. Da allora molti parchi si sono aggiunti alla lista, come il Parco delle Dolomiti Bellunesi nel Veneto, il Parco del Gargano in Puglia, il Parco del Gennargentu in Sardegna, e il Parco del Pollino in Calabria che con i suoi 196.000 ettari è la più grande area protetta d'Italia, e molti altri. I **sentieri** e i **rifugi** di questi parchi attirano gli amanti delle lunghe camminate in mezzo ad una natura incontaminata.

approved

trails/mountain huts

Il parco nazionale più noto e più antico è il Parco del Gran Paradiso. Si trova in Piemonte e prende il nome dal monte che lo domina (m. 4060). Il parco più ampio, prima dell'istituzione del Parco del Pollino, era il Parco Nazionale dello Stelvio, situato nelle Alpi Centrali, tra la Lombardia e il Trentino. Si possono visitare i parchi nazionali d'Abruzzo, Lazio e Molise nell'Italia centrale in ogni stagione grazie a un clima temperato.

Comprensione

1. Ci sono molti o pochi parchi in Italia?

2. Qual è il parco che include l'area protetta più ampia d'Italia?

3. Perché si possono visitare i parchi nazionali d'Abruzzo, Lazio e Molise in qualsiasi momento dell'anno?

Vocabolario

Nomi

la catena	chain
il clima	climate
il codice postale	ZIP code
la distanza	distance
la gita scolastica	field trip
il grattacielo	skyscraper
il miglio (*pl.* le miglia)	mile
il mondo	world
il paragone	comparison
il paesaggio	landscape
la popolazione	population
gli sci	skis
la società	company, society

Aggettivi

amaro	bitter
antico	ancient, antique
attraente	attractive
centrale	central
coraggioso	courageous
dolce	sweet
eccitato	excited
fisico	physical
maggiore	larger, greater
massimo	greatest
migliore	better
minimo	smallest
minore	smaller; younger
ottimo	very good
peggiore	worse
pericoloso	dangerous
pessimo	terrible, very bad
piacevole	pleasant
popolare	popular
popolato	populated
profondo	deep
uguale	equal
veloce	fast

Verbi

paragonare	to compare
sembrare	to seem
tramontare	to set (sun)

Altre espressioni

Come mai...?	How come...?
così...come	as...as
infatti	in fact
insomma	in short, after all
meno...di	less...than
meglio (*adv.*)	better
peggio (*adv.*)	worse
più...di (che)	more...than
tanto...quanto	as (much)...as
più o meno	more or less

CAPITOLO 16

Gli sport

Gianni Pais Beker, abile e premiata guida alpina, ha partecipato a innumerevoli operazioni di soccorso in alta montagna. Eccolo nella fase più impegnativa *(challenging)* della scalata *(climb)* alla Guglia De Amicis, Misurina (Dolomiti).

Punti di vista | Giovani sportivi

Studio di parole: Attività sportive
Informazioni: Gli sport in Italia
Ascoltiamo! Alla partita di basket

Punti grammaticali

16.1 I pronomi relativi e i pronomi indefiniti
16.2 Espressioni negative
16.3 Il passato remoto
16.4 Il gerundio e la forma progressiva

Per finire | Progetti tra amici

Attualità

Adesso scriviamo!
♪♪ Parliamo insieme!
♪♪ **Intermezzo musicale: Daniele Silvestri, «Le cose in comune»**

Vedute d'Italia | L'estate dei pazzi sport

Sapete che...?

Punti di vista

Una partita di basket.

Giovani sportivi CD 2, Track 23

Marisa ha incontrato Alberto, un ragazzo **con cui** suo fratello faceva dello sport alcuni anni fa.

with whom

MARISA Come va, Alberto? Sempre appassionato di basket?

ALBERTO Più che mai! Ho **appena** finito di giocare contro la **squadra** torinese.

just
team

MARISA E chi ha vinto la **partita?**

game

ALBERTO La mia squadra, naturalmente! Il nostro gioco è stato migliore. E poi, siamo più alti; cosa che aiuta, **non ti pare?**

don't you think so

MARISA Eh, direi!

ALBERTO E tu, cosa c'è di nuovo?

MARISA **Nessuna novità,** almeno per me. Ma mio fratello ha ricevuto una lettera, **in cui** gli offrono un posto come istruttore sportivo per l'estate prossima.

Nothing new
in which

ALBERTO E dove lavorerà?

MARISA In uno dei villaggi turistici della Calabria.

ALBERTO Magnifico! Là potrà praticare tutti gli sport che piacciono a lui, **compresi** il surf e il windsurf.

including

MARISA Eh, sì. Sono due degli sport di maggior successo oggi.

ALBERTO Ma tu, con un fratello così attivo negli sport, non ne pratichi **qualcuno?**

any

MARISA Certo, ma sono gli sport dei poveri. Faccio del footing e molto ciclismo. Chissà, un giorno forse parteciperò al Giro d'Italia delle donne.

Comprensione

1. Chi è Alberto? Quale sport pratica? **2.** La sua squadra ha vinto o perso contro la squadra di Torino? **3.** Cosa c'è di nuovo per Marisa? **4.** Che novità ci sono per il fratello di Marisa? **5.** In quale regione andrà a lavorare? Dove si trova questa regione? **6.** Quali sport potrà praticare al mare il fratello di Marisa? **7.** Quali sport pratica Marisa? **8.** Che cosa spera di fare un giorno?

Studio di parole *Attività sportive*

Il calcio...

gli spettatori

lo stadio

i giocatori

il pallone

fare dello sport, praticare uno sport (lo sci, il calcio, ecc.), giocare a... to play

la squadra team

la partita match, game

il gioco game

allenarsi to practice, to train

l'allenatore, l'allenatrice coach, trainer

la palestra gym

l'atleta (*m & f*) athlete

la gara race, competition

vincere (*p.p.* **vinto**) to win

il premio prize

il tifoso, la tifosa (sport) fan

fare il tifo (per) to be a fan (of)

Forza! Come on!

Si pratica...

il tennis

il pattinaggio

l'alpinismo

il basket

la pallavolo

il canottaggio

la ginnastica aerobica

il nuoto

l'equitazione

il ciclismo

andare...
    a cavallo to go horseback riding
    in bicicletta to go bicycle riding

Altri sport che possono interessare:
lo sci di discesa downhill skiing
lo sci di fondo cross-country skiing
lo sci nautico waterskiing
la vela sailing

Informazioni   Gli sport in Italia

Quando si parla di sport gli Italiani sono divisi nel loro comportamento *(behavior).* La vecchia generazione fa il tifo da casa, seguendo alla tivù le partite di calcio o le corse automobilistiche: queste ultime molto appassionanti, specie dopo i successi della Ferrari guidata *(driven)* dal bravissimo Michael Schuhmacher.

Molti giovani preferiscono vedere e «vivere» da vicino le imprese *(exploits)* dei loro campioni. In più, una buona parte della gioventù pratica oggigiorno uno o più sport, grazie anche alla stampa e ai programmi televisivi che insistono sugli effetti salutari dell'esercizio fisico.

In tutta Italia si contano più di 1500 club di tennis. Anche le piccole città di provincia hanno campi sportivi *(playing fields),* una palestra ben attrezzata *(equipped)* e una piscina. Le varie ditte locali e regionali hanno contribuito a incrementare lo sport attivo, sponsorizzando squadre e atleti.

Intere famiglie si danno al jogging e d'inverno passano la settimana bianca, o diversi weekend, in montagna a sciare. Oggi gli Italiani dedicano allo sport molto più tempo del passato grazie ad un benessere economico più elevato e alla consapevolezza *(realization)* dell'importanza dello sport per la salute.

Applicazione

A. Domande

1. Quale genere di sci si fa al mare?
2. Che sport pratica Serena Williams?
3. Dove si pratica il canottaggio?
4. Quali sono gli sport che si fanno sulla neve o sul ghiaccio?
5. Come si chiamano gli appassionati di uno sport?
6. Chi allena i giocatori nella loro preparazione sportiva?
7. Dove si allenano i giocatori?

B. Conversazione

1. Giochi a basket? Fai del footing? Che sport pratichi? Quante volte alla settimana?
2. Sai sciare? Ti piace di più fare (vedere) lo sci di discesa o lo sci di fondo?
3. Sai quale sport in Italia ha il maggior numero di tifosi?
4. Fai il tifo per una squadra o per un giocatore? Quale?
5. Quali sono gli sport che non ti piacciono? Perché?
6. Hai mai vinto un premio (primo, secondo, terzo... o il premio di consolazione)?

C. Celebrità dello sport. Immaginate di essere una star dello sport. Gli altri vi faranno delle domande per indovinare chi siete.

Esempio —*Sei un uomo o una donna?*
—*Giochi a basket?* o...

Ascoltiamo! CD 2, Track 24

Alla partita di basket. Marisa and Alberto are watching a basketball game between the Brescia and Trieste teams. Marisa's boyfriend, Gino, plays on the Trieste team. She is shouting encouragement to him and his team and also exchanging opinions with Alberto. Listen to what they are saying; then answer the following questions.

Comprensione

1. Che partita c'è questa sera?
2. Perché Marisa è venuta a vedere la partita? Per chi fa il tifo Marisa?
3. Secondo Marisa, la squadra del suo ragazzo vincerà o perderà? Alberto è della stessa opinione?
4. Dove si sono allenati il ragazzo di Marisa e gli altri giocatori?

5. Che cosa pagherà Marisa ad Alberto se la squadra di Trieste perderà?
6. Come si conclude la partita?

Dialogo

Siete spettatori? Discutete quali sport di squadra preferite guardare, per quale squadra o star sportiva fate il tifo e come seguite i loro successi.

Punti grammaticali

Valentina Vezzali, l'atleta che ha vinto la medaglia d'oro per la scherma femminile ai Giochi Olimpici di Atene, 18 agosto 2004.

16.1 I pronomi relativi e i pronomi indefiniti

1. Relative pronouns are used to link two clauses.

    a. The relative pronouns are **che, cui, quello che (ciò che),** and **chi.**

        Questa è la squadra italiana. Ha giocato a Roma.
        Questa è la squadra italiana **che** ha giocato a Roma.

    b. **Che** is the equivalent of the English *who, whom, that,* and *which* and is used either as a subject or as a direct object. It is invariable, cannot be omitted, and must *never* be used after a preposition.

Il ragazzo **che** gioca è brasiliano.	*The boy who is playing is Brazilian.*
La macchina **che** ho comprato è usata.	*The car (that) I bought is used.*
Le signore **che** ho visto sono le zie di Pino.	*The women (whom) I saw are Pino's aunts.*

    c. **Cui** is the equivalent of the English *whom* and *which* as the object of prepositions. It is invariable and must be *preceded* by a preposition.

Ecco i signori **con cui** abbiamo viaggiato.	*Here are the men we traveled with (with whom we traveled).*
La squadra **di cui** ti ho parlato è la migliore.	*The team I spoke to you about (about which I spoke to you) is the best.*
L'amico **a cui** ho scritto si chiama Gianfranco.	*The friend I wrote to (to whom I wrote) is Gianfranco.*

NOTE

1. **In cui** translates as *when* in expressions of time and as *where* in expressions of place. In the latter case, it may be replaced by **dove.**

Il giorno **in cui** sono nato...	*The day (when) I was born...*
La casa **in cui (dove)** sono nato...	*The house in which (where) I was born...*

2. **Per cui** translates as *why* in the expression *the reason why (that).*

Ecco la ragione **per cui** ti ho scritto.	*Here is the reason (why) I wrote to you.*

d. **Quello che (Quel che)** or **ciò che** means *what* in the sense of *that which.* These expressions are invariable.

Quello che (Ciò che) dici è vero.	*What you are saying is true.*
Non so **quello che (ciò che)** farò.	*I don't know what I will do.*

e. **Chi** translates as *the one(s) who, he who,* and *those who.* It is invariable.

Chi studierà avrà un bel voto.	*He who studies will receive a good grade.*
Chi arriverà ultimo avrà un premio di consolazione.	*He who arrives last will receive a consolation prize.*
Chi più spende, meno spende.	*You get what you pay for. (lit. He who spends more, spends less.)*

2. The indefinite pronouns. In **Capitolo 4,** you studied the indefinite adjectives **qualche** and **alcuni(e)** *(some);* **tutti(e)** *(all);* and **ogni** *(every).* Here are some common indefinite pronouns:

alcuni(e)	*some*	**ognuno**	*everyone, each one*
qualcuno	*someone, anyone (in a question)*	**tutti(e)**	*everybody, all*
		tutto	*everything*
qualcosa	*something, anything (in a question)*		

Alcuni sono rimasti, altri sono partiti.	*Some stayed, others left.*
Conosco **qualcuno** a Roma.	*I know someone in Rome.*
Hai bisogno di **qualcosa?**	*Do you need anything?*
Ognuno ha fatto una domanda.	*Each one asked a question.*
C'erano **tutti.**	*Everybody was there.*
Ho visto **tutto.**	*I saw everything.*

NOTE: Qualcosa takes **di** before an adjective and **da** before an infinitive.

Ho qualcosa **di** interessante **da** dirti.	*I have something interesting to tell you.*

Tutti giocano al Totocalcio perché ognuno spera di vincere e qualche volta qualcuno vince qualcosa. Il Totocalcio è una specie di lotteria legata *(related)* alle partite di calcio che si giocano ogni domenica durante la stagione del campionato. Chi riempie *(fills in)* la schedina e «fa tredici», cioè indovina il risultato delle partite di quella domenica, può vincere somme considerevoli.

Pratica

A. Sai chi sono? Un tuo amico (Una tua amica) ti chiede chi sono le seguenti persone. Rispondi seguendo l'esempio. Fatevi a turno le domande.

Esempio   Chi sono quei signori?/abitare vicino a me
—*Sono i signori che abitano vicino a me.*

1. Chi sono quegli studenti?/seguire il corso d'italiano **2.** Chi è quell'allenatore?/allenare la squadra di calcio **3.** Chi è quel ciclista così triste?/arrivare ultimo **4.** Chi è quel professore?/... **5.** Chi sono quelle atlete?/... **6.** Chi è quel bel ragazzo?/...

B. Una coppia di sposi. Completate le seguenti frasi usando **cui** preceduto *(preceded)* dalla preposizione appropriata.

Esempio   Ricordi gli sposi _____ ti ho parlato?
Ricordi gli sposi di cui ti ho parlato?

1. Ecco la chiesa _____ si sono sposati.

2. Questa è la città _____ si sono conosciuti.

3. Quello è il monumento vicino _____ si incontravano.

4. Ecco il negozio _____ lui lavorava.

5. Quelli sono gli amici _____ hanno passato molte ore divertenti.

6. Non so esattamente la ragione _____ hanno litigato.

7. Ricordo molto bene il biglietto *(card)* _____ lei mi annunciava la loro separazione.

C. A voi la scelta. Completate le frasi usando uno dei seguenti pronomi relativi: **che, cui** (preceduto da una preposizione) o **quello che.**

1. Lo sport _____ preferisco è il tennis.
2. L'anno _____ sono nato era bisestile *(leap year).*
3. Non capisco _____ dici.
4. La festa _____ hai dato è stata un successo.
5. Il libro _____ ti ho parlato è in biblioteca.
6. La signorina _____ abbiamo incontrato è americana.
7. La signora _____ abbiamo parlato è canadese.
8. Il pranzo _____ mi hanno invitato era al ristorante Pappagallo di Bologna.
9. È proprio il vestito _____ ho bisogno.
10. Non ho sentito _____ ha detto il professore.

D. Quale scegliete? Completate scegliendo una delle seguenti espressioni: **qualche, alcuni/alcune, qualcuno,** o **qualcosa.**

1. Mi piacciono tutte le attività sportive, ma ho solamente _____ domeniche libere e pratico solamente _____ sport leggero.
2. Ieri sono andato allo stadio e ho visto _____ di interessante. C'erano degli atleti che si allenavano per le Olimpiadi: _____ erano spettacolari.
3. _____ mi ha detto che la nostra squadra di calcio ha una buona possibilità di vincere e che abbiamo anche _____ atlete bravissime.
4. Franco, c'è il tuo allenatore che vuole domandarti _____ .
5. _____ volta è difficile accettare la sconfitta *(defeat).*

E. Un po' di tutto. Completate le frasi usando **ogni, ognuno, tutto** o **tutti.**

1. Ho mangiato _____ .
2. _____ può fare questo lavoro.
3. _____ sono venuti.
4. _____ volta che la vedevo, mi sorrideva *(she was smiling).*
5. _____ erano presenti e _____ ha potuto esprimere la sua opinione.
6. I tifosi applaudivano _____ gol della squadra.
7. Ho fatto _____ quello che dovevo fare.
8. _____ gli hanno augurato buon viaggio.
9. _____ giorno vado in bicicletta.

F. È qualcosa... Domandatevi a turno che cosa sono le seguenti cose. Rispondete seguendo l'esempio.

Esempio
—*Che cos'è una giacca a vento?*
—*È qualcosa con cui si va in montagna.*

1. 2. 3.

4. 5.

—C'è qualcuno in casa?

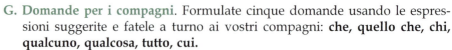

G. **Domande per i compagni.** Formulate cinque domande usando le espressioni suggerite e fatele a turno ai vostri compagni: **che, quello che, chi, qualcuno, qualcosa, tutto, cui.**

Esempio   Il compagno (La compagna) con cui abiti è simpatico(a)?

16.2 Espressioni negative

1. You have already studied (**Capitolo 8**) some negative expressions: **non... più, non... mai, non... ancora.** The following are other common expressions that take a *double negative* construction:

non... **nessuno**	*nobody, no one, not...anyone*
non... **niente (nulla)**	*nothing, not...anything*
non... **neanche (neppure, nemmeno)**	*not even; neither*
non... **né... né**	*neither...nor*

Non è venuto **nessuno.**	*Nobody came.*
Non abbiamo visto **nessuno.**	*We did not see anyone.*
Non ho mangiato **niente.**	*I did not eat anything.*
Non c'era **neanche** Pietro.	*Not even Pietro was there.*
Io **non** posso andare, e **neanche** lui!	*I can't go, and neither can he!*
Non voglio **né** carne **né** pesce.	*I want neither meat nor fish.*

2. The expressions **nessuno, niente, né... né** may precede the verb. When they do, **non** is omitted.

Nessuno vuole parlare.	*Nobody wants to talk.*
Niente è pronto.	*Nothing is ready.*
Né Giovanni **né** Maria vogliono venire.	*Neither Giovanni nor Maria wants to come.*

Note that with **né... né,** Italian uses a plural form of the verb (**vogliono**), whereas English uses a singular form (*wants*).

3. When **nessuno** is used as an adjective, it has the same endings as the indefinite article **un.** The noun that follows is in the singular.

Non ho **nessun** amico.	*I have no friends.*
Non vedo **nessuna** sedia.	*I don't see any chairs.*

4. **Niente** takes **di** before an adjective and **da** before an infinitive.

Non ho **niente di** buono **da** darti.	*I have nothing good to offer you.*

Non c'è mai niente di buono da mangiare in questa casa!

Pratica

A. **Molte negazioni.** Completate le seguenti frasi scegliendo tra **nessuno, niente, neanche** o **né... né.**

1. Ieri era il mio compleanno, ma Luisa non mi ha mandato _____ biglietto d'auguri, _____ una cartolina. Io non ho invitato _____, _____ mio fratello. _____ è venuto a trovarmi.

2. Siamo andati allo stadio, ma non c'era _____. Non abbiamo visto _____ giocatore. La partita non c'era, ma noi non ne sapevamo _____.

3. Mi dispiace, ma non ho _____ da offrirti. Questo mese non ho risparmiato _____ un euro.

4. Non c'è mai _____ d'interessante alla tivù, _____ sui canali nazionali, _____ su quelli locali.

B. Momenti di cattivo umore (*mood*). Voi siete di cattivo umore. Fatevi a turno le seguenti domande.

Esempio —Uscirai con qualcuno domenica?
—*Non uscirò con nessuno.*

1. C'è qualcosa di buono in casa?
2. Hai comprato qualcosa da mangiare?
3. Vuoi qualcosa da bere?
4. Desideri leggere il giornale o riposare?
5. Hai incontrato qualcuno in piscina?
6. Ti ha parlato qualcuno?
7. Farai del basket o del nuoto questo fine-settimana?
8. Hai mai fatto del ciclismo?
9. Farai mai della pesistica (*weightlifting*)?

C. No! Fatevi a turno le seguenti domande e rispondete negativamente, seguendo l'esempio.

Esempio partecipare a una gara di nuoto
—*Hai partecipato a una gara di nuoto?*
—*Non ho partecipato a nessuna gara di nuoto.*

1. allenarsi allo stadio o in palestra
2. capire tutto
3. conoscere qualcuno a Firenze
4. vedere alcune città italiane
5. vincere un trofeo (*trophy*)
6. telefonare a qualcuno ieri sera
7. andare al cinema o alla partita
8. mangiare qualcosa di buono

D. Lamentele (*Complaints*). Immaginate di essere in vacanza in una pensione di villeggiatura. Siete delusi (*disappointed*) e vi lamentate di tutto: della cucina, della vostra stanza, del servizio, della conversazione con gli altri ospiti e del tempo (*weather*). Usate espressioni negative.

Esempio —*Nel menù non ci sono né lasagne né scaloppine.*
—*Nel bagno non vedo neanche un asciugamano.*

16.3 Il passato remoto

Il nonno di Lucia nacque a Cosenza nel 1910.

Visse in Calabria fino al 1933.

A ventitré anni emigrò in America.

Morì a Brooklyn nel 1975.

1. The **passato remoto,** like the **passato prossimo,** is a tense that expresses an action completed in the past. However, the **passato prossimo** is generally used to express actions that took place in a not too-distant past. The **passato remoto** relates past actions and events completely detached from the present. It is most commonly found in narrative and historical writings. The **passato remoto** is used less frequently in spoken Italian, although this varies from region to region. Use of the **passato remoto** in conversation indicates that the speaker perceives the action described as distant from or unrelated to the present.

Because of the importance of the **passato remoto** in both literary and spoken Italian, it is introduced here so that you will recognize it when you encounter it.

2. The **passato remoto** is formed by adding the appropriate endings to the infinitive stem.

parlare → parl**ai** = *I spoke, I did speak*

It is conjugated as follows:

parlare	ricevere	partire
parl**ai**	ricev**ei** (ricev**etti**)	part**ii**
parl**asti**	ricev**esti**	part**isti**
parl**ò**	ricev**è** (ricev**ette**)	part**ì**
parl**ammo**	ricev**emmo**	part**immo**
parl**aste**	ricev**este**	part**iste**
parl**arono**	ricev**erono** (ricev**ettero**)	part**irono**

Many regular **-ere** verbs have an alternate ending for the first-person singular and for the third-person singular and plural.

Dante **morì** nel 1321.	*Dante died in 1321.*
Il dottore **entrò** e **visitò** il malato.	*The doctor came in and examined the patient.*
Roma **diventò** la capitale d'Italia nel 1870.	*Rome became the capital of Italy in 1870.*

3. Essere and the following verbs are irregular in all their forms in the **passato remoto:**

essere:	fui, fosti, fu, fummo, foste, furono
bere:	bevvi, bevesti, bevve, bevemmo, beveste, bevvero
dare:	diedi, desti, diede, demmo, deste, diedero
dire:	dissi, dicesti, disse, dicemmo, diceste, dissero
fare:	feci, facesti, fece, facemmo, faceste, fecero
stare:	stetti, stesti, stette, stemmo, steste, stettero

4. Avere and the following verbs are irregular only in the **io, lei,** and **loro** forms. To conjugate these forms, add the endings **-i, -e,** and **-ero** to the irregular stem.

avere: ebb**i**, avesti, ebb**e**, avemmo, aveste, **ebb**ero
cadere: cadd**i**, cadesti, **cadd**e, cademmo, cadeste, **cadd**ero

chiedere	chiesi	**rispondere**	risposi
chiudere	chiusi	**rompere**	ruppi
conoscere	conobbi	**sapere**	seppi
decidere	decisi	**scrivere**	scrissi
leggere	lessi	**vedere**	vidi
mettere	misi	**venire**	venni
nascere	nacqui	**vivere**	vissi
prendere	presi	**volere**	volli

5. The **passato remoto,** like the **passato prossimo,** may be used in combination with the imperfect tense to express an action that was completed while another action or situation was occurring.

Gli **diedi** un bacio mentre uscivo.

I gave him a kiss while I was going out.

Scrissero al padre perché non avevano più soldi.

They wrote to their father because they didn't have any more money.

Pratica

A. **Cappuccetto Rosso.** Leggete la seguente storia e sottolineate (*underline*) i verbi al passato remoto.

C'era una volta una bambina che si chiamava Cappuccetto Rosso. Un giorno la mamma preparò un cestino di cose buone da portare alla nonna che era ammalata. Cappuccetto Rosso partì, entrò nel bosco e si fermò a raccogliere dei fiori. Improvvisamente un grosso lupo uscì da dietro un albero e le domandò dove andava. Quando seppe che andava dalla nonna, la salutò e andò via. Cappuccetto Rosso arrivò dalla nonna, entrò e trovò la nonna a letto.
—Nonna, nonna, che orecchie lunghe hai...disse la bambina.
—Per sentirti meglio! rispose la nonna.
—Nonna, nonna, che bocca grande hai...
—Per mangiarti meglio!
E il lupo saltò dal letto e la divorò.

B. **La gente non è mai contenta.** Leggete la seguente storia e sottolineate i verbi al passato remoto. Poi sostituite il passato remoto con il passato prossimo.

Un giorno la Madonna, San Giuseppe e il Bambino Gesù partirono da Gerusalemme con il loro asino. San Giuseppe mise la Madonna e il Bambino Gesù sull'asino. Lui era a piedi. Arrivarono ad un paese. La gente guardò i tre viaggiatori e disse: «Che vergogna! La giovane donna e il bambino sono sull'asino, e il povero vecchio cammina!» Allora la Madonna e il Bambino smontarono dall'asino e incominciarono a camminare e San Giuseppe salì sull'asino. Arrivarono ad un altro paese e sentirono altri commenti della gente: «Che vergogna! L'uomo forte è sull'asino e la povera donna con il bambino cammina!» Allora tutti e tre montarono sull'asino. Ma appena arrivarono ad un terzo paese, la gente ricominciò con i commenti: «Che vergogna! Tre persone sopra un povero asino!» E i tre smontarono dall'asino e lo portarono sulle spalle. Quando arrivarono ad un altro paese, gli abitanti fecero altri commenti: «Che stupidi! Tre persone che portano un asino!»

C. Alcuni Italiani famosi. Quanti nomi di esploratori *(explorers)* e di scienziati *(scientists)* italiani potete abbinare *(to match)* con le frasi che seguono?

Marco Polo (1254–1324) Luigi Galvani (1737–1798)
Leonardo da Vinci (1452–1519) Alessandro Volta (1745–1827)
Amerigo Vespucci (1454–1512) Guglielmo Marconi (1874–1937)
Galileo Galilei (1564–1642) Enrico Fermi (1901–1954)

1. Cinque secoli fa disegnò molte macchine moderne, fra cui l'elicottero, l'aereo e il carro armato *(tank)*.
2. Con l'aiuto del telescopio, confermò la teoria che la terra gira intorno al sole. La Chiesa lo condannò come eretico.
3. Nel 1938 ricevè il premio Nobel per le sue ricerche nel campo *(field)* dell'energia nucleare.
4. Fece esperimenti sugli animali e stabilì le basi dell'elettrofisiologia.
5. Esplorò le coste del «Nuovo Mondo» e diede il suo nome al nuovo continente.
6. Inventò il telegrafo senza fili *(wireless)*, e nel 1909 ottenne il premio Nobel per la fisica.
7. Visitò l'Asia e descrisse il suo viaggio nel famoso libro *Il Milione*.
8. Fu l'inventore della pila *(battery)* elettrica.

16.4 Il gerundio e la forma progressiva

Questi ragazzi stanno giocando a pallavolo sulla spiaggia.

1. The gerund **(il gerundio)** corresponds to the *-ing* form of English verbs. The gerund is formed by adding **-ando** to the stem of first-conjugation **(-are)** verbs and **-endo** to the stem of second- and third-conjugation **(-ere** and **-ire)** verbs. It is invariable.

Gerund	
parl**ando**	*speaking*
ripet**endo**	*repeating*
usc**endo**	*going out*

Note that verbs with an irregular stem in the imperfect also have an irregular stem in the gerund.

bere: **bevendo**   dire: **dicendo**   fare: **facendo**

2. Stare + *the gerund* expresses an action in progress in the present, past, or future, stressing the point in time at which the action occurs. This form is less commonly used in Italian than its equivalent in English.

Che cosa **stai facendo**?	*What are you doing (at this very moment)?*
Sto leggendo.	*I'm reading.*
Che cosa **stavate facendo** ieri sera, a quest'ora?	*What were you doing last night at this time?*
Stavamo cenando.	*We were having dinner.*

3. The gerund may be used alone in a subordinate clause to express the conditions (time, cause, means, manner) that govern the main action. It corresponds to the English gerund, which is usually preceded by the prepositions *while, upon, on, in,* or *by.*

Camminando per la strada, ho visto un incidente d'auto.	*While walking on the street, I saw a car accident.*
Studiando, s'impara.	*By studying, one learns.*
Leggendo attentamente, capirete meglio.	*By reading carefully, you will understand better.*

Note that the subject of the gerund and the subject of the main verb are the same.

4. With the progressive form (**stare** + *gerund*), object and reflexive pronouns may either precede **stare** or follow the gerund. When the gerund stands alone, the pronouns are attached to it.

Mi stai ascoltando? OR Stai ascoltando**mi?**	*Are you listening to me?*
Guardando**la** attentamente, la riconobbi.	*Looking at her carefully, I recognized her.*

5. Unlike in English, Italian uses an infinitive instead of a gerund as a noun (subject or object of another verb).

Nuotare (il nuoto) fa bene alla salute.	*Swimming* (subj.) *is good for your health.*
Preferisco **nuotare** (il nuoto).	*I prefer swimming* (obj.).

Pratica

A. Contraddizione. Il compagno (La compagna) di stanza dà sempre una risposta contradditoria alle vostre domande. Usate **stare** + **gerundio,** secondo l'esempio.

Esempio   sognare *(to dream)*/pensare a domani
  —*Stai sognando?*
  —*No, sto pensando a domani.*

1. guardare qualcosa d'interessante/consultare la carta delle autostrade **2.** prendere un aperitivo/bere acqua minerale **3.** scrivere a qualcuno/fare i conti della settimana **4.** pensare alla partita di calcio/cercare di ricordare un numero di telefono **5.** dormire/praticare lo yoga

B. Che cosa facevano? Dite che cosa facevano queste persone in determinate circostanze. Seguite l'esempio.

Esempio I calciatori (giocare). Un cane ha attraversato lo stadio.
I calciatori stavano giocando quando un cane ha attraversato lo stadio.

1. Tu (leggere) una rivista di sport. Il professore è entrato.
2. Il presidente (scrivere) un discorso. Il segretario di stato gli ha telefonato.
3. Jane Fonda (fare) dello yoga. È arrivato un giornalista per un'intervista.
4. Il ciclista (bere) alla sua vittoria. Una ragazza gli ha dato un mazzo di fiori.
5. La sciatrice Picabo Street (scendere) sulla pista. La neve è incominciata a cadere.

C. Ora, alcune ore fa, domani. A turno, fatevi le seguenti domande. Rispondete usando **stare** + **il gerundio**.

Esempio —Che lezione studiamo?
—*Stiamo studiando la lezione sul gerundio.*

1. Che pagina leggiamo?
2. Che cosa fanno gli studenti in questo momento?
3. Che cosa facevi quando il professore è entrato?
4. Alle otto di stamattina che cosa facevi?
5. Che cosa farai domani a quest'ora?

D. Sostituzione. Sostituite il nome in corsivo con l'**infinito** corrispondente.

Esempio *Il lavoro* fa bene allo spirito e alla salute.
Lavorare fa bene allo spirito e alla salute.

1. *Lo sci* è divertente.
2. *Il riso (Laughter)* fa buon sangue.
3. *Il fumo* fa male ai polmoni *(lungs)*.
4. Vorrei *una bevanda.*
5. Ho bisogno di *riposo.*
6. Ti piacerebbe *una passeggiata* in campagna?
7. *Il divertimento* è necessario quanto *lo studio.*
8. I bambini preferiscono *il gioco.*

E. A voi la scelta. Completate le seguenti frasi, scegliendo tra il **gerundio** e l'**infinito**.

1. _____ *(Walking)* per la strada, ho incontrato Maria.
2. _____ *(Hearing)* quella canzone, ho avuto nostalgia del mio paese.
3. Mi piace _____ *(swimming).*
4. _____ *(Skiing)* è molto costoso.
5. _____ *(Walking)* tutti i giorni è un buon esercizio.
6. Pietro è andato a scuola _____ *(running).*
7. _____ *(Having)* molti soldi non significa essere felici.
8. _____ *(Having)* molti soldi, Dino è partito per le Hawaii.

F. Attività del sabato. Domandatevi che cosa farete sabato prossimo in diversi momenti del giorno. Nelle domande e nelle risposte usate **stare** + **il gerundio**.

Per finire   CD 2, Track 25

Una gara di automobilismo Formula 1 nel famoso circuito della città di Monza.

Progetti tra amici

Oggi Marcello e Antonio sono andati a trovare gli amici, e ora Marcello sta parlando di un suo progetto.

MARCELLO Vi annuncio che sto considerando l'idea di partecipare a gare automobilistiche.

FILIPPO Davvero? Parli seriamente? Ma è formidabile! E noi verremo tutti a tifare per te. Vedo già il nostro Marcellone correre nell'autodromo di Monza.

MARCELLO Non esageriamo! Lo farei soltanto durante il fine-settimana. E poi sarei solo un dilettante.

ANTONIO La notizia non mi sorprende. Quando siamo andati in Sicilia non c'era nessun limite di velocità per te. E anche sull'Autostrada del Sole correvi come un disperato! Confesso di aver provato una grande **fifa**   *fear (slang)* quando siamo arrivati alle curve della costa amalfitana. Per fortuna non abbiamo incontrato nessun poliziotto.

FILIPPO Senti, Marcello, se hai bisogno di un assistente pilota, mi offro io.

GABRIELLA Tu? **Non farmi ridere!** Non capisci niente di   *Don't make me laugh!* macchine e di **automobilismo.** Non sai neanche gui-   *car racing* dare decentemente. L'altro giorno, a un **incrocio,** non   *intersection* hai notato che un **pedone** stava attraversando la strada   *pedestrian* e hai dovuto **frenare di colpo** per non **investirlo.**   *to break suddenly / run over him*

ANTONIO A proposito di automobili, avrei intenzione di comprare una macchina usata perché sono stanco di aspettare tutti i giorni l'autobus.

GABRIELLA Se si pensa alla difficoltà di trovare un parcheggio e al costo della **benzina,** non si ha più voglia   *gasoline* di avere una macchina. Antonio, perché non ti prendi un motorino?

ANTONIO Perché mi sembra un mezzo pericoloso. Ma ammetto che le tue ragioni sono buone. Ci penserò.

Comprensione

1. Cosa sta progettando di fare Marcello? **2.** Cosa ne pensa Filippo? **3.** Qual è l'opinione di Antonio sulla maniera di guidare di Marcello? Perché? **4.** Qual è la proposta *(proposition)* di Filippo? **5.** Qualcuno, tra gli amici, ride alla proposta di Filippo. Chi? Perché? **6.** Perché Antonio sta considerando l'idea di comprarsi un'auto? **7.** Quali sarebbero, secondo Gabriella, gli svantaggi di avere una macchina?

Conversazione

1. Gli Italiani hanno la reputazione di guidare velocemente. Cosa ne pensi tu?

2. Ti piacerebbe guidare la macchina in Italia? O preferisci usare i mezzi di trasporto pubblici? Perché?

3. Conosci alcuni nomi di macchine sportive italiane? Quale preferisci?

4. In generale, guidare la macchina è considerato uno sport nel Nord America, come in Italia?

5. Che tipo di macchina ti piacerebbe avere: americana o straniera? Perché?

6. Hai mai preso una multa *(ticket)*? Per eccesso di velocità? Parcheggio illegale? Di quanti dollari?

7. Quali sono i vantaggi e gli svantaggi della macchina come mezzo di trasporto?

Come si dice in italiano?

1. Paul is a student at the University of…, which is one of the best universities on the West Coast.

2. He is also a football player who plays on **(in)** the school team.

3. Today he is sitting **(è seduto)** in the **(alla)** cafeteria.

4. John, the friend with whom he is speaking, is a basketball player.

5. Someone said that he is so good that one day he will certainly take part in the Olympic games.

6. Today he needs to talk to Paul because he wants to ask him for yesterday's notes.

7. But Paul didn't go to class.

8. John, did you do anything interesting yesterday?

9. No, I didn't do anything interesting. I practiced for a few hours in the gym. And you?

10. I was supposed to meet my coach and some other players at the stadium, but no one was there.

11. Will you come tomorrow to see the game?

12. I don't know yet what I will do. I hope to be able to come. Anyhow **(Comunque),** good luck!

Attualità

Adesso scriviamo!

Quale sport preferisci?

Hai conosciuto un nuovo compagno (una nuova compagna) e vi scrivete una e-mail sullo sport che vi piace praticare o seguire. Scrivi un messaggio al tuo nuovo amico (alla tua nuova amica) descrivendo le attività sportive che pratichi o che segui.

A. Prima di scrivere il tuo messaggio leggi le domande che seguono per ogni paragrafo e scrivi le tue risposte.

Primo paragrafo

Pratichi uno sport? Quale? Se non pratichi uno sport, segui uno sport in particolare alla televisione o all'aperto?
Da quanto tempo pratichi/segui questo sport?
Quante volte alla settimana lo pratichi/segui?

Secondo paragrafo

In quale stagione o periodo dell'anno lo puoi praticare o seguire?
Lo pratichi da solo o con amici?

Terzo paragrafo

Per quali ragioni ti piace questo sport? (Scrivine almeno due.)
Desideri invitare il tuo amico (la tua amica) a giocare o a guardare questo sport con te?

B. Ora scrivi il tuo messaggio al tuo amico (alla tua amica).
Comincia così: Cara Sara, a me piace giocare a baseball. Gioco a baseball da quando avevo sei anni…. [continua così]

C. Quando hai finito, invita la tua amica (il tuo amico) a giocare o a guardare il tuo sport preferito con te un giorno o una sera.

Esempio   *Vuoi venire in palestra con me domani pomeriggio? o Desideri guardare la partita alla TV con me domenica pomeriggio?*

D. Leggi di nuovo il tuo messaggio. Tutte le parole sono scritte correttamente? Controlla l'accordo tra il verbo e il soggetto e tra il nome e l'aggettivo. Alla fine, con un compagno (una compagna), leggete i vostri messaggi. Accetteresti di giocare o guardare lo sport scelto dal tuo compagno (dalla tua compagna)?

Parliamo insieme!

A. Una scelta. Il CUS (Centro Universitario Sportivo) è un'associazione che da più di 50 anni promuove la pratica e la diffusione delle attività sportive universitarie e il turismo sportivo universitario. I CUS si trovano in 47 città italiane.

Avete del tempo libero durante la settimana e vorreste dedicarvi a una nuova attività sportiva. In gruppi di due, consultate la pubblicità del CUS di Milano e decidete insieme quale sport scegliere, perché e quando allenarvi.

IL CUS DI MILANO

offre i seguenti corsi

Atletica leggera	Ginnastica dolce	Stretching
Basket	Hidrobike	Sub
Body conditioning	Hockey sul ghiaccio	Tae Kwon Do
Body pump	Kayak	Tai chi ch'uan
Body sculpture	Kicktone	Tennis
Boxercise	Latino Americano	Tiro con l'arco
Nuova Canottieri Olona	Nuoto	Tone up e supertone
Calcio a 5	Pallavolo	Tone & Stretch
Canotaggio	Patente nautica	Total body
Cardiofit training	Pilates	Total body
Cardiomix	Poweryoga	Total body workout
Easystep + stretching	Roller	Tris
Fitness mix	Roller Hockey	Ultra addominali
Free climbing	Rugby	Windsurf
Funky Hip Hop	Scherma	Vovinam Viet Vo Dao
Gag	Spin-bike	Yoga
Gag & Body pump	Step, stepmoves	
	Stretchtone	

B. Identificate gli sport delle foto e rispondete alle domande.

Foto numero 1: Gli Italiani lo chiamano anche «football», ma qual è il vero nome italiano di questo sport? Sai quanti giocatori giocano nella squadra? È uno sport per cui fanno il tifo i paesi europei e quelli dell'America Latina. È popolare anche negli Stati Uniti? più popolare del football? Perché?

Foto numero 2: Come si chiama questo sport? Hai una bicicletta? Quando la usi? La usi come divertimento o come mezzo di trasporto? Quali sono i vantaggi e gli svantaggi della bicicletta rispetto alla macchina?

1.

2.

Intermezzo musicale

Daniele Silvestri, «Le cose in comune»

Il primo album di Daniele Silvestri (1968–) esce nel 1994 con il semplice titolo «Daniele Silvestri». E un successo immediato e gli fa vincere il Premio Tenco per la migliore opera del 94. Nel 1995 Silvestri prende parte al Festival di San Remo con «L'uomo col megafono». Il cantante si presenta al pubblico in maniera originale: e seduto su uno sgabello e, mentre canta, mostra, al pubblico le frasi piu importanti delle sue canzoni scritte su dei cartelli colorati.

Le sue canzoni continuano ad avere successo, e Silvestri si esibisce anche come autore ed attore in teatro.

Dopo il singolo «Kunta Kinte» esce il doppio CD Live «Livre Transito» all'inizio del 2004.

Il singolo estivo *(summer)* «Le cose in comune» (1995), uno dei più programmati dalle radio, vince il Premio Tenco come miglior canzone dell'anno. Una canzone rap nel ritmo, un po' veloce, ma chiara e facile, ripete delle cose che due persone hanno in comune, come «io piango...tu piangi», «io dormo...tu dormi», e molte altre.

GUARDIAMO!

Gli sport
Fabio fa ginnastica in palestra con Alessandra.
Si prepara per una gara del suo club sportivo. I due amici parlano della maratona di Firenze.

SITO WEB

Per fare più pratica con gli argomenti culturali e i punti grammaticali del **Capitolo 16,** vai a vedere il sito *Ciao!* a **http://ciao.heinle.com.**

Vedute d'Italia

L'estate dei pazzi sport

A. Prima di leggere

The following article presents three "extreme" summer sports that are becoming very popular in Italy: hang-gliding, rafting, and canyoning. Although you may not be familiar with these sports within the Italian context, you probably have knowledge of at least some of them as practiced in North America. The knowledge that you bring to the reading will help you to understand and enjoy the discussion of each sport as practiced in Italy.

Parapendio

Il parapendio consiste nel **lanciarsi** da una montagna con un **paracadute ad ala** dal profilo aerodinamico. Con un paracadute da competizione si possono **raggiungere** anche i 50 kilometri orari di **velocità**. L'obiettivo di ogni pilota di parapendio è quello di riconoscere le correnti favorevoli in modo da poter danzare nell'aria il più a lungo possibile.

Hang-gliding
throw oneself/winged parachute
reach/speed

Rafting

Il rafting è un'attività sportiva abbastanza **impegnativa** che consiste in **discese** per acque **selvagge** su **gommoni** generalmente con quattro o sei persone a bordo, sempre accompagnate da una guida. C'è rafting per tutti e un rafting-avventura fra onde, **rocce e spruzzi d'acqua**. Prima dell'escursione si riceve una lezione teorica e una **prova** di **acquaticità**.

demanding/descents
rough/rubber rafts
rocks and water sprays
swimming test

Torrentismo

Il torrentismo (o canyoning) consiste in **discese** a piedi lungo il **greto, asciutto** o no di **torrenti ripidi**, con **salti, gole e scivoli**. Il torrentismo si effettua con l'uso di **corde**. L'età minima non è fissa ma è attorno ai 14 o 15 anni. Indispensabile portare gli scarponcini da trekking.

descents/pebbly shore/dry
steep/mountain rivers/jumps/gorges
and slides/ropes

Parapendio.

Rafting.

Torrentismo.

B. Alla lettura

Leggi di nuovo l'articolo e completa la seguente attività.

1. È uno sport con cui si possono raggiungere anche i cinquanta kilometri orari di velocità. _____

2. È uno sport abbastanza impegnativo, bisogna seguire una lezione teorica prima di farlo. _____

3. È uno sport in cui sono necessari gli scarponcini da trekking. _____

4. Lo scopo di questo sport è stare in aria il più possibile. _____

5. Per fare questo sport è necessario un gommone. _____

6. Per fare questo sport è necessaria una corda. _____

Ora rispondi alle seguenti domande.

1. Perché, secondo te, questi sport sono chiamati pazzi?

2. Che cosa li distingue da altri sport più popolari?

C. Culture a confronto

1. Quali sono gli sport più popolari nell'America del Nord? E in Italia?

2. Il calcio è giocato nell'America del Nord? Era popolare 10 anni fa? Da quando ha acquistato più popolarità?

3. È popolare il trekking nel tuo paese? Chi lo fa?

4. Perché la gente pratica degli sport come il rafting o il parapendio? Qual è il fascino di questi sport considerati pazzi o estremi?

Sapete che...?

Sport nuovi e tradizionali

Gli Italiani oggi praticano molti sport diversi, ma, come nel passato, continuano ad essere **accaniti** tifosi del calcio. Incominciano a praticarlo da bambini nei cortili delle scuole o nel campo della loro **parrocchia.** Le discussioni tra gli adulti che giocano la schedina del Totocalcio, diventano polemiche durante e dopo la partita e possono trasformarsi in vere **battaglie.** Nuovi sport d'importazione dell'America del Nord hanno mantenuto il nome inglese: beach-volley, surf, windsurf, skateboard, snowboard, rugby, golf, body-building, stretching, jogging e aerobica. Sono sport che hanno contribuito a rendere più attivi soprattutto i giovani. *fierce* *neighborthood* *fights*

Per finire, si deve parlare di uno sport, nato dal **crescente** interesse per i problemi ecologici: il trekking. D'estate, intere famiglie passano le loro vacanze in aziende agrituristiche. Da qui vanno alla scoperta della natura e dell'arte meno conosciuta, praticando il trekking a piedi, in bicicletta o a cavallo, lungo nuovi itinerari. *growing*

Comprensione

1. Come si chiama la lotteria legata *(tied)* al gioco del calcio?

2. A quale paese si ispirano i giovani per i loro sport? Sono principalmente giochi di squadra o individuali?

3. In questi ultimi anni che cosa preferiscono fare diverse famiglie durante le vacanze estive?

4. Come si pratica il trekking e perché sta diventando popolare?

Vocabolario

Nomi

l'argomento	subject
l'automobilismo	car racing
la benzina	gasoline
l'incrocio	intersection
l'istruttore, l'istruttrice	instructor
il limite di velocità	speed limit
il mazzo di fiori	bouquet
il motorino	motor scooter
il parcheggio	parking
i pattini	skates
il pedone	pedestrian
il poliziotto	policeman
la possibilità	possibility
la proposta	proposition
la ragione	reason
lo sciatore, la sciatrice	skier
gli sci	skis
la sconfitta	defeat
lo svantaggio	disadvantage
il vantaggio	advantage

Aggettivi

appassionato (di)	fond (of)
dilettante	amateur
estivo	summer
invernale	winter
olimpico	Olympic
spettacolare	spectacular
sportivo	athletic, sporty
usato	used

Verbi

ammettere (*p.p.* ammesso)	to admit
applaudire	to applaud
correre (*p.p.* corso)	to run
esagerare	to exaggerate
esprimere (*p.p.* espresso)	to express
guidare	to drive
partecipare (a)	to take part (in)
progettare	to plan
ridere (*p.p.* riso)	to laugh

Altre espressioni

Chissà!	Who knows!
contro	against
né... né	neither . . . nor
neanche, nemmeno	not even, neither
nessuna novità	nothing new
nessuno	nobody, no one
niente	nothing
ognuno	everyone; each one
qualcosa	something
qualcuno	someone
quello che	what
tutti	everybody
tutto	everything

CAPITOLO 17

Salute e ecologia

Sentirsi in forma nel paesaggio toscano.

Punti di vista | Dalla dottoressa

   Studio di parole: Il corpo e la salute
   Informazioni: L'assistenza sanitaria
   Ascoltiamo! Una telefonata

Punti grammaticali

   17.1 Il congiuntivo presente
   17.2 Il congiuntivo presente dei verbi irregolari
   17.3 Il congiuntivo passato
   17.4 Suffissi con nomi e aggettivi

Per finire | Due amici ambientalisti

Attualità

   Adesso scriviamo!
   Parliamo insieme!

Vedute d'Italia | L'agriturismo

   Sapete che...?

Punti di vista

—Buon giorno, dottoressa.

Dalla dottoressa CD 2, Track 26

Nello studio della dottoressa Rovelli, a Bari.

SIGNOR PINI Buon giorno, dottoressa.

LA DOTTORESSA Buon giorno, signor Pini, come andiamo oggi?

SIGNOR PINI Eh, non molto bene, purtroppo. Ho mal di testa, un terribile **raffreddore** e la **tosse.**   *cold/cough*

LA DOTTORESSA Ha anche la **febbre?**   *fever*

SIGNOR PINI Sì, l'ho misurata ed è alta: **trentanove.**   *39° centigradi (102.2°F)*

LA DOTTORESSA Vedo che Lei ha una bella influenza. Le scrivo una **ricetta** che Lei presenterà in farmacia. Sono gli stessi antibiotici che Le ho dato l'anno scorso.   *prescription*

SIGNOR PINI E per la tosse? La notte non posso dormire **a causa della** tosse.   *because of the*

LA DOTTORESSA Per la tosse è bene che **prenda** questa medicina.   *you take*

SIGNOR PINI **Mi fanno male** anche le spalle, le braccia e le gambe.   *My…ache*

LA DOTTORESSA Prenda delle aspirine e vedrà che fra due o tre giorni starà meglio.

SIGNOR PINI Se non morirò prima…

LA DOTTORESSA **Che fifone!** Lei è **sano come un pesce!**   *What a chicken/as healthy as a horse (lit. as a fish)*

Comprensione

1. In quale città si trova lo studio della dottoressa Rovelli?

2. Perché il signor Pini va dalla dottoressa?

3. Quali sono i suoi sintomi?

4. Qual è la diagnosi della dottoressa?

5. Che cosa scrive la dottoressa? Che cosa deve fare il signor Pini?

6. Perché non dorme la notte il signor Pini? Che dolori ha?

7. Che cosa prescrive la dottoressa per tutti i dolori?

8. Perché la dottoressa lo prende in giro *(teases him)?*

Studio di parole

Il corpo e la salute (health)

avere mal di...testa to have a... headache

　denti toothache

　stomaco stomachache

　schiena backache

　gola sore throat

avere il raffreddore to have a cold

avere la febbre to have a fever

mi fa male la testa (lo stomaco, ecc.) my head aches (my stomach..., etc.)

mi fanno male i denti (le gambe, ecc.) my teeth (my legs, etc.) ache

farsi male to hurt oneself

Mi sono fatto(a) male al collo. I hurt my neck.

Mi sono rotto (rompersi) un braccio. I broke my arm.

sano healthy

ammalarsi to become ill

(am)malato ill

la malattia disease

il dolore pain

la medicina medication, medicine

misurare la febbre to take someone's temperature

guarire (-isc-) to recover

essere a dieta to be on a diet

dimagrire (-isc-) to lose weight

Sono dimagrito(a) di due chili. I lost 2 kilos.

ingrassare to gain weight

Sono ingrassato(a) di una libbra. I gained 1 pound.

essere (sentirsi) in forma to be (to feel) fit/healthy

L'Ambiente *(Environment)*

la natura nature

l'aria air

l'ossigeno oxygen

respirare to breathe

lo strato dell'ozono ozone layer

l'effetto serra greenhouse effect

l'ecologia ecology

l'ecologo ecologist

l'ambientalista *(m. & f.)* environmentalist

inquinare to pollute

l'inquinamento pollution

i rifiuti garbage

riciclare to recycle

proteggere *(p.p.* **protetto)** to protect

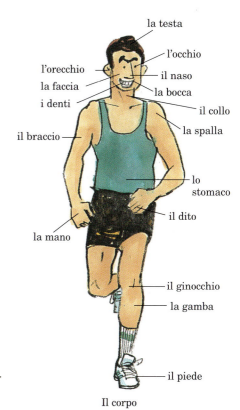

la testa
l'occhio
l'orecchio
il naso
la faccia
la bocca
i denti
il collo
la spalla
il braccio
lo stomaco
il dito
la mano
il ginocchio
la gamba
il piede

Il corpo

Informazioni   L'assistenza sanitaria

Tutti i cittadini in Italia hanno l'assistenza medica e ospedaliera. I lavoratori pagano un contributo e per chi non ha un lavoro l'assistenza medica è gratuita. Ognuno possiede una **tessera sanitaria** che presenta per le visite mediche e tutti gli altri servizi sanitari. *national health card*
Quando una persona è ammalata il medico viene a casa per la visita e, se necessario, ritorna nei giorni successivi.

Il governo concede un sussidio mensile di circa 400 euro ai familiari che ospitano e si prendono cura di un genitore incapace di provvedere a sé stesso.

Il farmacista è un laureato che può consigliare e dare medicinali in caso di malattie non gravi. In una città c'è sempre almeno una farmacia aperta di notte.

Per una visita medica è bene dirigersi al **Pronto soccorso.** Se si tratta di qualcosa di *emergency room* molto serio o di un incidente, è meglio chiamare il numero 118 per l'ambulanza o l'ospedale più vicino. Se non dovesse rispondere il 118, allora si chiama il 113 (polizia).

Applicazione

A. Rispondete alle domande seguenti.

1. Quando si va dal dentista?
2. Se uno va a sciare e cade, cosa si può rompere?
3. Se qualcuno festeggia un'occasione speciale e beve molti bicchieri di vino, che cos'ha il giorno dopo?
4. Quando portiamo un paio di scarpe strette, che cosa ci fa male?
5. Cosa si prende quando si ha il raffreddore?
6. Quando si usa il termometro?
7. Chi si preoccupa di proteggere la natura?
8. Perché il riciclaggio è importante?
9. L'effetto serra riscalda o raffredda la terra?
10. Che cosa protegge *(protects)* l'atmosfera dai raggi *(rays)* ultravioletti?

B. Quanti mali! Completate le frasi seguenti.

1. Il mese scorso sono andato(a) a sciare e *(I broke my leg)* _____ .
2. Ieri sono stato(a) a casa perché *(I had a fever)* _____ .
3. Mia sorella è caduta dalla bicicletta e *(she hurt herself)* _____ .
4. L'altro ieri ho camminato per 4 ore e oggi *(my feet hurt)* _____ .
5. Se *(you have a toothache)* _____ , perché non vai dal dentista?
6. Dottore, non mi sento bene: *(I have a cold and a sore throat)*_____ .
7. Mia madre è preoccupata perché *(I lost weight)* _____ di tre chili.

C. Conversazione

1. In quale stagione è facile prendere il raffreddore? Perché?
2. Quanto tempo fa ha avuto l'influenza Lei? Che cosa Le faceva male?
3. Ha mai fatto l'iniezione Lei per prevenire *(to prevent)* l'influenza?
4. Che cosa fa di solito un fifone quando sta male? Si considera un fifone (una fifona) Lei?
5. Nell'ambiente in cui viviamo, quali sono, secondo Lei, i pericoli per la nostra salute?

D. Come vivere sani. Discutete in piccoli gruppi: Per vivere secondo le norme dell'ecologia, e per il nostro benessere fisico, che cosa dovremmo fare?

Parchi e animali da proteggere

GUERRA AI RIFIUTI
Eliminiamo i contenitori non riciclabili

respirare meglio

UNA VACANZA ALL'INSEGNA DELLA NATURA

mangiare sano

Ascoltiamo! CD 2, Track 27

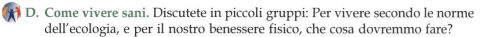

Una telefonata. Lisa receives a phone call from Giovanni, an old friend she ran into a few weeks earlier while on vacation in Roccaraso. Listen to their conversation; then answer the following questions.

Comprensione

1. Dove si sono incontrati Lisa e Giovanni?
2. Lisa ha delle buone novità?
3. Che cosa è successo a Lisa mentre sciava?
4. Si è anche fatta male alla testa?
5. Dove le hanno ingessato il braccio? Il braccio ingessato è il destro o il sinistro?

6. Perché Giovanni ha telefonato a Lisa?
7. Quando si vedranno Lisa e Giovanni?

Dialogo

Cosa vi è successo? In piccoli gruppi, raccontatevi quando e come avete avuto un incidente *(accident)*.

Punti grammaticali

17.1 Il congiuntivo presente

Ecco il Panda, il simbolo del WWF, organizzazione presente in Italia da più di trent'anni. Gli Italiani pensano che il Panda **sia** il simbolo perfetto degli animali in estinzione.

«Il WWW—L'Organizzazione Mondiale per la Conservazione dell'ambiente, fu creato nel 1961 ed è operante in più di 100 paesi. Il suo fine ultimo è di fermare ed eventualmente invertire il processo di degradazione ambientale, costruendo un futuro in cui gli uomini **vivano** in armonia con la natura».

Per ulteriori informazioni sulle iniziative del WWF nel mondo visitate il sito www.panda.org.

1. The subjunctive mood **(il congiuntivo)** expresses points of view and feelings, volition, uncertainty, possibility, and doubt. The indicative mood **(l'indicativo)** expresses facts, indicating what is objectively real. Compare the following sentences:

(fact) L'acqua **è** inquinata.
So che l'acqua **è** inquinata.

(belief) **Credo**
(doubt) **Dubito** che l'acqua **sia** inquinata.
(fear) **Ho paura**

Unlike in English, the subjunctive is very common in Italian, in both speaking and writing.

2. The subjunctive is used mainly in dependent clauses introduced by **che,** when the subjects of the main clause and the dependent clause are different. If the subject is the same, the infinitive is used. Compare the following sentences:

Spero che tu **stia** meglio.   *I hope you'll feel better.*
Spero di **stare** meglio.   *I hope to feel better.*

3. Here are the present subjunctive **(congiuntivo presente)** forms of regular verbs.

Main clause		Subordinate clause			
		ascoltare	leggere	partire	finire
	che io	ascolti	legga	parta	finisca
Sperano	che tu	ascolti	legga	parta	finisca
	che lui/lei	ascolti	legga	parta	finisca
	che noi	ascoltiamo	leggiamo	partiamo	finiamo
Vuole	che voi	ascoltiate	leggiate	partiate	finiate
	che loro	ascoltino	leggano	partano	finiscano

a. Note that the first-, second-, and third-persons singular are identical. To avoid ambiguity, the subject pronouns are usually expressed.

b. Verbs ending in **-care** and **-gare** insert an **h** between the stem and the endings: dimentichi, dimentichiamo, dimentichiate, dimentichino; pa**ghi**, paghiamo, pag**h**iate, paghino.

c. Verbs ending in **-iare** drop the **i** of the stem: **cominci, cominciamo, cominciate, comincino.**

4. The following verbs and expressions usually require the subjunctive in a dependent clause:

Verbs of volition	Verbs of opinion, doubt, uncertainty	Expressions of emotion
volere	credere	avere paura
desiderare	pensare	essere contento/felice
preferire	dubitare	dispiacere
sperare	non essere certo/sicuro	

Impersonal expressions (implying a personal attitude)	
bisogna (*it is necessary*)	è importante
è necessario	è ora (*it is time*)
è (im)probabile	pare/sembra (*it seems*)
è (im)possibile	può darsi (*it may be*)
è bene	(è un) peccato (*too bad*)
è meglio	

Mia madre **vuole che** io **finisca** i miei studi.	*My mother wants me to finish my studies.*
Sono felice che i miei genitori mi **capiscano.**	*I am happy that my parents understand me.*
Bisogna che tu **studi** di più.	*It is necessary that you study more.*
È probabile che domani **piova.**	*It is probable that tomorrow it will rain.*
Peccato che il televisore non **funzioni.**	*(It's) too bad that the TV set is not working.*

NOTE: The infinitive is used after an impersonal expression when no subject is expressed.

È necessario **lavorare.**	*It is necessary to work.*
È ora di **partire.**	*It is time to leave.*

Pratica

A. Dal medico. A turno, uno studente fa la parte del medico e l'altro quella del paziente. Seguite l'esempio.

Esempio   mangiare molta carne
           —*Mangio molta carne.*
           —*Bisogna che Lei mangi poca carne.*

1. seguire una dieta con poca verdura **2.** non prendere vitamine **3.** alzarsi tardi la mattina **4.** camminare poco **5.** passare più ore seduto **6.** non praticare nessuno sport

B. Preoccupazioni di una madre. Di che cosa ha paura una madre per i suoi figli?

Esempio   studiare poco
Ha paura che studino poco.

1. non mangiare abbastanza
2. ammalarsi
3. spendere troppo
4. divertirsi invece di studiare
5. frequentare cattive compagnie
6. guidare troppo velocemente
7. causare qualche incidente
8. E tua madre di che cosa ha paura?
9. ...

C. Difesa dell'ambiente. Un professore dà una breve lezione di ecologia ai suoi studenti. Seguite l'esempio.

Esempio   usare più prudenza/è bene
È bene che usiate più prudenza.

1. prendere sul serio l'ecologia/è ora
2. proteggere la natura/è necessario
3. abbandonare i rifiuti nell'ambiente/non è bene
4. non inquinare le spiagge/bisogna
5. rifiutare nei negozi i sacchetti di plastica/è meglio
6. capire la necessità di riciclare/è importante
7. usare solamente la bicicletta e i mezzi pubblici/è ora

D. I tuoi cugini. I tuoi cugini Massimo e Giulia verranno a trovarti. Un tuo parente ti fa delle domande su di loro: quando rispondi non sei sempre sicuro(a) delle tue affermazioni.

Esempio   dove, abitare i tuoi cugini/Penso che...
—*Dove abitano i tuoi cugini?*
—*Penso che abitino a...*

1. dove, lavorare/Credo che...
2. è vero che, aspettare un bambino/Pensiamo che...
3. abitare vicino ai loro genitori/Non sono sicuro che...
4. pensare di comprare un appartamento/Sembra che...
5. tua cugina, continuare a lavorare/È probabile che...
6. quando, arrivare/Spero che...

E. Oggi parliamo di politica. Completate le seguenti frasi con i verbi in parentesi, scegliendo tra il **congiuntivo** e l'**infinito.**

1. I Verdi vogliono che il governo _____ (prendere) nuovi provvedimenti (*measures*) contro l'inquinamento dei fiumi.
2. Il governo preferisce _____ (occuparsi) di altri problemi.
3. È probabile che il valore dell'euro _____ (discendere).
4. Il primo ministro dice che bisogna _____ (aumentare) le tasse.
5. Gli Italiani non sono contenti di _____ (pagare) altre tasse.
6. Tutti sperano che la crisi del paese _____ (finire) presto.

F. Opinioni diverse. Reagite a turno alle seguenti affermazioni esprimendo la vostra opinione. Usate espressioni come: **Dubito che...**, **Non credo che...**, **Sono d'accordo che...**, **Sono sicuro che...**

1. Oggigiorno quasi tutti desiderano riciclare.
2. Gli ambientalisti esagerano il problema dell'inquinamento.
3. Le medicine di oggi aiutano a vivere più a lungo.
4. Secondo alcuni, il problema dell'effetto serra non esiste.
5. La gente si ammala quando non segue una dieta sana.

17.2 Il congiuntivo presente dei verbi irregolari

Here is the present subjunctive of the most common irregular verbs:

andare:	**vada**, andiamo, **andiate**, **vadano**
avere:	**abbia**, abbiamo, **abbiate**, **abbiano**
bere:	**beva**, beviamo, **beviate**, **bevano**
dare:	**dia**, diamo, **diate**, **diano**
dire:	**dica**, diciamo, **diciate**, **dicano**
dovere:	**deva (debba)**, dobbiamo, **dobbiate**, **devano (debbano)**
essere:	**sia**, siamo, **siate**, **siano**
fare:	**faccia**, facciamo, **facciate**, **facciano**
potere:	**possa**, possiamo, **possiate**, **possano**
sapere:	**sappia**, sappiamo, **sappiate**, **sappiano**
stare:	**stia**, stiamo, **stiate**, **stiano**
uscire:	**esca**, usciamo, **usciate**, **escano**
venire:	**venga**, veniamo, **veniate**, **vengano**
volere:	**voglia**, vogliamo, **vogliate**, **vogliano**

I battelli che trasportano i passeggeri da un paese all'altro sulle rive dei laghi (Maggiore, Como, Garda) utilizzano gasolio *(diesel fuel)* ecologico per ridurre l'inquinamento delle acque. Pensi che sia una buon'idea? Perché?

Spero che Lei **sia** in buona salute.	*I hope you are in good health.*
Desidero che tu **vada** dal dottore.	*I would like you to go to the doctor.*
È ora che tutti **siano** responsabili.	*It is time for everybody to be responsible.*
La mamma non vuole che **beviate** vino.	*Mother does not want you to drink wine.*
Dubita che **sappiamo** guidare bene.	*He (She) doubts that we know how to drive well.*
Non crede che **dicano** la verità.	*He (She) does not believe (that) they are telling the truth.*

Pratica

A. Commenti di un turista di ritorno dall'Italia. Completate le frasi, scegliendo il presente dell'**indicativo** o del **congiuntivo**.

1. Ora sono sicuro che gli Italiani _____ (guidare) pericolosamente.
2. Ho paura che gli stranieri _____ (avere) molti problemi quando _____ (guidare) in Italia.
3. È certo che l'Italia _____ (essere) un bellissimo paese.
4. Credo che la gente là _____ (sapere) vivere bene.
5. Peccato che gli alberghi italiani _____ (essere) così cari.
6. Pare che l'economia italiana _____ (andare) meglio.

B. Una donna autoritaria. Marta impone *(imposes)* i suoi desideri a tutti, fratelli e amici. Completate le frasi, esprimendo i suoi desideri.

Esempio Desidero che tu (stare)...
—*Desidero che tu stia attento.* o...

1. Non voglio che voi (bere)...
2. Desidero che tu non (uscire)...
3. Voglio che tu (fare)...
4. Spero che Lisa non (andare)...
5. Non desidero che Roberto (venire)...
6. Insisto che Marco e Pino (stare)...
7. Non voglio che tu (dire)...

C. Opinioni personali. Rispondete a turno alle seguenti domande incominciando la frase con **Credo** o **Non credo.**

Esempio —Le donne italiane guidano meglio degli uomini?
—*Credo (Non credo) che guidino meglio degli uomini.*

1. Che cosa bevono gli Italiani?
2. Devono pagare molto per le cure mediche?
3. È facile guidare nelle città?
4. In quali mesi vanno in vacanza gli Italiani?
5. La benzina è più cara negli Stati Uniti o in Italia?
6. Molti Europei vengono in vacanza negli Stati Uniti?
7. Sanno tutti parlare inglese?
8. Possono viaggiare nei paesi dell'Unione Europea senza passaporto?

D. Il testamento del vecchio conte di Altavilla. Completate la storiella con le forme appropriate del **congiuntivo.**

Cara moglie, Queste sono le mie ultime volontà. Spero che tu _____ (seguire) tutte le mie istruzioni. Desidero che tu _____ (dare) il tappeto del mio studio alla cameriera perché mi ha sempre servito bene. Voglio che tu _____ (regalare) la mia collezione di francobolli al mio maggiordomo *(butler)* per la sua fedeltà e che tu _____ (pagare) al giardiniere la somma di un milione di euro.

Preferisco che il cugino Cosimo _____ (avere) il mio orologio d'oro *(gold)* e che le zie Rosa e Linda _____ (ricevere) tutte le bottiglie di vino della mia cantina. Spero che così loro _____ (consolarsi) della mia morte. Desidero che il mio castello, i miei mobili, le mie cinque macchine e tutte le mie proprietà _____ (andare) al mio autista che mi è stato amico fedele per quarant'anni. A te, cara moglie, che hai protestato per quarant'anni, lascio i miei occhiali e la mia dentiera *(dentures).* Spero che tu ne _____ (essere) contenta.

Tuo Alfredo

E. Alcune richieste ai compagni. Formate cinque richieste a un compagno (una compagna) usando i verbi irregolari del congiuntivo.

Esempio Spero che tu vada alla conferenza sull'ecologia.

17.3 Il congiuntivo passato

1. The past subjunctive **(congiuntivo passato)** is a compound tense formed with the present subjunctive of the auxiliary verb **avere** or **essere** + *past participle* of the main verb.

studiare		partire	
Franco crede	che io **abbia** che tu **abbia** che lui/lei **abbia** che noi **abbiamo** che voi **abbiate** che loro **abbiano** } **studiato.**	che io **sia** che tu **sia** che lui/lei **sia** } **partito(a).** che noi **siamo** che voi **siate** che loro **siano** } **partiti(e).**	

Spero che **abbiate ascoltato** il telegiornale.	*I hope you listened to the TV news.*
Non penso che i miei genitori **siano** già **arrivati.**	*I don't think my parents have arrived yet.*

2. The **congiuntivo passato** is used when the verb of the main clause is in the present tense and requires the subjunctive, and the subordinate clause expresses an action that precedes the action of the main clause.

Compare:

Mi dispiace che zia Teresa non **venga** oggi.	*I'm sorry Aunt Teresa is not coming today.*
Mi dispiace che zia Teresa non **sia venuta** ieri.	*I'm sorry Aunt Teresa didn't come yesterday.*
Ho paura che non ti **piaccia** questo film.	*I'm afraid you will not like this movie.*
Ho paura che non ti **sia piaciuto** il film di domenica.	*I'm afraid you did not like last Sunday's movie.*

—Che cosa ne pensi? Non credi che l'amministrazione abbia fatto felici gli ambientalisti con quei fiori?

3. When the subject of the main verb and the subject of the subordinate verb are the same, the past infinitive is used.

Past infinitive: **avere** or **essere** + *past participle* of the verb

Spero di **aver(e) fatto** tutto.	*I hope I did everything.*
Siamo contenti di **essere ritornati.**	*We are happy we came back.*
Crede di **averla vista.**	*He thinks he saw her.*

Pratica

A. Avvenimenti del giorno. Il signor Fanti sta leggendo alcune notizie alla moglie e aggiunge ogni volta il suo commento.

> **Esempio**   Il presidente ha fatto un discorso davanti al Senato.
> (Pare che...)
> *Pare che il presidente abbia fatto un discorso davanti al Senato.*

1. I Verdi hanno presentato il loro programma per la protezione dell'ambiente. (Sono contento(a) che...) **2.** Delle squadre di volontari *(volunteers)* hanno pulito le spiagge sporche *(dirty).* (Pare che...) **3.** Il rappresentante del governo italiano non è andato al convegno *(conference)* mondiale di ecologia. (È un peccato che...) **4.** L'Opec ha deciso di aumentare il costo del petrolio. (Mi dispiace che...) **5.** La fabbrica X ha inquinato l'acqua di una parte della città. (Pare che...) **6.** Alcune persone della Legambiente *(enviornmental league)* sono partite per studiare la situazione. (È bene che...)

B. Parlando di amici. Commentate quello che è successo la settimana scorsa. Sostituite il **congiuntivo passato** al **congiuntivo presente.**

1. Spero che Giovanni trovi un buon posto.

2. Siamo contenti che anche lui traslochi.

3. Mi dispiace che Franca non venga con noi alla festa di domenica.

4. È possibile che sia ammalata.

5. Peccato che Marina e Lisa partano per la Svizzera.

6. Non credo che i loro genitori siano contenti della loro partenza.

C. Commenti. Filippo parla di Antonio e Marcello, e Gabriella risponde con qualche commento. Seguite l'esempio.

Esempio Antonio, ritornare ieri dalla Sicilia/Sono contenta...
  —*Antonio è ritornato ieri dalla Sicilia.*
  —*Sono contenta che sia ritornato presto (o che il viaggio sia stato breve).*

1. Antonio, trovare la nonna migliorata/Sono felice...

2. Antonio, rinunciare all'idea del motorino/È bene...

3. Marcello, dargli lezioni di guida con molta pazienza/Non credo...

4. Antonio, imparare subito a guidare/Non sono sicura...

5. Marcello, cercare buone occasioni di macchine usate/Dubito...

6. Antonio, dimagrire di alcuni chili/È bene...

D. Sentimenti *(Feelings).* Esprimete quello che queste persone sentono. Di due frasi formatene una usando **di + infinito** o **che + congiuntivo.**

Esempi Paolo è contento. È guarito.
  Paolo è contento di essere guarito.

  Paolo è contento. Suo padre è guarito.
  Paolo è contento che suo padre sia guarito.

1. Ho paura. Non ho capito la domanda.

2. Gabriella è felice. Filippo ha vinto mille euro al Totocalcio.

3. Mi dispiace. Ho dimenticato di telefonarti.

4. Antonio è contento. È riuscito all'esame di guida.

5. Sono felice. I miei genitori sono venuti a trovarmi.

6. Mi dispiace. Tu non ti sei divertito.

E. Che bugiardo(a)! Vi piace esagerare quando parlate di voi, ma gli amici non vi credono. Completate le frasi usando il **congiuntivo presente** o **passato.**

Esempi Domani partirò.../Non credo...   Ieri ho visto.../Dubito...
  —*Domani partirò per Roma.*   —*Ieri ho visto Elvis.*
  —*Non credo che tu parta per Roma.*   —*Dubito che tu l'abbia visto.*

1. Il fine-settimana scorso ho vinto.../È impossibile...

2. Per Natale i miei zii mi regaleranno.../Dubito...

3. Il mese scorso sono andato(a).../Non credo...

4. Due anni fa sono stato(a).../Non è possibile...

5. L'estate prossima mio padre (mia madre) mi darà... / Non penso...

6. L'estate scorsa ho guadagnato... / Non credo...

7. Ho partecipato a una gara di... e ho ricevuto... / Mi sembra impossibile...

8. Fra qualche anno sarò... / Dubito...

F. Notizie piacevoli e spiacevoli. Scambiatevi alcune vostre notizie su quello che vi è successo.

Esempi — *Mi sono divertito(a) molto a Capodanno.*
— *Sono contento(a) che tu ti sia divertito(a).*

— *Io e mio fratello abbiamo avuto un incidente di macchina.*
— *Mi dispiace che voi abbiate avuto un incidente di macchina.*

17.4 Suffissi con nomi e aggettivi

Zona del Barolo (Piemonte). Il Piemonte produce oltre al Barolo e al Barbera altri eccellenti vinelli.

In Italian, the meaning of a noun or an adjective can be altered by attaching a particular suffix. The suffix is added after the final vowel of the word is dropped. The most common suffixes are:

1. -ino(a); -etto(a); ello(a), conveying smallness or endearment.

fratello	fratell**ino** (*dear little brother*)
Luigi	Luig**ino** (*dear little Luigi*)
casa	cas**etta** (*cute little house*)
vino	vin**ello** (*light but good wine*)

2. -one (-ona, -oni, -one), conveying largeness, weight, or importance.

naso	nas**one** (*huge nose*)
dottore	dottor**one** (*well-known doctor*)
pigro	pigr**one** (*very lazy*)

3. -accio (-accia, -acci, -acce), conveying a pejorative connotation.

parola	parol**accia** (*dirty word*)
ragazzo	ragazz**accio** (*bad boy*)
tempo	temp**accio** (*very bad weather*)

NOTE: The choice of suffixes is idiomatic and cannot be made at random. It is best that you limit their use to examples you read in reliable sources or hear from native speakers.

Pratica

A. Variazioni. Aggiungete a ogni parola in corsivo il **suffisso** necessario per rendere *(to convey)* il significato della frase.

1. un *tempo* con molta pioggia **2.** un *libro* di mille pagine **3.** il *naso* di un bambino **4.** un *ragazzo* grande e grosso **5.** una *villa* piccola e carina **6.** due lunghe *giornate* faticose **7.** il *giornale* dei piccoli (bambini) **8.** un *ragazzo* cattivo **9.** le grosse *scarpe* da montagna **10.** un *professore* molto famoso **11.** una brutta *parola*

B. Che cosa significa? Date l'equivalente inglese delle espressioni in corsivo.

1. Hanno comprato *una macchinetta rossa*.
2. Vai alla spiaggia? *Porta l'ombrellone!*
3. Antonio ci ha raccontato *una storiella divertente*.
4. Se voglio i libri dell'ultimo scaffale, *ho bisogno della scaletta*.
5. *Era una serataccia* fredda, con vento e pioggia.
6. Ho incontrato Marcello: *era con una biondina*.
7. Un ragazzo come te non dovrebbe leggere quel *giornalaccio*.

C. Domande. Fate cinque domande ai compagni usando le seguenti parole: **pigrone, nasone, tempaccio, fratellino, villetta, parolaccia.**

Esempio   —Chi aveva un famoso nasone?
        —*Cirano de Bergerac.*

Per finire   CD 2, Track 28

Due amici ambientalisti

Enrico e il suo amico Assane stanno facendo dei progetti per l'estate. La famiglia di Assane, originaria del Senegal, si è trasferita a Torino da alcuni anni. Assane frequenta l'Istituto Tecnico Galileo Ferraris, dove ha conosciuto Enrico, un suo compagno di studi. Come molti studenti, Enrico e Assane sono due convinti ambientalisti. Durante l'estate hanno l'intenzione di lavorare per alcune settimane come volontari con Legambiente, una organizzazione per la protezione dell'ambiente.

ENRICO Cosa pensi di fare quest'estate?

ASSANE Mio padre vuole che io vada in Senegal a trovare i nonni. Ma non partirò prima della fine dell'estate.

ENRICO Allora è possibile che tu venga con me in Calabria, dove la Legambiente ha bisogno di volontari. Dal 21 giugno al 26 agosto la Goletta Verde parte per **raccogliere** informazioni sulla qualità delle acque di **balneazione.**

collect

swimming

ASSANE Ho letto che nei porti dove si fermerà la Goletta Verde ci saranno manifestazioni e feste affinché la gente locale e i turisti si rendano conto di quanto sia importante proteggere le acque dall'inquinamento.

ENRICO È ora che se ne rendano conto! È per questo che la Legambiente ha bisogno di volontari.

ASSANE Penso di poter venire con te.

ENRICO Benissimo. Sono contento che possiamo andare insieme.

ASSANE Mi fa piacere venirci, anche perché avrò la possibilità di vedere una parte dell'Italia che non conosco ancora, e ho sentito dire che è molto bella.

Dove il mare è più blu

Due barche che prelevano 500 campioni di acqua marina in un mese. E ci dicono dove tuffarci senza rischi per la salute. La Goletta Verde di Legambiente (tel. 06/862681) partirà il 17 luglio da Trieste. Da qui, lungo la costa adriatica, raggiungerà Lampedusa il 19 agosto. Per passare il testimone alla seconda goletta, che toccherà la Liguria e le spiagge del Tirreno.

La Goletta Verde di Legambiente.

Goletta Verde, **la campagna** *(campaign)* di Legambiente che da molti anni fornisce informazioni sulla qualità delle acque per chi vive nelle località di mare e per i turisti. Goletta Verde **premia** *(rewards)* le località e i comuni dove il mare è pulito e le spiagge sono incontaminate con le «5 vele», il massimo riconoscimento di Legambiente e del Touring Club.

Comprensione

1. Chi è Assane? Da dove viene la sua famiglia? Che cosa fa a Torino? **2.** Dove si sono conosciuti Enrico e Assane? **3.** Che interesse hanno in comune? **4.** Il padre di Assane, che cosa vuole che suo figlio faccia durante l'estate? **5.** Che cosa ha intenzione di fare Enrico durante l'estate? **6.** Perché Goletta Verde organizza manifestazioni e feste? **7.** Perché Assane è contento di andare in Calabria con Enrico?

Conversazione

1. Tu sei un ambientalista? Perché?

2. Cosa fai per collaborare alla protezione della natura? Ricicli? Cosa? Cos'altro fai?

3. Hai mai partecipato a manifestazioni per la protezione dell'ambiente? Se sì, quando e dove?

4. Ti sei mai unito(a) a gruppi di volontari per pulire aree delle spiagge o dei parchi? Se sì, quando e dove?

5. Sei preoccupato(a) per «l'effetto serra» (*greenhouse effect*)? Quali pensi ne siano le conseguenze?

6. Quali pensi siano le cause maggiori dell'inquinamento dell'aria?

Come si dice in italiano?

1. Mr. and Mrs. Smith arrived in Rome yesterday and rented a Fiat.

2. Mr. Smith's wife was afraid that he might have problems with the traffic and was telling him: "Go slowly! Pay attention!"

3. "If you must complain so much **(così tanto),** next time I prefer that you stay home."

4. Unfortunately, Mrs. Smith was right: at a busy **(di grande traffico)** intersection, they had an accident.

5. Mr. Smith broke his leg, and his wife hurt her neck.

6. So, half an hour later, the two were at the emergency room **(Pronto Soccorso),** where the doctor put a cast on **(ha ingessato)** Mr. Smith's leg.

7. "Mr. Smith," said the doctor, "I think you need this medication for the pain."

8. "Doctor," Mrs. Smith said, "I'm afraid I need something for my neck."

9. "I believe my nurse **(infermiera)** has already prepared the medication for you."

Attualità

Adesso scriviamo!

Salviamo l'ambiente

È la settimana ecologica all'università. È stato chiesto a tutti gli studenti di compilare un questionario come il seguente. Rispondi anche tu alle domande del questionario. Poi usa le tue risposte come base per scrivere una breve lettera all'editore del giornalino dell'università.

A. Il questionario

1. Vieni a scuola in macchina da solo(a)?	Sì	No	Qualche volta
2. Vieni a scuola in bicicletta?	Sì	No	Qualche volta
3. Vieni a scuola a piedi?	Sì	No	Qualche volta
4. Usi i mezzi di trasporto pubblici?	Sì	No	Qualche volta
5. Ricicli la carta?	Sì	No	Qualche volta
6. Ricicli l'alluminio?	Sì	No	Qualche volta
7. Ricicli la plastica?	Sì	No	Qualche volta
8. Ricicli il vetro?	Sì	No	Qualche volta
9. Spegni le luci nelle stanze non in uso?	Sì	No	Qualche volta
10. Chiudi il rubinetto *(faucet)* dell'acqua mentre ti lavi i denti?	Sì	No	Qualche volta
11. Cosa altro fai per aiutare l'ambiente?			_____

B. Adesso usa le tue risposte per scrivere una lettera di tre paragrafi.

- *Primo paragrafo:* Riassumi le risposte che hai dato al questionario.
  Comincia così: Egregio editore del giornalino dell'università, la lettera che segue tratta dell'inchiesta *(survey)* «Salviamo l'ambiente». Io vengo a scuola in macchina solo quando piove, e di solito uso...

- *Secondo paragrafo:* Parla di quello che dovresti e vorresti fare.
  Comincia così: Dovrei riciclare l'alluminio e il vetro. Vorrei anche...

- *Terzo paragrafo:* Suggerisci dei provvedimenti *(measures)* alla comunità universitaria.
  Comincia così: Penso che ogni studente abbia la responsabilità di...
  Oppure: È necessario che tutti...
- *Finisci così:* Con la speranza che Lei pubblichi la mia lettera, Le porgo i miei più cordiali saluti. (firma)

C. Adesso che hai finito la tua lettera, controlla di aver scritto tutte le parole correttamente. Controlla l'accordo tra il verbo e il soggetto e tra il nome e l'aggettivo. Ti sei ricordato(a) di usare il congiuntivo?

Alla fine, con un compagno (una compagna), leggete le vostre lettere. I vostri propositi *(resolutions)* personali sono simili? Che cosa suggerisce il tuo compagno (la tua compagna) alla comunità universitaria? Pensi che sia un suggerimento fattibile *(feasible)*?

Parliamo insieme!

A. Nuova legge contro il fumo. Leggi il seguente articolo dalla rivista *Viversani* e discuti con un compagno (una compagna) le conseguenze positive e negative di tale provvedimento. Condividi le tue conclusioni con la classe.

Il 10 gennaio entra in vigore la normativa (*law*) che vieta di accendere sigarette, sigari e pipe in tutti i locali chiusi, dai pub agli uffici. [...] La normativa è all'avanguardia in Europa, dove l'Italia è seconda nell'applicare una legge di questo tipo, solo all'Irlanda, [...] Che cosa cambierà davvero? [...] Quali sono le sanzioni (*fines*) previste per chi non la rispetterà?

B. I difensori della natura. Avete mai pensato di diventare naturalisti o ambientalisti? Leggete le due descrizioni e discutete quale attività vi interesserebbe di più.

GUARDIAMO!

Salute e ecologia
Luigi non si sente troppo bene ed Alessandra l'accompagna dal dottore. Luigi è un po' impaziente e nervoso.

SITO WEB

Per fare più pratica con gli argomenti culturali e i punti grammaticali del **Capitolo 17,** vai a vedere il sito *Ciao!* a **http://ciao.heinle.com.**

I DIFENSORI DELLA NATURA

Naturalisti

Corso di laurea. Durata: 4 anni
Esami: 23+inglese
Obiettivi: conservazione della natura e delle sue risorse; didattico
Impiego professionale: educazione ambientale (visite guidate in parchi naturali e musei); direzione parchi e riserve naturali; restauro ambiente e monumenti culturali.

Ambientalisti

Corso di laurea. Durata: 5 anni
Esami: 28+lingua straniera
Obiettivo: formazione manager dell'ambiente

Impiego professionale: in amministrazioni pubbliche con competenza ecologica; in settori privati (società che si occupano di raccolta e elaborazione dei dati ambientali).

Vedute d'Italia

L'agriturismo

A. Prima di leggere

L'agriturismo, a rather recent phenomenon in Italy, is becoming extremely popular. More and more Italians are taking advantage of the chance to spend vacation time on working farms or in remodeled old farmhouses, enjoy firsthand the countryside and surroundings, and eat authentic homemade regional meals. The article below was written to introduce readers to **l'agriturismo** and to provide practical pointers for those interested in taking a "farm holiday." Before you read it, look at the subheadings to get a sense of how it is organized and what the focuses are. What do these tell you about the content and organization? Now, go back and read each section carefully to fill in the details.

«Gli Ulivi» è una vecchia casa colonica *(farmhouse)* situata tra l'Umbria e la Toscana. Immersa tra gli oliveti, è un posto ideale per rilassarsi, riposare o fare lunghe passeggiate nella bellissima campagna tra l'Umbria e la Toscana. Podere Pomartino – Monteleone d'Orvieto, Terni.

Storia dell'agriturismo

L'agriturismo in Italia è nato molti anni fa come una forma di **accoglienza** da parte di **contadini** che mettevano a disposizione dei visitatori i prodotti tipici della **terra** e dell'**allevamento** [...]. La **propensione** ad accogliere i visitatori **ha subito** una crescita davvero notevole in questi ultimi anni, ed ha visto nascere molti agriturismi. **Accanto** a quelli che esistevano già da **decenni** ne **sono sorti** di nuovi, fondati talvolta da persone desiderose di **avviare** una nuova attività—spesso una nuova vita—a contatto con la natura....

welcome
farmers
earth/breeding/inclination
underwent
close
decades/have risen
launch

La vacanza in agriturismo

Anche se molte strutture agrituristiche si sono evolute per rispondere alle richieste dei visitatori ed offrono molti comfort, la vacanza in agriturismo non ha perso **il fascino** che la caratterizza. Soggiornare in agriturismo significa non solo entrare in contatto con le persone che lo hanno creato ma anche toccare con mano le dinamiche dell'agricoltura o dell'allevamento ed **assaporarne** i prodotti.

appeal

taste

Molte delle strutture sono dotate di tutto **ciò che** serve per rilassarsi. Il silenzio, innanzitutto, che solo un agriturismo circondato dalla natura può darvi, ma anche servizi quali il mare o la piscina. Se invece volete muovervi e fare attività potrete passeggiare nelle colline circostanti, scoprire nuovi **percorsi** in mountain bike, oppure montare a cavallo, nei molti agriturismi dotati di **maneggio.** *that which*

paths

riding school

Spostamenti

Per raggiungere un agriturismo la cosa migliore è avere un mezzo di spostamento proprio, quale la macchina o la moto. È molto improbabile che l'agriturismo sia raggiungibile in treno o da altri servizi di trasporto pubblico.

Oggetti personali

Alcuni agriturismi sono situati in località isolate, raggiungibili tramite strade **sterrate** e comunque distanti da paesi e città. Per questo motivo è consigliabile **dotarsi** di tutto il necessario per **sé** e per la propria famiglia, come vestiti, medicinali ed altri oggetti personali. *dirt roads*

gear/yourself

Comunicazioni

Molti agriturismi sono dotati di telefono in camera, in ogni caso è bene sapere che è possibile che il vostro telefono cellulare non abbia copertura nella zona in cui l'agriturismo è situato.

Il Podere Cogno è una residenza storica situata nel cuore della campagna che produce l'olio d'oliva extra vergine e il Chianti classico. Può accogliere un numero limitato di ospiti, che vivono con la famiglia nella residenza. Questa comprende un salotto con il bar, una biblioteca con computer e collegamento Internet, la sala del biliardo, la sala della musica, la palestra con la sauna, una veranda dove viene servita la colazione. Nel parco c'è la piscina. I pasti sono preparati a richiesta dalla proprietaria. Situato tra Siena e Firenze, il Podere Cogno occupa una posizione ideale per eventi culturali o per ragioni professionali. Podere Cogno—Castellina in Chianti, Siena.

B. Alla lettura

1. Rileggi il primo paragrafo, «Storia dell'agriturismo», e scrivi due frasi per riassumerlo.

2. Secondo il paragrafo «La vacanza in agriturismo», anche se ci sono molti conforti, cosa non ha perso la vacanza?

3. Cosa significa soggiornare in un agriturismo?

4. Che cosa è importante avere per rilassarsi? E per fare attività, cosa è disponibile?

5. Che consiglio è offerto in «Spostamenti»?

6. In «Oggetti personali» cosa è consigliato avere con sè?

7. Cosa è consigliato riguardo l'uso del telefono cellulare in «Comunicazioni»?

C. Culture a confronto

1. Ti piacerebbe soggiornare in un agriturismo? Perché sì e perché no?

2. Conosci una struttura simile nel tuo paese per andare in vacanza? Quale?

3. Ti piacerebbe visitare uno degli agriturismi delle foto? Quale e perché?

Sapete che... ?

I problemi ecologici in Italia

Da diversi anni l'Italia si preoccupa della necessità di difendere l'ambiente. Il partito politico dei Verdi, il ministero dell'ambiente e le varie associazioni che si sono formate hanno contribuito a rendere gli Italiani **consapevoli** dei problemi ecologici. Un piccolo paese come l'Italia, con le molte industrie, l'alta densità della popolazione e un patrimonio artistico da difendere deve trovare soluzioni di vario tipo per risolvere il problema **inquinamento**. La maggior parte delle città italiane cercano di trovare delle soluzioni al problema dell'inquinamento e del traffico anche con piccoli **provvedimenti**. Per esempio, in alcune città italiane, certi weekend, si può solo circolare a **targhe** alterne: una settimana le macchine la cui targa finisce con un numero **dispari**, una settimana le macchine con un numero **pari**.

    Questa e altre iniziative, anche piccole, come il riciclaggio delle **immondizie secche e umide**, l'uso obbligatorio della **benzina verde** dal 2002, stanno aiutando gli Italiani nella lotta contro l'inquinamento per la difesa dell'ambiente.

aware

pollution

measures

license plates
odd
even

wet and dry trash
unleaded gas

Comprensione

1. Chi ha contribuito a rendere gli Italiani più consapevoli dei problemi ecologici?

2. Anche l'alta densità della popolazione minaccia la natura. Come?

3. Qual è una delle soluzioni che alcune città italiane hanno trovato recentemente per diminuire il traffico?

Vocabolario

Nomi

l'antibiotico	antibiotic
l'aspirina	aspirin
il consiglio	advice
il cuore	heart
la cura	treatment; care
il dente	tooth
la diagnosi	diagnosis
il dolore	pain, ache
l'incidente	accident
l'incrocio	intersection
l'influenza	flu
l'iniezione *(f.)*	injection
il medico	doctor
la notizia	news
l'osso *(pl.* **le ossa***)*	bone
il (la) paziente	patient
il pericolo	danger
il peso	weight
la ricetta	prescription
il riciclaggio	recycling
la schiena	back
la scusa	excuse
il sintomo	symptom
il termometro	thermometer
la tosse	cough
il vetro	glass

Aggettivi

benefico	beneficial
biologico	organic
certo	certain
dannoso	harmful
sicuro	safe, sure

Verbi

curare	to treat
dubitare	to doubt
essere in forma	to be in good shape
ingessare	to put in a cast
lamentarsi	to complain
migliorare	to improve
prescrivere	to prescribe
rendersi conto	to realize
rinunciare	to renounce
smettere di	to stop (doing something)
succedere	to happen
visitare	to examine

Altre espressioni

a causa di	because of
avere fiducia	to trust
avere la tosse	to have a cough
bisogna *(impers.)*	it is necessary
Che cosa è successo?	What happened?
Che fifone!	What a chicken!
Come andiamo?	How are we doing?
(è un) peccato...	too bad...
pare *(impers.)*	it seems
prendere il raffreddore	to catch a cold
può darsi *(impers.)*	it may be
purtroppo	unfortunately
sano come un pesce	as healthy as a horse (*lit.* fish)
sembra *(impers.)*	it seems
stare a dieta	to be on a diet

CAPITOLO 18

Arte e teatro

Maschere a Venezia. Venezia è la città di origine delle maschere. Le maschere venivano usate nella commedia dell'arte per rappresentare dei personaggi fissi.

Punti di vista | Musica operistica o musica elettronica?

Studio di parole: Le arti e il teatro
Informazioni: L'opera
Ascoltiamo! Se tu fossi pittore...

Punti grammaticali

18.1 Congiunzioni + congiuntivo
18.2 L'imperfetto del congiuntivo
18.3 Il trapassato del congiuntivo
18.4 Il congiuntivo: uso dei tempi

Per finire | La commedia è finita

Attualità

Adesso scriviamo!
Parliamo insieme!
♪♪ **Intermezzo musicale: Gianmaria Testa, «Dentro al cinema»**

Vedute d'Italia | L'importanza dello spettacolo

Sapete che...?

Punti di vista

Una banda rock: Subsonica.

Musica operistica o musica elettronica? CD 2, Track 29

Giuseppe Mangiapane e tre suoi amici hanno messo insieme un piccolo gruppo rock che ha un certo successo. Giuseppe suona la chitarra elettrica, e gli altri tre suonano la **batteria,** *drums* il piano e la chitarra. Oggi i quattro ragazzi sono a casa di Giuseppe e suonano i loro strumenti un po' troppo entusiasticamente. Dopo un paio d'ore la mamma entra nel soggiorno.

MAMMA Giuseppe... Giuseppe! Adesso dovreste smettere di suonare, prima che mi venga un gran mal di testa.

GIUSEPPE Ti prego, mamma, **lasciaci** suonare ancora un *let us* po'. E poi... lo sai che adesso mi chiamo Paco Pank!

MAMMA Paco Pank? Che bisogno avevi di cambiarti il nome? Giuseppe Mangiapane non ti andava bene?

GIUSEPPE Se il mio nome d'arte fosse Giuseppe Mangiapane, come potrei essere famoso nel mondo del rock?

MAMMA Beh, famoso... è troppo presto per dirlo. Ricordati che riesce solo chi ha talento.

GIUSEPPE In questa casa nessuno mi capisce! A papà, per esempio, piace solo la musica operistica e non vuole ascoltare **nient'altro.** Però se un giorno diventerò fa- *nothing else* moso, **grazie alla** musica rock, tu e papà sarete *thanks to* **orgogliosi** di me. *proud*

MAMMA Va bene, ma per il momento sarei contenta se tu suonassi meno **forte;** mi sembra che questo sia *loud* **fracasso,** non musica. *loud noise*

GIUSEPPE È inutile discutere con voi! Siete rimasti all'epoca di Giuseppe Verdi.

Comprensione

1. Cos'hanno messo insieme i quattro amici? Quali strumenti suonano? **2.** Cosa fanno oggi? Dove? **3.** Paco Pank è un nome vero o un nome d'arte? Qual è, in questo caso, il nome vero? **4.** Perché ha deciso di cambiarsi il nome Giuseppe? **5.** Per diventare famoso, basta che Giuseppe si cambi il nome o ci vuole qualcos'altro? Che cosa? **6.** Piace a suo padre la musica rock? Perché no? **7.** Cosa vuole la madre di Giuseppe, per il momento? **8.** Qual è, secondo Giuseppe, il problema dei suoi genitori per quanto riguarda *(regarding)* la musica? **9.** Lei sa chi era Giuseppe Verdi?

Studio di parole — *Le arti e il teatro*

MOSTRA D'ARTE—PITTURA E SCULTURA

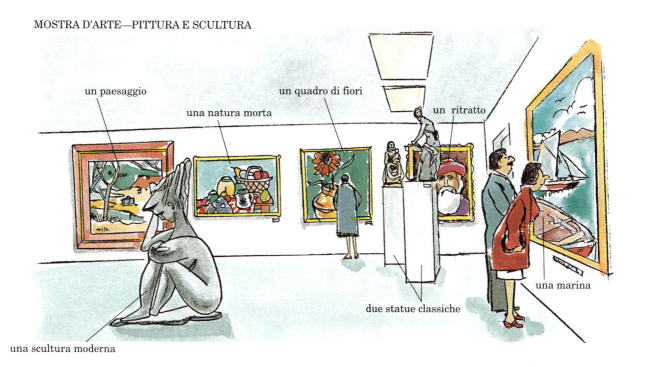

un paesaggio

una natura morta

un quadro di fiori

un ritratto

una scultura moderna

due statue classiche

una marina

l'architetto *(m. & f.)* architect

il pittore, la pittrice painter

lo scultore, la scultrice sculptor, sculptress

lo stile style

   classico, barocco, moderno

l'affresco fresco

l'autoritratto self-portrait

disegnare to draw

dipingere to paint

scolpire (-isc-) to sculpt

la musica classica, operistica, sinfonica, leggera

la sinfonia symphony

la canzone song

strumenti musicali

   il pianoforte

   il violino violin

   il violoncello cello

   la tromba trumpet

   la chitarra guitar

   la batteria drums

il compositore, la compositrice composer

comporre *(p.p. **composto**)* to compose

A TEATRO

i palchi

il sipario

il cantante

la galleria

il palcoscenico

i musicisti

il direttore d'orchestra

il pubblico

il coro chorus

la commedia play, comedy

la tragedia tragedy

l'atto act

la scena scene

il comico comedian

il commediografo playwright

recitare to act, to play a part

applaudire to applaud

fischiare to boo
  (*lit.*, to whistle)

la platea orchestra seats

Informazioni   L'opera

L'opera nacque in Italia alla fine del cinquecento e Claudio Monteverdi è uno dei più grandi compositori italiani. Ma è a Napoli che l'opera diventò quella che il mondo definisce oggi «opera italiana». Napoli si identificò con il «bel canto», la melodia cantata. Fra i grandi maestri napoletani del seicento e del settecento furono Stradella, Scarlatti e Pergolesi. Dall'Italia l'opera italiana partì alla conquista del mondo ed influenzò geni come Mozart, che scrisse opere italiane di stile e di libretto. Il periodo del bel canto continuò a fiorire nell'ottocento con Rossini, Bellini e Donizetti. L'ottocento fu dominato tuttavia dal genio drammatico di Giuseppe Verdi. Il grande musicista fu insuperabile nella creazione di arie e di cori che accompagnano grandi scene drammatiche. Basti ricordare di lui alcune opere come *Rigoletto, Il Trovatore, La Traviata, Aida* e *Otello.*

Alla fine del secolo diciannovesimo *(nineteenth),* l'opera si fece più realista, e Giacomo Puccini, autore della *Bohème,* ne fu l'interprete più popolare. Da allora altri compositori hanno scritto opere, ma nessuno si è avvicinato al successo di Verdi e di Puccini.

Palermo. Teatro Massimo. Una scena da *l'Aida*, di Giuseppe Verdi.

Applicazione

A. Rispondete alle seguenti domande.

1. Che cosa compose Beethoven?
2. Paganini era un famoso musicista dell'ottocento. Quale strumento suonava alla perfezione?
3. Louis Armstrong suonava il flauto o la tromba?
4. Milioni di turisti visitano la Cappella Sistina in Vaticano. Perché?
5. Chi era Botticelli?
6. Che tipo di quadro è *La Gioconda (Mona Lisa)?* Dove si trova?
7. Che cosa rappresenta una natura morta?
8. Cosa fa il pubblico alla fine di una rappresentazione?

B. Autori e opere *(works)*

1. Abbinate gli elementi delle due colonne in una frase completa, scegliendo la forma appropriata dei verbi **scrivere, comporre, scolpire, dipingere.**

Shakespeare	*La Bohème*
Michelangelo	*La Gioconda*
Giuseppe Verdi	la sinfonia «Le quattro stagioni»
Puccini	*La Pietà*
Leonardo da Vinci	*Amleto*
Vivaldi	*L'Aida*

2. Shakespeare era uno scrittore. Dite cos'erano gli altri artisti. Identificate anche il genere delle loro opere.

C. Conversazione

1. Sai suonare qualche strumento? Se sì, quale?
2. Hai mai suonato in un'orchestra o in un gruppo?
3. Quale musica e quali cantanti preferiscono i tuoi genitori? E tu?
4. Le differenze di gusti e di opinioni sono frequenti fra la vecchia generazione e la nuova? Per esempio, su che cosa tu e la tua famiglia non andate d'accordo?
5. Tu credi che la musica sia importante nella vita? Spiega la tua risposta.

D. Quali festival? Considerate i festival e situate nelle rispettive regioni le città in cui hanno luogo. Poi dite a quale o a quali festival vi piacerebbe assistere, e perché.

FESTIVAL DELLE ARTI

FIESOLE	*Estate fiesolana*, arti varie, Giugno-Agosto
FIRENZE	*Maggio musicale fiorentino*, Maggio-Giugno
MESSINA	*Film internazionale*, Luglio
NAPOLI	*Musica internazionale*, Maggio *Canzone napoletana a Piedigrotta*, Settembre
PERUGIA	*Musica jazz*, Luglio-Agosto
ROMA	*Opera alle Terme di Caracalla*, Estate
SIRACUSA	*Teatro antico*, Maggio-Giugno
SPOLETO	*Festival dei due Mondi*, arti varie, Giugno-Luglio
TAORMINA	*Film internazionale-Teatro*, Giugno, Agosto
VENEZIA	*Festival del film internazionale*, Agosto-Settembre
VERONA	*Film internazionale-Opera*, Giugno, Estate

Ascoltiamo!

 CD 2, Track 30

Se tu fossi pittore... Luisa has been taking an art course and must do a painting of her own as an assignment. She is trying to decide what to paint and asks her older brother Alberto for advice. Listen as he makes various suggestions; then answer the following questions.

Comprensione

1. Che cosa deve fare Luisa per lunedì? A chi ha domandato aiuto?
2. È pittore Alberto? Se fosse pittore, che cosa dipingerebbe?
3. Quali elementi dovrebbe avere l'angolo *(corner)* di giardino che Alberto consiglia di disegnare?
4. Luisa segue il consiglio del fratello? Perché?
5. Alberto le suggerisce una seconda idea. Quale?

6. Alla fine, Alberto che cosa ha detto di dipingere?
7. Crede Lei che Luisa abbia veramente talento artistico?

Dialogo

Preferenze. Se voi foste pittori, che tipo di quadro dipingereste? In piccoli gruppi, scambiatevi le vostre opinioni sul tipo di pittura e sui pittori che preferite.

Punti grammaticali

18.1 Congiunzioni + congiuntivo

—Ti lavo la macchina purché tu mi dia i soldi per andare a vedere i burattini.

1. The following conjunctions *must* be followed by the subjunctive:

affinché, perché	*so that*
benché, per quanto, sebbene	*although*
a meno che... (non)	*unless*
prima che	*before*
purché	*provided that*
senza che	*without*

Scrivimi una nota **affinché** me ne **ricordi.**	*Write me a note so that I will remember it.*
Compra i biglietti **a meno che** Paolo (non) li **abbia** già **comprati.**	*Buy the tickets unless Paolo has already bought them.*
Oggi vado a una mostra di pittura astratta, **benché** la **capisca** poco!	*Today I'm going to an exhibit of abstract art, although I don't understand it very well!*
Ritorniamo a casa **prima che piova.**	*Let's go home before it rains.*

2. The prepositions **per, prima di,** and **senza** + *infinitive* are used instead of **affinché (perché), prima che,** and **senza che** when the subject of both clauses is the same.

Compare:

Lavoro **per pagarmi** gli studi.	*I work (in order) to pay for my studies.*
Lavoro **perché tu possa** continuare gli studi.	*I work so that you'll be able to continue your studies.*
Telefonami **prima di uscire.**	*Call me before going out.*
Telefonami **prima che io esca.**	*Call me before I go out.*
Partono **senza salutarci.**	*They leave without saying good-bye to us.*
Partono **senza che noi** li **salutiamo.**	*They leave without our saying good-bye to them.*

Pratica

A. Benché... A turno, fatevi le seguenti domande.

Esempio Vai spesso a teatro?/i biglietti essere cari
  —*Vai spesso a teatro?*
  —*Sì, benché i biglietti siano cari.*

1. Canti quando fai la doccia?/essere stonato(a) come una campana *(tone deaf)* **2.** Ti piace l'arte astratta?/non capirla molto **3.** Andrai in vacanza quest'anno?/non avere molti soldi **4.** Ti piace la musica di Puccini?/preferire quella di Verdi **5.** Fai tutti i compiti per il corso di italiano?/trovarli difficili **6.** Ti piacciono le nature morte?/piacermi di più i quadri di paesaggi

B. Notizie incomplete. Completate le seguenti frasi.

1. Stasera il Teatro Nuovo chiuderà a meno che il personale non (rinunciare) _____ allo sciopero.

2. L'attore americano X parteciperà al Festival di Spoleto purché i dirigenti (pagargli) _____ le spese di viaggio.

3. Il marchese e la marchesa Marelli di Mirandola organizzeranno una festa prima che la stagione lirica (finire) _____ .

4. Il tenore X canterà anche domani a meno che non (sentirsi) _____ peggio.

5. Le sale della galleria sono bene illuminate *(lighted)* perché i visitatori (potere) _____ vedere meglio i quadri.

C. Quale congiunzione? Unite i due frammenti di frase, usando la congiunzione appropriata.

Esempio Paolo esce stasera—abbia il raffreddore.
  Paolo esce stasera benché abbia il raffreddore.

1. Ti presto cinque euro—tu me li restituisca presto.

2. Ritorneremo dall'opera—voi andiate a letto.

3. Il signor Ricci continua a lavorare—i figli possano andare all'università.

4. Stasera vedremo una commedia di Dario Fo—l'abbiamo già vista l'anno scorso.

5. Il professore parla ad alta voce—tutti lo capiscano.

6. Leggo ancora—sia l'una di notte.

D. Intervista. Immaginate di essere un(a) giornalista (G) e di fare le seguenti domande ad una soprano (S) straniera che ha appena finito di cantare l'*Aida* in Italia. Completate le domande e rispondete in modo personale.

G Signora, quando pensa *(to leave)* _____ Milano?
S ...

G Le dispiace *(that the opera season is already finished)* _____?
S ...

G Desidera *(to work again)* _____ con il direttore d'orchestra Muti?
S ...

G È vero che Lei partirà *(without visiting)* _____ altre città italiane?
S ...

G *(Before arriving)* _____ in Italia, come immaginava Lei questo paese?
S ...

G Suo marito verrà a raggiungerLa *(to join you) (before you leave)*
_____?

S ...

G Grazie, signora, e i miei migliori auguri di buon viaggio!

S ...

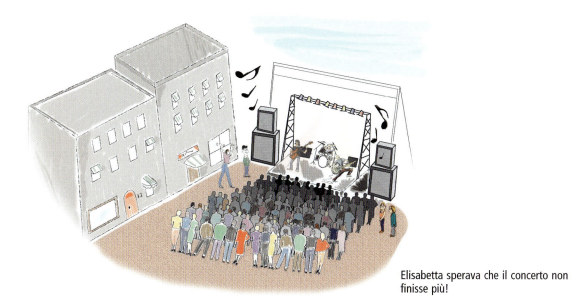

E. Pensieri sciolti *(unrestrained).* Completate le frasi con immaginazione e logica e confrontatele con quelle del vostro compagno(a).

1. Ho intenzione di comprarmi un vestito benché...
2. Andrò al concerto purché...
3. D'inverno mi piace sciare sebbene...
4. In caso di bisogno, aiuto gli amici senza che...
5. Di sera guardo la tivù a meno che...

18.2 L'imperfetto del congiuntivo

Elisabetta sperava che il concerto non finisse più!

1. The imperfect subjunctive **(imperfetto del congiuntivo)** is formed by adding the endings **-ssi, -ssi, -sse, -ssimo, -ste, -ssero** to the infinitive form of the verb after dropping **-re.**

che io **parlassi** = *that I spoke, might speak, would speak*

		parlare	leggere	dormire
Volevano	che io	parla**ssi**	legge**ssi**	dormi**ssi**
	che tu	parla**ssi**	legge**ssi**	dormi**ssi**
	che lui/lei	parla**sse**	legge**sse**	dormi**sse**
	che noi	parla**ssimo**	legge**ssimo**	dormi**ssimo**
Era bene	che voi	parla**ste**	legge**ste**	dormi**ste**
	che loro	parla**ssero**	legge**ssero**	dormi**ssero**

2. The imperfect subjunctive is governed by the same verbs and conjunctions that govern the present and past subjunctive. It expresses an action that is *simultaneous* with or *subsequent* to that of the main clause and is used when the verb of the main clause is in a *past tense* or in the *conditional*.

Lisa desiderava che suo figlio **diventasse** musicista.	*Lisa wanted her son to become a musician.*
È uscito benché **piovesse**.	*He went out although it was raining.*
L'attrice era felice che i giornalisti l'**intervistassero**.	*The actress was happy that the journalists would interview her.*
Vorrei che voi mi **ascoltaste**.	*I would like you to listen to me.*
Il regista sperava che gli attori **andassero** d'accordo.	*The film director was hoping that the actors would get along.*

The following verbs are irregular in the imperfect subjunctive:

essere:	**fossi, fossi, fosse, fossimo, foste, fossero**
dare:	**dessi, dessi, desse, dessimo, deste, dessero**
stare:	**stessi, stessi, stesse, stessimo, steste, stessero**
fare:	**facessi, facessi, facesse, facessimo, faceste, facessero**
dire:	**dicessi, dicessi, dicesse, dicessimo, diceste, dicessero**
bere:	**bevessi, bevessi, bevesse, bevessimo, beveste, bevessero**

Mi piacerebbe che tu mi **facessi** la caricatura.	*I would like you to draw my caricature.*
Il regista sperava che il tenore **stesse** meglio.	*The director hoped the tenor would feel better.*
Ha letto una commedia di Dario Fo sebbene **fosse** mezzanotte.	*He read a comedy by Dario Fo although it was midnight.*

3. The *if* clause. **Se** + imperfect subjunctive is used to describe a hypothetical situation in the present or the future that is possible but unlikely. The present conditional is used to express the outcome.

Se **avessi** tempo, **seguirei** un corso di pittura.	*If I had the time, I would take a course in painting.*
Se **fossi** milionario, **farei** il giro del mondo.	*If I were a millionaire, I would take a trip around the world.*

NOTE: In a real or probable situation, the *if* clause is *always* in the indicative.

Se **mangi** troppo, **ingrassi**.	*If you eat too much, you get fat.*
Se **andremo** a Roma, **visiteremo** i Musei Vaticani.	*If we go to Rome, we will visit the Vatican Museums.*

Pratica

A. Trasformazioni. Mettete le frasi al passato, secondo l'esempio.

Esempio   Ho paura che lui sia malato.
                Avevo paura che lui fosse malato.

1. Ho paura che la farmacia sia chiusa. **2.** È una bella giornata benché faccia freddo. **3.** È necessario che tu vada in biblioteca. **4.** Devo comprare un televisore, sebbene costi molto. **5.** Il padre si sacrifica affinché i figli si istruiscano. **6.** Sono contenta che i miei genitori siano d'accordo con me.

B. **Speranze.** Incominciate ogni frase con **Luisa sperava che...**, e fate i cambiamenti necessari.

Esempio   qualcuno invitarla ad un recital di poesie
Luisa sperava che qualcuno l'invitasse ad un recital di poesie.

1. il suo ragazzo regalarle un CD di Andrea Bocelli
2. esserci una stagione teatrale interessante
3. la sua amica dare una festa
4. le tasse universitarie *(tuition)* essere meno costose
5. il professore essere di buon umore *(in a good mood)* e dare a tutti un bel voto

C. **Speranze.** E tu cosa speravi? Incomincia con: **Speravo che...**

D. **Volere non è potere.** Domandatevi cosa vorreste cambiare, se fosse possibile.

Esempio   —Se tu potessi cambiare le cose, cosa vorresti cambiare?
il weekend durare...
—*Vorrei che il weekend durasse tre giorni. o...*

1. la vita essere...
2. i professori dare...
3. mio padre capire...
4. gli amici dire...
5. mia sorella non leggere...
6. i corsi finire...
7. la televisione eliminare...
8. i film essere...

E. **Se...** Completate le seguenti frasi, usando il congiuntivo del verbo in parentesi.

1. Potrei trovare facilmente lavoro se io _____ (conoscere) l'informatica.
2. Se quel tenore _____ (cantare) meglio, il pubblico non lo fischierebbe.
3. Compreremmo dei biglietti di platea se _____ (costare) di meno.
4. Se noi non _____ (avere) lezione oggi, inviteremmo il professore al caffè.
5. Che cosa direste se noi _____ (fare) una festa?
6. Se tu _____ (divertirsi) di meno, avresti dei voti migliori.

F. **Se...** A turno, completate le seguenti frasi con un po' di fantasia.

1. Se mi piacesse la musica...
2. Se avessi una bella voce...
3. Se sapessi scrivere con facilità...
4. Se fossi in Italia d'inverno...
5. Se mi invitassero al ristorante Pappagallo di Bologna...
6. Se non ci fossero più esami...

G. **Cosa faresti se...?** A turno, chiedetevi cosa fareste se ne aveste la possibilità, il tempo, i soldi, ecc.

Esempio   essere in Italia
—*Cosa faresti se tu fossi in Italia?*
—*Andrei a visitare le Cappelle Medicee a Firenze.*

1. avere un mese di vacanza
2. tuo nonno darti un sacco di soldi
3. un grande commediografo chiederti di recitare in una sua commedia
4. essere architetto
5. un amico italiano invitarti all'opera all'Arena di Verona
6. un musicista dirti che hai del talento musicale

H. Conversazione. Rispondete con frasi complete alle seguenti situazioni ipotetiche; poi spiegate la ragione della vostra scelta.

1. Se tu avessi uno yacht, dove andresti?
2. Se tu potessi scegliere, dove vorresti vivere?
3. Se tu ricevessi in eredità *(inheritance)* un quadro di De Chirico, che cosa ne faresti?
4. Se tu fossi pittore, che cosa dipingeresti?
5. Se tu potessi rivivere un anno della tua vita, quale sceglieresti?
6. Se tu fossi il presidente degli Stati Uniti, cosa faresti per prima cosa?
7. Se tu avessi una bacchetta magica *(magic wand),* quali cose ti piacerebbe avere?

18.3 Il trapassato del congiuntivo

Assisi. L'affresco di Giotto nella Basilica di San Francesco: *San Francesco che predica agli uccelli.*

—Se tu fossi stato ad Assisi, avresti visto il bellissimo affresco di Giotto.

1. The pluperfect subjunctive **(trapassato del congiuntivo)** is a compound tense. It is formed with the imperfect subjunctive of **avere** or **essere** + *past participle* of the main verb.

	dormire			partire
	che io avessi		fossi	
	che tu avessi		fossi	partito(a).
Non era vero	che lui/lei avesse	dormito.	fosse	
	che noi avessimo		fossimo	
	che voi aveste		foste	partiti(e).
	che loro avessero		fossero	

2. The pluperfect subjunctive, like the imperfect subjunctive, is used when the verb of the main clause is in a *past tense* or in the *conditional*. However, the pluperfect subjunctive expresses an action that occurred *prior* to the action of the main clause.

Non sapevo che Marco Polo **avesse scritto** *Il Milione* in prigione.	*I did not know Marco Polo had written* Il Milione *in prison.*
Benché i Fiorentini l'**avessero mandato** in esilio Dante continuò ad amare Firenze.	*Although the Florentines had sent him into exile, Dante continued to love Florence.*

3. **The *if* clause.** Se + *pluperfect subjunctive* is used to describe a hypothetical situation in the past that did not occur (a "contrary-to-fact" situation). The past conditional is used to express the outcome.

Se **avesse avuto** più talento, **sarebbe diventata** una grande scultrice.	*If she had had more talent, she would have become a great sculptor.*

Pratica

A. Un'amica curiosa. Jane è con Gabriella e Filippo e sta facendo loro una serie di domande. Completate secondo l'esempio.

Esempio   —Sapete se Antonio ha già preso la patente?
—Sì? Credevo che non l'*avesse* ancora *presa.*

1. Gabriella, hai telefonato a Liliana? No? Speravo che tu le _____ già _____ .

2. Come mai Liliana non è ancora ritornata a casa? Pensavo che a quest'ora _____ già _____ .

3. Sapete se ha già ricevuto la lettera dagli Stati Uniti? No? Come mai? Speravo che l' _____ già _____ .

4. Filippo, sai se Marcello ha già trovato una macchinetta per Antonio? Sì? Credevo che non l' _____ ancora _____ .

5. Come? Non avete ancora visto *Il Postino,* il film che ha avuto così tanto successo? Mi pareva che l' _____ già _____ .

B. Pensieri di un compagno di studi. Completate mettendo l'infinito al congiuntivo passato o trapassato, secondo il caso.

1. Dubito che Paolo (finire) _____ gli studi l'anno scorso.

2. Pensavo che Marco (andare) _____ in biblioteca ieri.

3. È un peccato che Fulvio non (venire) _____ a teatro con me domenica scorsa.

4. Sarebbe stato meglio che (accompagnarmi) _____ : mi sarei divertito di più.

5. Mi dispiace che mio fratello (rompersi) _____ una gamba quando è andato a sciare.

6. Avevo paura che (rompersi) _____ anche un braccio.

C. Se... Che cosa avrebbero fatto le seguenti persone?

Esempio   Se fossi stato a Firenze, (vedere) il *Davide*.
Se fossi stato a Firenze, avrei visto il Davide.

1. Se avessimo avuto tempo, (visitare) la galleria d'arte moderna.
2. Se tu mi avessi aspettato, (noi uscire) insieme.
3. Se io fossi arrivato in orario alla stazione, non (perdere) il treno.
4. Se lui avesse studiato il Rinascimento, (imparare) molto sull'arte italiana.
5. Se tu avessi cercato attentamente, (trovare) il libro perduto.
6. Se io non avessi dimenticato il tuo indirizzo, ti (scrivere) una cartolina.

D. Situazioni ipotetiche. A turno, fatevi delle domande usando la forma ipotetica al passato, e partendo dagli elementi suggeriti.

Esempio   avere una bella voce
—*Che cosa avresti fatto se tu avessi avuto una bella voce?*
—*Avrei preso lezioni di canto. E tu?*

1. perdere il lavoro
2. essere al verde per le vacanze
3. andare al mare
4. litigare con il tuo ragazzo (la tua ragazza)
5. essere a Venezia durante l'estate
6. ...

18.4 Il congiuntivo: uso dei tempi

Roma. La Fontana di Trevi. Architetto Nicolò Salvi. Fu completata nel 1762. Il nome: Trevi, perché è situata all'incrocio *(crossing)* di tre vie (tre strade).

—Hai buttato le monete nella fontana?
—No, se mi fossi ricordato, le avrei buttate.

The following chart summarizes the relationship between verb tenses in the main clause and the dependent clause in the subjunctive.

Main clause	Subordinate clause
present, future, imperative	*present subjunctive (simultaneous or future action)* *past subjunctive (prior action)*
all past tenses, conditional	*imperfect subjunctive (simultaneous or future action)* *pluperfect subjunctive (prior action)*

Now look at the following examples:

Sono contento che Lei **venga** stasera.	*I am happy you are coming tonight.*
Sono contento che Lei **sia venuto** ieri sera.	*I am happy you came last night.*

Sarà bene che tu **parta** presto.	*It will be good if you leave soon.*
Sarà bene che tu **sia** già **partito** prima del suo arrivo.	*It will be good if you have already left before he arrives.*

Compra due biglietti, prima che li **vendano** tutti.	*Buy two tickets before they sell them all.*
Compra due biglietti, a meno che non li **abbiano** già **venduti** tutti.	*Buy two tickets unless they have already sold them all.*

Era meglio che **studiasse** l'italiano.	*It was better for him to study Italian.*
Era meglio che **avesse studiato** l'italiano.	*It was better for him to have studied Italian.*

Aveva paura che lo **licenziassero.**	*He was afraid they might fire him.*
Aveva paura che **avessero deciso** di licenziarlo.	*He was afraid they had decided to fire him.*

In quel momento ho pensato che il treno **fosse** in ritardo.	*At that moment I thought the train was late.*
In quel momento ho pensato che il treno **fosse** già **arrivato.**	*At that moment I thought the train had already arrived.*

Vorrei che tu **seguissi** i miei consigli.	*I would like you to follow my advice.*
Vorrei che tu **avessi seguito** i miei consigli.	*I wish you had followed my advice.*

Pratica

A. Dialogo tra madre e figlio. Completate mettendo l'infinito **al congiuntivo presente** o **imperfetto,** secondo il caso.

F Mamma, partirò benché (fare) _____ brutto tempo. Non mi piace, ma è necessario che io (andare) _____ .

M Sei veramente ostinato. Preferivo che tu (restare) _____ a casa, ma se proprio bisogna che tu (partire) _____ , va' pure. Vorrei almeno che (metterti) _____ l'impermeabile.

F Non preoccuparti! Ti telefonerò non appena arriverò perché tu (potere) _____ stare con il cuore in pace.

B. Pensieri. Liliana va a trovare la mamma. Ecco i suoi pensieri mentre sta andando alla stazione ferroviaria. Completate le frasi con il **congiuntivo passato** o **trapassato.**

1. È un peccato che Lucia non _____ (venire) al concerto di ieri sera.

2. Mi ha detto che era stanca, sebbene _____ (essere) in vacanza due giorni.

3. Vorrei che anche lei _____ (sentire) l'orchestra dell'Angelicum: ha suonato magnificamente!

4. Spero che mia madre _____ (curarsi) della brutta influenza che aveva e che ora stia meglio.

5. Spero che il treno non _____ (già, partire).

C. Il robot I.C.P. Riscrivete la storiella cambiando i tempi dal **presente** al **passato.** Incominciate con: **L'anno scorso...**

Lo scrittore Carlo Speranza manda all'editore il suo primo romanzo, intitolato *Il robot I.C.P.,* perché glielo pubblichi. Si tratta di una storia di fantascienza. I due personaggi principali sono uno scienziato, il dottor Ivan Inventovich, e il suo assistente. Il professore vuole che il suo assistente lo aiuti a perfezionare il modello di un robot: il cameriere perfetto.

È importante che l'esperimento riesca perché il professore spera che tutto il mondo riconosca finalmente il suo genio *(genius).* I.C.P. è un cameriere perfetto. La mattina prepara il caffè prima che i due uomini si alzino. A mezzogiorno cucina senza che glielo domandino. La sera non va a letto a meno che non abbia lavato i piatti. Tutto va bene finché *(until)* un giorno un transistor di I.C.P. non funziona. I.C.P. deve fare la frittata *(omelette),* ma invece di rompere due uova, rompe la testa al professore e al suo assistente.

D. Se...! Esprimi le tue opinioni o desideri completando le frasi con immaginazione.

Esempio   Se l'estate scorsa fossi andato in Italia...
              —Se l'estate scorsa fossi andato in Italia, *sarei andato a vedere il Palio di Siena.*

1. Sarebbe stato meglio se io...

2. Avevo paura che...

3. Il mio compagno ed io abbiamo pensato che...

4. Vorrei che tu...

5. Speravo che il treno...

6. Telefonami prima che io...

Per finire 🎧 CD 2, Track 31

Dario Fo, bravo attore del suo teatro. Il suo teatro presenta, in vena satirica, le ingiustizie della società. Dario Fo ha ricevuto il Premio Nobel per la letteratura nel 1997.

La commedia è finita

Liliana ha ricevuto una borsa di studio che le permetterà di studiare per un anno negli Stati Uniti. Oggi gli amici si sono riuniti per festeggiare l'avvenimento, prima che lei parta. Infatti hanno organizzato una serata in suo onore: l'hanno invitata al Teatro Nuovo dove si rappresenta una commedia di Pirandello perché sanno che le piace andare a teatro. Dopo la rappresentazione, ci sarà una cenetta elegante al ristorante Biffi.

Uscendo dal teatro, gli amici discutono la commedia che hanno visto, *Sei personaggi in cerca d'autore.*

LUCIA Mi è piaciuta molto l'idea dei sei personaggi che escono dal pubblico e **salgono** ad uno ad uno sul palcoscenico.

go on

MARCELLO Sì, ma perché?

ANTONIO Se tu avessi studiato meglio Pirandello, avresti capito perché.

LILIANA Be', bisognerebbe parlare della filosofia di Pirandello, che non è molto semplice.

FILIPPO La storia che ognuno dei sei personaggi ha raccontato era molto deprimente. Chissà perché è stata chiamata commedia. Questa è una vera tragedia familiare.

GABRIELLA Ehi, anche noi siamo sei personaggi, ognuno con una sua storia!

ANTONIO In cerca d'autore?

GABRIELLA A proposito, Liliana, quando visiterai gli Stati Uniti, va' a salutare le due signore che sono state gentili con noi.

ANTONIO Be', veramente, con me non sono state tanto gentili. Mi hanno descritto brutto e con il naso storto.

(Coro di proteste.)

LUCIA E io? Per loro sono una brava cuoca e basta.

MARCELLO Cosa dovrei dire io? Mi hanno presentato come un bel ragazzo superficiale.

LILIANA E io? Sembra che viva solo per lo studio e la
carriera!

GABRIELLA Ma insomma, perché ci lamentiamo? L'hanno
fatto scherzando, ma con affetto.

(Dopo la cenetta al Biffi gli amici si abbracciano affettuosamente.)
Buon viaggio, Liliana!
Arrivederci all'anno prossimo.
Scrivici presto!
Ciao!
Ciao!

Comprensione

1. Dove andrà Liliana? Perché? **2.** Che cosa hanno deciso di fare i suoi amici, prima che lei parta? **3.** In che modo passeranno la serata? **4.** Che cosa fanno all'uscita dal teatro? **5.** Da quale parte del teatro sono saliti sul palcoscenico i personaggi della commedia? **6.** È comica questa commedia di Pirandello? **7.** Che paragone fa Gabriella fra gli amici e i personaggi della commedia? **8.** Chi dovrebbe andare a salutare in America Liliana? **9.** Chi sono, secondo voi, le due signore?

Conversazione

1. Hai mai recitato in una commedia? Quale? Che parte hai fatto?

2. Se tu fossi un attore (un'attrice), preferiresti recitare una parte drammatica, comica o sentimentale? Perché?

3. Hai mai visto o letto un'opera teatrale di Pirandello? Quale? In italiano o in inglese? Sapresti citare qualche commediografo americano e qualcuna delle sue opere?

4. Se un amico (un'amica) dovesse partire per un lungo viaggio, come festeggeresti tu la sua partenza? L'inviteresti a teatro? O che cosa faresti?

5. Vai qualche volta a teatro con gli amici? Perché? Che cosa vai a vedere?

6. Hai letto qualche tragedia di Shakespeare? Quale o quali?

Come si dice in italiano?

1. One day a friend told Michelangelo: "Too bad you did not marry. If you had married, you would have had children and you would have left them your masterpieces." The great sculptor answered: "I have the most beautiful wife. My children are the works of art I will leave; if they are great, I will live for a long time."

2. While Michelangelo was painting *The Last Judgment* (**Il Giudizio Universale**), a cardinal (**cardinale**) bothered him (**gli dava fastidio**) every day. Michelangelo got angry at (**con**) the cardinal and, since he was painting hell, decided to put him there. The cardinal went to the pope to complain, but the pope answered him: "If you were in purgatory (**purgatorio**), I could do something for you, but no one can free (**liberare**) you from hell." Whoever (**Chi**) looks at *The Last Judgment* can see the portrait of the cardinal in the left corner (**nell'angolo di sinistra**).

Attualità

Adesso scriviamo!

Un'opera d'arte

L'Italia è un paese ricco d'arte: la sua architettura prestigiosa, i suoi dipinti e le sue sculture sono conosciuti in tutto il mondo. Pensa al *Davide* di Michelangelo al museo dell'Accademia a Firenze, o alla *Nascita di Venere* di Botticelli agli Uffizi, anche a Firenze. I quattro dipinti raffigurati nelle foto sono delle opere italiane tra le più famose. Il primo è di Botticelli (1447–1515) è un particolare della *Primavera*. Il secondo è *Donna dagli occhi blu* di Modigliani (1884–1920). Il terzo è il *Bacco* di Caravaggio (1571–1610). Il quarto è *Ettore e Andromaca* di De Chirico (1888–1978).
Quale ti piace di più?

1.

2.   3.   4.

A. Scegli una delle opere raffigurate nelle foto. Fai una ricerca su Internet o in biblioteca per trovare delle informazioni sulla vita e sulle opere dell'artista.

B. Per organizzare la tua relazione rispondi alle seguenti domande.

   1. In che periodo è vissuto l'artista dell'opera d'arte che hai scelto?

   2. Dove è vissuto per la maggior parte della sua vita?

   3. È questa una delle sue opere maggiori? Puoi nominarne delle altre?

   4. Perché questo artista è importante?

   5. Perché ti piace quest'opera d'arte? Perché l'hai scelta?

C. Scrivi tre paragrafi. Nel primo paragrafo organizza le tue risposte a domande 1–3. Presenta le informazioni che hai trovato sulla vita e le opere dell'artista. Nel secondo paragrafo organizza la tua risposta al numero 4. Spiega le ragioni per cui questo artista è conosciuto. Concludi, nel terzo paragrafo, con la tua risposta al numero 5, spiegando la ragione per cui hai scelto quest'opera. Ti piacerebbe vedere delle altre opere di questo artista?

D. Ora che hai finito la tua descrizione controlla che tutte le parole siano scritte correttamente e che l'accordo tra il soggetto e il verbo, il nome e l'aggettivo siano corretti. Presenta la tua relazione alla classe, o con un gruppo di compagni. Quale dei quattro artisti era più conosciuto dai tuoi compagni? Qual è l'opera preferita dalla maggior parte degli studenti? Qual è quella che è piaciuta di meno? Perché?

Parliamo insieme!

 A. Quali spettacoli? Immaginate di portare un bambino, amico vostro, a teatro o ad uno spettacolo di burattini. Considerate il seguente programma del teatro modernissimo della cittadina Noventa Vicentina e dite a quale o a quali spettacoli vi piacerebbe assistere, e perché.

DOMENICA 26 NOVEMBRE 2006
IL MONDO ALLA ROVESCIA
BURLESCA
da "Il Burattinaio" di Anderson
messinscena con Maschere della Commedia
dell'Arte
di Roberto D'Alessandro, Paolo Rozzi
regia di Aristide Genovese

Burlesca è uno spettacolo liberamente tratto da un racconto molto arguto, scritto per lettori non necessariamente bambini, ambientato nella Venezia settecentesca, dove il lavoro scarseggia per l'artigiano marionettista e burattinaio Mastro Piero, che deve 3.000 ducati all'avaro usuraio Messer Gramigna. Come nella tradizionale *Burlesca*, i personaggi della scena si animeranno per un breve istante diventando reali, vivi, dotati di sentimenti ed intenzioni.

DOMENICA 10 DICEMBRE 2006
ACCADEMIA PERDUTA - ROMAGNA TEATRI
TEATRO STABILE D'INNOVAZIONE
I MUSICANTI DI BREMA
dai Fratelli Grimm
di Giampiero Pizzol e Claudio Casadio
regia de Claudio Casadio

Lo spettacolo è tratto dalla celebre favola dei Fratelli Grimm e racconta le avventure di un cane, un gatto, un asino e un gallo, che fuggono dai respettivi luoghi di vita e si incontrano per ricominciare una nuova esistenza che gli permetta di vivere serenament.
I temi principali di questo spettacolo sono la solitudine, la speranza e il valore dell'amicizia.

GIOVEDÌ 6 GENNAIO 2007
LA PICCIONAIA - I CARRARA
TEATRO STABILE D'INNOVAZIONE
RITORNA MARY POPPINS!
dai quattro romanzi di P.L. Travers
testo e regia di Carlo Presotto e Titino Carrara

Principale caratteristica di una delle più famose "tate", Mary Poppins, è la sua enigmaticità. Nei libri di Palema Travers si ritrova spesso il giovane co-protagonista Michele alle prese con il tentative di capire, di spiegare, di giustificare le splendide ed incredibili avventure che si trova a vivere. E la sorella Giovanna, con buonsenso, è quasi sempre lì a spiegargli che non ci sono spiegazioni e che comunque sarebbe inutile chiederle a Mary.

MARTEDÌ 8 FEBBRAIO 2007
PAOLO PAPPAROTTO
LA STREGA ROSEGA RAMMARRI
spettacolo di burattini tradizionali veneti
con Paolo Papparotto e Cristina Marin

Anche le streghe si innamorano, ma quando lo fa la strega Rosega Ramarri bisogna aspettarsi solo guai. Per ottenere l'attenzione del suo amato Pantalone, mette in campo le sue arti magiche, con filtri e incantesimi... ma invece di colpire Pantalone, ne va di mezzo il povero Arlecchino. L'amico Brighella deve intervenire per evitare il peggio e deve affrontare maghi e diavoli. E c'è anche un terrible drago nascosto nella cantina! Niente paura, naturalmente: streghe, draghi e diavoli nei burattini non vincono mai, specialmente se ad aiutare i nostri eroi ci sono i bambini.

DOMENICA 27 FEBBRAIO 2007
ELSINOR
TEATRO STABILE D'INNOVAZIONE
GIOTTO
L'UOMO CHE DIPINGE IL CIELO
di Davide Rondoni
regia di Franco Palmieri

Lo spettacolo narra l'incontro di una mamma contemporanea con un grande artista del 1300, Giotto. Fosca, mamma di Lapo, interroga l'artista sul dipingere e non capisce. Anche Lapo può dipingere? Anche Lapo è un artista?

BIGLIETTO UNICO: € 4,00

VENDITA BIGLIETTI
Il giorno stesso dello spettacolo presso il Teatro Modernissimo dalle ore 15.00 (tel. 0444.861236).

PRENOTAZIONE BIGLIETTI
Dal lunedì al sabato dalle ore 15.30 alle 18.30 presso la Biblioteca Comunale.

INFORMAZIONI:
Comune tel. 0444.788522
Biblioteca Comunale tel. 0444.860225

B. Parliamo di musica. In piccoli gruppi, ogni studente parla del tipo di musica che preferisce (classica, operistica, jazz, popolare, ecc.) e racconta quando l'ascolta, dove, se va all'opera o ai concerti, se ha una collezione di dischi (cassette o CD) e chi è il suo (la sua) cantante preferito(a). Se uno studente suona uno strumento musicale, specifica quale, da quanto tempo lo suona e se fa parte di un gruppo.

C. Un avvenimento (*event*) artistico. Descrivete l'un all'altro una vostra esperienza: un'opera alla quale avete assistito o un concerto che avete ascoltato.

D. Intervista. Immaginate che Liliana e uno suo amico siano ritornati dai loro studi in America. Due studenti faranno la loro parte. Gli altri studenti chiederanno informazioni sulla loro esperienza americana.

Intermezzo musicale

Gianmaria Testa, «Dentro al cinema»

Gianmaria Testa (1958) è stato presentato nel **Capitolo 10** dove si trovano informazioni biografiche su di lui. La sua canzone, qui presentata, «Dentro al cinema», è lenta, quasi parlata con la sua voce rauca (*hoarse*). Parla delle primedonne del cinema che stregano (*enchant*) il pubblico ma sono troppo lontane e irraggiungibili (*unreachable*) dall'angolo dello spettatore. Il mondo del cinema è troppo lontano dal mondo dello spettatore.

GUARDIAMO!

A teatro o al museo?
I quattro amici cercano di fare programmi per la serata. Ci vuole molto tempo per prendere una decisione su che cosa fare?

SITO WEB

Per fare più pratica con gli argomenti culturali e i punti grammaticali del **Capitolo 18**, vai a vedere il sito *Ciao!* a **http://ciao.heinle.com.**

Vedute d'Italia

L'importanza dello spettacolo

Interpretare le espressioni facciali è un'arte importante in Italia.

A. Prima di leggere

As you read the passage below from Luigi Barzini's well-known book *Gli Italiani*, keep in mind the central metaphor used by the author: all Italians are actors; watching them go about their lives is like watching a performance, **uno spettacolo.** Follow along as this basic comparison is developed in different ways and from different perspectives throughout the passage. Watch also for the unexpected twist given to this comparison at the end of the passage! Do you agree with Barzini's metaphor for Italian life?

Questa è l'Italia vista dallo **straniero. Ciò** che **colpisce** a tutta prima è la straordinaria animazione, la vigorosa vita da **alveare** degli abitanti. Strade, piazze, mercati **brulicano** di gente, gente rumorosa, appassionata, allegra, energica, indaffarata. Lo spettacolo può essere così **avvincente** che molti individui **trascorrono** la maggior parte della vita semplicemente contemplandolo. Vi sono di solito i tavolini dei caffè disposti strategicamente in modo da impedire che qualsiasi avvenimento importante, per quanto piccolo, possa **sfuggire** a chi placidamente **sorseggia** l'espresso o l'aperitivo. [...]

Ci sono panchine o muretti al sole per gli spettatori anziani. Ci sono balconi sulle facciate di tutte le case, comodi come **palchi** a teatro. [...]

foreign/What/strikes
beehive
teem with
involving
spend

escape/sips

stages

A rendere queste scene ancor più intensamente **affascinanti,** è forse la trasparenza delle facce italiane. In **esse** si può leggere ogni emozione, gioia, dolore, speranza, **ira, sollievo,** gelosia, noia, disperazione, tenerezza, amore e delusione.

To make/appealing

them

anger/relief

[...]

Interpretare le espressioni facciali è un'arte importante in Italia, un'arte che va **appresa** dalla fanciullezza. Le parole pronunciate dalle labbra possono **talora** essere in contrasto con le **smorfie** che le accompagnano. In tal caso le parole debbono essere ignorate.

learned

at times/gestures

[...]

Orson Welles osservò una volta acutamente che l'Italia è piena di attori, cinquanta milioni di attori, in effetti, e che questi sono quasi tutti bravi; ve ne sono soltanto pochi cattivi ed **essi** si possono trovare per lo più sui **palcoscenici** e nel cinema.

they/stages

From Luigi Barzini, *Gli Italiani,* Biblioteca Universale Rizzoli.

B. Alla lettura

Comprensione. Rileggete il testo di Barzini, che sottolinea l'importanza dello spettacolo nella vita di tutti i giorni degli Italiani, e rispondete alle seguenti domande.

1. Cosa colpisce uno straniero quando arriva in una piazza italiana?

2. Come fanno gli Italiani ad essere attori tutto il tempo? Porta degli esempi.

3. Cosa facilita la visione di questo spettacolo giornaliero? Che tipo di strutture?

4. Che sorpresa c'è alla fine del testo sul paragone tra attori bravi e cattivi? Perché è ironica?

C. Culture a confronto

1. Sei già stato(a) in Italia? Hai visto lo spettacolo naturale della vita italiana nei film o osservando alcuni Italiani che conosci bene? Sei d'accordo con Barzini che gli Italiani sono tutti degli attori? Perché sì, perché no?

2. Ci sono delle strutture nella tua città che permettono l'osservazione del comportamento degli altri? Se sì, quali?

3. Ti piacerebbe sedere ad un caffè ed osservare la vita italiana? Cosa vedresti? Porta due o tre esempi.

4. Nella tua cultura è possibile interpretare le emozioni delle persone osservando la loro espressione facciale? Perché sì o perché no?

Sapete che... ?

Le maschere italiane: 1. Pulcinella 2. Pantalone
3. Colombina 4. Arlecchino 5. Il Dottore

La commedia dell'arte

Un'importante forma di manifestazione artistica che influenzò anche altri paesi, chiamata la commedia dell'arte, si sviluppò in Italia nella seconda metà del Cinquecento. Essa nacque dall'arte degli attori che improvvisavano le scene di una commedia, seguendo una **trama prestabilita** (lo scenario). I più **abili** si specializzarono in una parte e crearono un **tipo** che aveva **gesti** ed espressioni particolari. Nacquero così le **maschere** che si presentavano al pubblico vestendo il costume e la maschera che le distinguevano. Tutta l'Italia è rappresentata nel teatro delle maschere. Venezia ha dato Pantalone, il tipo del vecchio mercante geloso e anche del padre avaro e tiranno. Di origine veneta è probabilmente anche la più nota delle maschere femminili, Colombina, **servetta** piena di brio e **astuzia**. Da Bologna, la città universitaria, viene il Dottore, cioè il pedante a cui piace mostrare la sua erudizione. La maschera napoletana più famosa è Pulcinella, brutto e **amante** delle donne e del vino. Da una città lombarda, Bergamo, è venuto Arlecchino, servitore simpatico **nonostante** i suoi molti **difetti**. Arlecchino è la maschera più facile da riconoscersi per il suo costume **variopinto**.

    La commedia italiana ebbe successo in tutta l'Europa. I suoi **comici**, **oltre** a saper recitare, si distinguevano come acrobati, ballerini e musicisti. Le antiche maschere italiane continuano a vivere per il divertimento dei bambini nel teatro delle marionette. **Inoltre**, i loro costumi ritornano ogni anno durante le feste del Carnevale.

given plot
clever/stock character
gestures/masks

young maid/cleverness

fond
in spite of
shortcomings
multicolored
actors
besides

Furthermore

Comprensione

1. Dove e in che secolo nacque la commedia dell'arte?
2. Perché la commedia dell'arte si chiama anche commedia delle maschere?
3. Che maschere ha dato il Veneto? Che personaggi rappresentavano?
4. Perché il Dottore è bolognese?
5. Di dov'è Pulcinella e com'è?
6. Qual è la maschera più riconoscibile? Perché?
7. Sapevano soltanto recitare questi attori?
8. Dove e quando si possono ancora vedere le maschere italiane?

Vocabolario

Nomi

il campo	field
il capolavoro	masterpiece
il concerto	concert
il dubbio	doubt
l'epoca	epoch, era
il genio	genius
il modello	model
la mostra d'arte	art show
la rappresentazione	performance
il Rinascimento	Renaissance
il successo	success
il talento	talent
il tema	theme

Aggettivi

artistico	artistic
astratto	abstract
comico	comical, funny
drammatico	dramatic
orgoglioso	proud
ostinato	stubborn
scoraggiato	discouraged
sentimentale	sentimental
teatrale	theatrical, of the theater

Verbi

assistere	to attend
dare fastidio	to bother
impegnarsi	to commit oneself
iscriversi	to enroll
migliorare	to improve
rappresentare	to stage
riconoscere	to recognize
scegliere (*p.p.* **scelto**)	to choose
sembrare	to look like
smettere di (*p.p.* **smesso**)	to stop (doing something)

Altre espressioni

affinché (perché) (+ *subj.*)	so that
a meno che (+ *subj.*)	unless
andare d'accordo	to get along
avere luogo	to take place
benché (+ *subj.*)	although
fare bene a	to do the right thing to
far(e) venire il mal di testa	to cause a headache
galleria d'arte	art gallery
grazie a	thanks to
nient'altro	nothing else
nome d'arte	stage name
opera d'arte	work of art
per quanto (+ *subj.*)	although
poiché	since
prima che (+ *subj.*)	before
purché (+ *subj.*)	provided that
sebbene (+ *subj.*)	although
senza che (+ *subj.*)	without

Lettera ad un'amica lontana

Carissima Carla,
Spero che questa lettera ti raggiunga nel luogo in cui ti trovi. Mi dispiace che tu sia partita senza che io abbia potuto salutarti. Vorrei che tu fossi ancora qui per poter passare lunghe ore insieme sui libri, come abbiamo fatto per tanti anni.

Se tu mi avessi detto che partivi per un viaggio così lungo, sarei venuta a vederti e a darti un forte abbraccio. Ora sento molto la tua mancanza.

Ricordo con nostalgia le nostre discussioni animate sulla grammatica italiana, e i nostri tentativi di spiegare, a tutti i costi, certe idiosincrasie della nostra lingua. Benché, a volte, avessimo delle opinioni differenti, finivamo sempre col farci quattro risate.

Ricordi?

Qui adesso è autunno, e incomincia a fare freddo. Io sto ancora lavorando sui libri, e vorrei che tu mi fossi vicina con il tuo incoraggiamento.

Penso che dove sei tu adesso sia primavera; so che ti piaceva tanto la primavera e volevi sempre che stessimo nel tuo bel giardino in mezzo ai tuoi fiori.

Ti mando un abbraccio affettuoso, e voglio che tu sappia che sono stata felice di condividere con te tante ore serene. Horas non numero nisi serenas.
Carla

Appendices

Appendix 1 Verb tenses (recognition only)

    1.1 Futuro anteriore
    1.2 Trapassato remoto
    1.3 La forma passiva
    1.4 **Fare** + infinito

Appendix 2 Prepositional usage before infinitives

Appendix 3 Verb charts

    3.1 The auxillary verbs: **avere** and **essere**
    3.2 Regular verbs

Appendix 4 Irregular verbs

Italian-English Vocabulary

English-Italian Vocabulary

Index

Verb tenses (recognition only)

1.1 Futuro anteriore

1. The **futuro anteriore** (*future perfect tense*) expresses a future action taking place before another future action. It is a compound tense formed with the future of the auxiliary **avere** or **essere** + the past participle of the conjugated verb, and is usually introduced by conjunctions such as **se, quando, appena,** and **dopo che.**

    avrò finito = I will have finished

    It is conjugated as follows:

parlare		rispondere		partire	
avrò		avrò		sarò	
avrai		avrai		sarai	partito(a)
avrà	parlato	avrà	risposto	sarà	
avremo		avremo		saremo	
avrete		avrete		sarete	partiti(e)
avranno		avranno		saranno	

Avrò finito alle cinque.	*I will have finished by five.*
Usciremo dopo che **avremo cenato.**	*We will go out after we have had dinner.*
Visiterò la città appena **sarò arrivata.**	*I will visit the city as soon as I arrive.*

2. The future perfect tense also expresses probability in the past.

Che bella macchina ha Luigi! **Avrà ereditato** dallo zio d'America.	*What a beautiful car Luigi has! He must have inherited (money) from his rich uncle in America.*
Com'è abbronzata! **Sarà stata** alla spiaggia.	*How tan she is! She must have been at the beach.*
Non è ancora arrivato? No, **si sarà fermato** con gli amici.	*Hasn't he arrived yet? No, he must have stopped with his friends.*

1.2 Trapassato remoto

1. The **trapassato remoto** (*past perfect*) is a compound tense. It is formed with the **passato remoto** (**Capitolo 16**) of the auxiliary verb **essere** or **avere** + the past participle of the main verb.

    ebbi parlato = *I had spoken*

    fui partito = *I had left*

parlare		partire	
ebbi		fui	
avesti		fosti	partito(a)
ebbe		fu	
avemmo	parlato	fummo	
aveste		foste	partiti(e)
ebbero		furono	

2. The **trapassato remoto** is used in combination with the **passato remoto** and after conjunctions of time such as **quando, dopo che,** and **appena** *(as soon as)* to express an action prior to another past action. It is a tense found mainly in literary language.

Quando **ebbe finito,** salutò i colleghi e uscì.	*When he (had) finished, he said good-bye to his colleagues and left.*
Appena **fu uscito,** tutti cominciarono a ridere.	*As soon as he (had) left, they all began to laugh.*

3. When the subject of the two clauses is the same, the **trapassato remoto** is often replaced by **dopo (di)** + the past infinitive.

Dopo che ebbe mangiato, uscì. *or* **Dopo (di) aver(e) mangiato,** uscì.

1.3 La forma passiva

The passive form is possible only with transitive verbs (verbs that take a direct object). When an active sentence is put into the passive form, the direct object becomes the subject of the new sentence. The subject becomes the agent, introduced by **da.**

The passive form of a verb consists of **essere** (in the required tense) + *the past participle* of the verb. As for all verbs conjugated with **essere,** the past participle must agree with the subject in number and gender.

Active form	Passive form
Nino **canta** la canzone.	La canzone **è cantata** da Nino.
Nino **cantava** la canzone.	La canzone **era cantata** da Nino.
Nino **cantò** la canzone.	La canzone **fu cantata** da Nino.
Nino **canterà** la canzone.	La canzone **sarà cantata** da Nino.
Lisa **ha scritto** il diario.	Il diario **è stato scritto** da Lisa.
Lisa **aveva scritto** il diario.	Il diario **era stato scritto** da Lisa.

Il paziente **è curato** dal medico.	*The patient is treated by the physician.*
Quelle ville **sono state costruite** dall'architetto Nervi.	*Those villas were built by the architect Nervi.*
Questo libro **sarà pubblicato** da un editore di Fort Worth.	*This book will be published by a publisher in Fort Worth.*

1.4 *Fare* + **infinito**

1. The construction **fare** + *infinitive* is used to express the idea of having something done or having someone do something.

Faccio cantare una canzone.	*I have a song sung.*
Faccio cantare i bambini.	*I have (make) the children sing.*
Faccio cantare una canzone ai bambini.	*I have the children sing a song.*

When the construction has only one object, it is always a direct object.

Fa suonare **un disco.**	*He has a record played.*
Fa suonare **Pietro.**	*He has (makes) Pietro play.*

When there are two objects, the person who performs the action is always the indirect object.

Fa suonare **un disco a Pietro.**	*He has (makes) Pietro play a record.*

2. When the objects are nouns, as above, they *always* follow the infinitive. When the objects are pronouns, they precede the verb **fare.**

Farò riparare **il piano.**	*I will have the piano repaired.*
Lo farò riparare.	*I will have it repaired.*
Farò riparare **il piano a Pietro.**	*I will have Pietro repair the piano.*
Glielo farò riparare.	*I will have him repair it.*
Ho fatto venire **i miei amici.**	*I had my friends come.*
Li ho fatti venire.	*I had them come.*

If **fare** is in the *imperative* (**tu, noi, voi** forms) or in the *infinitive,* the pronouns follow **fare** and are attached to it.

Fa' cantare **i bambini!**	*Have the children sing!*
Falli cantare!	*Have them sing!*
Mi piacerebbe fare dipingere **la casa.**	*I would like to have the house painted.*
Mi piacerebbe **farla** dipingere.	*I would like to have it painted.*

3. The verb **fare** is used in a reflexive form when the subject has the action performed on his/her own behalf. The name of the person performing the action is preceded by **da.** In compound tenses, **essere** is used.

Lisa **si farà** aiutare da Luigi.	*Lisa will have Luigi help her (Lisa will have herself helped by Luigi).*
Lisa **si è fatta** aiutare da Luigi.	*Lisa had Luigi help her (Lisa had herself helped by Luigi).*
Il bambino **si fa** lavare la faccia dalla mamma.	*The child is having his face washed by his mother.*
Il bambino **se la fa** lavare dalla mamma.	*The child is having it washed by his mother.*

APPENDIX 2

Prepositional usage before infinitives

A. Verbs and expressions + **a** + infinitive

abituarsi	*to get used to*	Mi sono abituato ad alzarmi presto.
aiutare	*to help*	Aiutiamo la mamma a cucinare.
andare	*to go*	La signora va a fare la spesa ogni giorno.
continuare	*to continue*	Continuano a parlare di politica.
divertirsi	*to have a good time*	Ci siamo divertiti a cantare molte canzoni.
essere pronto	*to be ready*	Siete pronti a rispondere alla domanda?
imparare	*to learn*	Quando hai imparato a giocare a tennis?
(in)cominciare	*to begin*	Incomincio a lavorare domani.
insegnare	*to teach*	Mi insegni a usare il computer?
invitare	*to invite*	Vi invito a prendere un espresso.
mandare	*to send*	L'ho mandato a comprare una pizza.
mettersi	*to start*	Mi sono messo(a) a leggere il giornale.
prepararsi	*to get ready*	Ci prepariamo a fare un lungo viaggio.
riuscire	*to succeed*	Sei riuscito a trovare gli appunti d'inglese?
venire	*to come*	Luisa è venuta a salutare i suoi nonni.

B. Verbs and expressions + **di** + infinitive

accettare	*to accept*	Accetti di aiutarlo?
ammettere	*to admit*	Lei ammette di volere troppo.
aspettare	*to wait*	Aspettano di ricevere una risposta.
cercare	*to try*	Cerco di arrivare in orario.
chiedere	*to ask*	Mi ha chiesto di prestargli dei soldi.
consigliare	*to advise*	Che cosa mi consigli di fare?
credere	*to believe*	Crede di avere ragione.
decidere	*to decide*	Ha deciso di fare medicina.
dimenticare	*to forget*	Non dimenticare di comprare della frutta!
(di)mostrare	*to show*	Lucia ha dimostrato di essere generosa.
dire	*to say, to tell*	Gli ho detto di stare zitto.
dubitare	*to doubt*	Dubita di riuscire.
finire	*to finish*	Ha finito di lavorare alle dieci di sera.

lamentarsi	*to complain*	Si lamentano di avere poco tempo.
ordinare	*to order*	Il medico mi ha ordinato di prendere delle vitamine.
pensare	*to think*	Quando pensi di partire?
permettere	*to allow*	Mi permetti di dire la verità?
pregare	*to pray, to beg*	La prego di scusarmi.
preoccuparsi	*to worry*	Si preoccupa solamente di finire.
proibire	*to forbid*	Mio padre mi proibisce di usare la macchina.
promettere	*to promise*	Ci hanno promesso di venire stasera.
raccomandare	*to recommend*	Ti raccomando di scrivermi subito.
riconoscere	*to recognize*	Riconosco di avere torto.
ricordare	*to remember; to remind*	Ricordami di telefonarle!
ripetere	*to repeat*	Vi ripeto sempre di fare attenzione.
scegliere	*to choose*	Perché hai scelto di andare a Firenze?
scrivere	*to write*	Le ho scritto di venire in treno.
smettere	*to stop*	Ho smesso di bere caffè.
sperare	*to hope*	Loro sperano di vederti.
suggerire	*to suggest*	Filippo suggerisce di andare al ristorante.
temere	*to fear*	Lei teme di non sapere abbastanza.
avere bisogno	*to need*	Abbiamo bisogno di dormire.
avere paura	*to be afraid*	Hai paura di viaggiare in aereo?
avere ragione	*to be right*	Hanno avuto ragione di partire presto.
avere torto	*to be wrong*	Non ha torto di parlare così.
avere voglia	*to feel like*	Ho voglia di mangiare un gelato.
essere certo (sicuro)	*to be certain*	Sei sicuro di avere abbastanza soldi?
essere contento (felice)	*to be happy*	Nino, sei contento di andare in Europa?
essere curioso	*to be curious*	Siamo curiosi di sapere la verità.
essere fortunato	*to be lucky*	È fortunata di avere un padre ricco.
essere impaziente	*to be eager*	Lui è impaziente di vederla.
essere libero	*to be free*	È libera di uscire.
essere orgoglioso	*to be proud*	Siamo orgogliosi di essere americani.
essere spiacente	*to be sorry*	Sono spiacenti di non essere qui.
essere stanco	*to be tired*	Sono stanca di aspettare.
è ora	*it is time*	È ora di partire.

APPENDIX 3
Verb charts

3.1 The auxiliary verbs *avere* and *essere*

SIMPLE TENSES

Infinito	avere		essere	
(*Infinitive*)				
Presente	ho	abbiamo	sono	siamo
(*Present indicative*)	hai	avete	sei	siete
	ha	hanno	è	sono
Imperfetto	avevo	avevamo	ero	eravamo
(*Imperfect indicative*)	avevi	avevate	eri	eravate
	aveva	avevano	era	erano
Passato remoto	ebbi	avemmo	fui	fummo
(*Past absolute*)	avesti	aveste	fosti	foste
	ebbe	ebbero	fu	furono
Futuro	avrò	avremo	sarò	saremo
(*Future*)	avrai	avrete	sarai	sarete
	avrà	avranno	sarà	saranno
Condizionale presente	avrei	avremmo	sarei	saremmo
(*Present conditional*)	avresti	avreste	saresti	sareste
	avrebbe	avrebbero	sarebbe	sarebbero
Imperativo	—	abbiamo	—	siamo
(*Imperative*)	abbi	abbiate	sii	siate
	abbia	abbiano	sia	siano
Congiuntivo presente	abbia	abbiamo	sia	siamo
(*Present subjunctive*)	abbia	abbiate	sia	siate
	abbia	abbiano	sia	siano
Imperfetto del congiuntivo	avessi	avessimo	fossi	fossimo
(*Imperfect subjunctive*)	avessi	aveste	fossi	foste
	avesse	avessero	fosse	fossero
Gerundio	avendo	essendo		
(*Gerund*)				

COMPOUND TENSES

Participio passato	avuto	stato(a, i, e)
(*Past participle*)		

COMPOUND TENSES (CONTINUED)

Infinito passato *(Past infinitive)*	avere avuto		essere stato(a, i, e)	
Passato prossimo *(Present perfect indicative)*	ho hai ha abbiamo avete hanno	} avuto	sono sei è siamo siete sono	} stato(a) } stati(e)
Trapassato prossimo *(Pluperfect)*	avevo avevi aveva avevamo avevate avevano	} avuto	ero eri era eravamo eravate erano	} stato(a) } stati(e)
Trapassato remoto *(Past perfect indicative)*	ebbi avesti ebbe avemmo aveste ebbero	} avuto	fui fosti fu fummo foste furono	} stato(a) } stati(e)
Futuro anteriore *(Future perfect)*	avrò avrai avrà avremo avrete avranno	} avuto	sarò sarai sarà saremo sarete saranno	} stato(a) } stati(e)
Condizionale passato *(Conditional perfect)*	avrei avresti avrebbe avremmo avreste avrebbero	} avuto	sarei saresti sarebbe saremmo sareste sarebbero	} stato(a) } stati(e)
Congiuntivo passato *(Present perfect subjunctive)*	abbia abbia abbia abbiamo abbiate abbiano	} avuto	sia sia sia siamo siate siano	} stato(a) } stati(e)
Trapassato del congiuntivo *(Pluperfect subjunctive)*	avessi avessi avesse avessimo aveste avessero	} avuto	fossi fossi fosse fossimo foste fossero	} stato(a) } stati(e)
Gerundio passato *(Past gerund)*	avendo avuto		essendo stato(a, i, e)	

3.2 Regular verbs

SIMPLE TENSES

Infinito *(Infinitive)*	-are cantare	-ere ripetere	-ire partire	-ire (-isc-) finire
Presente *(Present indicative)*	cant **o** cant **i** cant **a** cant **iamo** cant **ate** cant **ano**	ripet **o** ripet **i** ripet **e** ripet **iamo** ripet **ete** ripet **ono**	part **o** part **i** part **e** part **iamo** part **ite** part **ono**	fin isc **o** fin isc **i** fin isc **e** fin **iamo** fin **ite** fin isc **ono**
Imperfetto *(Imperfect indicative)*	canta **vo** canta **vi** canta **va** canta **vamo** canta **vate** canta **vano**	ripete **vo** ripete **vi** ripete **va** ripete **vamo** ripete **vate** ripete **vano**	parti **vo** parti **vi** parti **va** parti **vamo** parti **vate** parti **vano**	fini **vo** fini **vi** fini **va** fini **vamo** fini **vate** fini **vano**
Passato remoto *(Past absolute)*	cant **ai** cant **asti** cant **ò** cant **ammo** cant **aste** cant **arono**	ripet **ei** ripet **esti** ripet **è** ripet **emmo** ripet **este** ripet **erono**	part **ii** part **isti** part **ì** part **immo** part **iste** part **irono**	fin **ii** fin **isti** fin **ì** fin **immo** fin **iste** fin **irono**
Futuro *(Future)*	canter **ò** canter **ai** canter **à** canter **emo** canter **ete** canter **anno**	ripeter **ò** ripeter **ai** ripeter **à** ripeter **emo** ripeter **ete** ripeter **anno**	partir **ò** partir **ai** partir **à** partir **emo** partir **ete** partir **anno**	finir **ò** finir **ai** finir **à** finir **emo** finir **ete** finir **anno**
Condizionale presente *(Present conditional)*	canter **ei** canter **esti** canter **ebbe** canter **emmo** canter **este** canter **ebbero**	ripeter **ei** ripeter **esti** ripeter **ebbe** ripeter **emmo** ripeter **este** ripeter **ebbero**	partir **ei** partir **esti** partir **ebbe** partir **emmo** partir **este** partir **ebbero**	finir **ei** finir **esti** finir **ebbe** finir **emmo** finir **este** finir **ebbero**
Imperativo *(Imperative)*	— cant **a** cant **i** cant **iamo** cant **ate** cant **ino**	— ripet **i** ripet **a** ripet **iamo** ripet **ete** ripet **ano**	— part **i** part **a** part **iamo** part **ite** part **ano**	— fin isc **i** fin isc **a** fin **iamo** fin **ite** fin isc **ano**
Congiuntivo presente *(Present subjunctive)*	cant **i** cant **i** cant **i** cant **iamo** cant **iate** cant **ino**	ripet **a** ripet **a** ripet **a** ripet **iamo** ripet **iate** ripet **ano**	part **a** part **a** part **a** part **iamo** part **iate** part **ano**	fin isc **a** fin isc **a** fin isc **a** fin **iamo** fin **iate** fin isc **ano**

SIMPLE TENSES *(CONTINUED)*

Imperfetto del congiuntivo *(Imperfect subjunctive)*	cant **assi** cant **assi** cant **asse** cant **assimo** cant **aste** cant **assero**	ripet **essi** ripet **essi** ripet **esse** ripet **essimo** ripet **este** ripet **essero**	part **issi** part **issi** part **isse** part **issimo** part **iste** part **issero**	fin **issi** fin **issi** fin **isse** fin **issimo** fin **iste** fin **issero**
Gerundio *(Gerund)*	cant **ando**	ripet **endo**	part **endo**	fin **endo**

COMPOUND TENSES

Participio passato *(Past participle)*	cant **ato**	ripet **uto**	part **ito**	fin **ito**
Infinito passato *(Past infinitive)*	avere cantato	avere ripetuto	essere partito(a, i, e)	avere finito
Passato prossimo *(Present perfect indicative)*	ho hai ha abbiamo avete hanno } cantato	ho hai ha abbiamo avete hanno } ripetuto	sono sei è siamo siete sono } partito(a) partiti(e)	ho hai ha abbiamo avete hanno } finito
Trapassato prossimo *(Pluperfect)*	avevo avevi aveva avevamo avevate avevano } cantato	avevo avevi aveva avevamo avevate avevano } ripetuto	ero eri era eravamo eravate erano } partito(a) partiti(e)	avevo avevi aveva avevamo avevate avevano } finito
Trapassato remoto *(Past perfect indicative)*	ebbi avesti ebbe avemmo aveste ebbero } cantato	ebbi avesti ebbe avemmo aveste ebbero } ripetuto	fui fosti fu fummo foste furono } partito(a) partiti(e)	ebbi avesti ebbe avemmo aveste ebbero } finito
Futuro anteriore *(Future perfect)*	avrò avrai avrà avremo avrete avranno } cantato	avrò avrai avrà avremo avrete avranno } ripetuto	sarò sarai sarà saremo sarete saranno } partito(a) partiti(e)	avrò avrai avrà avremo avrete avranno } finito
Condizionale passato *(Conditional perfect)*	avrei avresti avrebbe avremmo avreste avrebbero } cantato	avrei avresti avrebbe avremmo avreste avrebbero } ripetuto	sarei saresti sarebbe saremmo sareste sarebbero } partito(a) partiti(e)	avrei avresti avrebbe avremmo avreste avrebbero } finito

Congiuntivo passato *(Present perfect subjunctive)*	abbia abbia abbia abbiamo abbiate abbiano	cantato	abbia abbia abbia abbiamo abbiate abbiano	ripetuto	sia sia sia siamo siate siano	partito(a) / partiti(e)	abbia abbia abbia abbiamo abbiate abbiano	finito
Trapassato del congiuntivo *(Pluperfect subjunctive)*	avessi avessi avesse avessimo aveste avessero	cantato	avessi avessi avesse avessimo aveste avessero	ripetuto	fossi fossi fosse fossimo foste fossero	partito(a) / partiti(e)	avessi avessi avesse avessimo aveste avessero	finito
Gerundio passato *(Past gerund)*	avendo cantato		avendo ripetuto		essendo partito(a, i, e)		avendo finito	

APPENDIX 4
Irregular verbs

Only the irregular forms are given.

andare   *to go*

present indicative:	vado, vai, va, andiamo, andate, vanno
future:	andrò, andrai, andrà, andremo, andrete, andranno
conditional:	andrei, andresti, andrebbe, andremmo, andreste, andrẹbbero
imperative:	va' (vai), vada, andiamo, andate, vạdano
present subjunctive:	vada, vada, vada, andiamo, andiate, vạdano

aprire   *to open*

past participle:	aperto

assụmere   *to hire*

past absolute:	assunsi, assumesti, assunse, assumemmo, assumeste, assụnsero
past participle:	assunto

bere   *to drink*

present indicative:	bevo, bevi, beve, beviamo, bevete, bẹvono
imperfect indicative:	bevevo, bevevi, beveva, bevevamo, bevevate, bevẹvano
past absolute:	bevvi, bevesti, bevve, bevemmo, beveste, bẹvvero
future:	berrò, berrai, berrà, berremo, berrete, berranno
conditional:	berrei, berresti, berrebbe, berremmo, berreste, berrẹbbero
imperative:	bevi, beva, beviamo, bevete, bẹvano
present subjunctive:	beva, beva, beva, beviamo, beviate, bẹvano
imperfect subjunctive:	bevessi, bevessi, bevesse, bevẹssimo, beveste, bevẹssero
past participle:	bevuto
gerund:	bevendo

cadere   *to fall*

past absolute:	caddi, cadesti, cadde, cademmo, cadeste, cạddero
future:	cadrò, cadrai, cadrà, cadremo, cadrete, cadranno
conditional:	cadrei, cadresti, cadrebbe, cadremmo, cadreste, cadrẹbbero

chiẹdere   *to ask*

past absolute:	chiesi, chiedesti, chiese, chiedemmo, chiedeste, chiẹsero
past participle:	chiesto

chiụdere   *to close*

past absolute:	chiusi, chiudesti, chiuse, chiudemmo, chiudeste, chiụsero
past participle:	chiuso

conoscere   *to know*

past absolute:	conobbi, conoscesti, conobbe, conoscemmo, conosceste, conobbero
past participle:	conosciuto

correre   *to run*

past absolute:	corsi, corresti, corse, corremmo, correste, corsero
past participle:	corso

dare   *to give*

present indicative:	do, dai, dà, diamo, date, danno
past absolute:	diedi, desti, diede, demmo, deste, diedero
future:	darò, darai, darà, daremo, darete, daranno
conditional:	darei, daresti, darebbe, daremmo, dareste, darebbero
imperative:	da' (dai), dia, diamo, date, diano
present subjunctive:	dia, dia, dia, diamo, diate, diano
imperfect subjunctive:	dessi, dessi, desse, dessimo, deste, dessero

decidere   *to decide*

past absolute:	decisi, decidesti, decise, decidemmo, decideste, decisero
past participle:	deciso

dipingere   *to paint*

past absolute:	dipinsi, dipingesti, dipinse, dipingemmo, dipingeste, dipinsero
past participle:	dipinto

dire   *to say, to tell*

present indicative:	dico, dici, dice, diciamo, dite, dicono
imperfect indicative:	dicevo, dicevi, diceva, dicevamo, dicevate, dicevano
past absolute:	dissi, dicesti, disse, dicemmo, diceste, dissero
imperative:	di', dica, diciamo, dite, dicano
present subjunctive:	dica, dica, dica, diciamo, diciate, dicano
imperfect subjunctive:	dicessi, dicessi, dicesse, dicessimo, diceste, dicessero
past participle:	detto
gerund:	dicendo

discutere   *to discuss*

past absolute:	discussi, discutesti, discusse, discutemmo, discuteste, discussero
past participle:	discusso

dovere   *must, to have to*

present indicative:	devo, devi, deve, dobbiamo, dovete, devono
future:	dovrò, dovrai, dovrà, dovremo, dovrete, dovranno
conditional:	dovrei, dovresti, dovrebbe, dovremmo, dovreste, dovrebbero
present subjunctive:	debba, debba, debba, dobbiamo, dobbiate, debbano
	or deva, deva, deva, dobbiamo, dobbiate, devano

fare   *to do, to make*

present indicative:	faccio, fai, fa, facciamo, fate, fanno
imperfect indicative:	facevo, facevi, faceva, facevamo, facevate, facevano
past absolute:	feci, facesti, fece, facemmo, faceste, fecero
future:	farò, farai, farà, faremo, farete, faranno
conditional:	farei, faresti, farebbe, faremmo, fareste, farebbero
imperative:	fa' (fai), faccia, facciamo, fate, facciano
present subjunctive:	faccia, faccia, faccia, facciamo, facciate, facciano
imperfect subjunctive:	facessi, facessi, facesse, facessimo, faceste, facessero
past participle:	fatto
gerund:	facendo

leggere   *to read*

past absolute:	lessi, leggesti, lesse, leggemmo, leggeste, lessero
past participle:	letto

mettere   *to put*

past absolute:	misi, mettesti, mise, mettemmo, metteste, misero
past participle:	messo

morire   *to die*

present indicative:	muoio, muori, muore, moriamo, morite, muoiono
imperative:	muori, muoia, moriamo, morite, muoiano
present subjunctive:	muoia, muoia, muoia, moriamo, moriate, muoiano
past participle:	morto

nascere   *to be born*

past absolute:	nacqui, nascesti, nacque, nascemmo, nasceste, nacquero
past participle:	nato

offendere   *to offend*

past absolute:	offesi, offendesti, offese, offendemmo, offendeste, offesero
past participle:	offeso

offrire   *to offer*

past participle:	offerto

piacere   *to be pleasing*

present indicative:	piaccio, piaci, piace, piacciamo, piacete, piacciono
past absolute:	piacqui, piacesti, piacque, piacemmo, piaceste, piacquero
imperative:	piaci, piaccia, piacciamo, piacete, piacciano
present subjunctive:	piaccia, piaccia, piaccia, piacciamo, piacciate, piacciano
past participle:	piaciuto

potere   *to be able to*

present indicative:	posso, puoi, può, possiamo, potete, possono
future:	potrò, potrai, potrà, potremo, potrete, potranno
conditional:	potrei, potresti, potrebbe, potremmo, potreste, potrebbero
present subjunctive:	possa, possa, possa, possiamo, possiate, possano

prẹndere   *to take*

past absolute:	presi, prendesti, prese, prendemmo, prendeste, prẹsero
past participle:	preso

rịdere   *to laugh*

past absolute:	risi, ridesti, rise, ridemmo, rideste, rịsero
past participle:	riso

rimanere   *to remain*

present indicative:	rimango, rimani, rimane, rimaniamo, rimanete, rimạngono
past absolute:	rimasi, rimanesti, rimase, rimanemmo, rimaneste, rimạsero
future:	rimarrò, rimarrai, rimarrà, rimarremo, rimarrete, rimarranno
conditional:	rimarrei, rimarresti, rimarrebbe, rimarremmo, rimarreste, rimarrẹbbero
imperative:	rimani, rimanga, rimaniamo, rimanete, rimạngano
present subjunctive:	rimanga, rimanga, rimanga, rimaniamo, rimaniate, rimạngano
past participle:	rimasto

rispọndere   *to answer*

past absolute:	risposi, rispondesti, rispose, rispondemmo, rispondeste, rispọsero
past participle:	risposto

rọmpere   *to break*

past absolute:	ruppi, rompesti, ruppe, rompemmo, rompeste, rụppero
past participle:	rotto

salire   *to go up*

present indicative:	salgo, sali, sale, saliamo, salite, sạlgono
imperative:	sali, salga, saliamo, salite, sạlgano
present subjunctive:	salga, salga, salga, saliamo, saliate, sạlgano

sapere   *to know*

present indicative:	so, sai, sa, sappiamo, sapete, sanno
past absolute:	seppi, sapesti, seppe, sapemmo, sapeste, sẹppero
future:	saprò, saprai, saprà, sapremo, saprete, sapranno
conditional:	saprei, sapresti, saprebbe, sapremmo, sapreste, saprẹbbero
imperative:	sappi, sappia, sappiamo, sappiate, sạppiano
present subjunctive:	sạppia, sạppia, sạppia, sappiamo, sappiate, sạppiano

scẹgliere   *to choose*

present indicative:	scelgo, scegli, scẹglie, scegliamo, scegliete, scẹlgono
past absolute:	scelsi, scegliesti, scelse, scegliemmo, sceglieste, scẹlsero
imperative:	scegli, scelga, scegliamo, scegliete, scẹlgano
present subjunctive:	scelga, scelga, scelga, scegliamo, scegliate, scẹlgano
past participle:	scelto

scẹndere   *to descend*

past absolute:	scesi, scendesti, scese, scendemmo, scendeste, scẹsero
past participle:	sceso

scoprire   *to discover*

past participle:	scoperto

scrivere   *to write*

past absolute:	scrissi, scrivesti, scrisse, scrivemmo, scriveste, scrissero
past participle:	scritto

sedere   *to sit down*

present indicative:	siedo, siedi, siede, sediamo, sedete, siedono
imperative:	siedi, sieda, sediamo, sedete, siedano
present subjunctive:	sieda, sieda, sieda, sediamo, sediate, siedano

spendere   *to spend*

past absolute:	spesi, spendesti, spese, spendemmo, spendeste, spesero
past participle:	speso

stare   *to stay*

present indicative:	sto, stai, sta, stiamo, state, stanno
past absolute:	stetti, stesti, stette, stemmo, steste, stettero
future:	starò, starai, starà, staremo, starete, staranno
conditional:	starei, staresti, starebbe, staremmo, stareste, starebbero
imperative:	sta' (stai), stia, stiamo, state, stiano
present subjunctive:	stia, stia, stia, stiamo, stiate, stiano
imperfect subjunctive:	stessi, stessi, stesse, stessimo, steste, stessero

succedere   *to happen*

past absolute:	successe
past participle:	successo

tenere   *to hold, to keep*

present indicative:	tengo, tieni, tiene, teniamo, tenete, tengono
past absolute:	tenni, tenesti, tenne, tenemmo, teneste, tennero
future:	terrò, terrai, terrà, terremo, terrete, terranno
conditional:	terrei, terresti, terrebbe, terremmo, terreste, terrebbero
imperative:	tieni, tenga, teniamo, tenete, tengano
present subjunctive:	tenga, tenga, tenga, teniamo, teniate, tengano

uccidere   *to kill*

past absolute:	uccisi, uccidesti, uccise, uccidemmo, uccideste, uccisero
past participle:	ucciso

uscire   *to go out*

present indicative:	esco, esci, esce, usciamo, uscite, escono
imperative:	esci, esca, usciamo, uscite, escano
present subjunctive:	esca, esca, esca, usciamo, usciate, escano

vedere   *to see*

past absolute:	vidi, vedesti, vide, vedemmo, vedeste, videro
future:	vedrò, vedrai, vedrà, vedremo, vedrete, vedranno
conditional:	vedrei, vedresti, vedrebbe, vedremmo, vedreste, vedrębbero
past participle:	visto (veduto)

venire   *to come*

present indicative:	vengo, vieni, viene, veniamo, venite, vęngono
past absolute:	venni, venisti, venne, venimmo, veniste, vęnnero
future:	verrò, verrai, verrà, verremo, verrete, verranno
conditional:	verrei, verresti, verrebbe, verremmo, verreste, verrębbero
imperative:	vieni, venga, veniamo, venite, vęngano
present subjunctive:	venga, venga, venga, veniamo, veniate, vęngano
past participle:	venuto

vincere   *to win*

past absolute:	vinsi, vincesti, vinse, vincemmo, vinceste, vinsero
past participle:	vinto

vivere   *to live*

past absolute:	vissi, vivesti, visse, vivemmo, viveste, vissero
future:	vivrò, vivrai, vivrà, vivremo, vivrete, vivranno
conditional:	vivrei, vivresti, vivrebbe, vivremmo, vivreste, vivrębbero
past participle:	vissuto

volere   *to want*

present indicative:	voglio, vuoi, vuole, vogliamo, volete, vọgliono
past absolute:	volli, volesti, volle, volemmo, voleste, vọllero
future:	vorrò, vorrai, vorrà, vorremo, vorrete, vorranno
conditional:	vorrei, vorresti, vorrebbe, vorremmo, vorreste, vorrębbero
present subjunctive:	voglia, voglia, voglia, vogliamo, vogliate, vọgliano

Italian–English Vocabulary

The Italian–English vocabulary contains most of the basic words and expressions used in each chapter. Stress is indicated by a dot under the stressed vowel. An asterisk * following an infinitive indicates that the verb is conjugated with **essere** in compound tenses. The -isc- after an -ire verb means that the verb requires -isc- in the present indicative, present subjunctive, and imperative conjugations.

The following abbreviations are used:

adj.	adjective	*inf.*	infinitive
adv.	adverb	*inv.*	invariable
affect.	affectionate	*m.*	masculine
art.	article	*math.*	mathematics
colloq.	colloquial	*pl.*	plural
conj.	conjunction	*p.p.*	past participle
def. art.	definite article	*prep.*	preposition
f.	feminine	*pron.*	pronoun
fam.	familiar	*s.*	singular
form.	formal	*sub.*	subjunctive

A

a in, at, to
abbastanza enough, sufficiently
l'abbigliamento clothing, apparel
abbondante abundant
abbracciare to embrace
l'abbraccio hug
abbronzarsi to tan
l'abitante *(m. & f.)* inhabitant
abitare to live
l'abitazione *(f.)* housing
l'abito dress, suit
abituarsi* to get used to
abituato accustomed
l'abitudine *(f.)* habit
accademico academic
accendere *(p.p. **acceso**)* to light, to turn on
l'accento accent, stress
accomodarsi* to make oneself comfortable
accompagnare to accompany
l'accordo agreement;
  d'accordo OK, agreed

l'aceto vinegar
l'acqua water;
  l'acqua minerale mineral water;
  l'acqua potabile drinking water
l'acquisto purchase
adagio slowly
addio good-bye (forever)
addormentarsi* to fall asleep
addormentato asleep
adesso now
l'adulto, l'adulta adult
l'aereo, l'aeroplano airplane
l'aeroporto airport
l'affare *(m.)* business;
  per affari on business;
  È un affare! It is a bargain!;
  uomo (donna) d'affari businessman(woman)
affascinante fascinating
affatto not at all
l'affermazione *(f.)* statement
l'affetto affection;
  con affetto love

affettuoso affectionate
affinché so that, in order that
affittare to rent, to lease
l'affitto rent, rental;
  in affitto for rent
affollato crowded
l'affresco fresco
africano African
l'agente *(m. & f.)* **di viaggi** travel agent
l'agenzia di collocamento employment agency;
  agenzia di viaggi travel agency
l'aggettivo adjective
aggiungere *(p.p. **aggiunto**)* to add
agire (-isc-) to act
l'aglio garlic
agosto August
aiutare to help
l'aiuto help
l'alba dawn
l'albergo hotel
l'albero tree;
  l'albero genealogico family tree

alcolico   alcoholic
alcuni (alcune)   some, a few
allegro   cheerful
allenare   to coach;
   allenarsi*   to practice, to train, to get in shape
l'allenatore, l'allenatrice   coach
l'allievo, l'allieva   pupil
alloggiare   to stay
l'alloggio   housing
allora   then, well then, so, therefore
   da allora   since then
almeno   at least
le Alpi   Alps
l'alpinismo   mountain climbing
l'alpinista   (m. & f.) mountain climber
alto   tall, high
altro   other
alzarsi*   to get up
amare   to love
amaro   bitter
l'ambientalista   (m. & f.) environmentalist
l'ambiente   environment
americano   American
l'amicizia   friendship
l'amico, l'amica   friend
ammalarsi*   to become ill
ammalato   ill, sick
ammettere   to admit
ammirare   to admire
ammobiliato   furnished
l'amore   (m.) love
l'analisi   (f.) analysis
analogo   similar
l'ananas   pineapple
anche   also, too;
   anche se   even if
ancora   still, more, again;
   ancora una volta   once more;
   non ancora   not yet
andare*   to go;
   andare d'accordo   to get along;
   andare bene   to fit;
   andare in bicicletta   to ride a bicycle;
   andare al cinema   to go to the movies;
   andare in pensione   to retire;
   andare a piedi   to walk;

andare a trovare   to visit a person;
   andare via   to go away
l'angolo   corner
l'animale   (m.) animal;
   l'animale domestico   pet
annegare   to drown
l'anniversario   anniversary
l'anno   year;
   avere...anni   to be...years old
annoiarsi*   to get bored
annullare   to cancel
annunciare   to announce
l'annunciatore, l'annunciatrice   TV announcer
l'annuncio pubblicitario   ad
l'antibiotico   antibiotic
l'anticipo   advance;
   in anticipo   ahead of time, in advance
antico   (pl. antichi) ancient, antique
l'antipasto   appetizer
antipatico   unpleasant
anzi   on the contrary
anziano   elderly
l'aperitivo   aperitif
aperto   open;
   all'aperto   outdoors
apparecchiare   to set the table
l'appartamento   apartment
appassionato (di)   fond (of)
appena   as soon as; only
gli Appennini   Apennine Mountains
appenninico   of the Apennines
l'appetito   appetite
applaudire   to applaud
apprezzare   to appreciate
approssimativamente   approximately
l'appuntamento   appointment, date
gli appunti   notes
aprile   April
aprire   (p.p. aperto) to open
arabo   Arabic;
   gli Arabi   Arabs
l'arancia   orange
l'aranciata   orange drink
arancione   (inv.) orange (color)
l'arbitro   referee
l'architetto   architect
l'architettura   architecture
l'argomento   subject
l'aria   air, appearance;

aria condizionata   air conditioning;
   avere un'aria   to look
l'armadietto   cabinet
l'armadio   wardrobe;
   armadio a muro   closet
arrabbiarsi*   to get angry
arrabbiato   angry
l'arredamento   furnishing
arredare   to furnish
arredato   furnished
l'arredatore, l'arredatrice   interior designer
arrivare*   to arrive
arrivederci!   (fam.);
   ArrivederLa!   (form.) Good-bye!
l'arrivo   arrival
l'arrosto   roast;
   l'arrosto di vitello   roast veal
l'arte   (f.) art;
   opera d'arte   work of art;
   Le Belle Arti   Fine Arts
l'articolo   article, item
l'artigianato   handicraft
l'artigiano   artisan
l'artista   (m. & f.) artist
artistico   artistic
l'artrite   (f.) arthritis
l'ascensore   (m.) elevator
l'asciugamano   towel
asciugare   to dry;
   asciugarsi*   to dry oneself
ascoltare   to listen to
gli asparagi   asparagus
aspettare   to wait for
l'aspirina   aspirin
assaggiare   to taste
l'assegno   check
assente   absent
l'assicurazione   insurance
l'assistente di volo   (m. & f.) flight attendant
assistere   (p.p. assistito) to attend, to assist
assumere   (p.p. assunto) to hire
astratto   abstract
l'astrologia   astrology
l'atleta   (m. & f.) athlete
l'atmosfera   atmosphere
attento   careful;
   stare attento   to pay attention
l'attenzione   (f.) attention;
   fare attenzione   to be careful
l'attività   (f.) activity

attivo active
l'atto act
l'attore, l'attrice actor, actress
attraente attractive
attraversare to cross
attraverso across; through
attrezzato equipped
attuale present
attualmente at present
augurare to wish
l'augurio wish;
   Tanti auguri! Best wishes!
l'aula classroom
aumentare to increase
l'aumento increase
l'autista *(m. & f.)* driver
l'autobiografia autobiography
l'autobus *(m.)(pl.* **gli autobus**) bus
l'automobile *(f.)* car
l'automobilismo car racing
l'automobilista *(m. & f.)* motorist
l'autore, l'autrice author
l'autorità authority
l'autostop hitchhiking;
   fare l'autostop to hitchhike
l'autostrada freeway
l'autunno autumn, fall
avanti straight ahead;
   Avanti! Come in!
avaro stingy
avere to have;
   avere...anni to be...years old;
   avere un'aria to look;
   avere bisogno (di) to need;
   avere caldo to be hot;
   avere fame to be hungry;
   avere la febbre to have a temperature;
   avere freddo to be cold;
   avere fretta to be in a hurry;
   avere intenzione (di) to intend;
   avere luogo to take place;
   avere mal di (denti, schiena, stomaco, testa, gola) to have a (toothache, backache, stomachache, headache, sore throat);
   avere paura di to be afraid of;
   avere il raffreddore to have a cold;
   avere ragione to be right;
   avere sete to be thirsty;
   avere sonno to be sleepy;

avere torto to be wrong;
avere la tosse to have a cough;
avere voglia (di) to feel like
l'avvenimento event
l'avventura adventure
l'avverbio adverb
avvicinarsi* (a) to get near, to approach
l'avvocato, l'avvocatessa lawyer
l'azione *(f.)* action
azzurro light blue

B

la bacheca bulletin board
baciare to kiss
il bacio kiss
i baffi mustache
i bagagli baggage, luggage
il/la bagnante bather
il bagnino, la bagnina lifeguard
il bagno bath; bathroom;
   fare il bagno to take a bath
il balcone balcony
ballare to dance
il balletto ballet
il bambino, la bambina child; little boy, little girl;
   da bambino as a child
la banca bank
il banco stand, counter; student desk
la banda band
la bandiera flag
il bar bar;
   bar con tavola calda snack bar
la barba beard;
   farsi la barba to shave
la barca boat;
   la barca a vela sailboat
il barista bartender
barocco baroque
basso short, low
bastare to suffice, to be enough
la batteria drums
be' (bene) well
la bellezza beauty
bello beautiful, handsome
benché although
bene well, fine;
   va bene OK, very well;
   è bene che it's a good thing that;

benissimo very well;
benone! great!
benefico beneficial
la benzina gasoline;
   il distributore di benzina gasoline pump;
   fare benzina to fill up;
   benzina senza piombo unleaded gasoline
bere *(p.p.* **bevuto**) to drink
la bevanda drink;
   bevanda alcolica alcoholic beverage
bianco *(pl.* **bianchi**) white
la bibita soft drink
la biblioteca library
il bicchiere glass
la bicicletta bicycle
la biglietteria ticket office
il biglietto ticket, card;
   biglietto di andata e ritorno round-trip ticket
il binario (railway) track
la biologia biology
biondo blond
la birra beer
il biscotto cookie
bisognare to be necessary
il bisogno need;
   avere bisogno di to need
la bistecca steak
blu *(inv.)* dark blue
la bocca mouth
   in bocca al lupo! good luck! *(lit.* in the mouth of the wolf!)
bollire to boil
la borsa bag;
   borsa di studio grant, scholarship
la borsetta handbag
il bosco wood, forest
la bottiglia bottle
il braccialetto bracelet
il braccio *(pl.* **le braccia**) arm
bravo good
breve short, brief
il brodo broth
bruno dark-haired
brutto ugly; bad
la bugia lie;
   dire bugie to lie
bugiardo liar
buono good;
   Buon anno! Happy New Year!;
   Buon appetito! Enjoy your meal!;

Buona giornata! Have a nice day!;
Buona notte! Good night!;
Buone vacanze! Have a nice vacation!
il burattino puppet
il burro butter
la busta envelope

C

cadere* to fall
il caffè coffee, café, coffee shop
il calcio soccer
la calcolatrice calculator
il calcolo calculus
caldo hot;
avere caldo to be hot;
fa caldo it is hot (weather)
il calendario calendar
il calmante sedative
calmare to calm
calmo calm
la caloria calorie
la calza stocking
il calzino sock
cambiare to change, to exchange;
cambiare idea to change one's mind
il cambio change, exchange
la camera room;
camera da letto bedroom;
camera singola (doppia) single (double) room;
camera con servizi room with bath
il cameriere, la cameriera waiter, waitress; maid
la camicetta blouse
la camicia (*pl.* **le camicie**) shirt
il caminetto fireplace
camminare to walk
la campagna country, countryside
il campanile bell tower
il campeggio camping;
fare il campeggio to go camping
il campionato championship
il campione, la campionessa champion
il campo field;
campo da tennis tennis court
canadese Canadian

il canale channel, canal (Venice)
la candela candle
il candidato, la candidata candidate
il cane dog
i cannelloni stuffed pasta
il canottaggio boating, rowing
il/la cantante singer
cantare to sing
il canto singing
la canzone song
i capelli hair
capire (-isc-) to understand
la capitale capital
il capitolo chapter
il capo head, leader
il Capodanno New Year's day
il capolavoro masterpiece
il capoluogo chief town
il capoufficio boss
il cappello hat
il cappotto winter coat
il cappuccino coffee with steamed milk
le caramelle candies
il carattere temperament
la caratteristica characteristic, feature
il carciofo artichoke
carino pretty, cute
la carne meat
caro dear, expensive
la carota carrot
la carriera career;
fare carriera to have a successful career
la carrozza car (train), carriage
la carta paper;
carta geografica map;
carta di credito credit card;
carta telefonica telephone card;
carta d'identità identification card
il cartello sign
la cartoleria stationery store
la cartolina postcard
il cartone animato cartoon
la casa house, home;
a casa, in casa at home;
a casa di at the house of;
a casa sua at his/her house;
la casalinga housewife
il caso case;
per caso by any chance;

secondo il caso according to the case
Caspita! Wow!
la cassa case, cashier's desk
il cassetto drawer
la cassiera cashier
castano brown (eyes, hair)
il castello castle
la catena chain
cattivo bad, mean
la causa cause;
a causa di because of
causare to cause
c'è (ci sono) there is (are)
celebrare to celebrate
celibe (*m.*) unmarried, single
la cena dinner
cenare to have supper
il centesimo cent
cento one hundred
centrale central
il/la centralinista telephone operator
il centro center;
in centro downtown
cercare to look for;
cercare di + *inf.* to try (to)
i cereali cereals
certamente certainly
certo certain; (*adv.*) certainly
il cestino basket
che (*conj.*) that;
che (*pron.*) who, whom, that, which;
che, che cosa, cosa? what?;
che...! what a...!
più...che more...than
chi? who?, whom?;
di chi è? whose is it?
chiamare to call;
chiamarsi* to be called
la chiave key
chiedere (*p.p.* **chiesto**) to ask (for)
la chiesa church
il chilogrammo kilogram
il chilometro kilometer
la chimica chemistry
il chirurgo surgeon
chissà! who knows!
la chitarra guitar
chiudere (*p.p.* **chiuso**) to close
ciao hello, hi, good-bye
il cibo food
il ciclismo bicycling
il/la ciclista cyclist
il cielo sky
la cifra amount, digit

il cinematografo movie theater
cinese Chinese
la cintura belt
il cioccolato chocolate
il cioccolatino chocolate candy
cioè that is
la cipolla onion
circa about, approximately
circondare to surround
la circostanza occasion
la città city, town
la cittadinanza citizenship
il cittadino citizen
la civilizzazione civilization
la civiltà civilization
la classe class, classroom
classico classic
il/la cliente customer
il clima climate
il codice postale Zip code
il cognato, la cognata brother-in-law, sister-in law
il cognome last name
la coincidenza coincidence; connection (train, bus)
la colazione breakfast;
   fare colazione to have breakfast
il/la collega colleague
la collina hill
il collo neck
il colloquio interview
il colore color
il coltello knife
come as, like;
   Come? How?;
   Come sta? (*form. s.*), **Come stai?** (*fam. s.*), **Come va?** (*colloq.*) How are you?;
   Com'è? What is he (she, it) like?;
   Come mai? How come?;
   Come si chiama? What is his (her, your, its) name?
il comico comedian;
   comico (*adj.*) comic, funny
la commedia comedy, play
il commediografo playwright
commentare to make a comment
il commento comment
il/la commercialista accountant
il commercio commerce
il commesso, la commessa salesperson
comodamente comfortably

la comodità comfort
comodo comfortable
la compagnia company
il compagno, la compagna companion;
   compagno(a) di classe classmate;
   compagno(a) di stanza roommate
il compenso compensation
competente competent
compiere to have a birthday
il compito homework, task
il compleanno birthday;
   Buon compleanno! Happy birthday!
completamente fully, completely
completare to complete
il completo suit
complicato complicated
comporre (*p.p.* **composto**) to compose
il compositore, la compositrice composer
comprare to buy
comune common
comunicare to communicate
con with
il concerto concert
la conclusione conclusion
condire to dress (salad, food)
condividere (*p.p.* **condiviso**) to share
la condizione condition
la conferenza lecture
confermare to confirm
confinare to border, to confine
confrontare to compare
la confusione confusion
il congelatore freezer
Congratulazioni! Congratulations!
il/la conoscente acquaintance
la conoscenza knowledge
conoscere (*p.p.* **conosciuto**) to know, to meet, to be acquainted with
considerarsi* to consider oneself
consigliare to advise
il consiglio advice
la consonante consonant
il/la consulente consultant
consultare to consult
il contadino, la contadina peasant; farmer
i contanti cash

contare to count
contento happy, glad; pleased
il continente continent
continuare to continue
il conto check, bill
il contorno (cooked) vegetable
il contrario opposite
il contrasto contrast
il contratto contract
contribuire (**-isc-**) to contribute
contro against
controllare to check
il controllore conductor
consistere (**di**) to consist (of)
la conversazione conversation
la coperta blanket; cover
la copia copy
la coppia couple, pair
il coraggio courage;
   coraggio! come on! keep it up!
coraggioso courageous, brave
cordiale cordial
il coro chorus
il corpo body
correggere (*p.p.* **corretto**) to correct
correre (*p.p.* **corso**) to run
la corsa run, race
il corso course (studies); main street
il cortile courtyard
corto short
la cosa thing
così so;
   così-così so-so;
   così tanto! that much!;
   così...come as...as
la costa coast;
   la Costa Azzurra French Riviera
costare to cost;
   quanto costa? how much is it?
il costo cost, price
costoso expensive
costruire (**-isc-**) to build
il costruttore builder
il costume costume;
   costume da bagno bathing suit
il cotone cotton
cotto cooked
la cravatta tie
creare to create
credere to believe
la crema cream

la crisi crisis
la critica criticism, critique, review
criticare to criticize
il critico critic; (adj.) critical
la crociera cruise;
  fare una crociera to go on a cruise
il cucchiaino teaspoon
il cucchiaio spoon
la cucina kitchen; cooking; cuisine
cucinare to cook;
  cucinare al forno to bake
il cugino, la cugina cousin
cui (pron.) whom, which;
  la ragazza con cui esco the girl with whom I go out
la cultura culture
culturale cultural
il culturismo bodybuilding
cuocere (p.p. **cotto**) to cook
il cuoco, la cuoca cook
il cuore heart
la cupola dome
la cura treatment; care
curare to treat
curioso curious

D

da from, by;
  lavoro da un mese I have been working for a month
d'accordo OK, agreed;
  essere d'accordo to agree
Dai! Come on! (fam.)
dannoso damaging
dare to give;
  dare fastidio to bother;
  dare la mano to shake hands;
  dare un passaggio to give a lift;
  dare del tu (Lei) to use the **tu (Lei)** form
  dare un film to show a movie
la data date (calendar)
davanti (a) in front of, before
davvero really, indeed
il debito debt
debole weak
decidere (p.p. **deciso**) to decide
la decisione decision
dedicarsi* to devote oneself
la delusione disappointment
deluso disappointed

democratico democratic
la democrazia democracy
il denaro money
il dente tooth;
  al dente firm, not overcooked
il/la dentista dentist
dentro in, inside
il deposito deposit;
  deposito bagagli baggage room
il deputato, la deputata congressman, congresswoman
descrivere (p.p. **descritto**) to describe
la descrizione description
desiderare to wish, want;
  desidera? may I help you?
il desiderio wish, desire
la destra right;
  a destra to the right;
detestare to hate
di of, from; **di** + def. art.
  some, any;
  di chi è? whose is it?;
  di dov'è? where is he/she from?
la diagnosi diagnosis
il dialetto dialect
il dialogo (pl. **dialoghi**) dialogue
dicembre December
dichiarare to declare
le didascalie (f. pl.) (cinema) subtitles
la dieta diet;
  stare a dieta to be on a diet
il dietologo, la dietologa dietician
dietro behind
differente different
la differenza difference;
  a differenza di unlike
difficile difficult
la difficoltà difficulty
dilettante amateur
dimagrire (-isc-)* to lose weight
dimenticare to forget
diminuire (-isc-) to diminish; to reduce
dimostrare to show, to express
dinamico dynamic
dipendere (p.p. **dipeso**) to depend;
  dipende (da) it depends (on)

dipingere (p.p. **dipinto**) to paint, to portray
il diploma certificate, diploma
diplomarsi* to graduate from high school
dire (p.p. **detto**) to say, to tell;
  dire di no to say no;
  voler dire to mean
direttamente directly
il direttore, la direttrice director; administrator;
  direttore d'orchestra orchestra conductor
il/la dirigente manager
dirigere (p.p. **diretto**) to manage, to conduct
diritto, dritto (adj.) straight; (adv.) straight ahead
il diritto right
discendere* (p.p. **disceso**) to descend, to go (come) down
il disco (pl. **dischi**) record
il discorso speech
la discoteca discoteque
la discussione discussion
discutere (p.p. **discusso**) to discuss
disegnare to draw
il disegnatore, la disegnatrice designer
il disegno drawing, pattern, plan
disoccupato unemployed
la disoccupazione unemployment
disonesto dishonest
disordinato messy
dispiacere* (p.p. **dispiaciuto**) to mind, to be sorry;
  mi dispiace I am sorry
disponibile available
disposto willing;
  essere disposto to be willing
la distanza distance
distare to be distant, to be far from
distratto absent-minded
disturbare to bother
il disturbo ailment, trouble
il dito (pl. **le dita**) finger;
  dito del piede toe
la ditta firm
il divano sofa, couch
diventare* to become
la diversità diversity
diverso different; several;
  diversi giorni several days

divertente amusing
divertimento amusement;
  buon divertimento! have
    fun!
divertire to amuse;
  divertirsi* to have fun, to
    enjoy oneself
dividere (*p.p.* **diviso**) to share,
  to divide
il divieto prohibition;
  divieto di fumare no
    smoking;
  divieto di parcheggio no
    parking
divorziato (a) divorced
il divorzio divorce
il dizionario dictionary
la doccia shower;
  fare la doccia to take a
    shower
il documentario documentary
  film
il documento document;
  documento d'identità I.D.
la dogana customs
il dolce dessert, candy; *(adj.)*
  sweet
dolcemente gradually,
  gently
il dollaro dollar
il dolore pain, ache
la domanda question;
  application;
  fare una domanda to ask a
    question;
  fare domanda to apply
domandare to ask;
  domandarsi* to wonder
domani tomorrow;
  A domani! See you
    tomorrow!
la domenica Sunday
la donna woman
dopo after, afterward
dopodomani the day after
  tomorrow
doppio double
dormire to sleep
il dottore, la dottoressa
  doctor, university graduate
dove where;
  di dove sei? where are you
    from?
il dovere duty
dovere to have to, must; to
  owe
la dozzina dozen
il dramma drama, play
drammatico dramatic

il dubbio doubt;
  senza dubbio undoubtedly
dubitare to doubt
dunque therefore; well, now!
il duomo cathedral
durante during
durare* to last
duro hard;
  avere la testa dura to be
    stubborn

E

e, ed and
eccellente excellent
eccetera et cetera
eccetto except
l'eccezione (*f.*) exception
eccitato excited
ecco...! here is…! here are…!;
  eccomi here I am
l'ecologia ecology
ecologico ecological
l'economia economy
economico economic(al),
  cheap
l'edicola newsstand
l'edificio building
l'editore, l'editrice publisher
educato polite
l'effetto effect;
  effetto serra greenhouse
    effect
efficiente efficient
egoista selfish
elegante elegant, fashionable
elementare elementary
l'elenco telefonico telephone
  book
l'elettricista electrician
l'elettricità electricity
elettronico electronic
l'elezione (*f.*) election
eliminare to eliminate
entrare* to enter
l'entrata entrance
l'entusiasmo enthusiasm
entusiasta enthusiastic
l'epoca period, era
l'equipaggiamento
  equipment
l'equitazione (*f.*) horseback
  riding
l'erba grass
l'eredità inheritance
ereditare to inherit
l'errore (*m.*) error, mistake
esagerare to exaggerate
l'esame (*m.*) exam;

  dare un esame to take an
    exam
esattamente exactly
esatto exact
l'esclamazione (*f.*)
  exclamation
l'escursione (*f.*) excursion
l'esempio example;
  ad (per) esempio for
    example
esercitare to exercise
l'esercizio exercise
esistere* (*p.p.* **esistito**) to exist
l'esperienza experience
l'esperimento experiment
esperto experienced
esplorare to explore
l'espressione expression;
  espressione di cortesia
    greetings
l'espresso expresso coffee
esprimere (*p.p.* **espresso**) to
  express
essere* (*p.p.* **stato**) to be;
  essere d'accordo to agree;
  essere in anticipo to be
    early;
  essere a dieta to be on a
    diet;
  essere in orario to be on
    time;
  essere promosso to be
    promoted;
  essere in forma to be in
    good shape
  essere in ritardo to be late;
  essere al verde to be broke
l'est east
l'estate (*f.*) summer
esterno exterior
estero foreign;
  commercio estero foreign
    trade;
  all'estero abroad
estivo (*adj.*) summer
l'età age
etnico ethnic
l'etto(grammo) 100 grams
l'euro (*inv.*) euro (Italian
  currency)
l'Europa Europe
europeo European
evitare to avoid

F

fa ago;
  un anno fa one year ago

fa caldo (freddo, fresco, bel tempo, brutto tempo) it is hot (cold, cool, nice weather, bad weather);

fa (*math.*) equals

la fabbrica factory

la faccia face

facile easy

facilmente easily

la facoltà di legge (medicina, ecc.) school of law (medicine, etc.)

i fagiolini green beans

falso false

la fame hunger;

   avere fame to be hungry

la famiglia family

familiare familiar

famoso famous

la fantascienza science fiction

la fantasia fantasy; imagination

fare (*p.p.* **fatto**) to do, to make;

   fare dell'alpinismo to go mountain climbing;

   fare attenzione to pay attention;

   fare gli auguri to offer good wishes;

   fare l'autostop to hitchhike;

   fare bella figura to make a good impression;

   fare il bagno to take a bath;

   fare un brindisi to offer a toast;

   fare il campeggio to go camping;

   fare colazione to have breakfast;

   fare la conoscenza (di) to make the acquaintance (of);

   fare la doccia to take a shower;

   fare una domanda to ask a question;

   fare domanda to apply;

   fare il dottore (l'ingegnere, ecc.) to be a doctor (an engineer, etc);

   fare un'escursione to take an excursion;

   fare la fila to stand in line;

   fare una foto to take a picture;

   fare un giro to take a walk or a ride

   fare una gita to take a short trip;

   fare legge (matematica, medicina, ecc.) to study law (mathematics, medicine, etc.);

   fare parte (di) to take part (in);

   fare una passeggiata to take a walk;

   fare una pausa to take a break;

   fare presto to hurry;

   fare un regalo to give a present;

   fare sciopero to be on strike;

   fare la siesta to take a nap;

   fare la spesa to buy groceries;

   fare le spese to go shopping;

   fare dello sport to take part in sports;

   fare una telefonata to make a phone call;

   fare il tifo to be a fan;

   fare le valigie to pack;

   fare un viaggio to take a trip;

   fare una visita to pay a visit;

   farsi* male to hurt oneself

la farina flour

la farmacia pharmacy

il/la farmacista pharmacist

faticoso tiring

il fatto fact; event

il fattore factor, element

la favola fable

il favore favor;

   per favore please

il fazzoletto handkerchief

febbraio February

la febbre fever

fedele faithful; loyal

felice happy

la felicità happiness

Felicitazioni! Congratulations!

la felpa sweatshirt

femminile feminine

le ferie paid annual vacation

fermare to stop (someone or something);

   fermarsi* to stop (oneself)

fermo still, stopped

il Ferragosto August holiday

ai ferri broiled

la ferrovia railroad

ferroviario of the railroad

la festa holiday, party

festeggiare to celebrate

la festività festivity

la fetta slice

il fidanzamento engagement

fidanzarsi* to become engaged

il fidanzato, la fidanzata fiancé, fiancée

la fiducia trust;

   avere fiducia to trust

il figlio, la figlia son, daughter;

   figlio unico, figlia unica only child;

   i figli children

la figura figure;

   fare bella figura to make a good impression

la fila line;

   fare la fila to stand in line

il film movie;

   dare un film to show a movie

filmare to make a movie

la filosofia philosophy

finalmente finally, at last

finanziario financial

finché until

la fine end

il fine-settimana weekend

la finestra window

il finestrino window (of a car, bus, train, etc.)

finire (-isc-) to finish, to end

fino a until; as far as

finora until now

il fiore flower

fiorentino Florentine

fiorito flowering

Firenze Florence

la firma signature

firmare to sign;

   firmare una ricevuta to sign a receipt

fischiare to whistle; to boo

la fisica physics

fisico physical

fissare un appuntamento to make an appointment

il fiume river

il flauto flute

il foglio sheet;

   foglio di carta sheet of paper

la folla crowd

fondare to found

la fontana fountain

la **forchetta** fork
la **forma** form, shape
il **formaggio** cheese
formare to form;
  formare il numero to dial
il **fornaio** baker
i **fornelli** range (stove)
il **forno** oven;
  forno a microonde microwave oven
forse maybe, perhaps
forte strong
la **fortuna** fortune, luck;
  buona fortuna good luck;
  per fortuna luckily
fortunato lucky
la **forza** strength;
  forza! come on!
la **foto(grafia)** picture, photography;
  fare una foto to take a picture
fra between, among, in
la **fragola** strawberry
francese French
il **francobollo** stamp
la **frase** sentence
il **fratello** brother
il **freddo** cold;
  avere freddo to be cold;
  fa freddo it is cold;
  il caffè freddo (*adj.*) iced coffee
frequentare to attend (school)
fresco cool, fresh
la **fretta** hurry;
  avere fretta to be in a hurry;
  in fretta in a hurry
friggere to fry
il **frigo(rifero)** refrigerator
la **frittata** omelette
fritto fried
frizzante sparkling, carbonated
la **frutta** fruit
fumare to smoke
il **fumatore**, la **fumatrice** smoker
il **fumetto** bubble;
  i **fumetti** comic strips
il **fungo** (*pl.* **funghi**) mushroom
funzionare to function
il **fuoco** (*pl.* **fuochi**) fire
fuori (di) out (of), outside
il **futuro** future

G

la **galleria** arcade; gallery; balcony;
  la **galleria d'arte** art gallery
la **gamba** leg
il **gamberetto** shrimp
la **gara** race; competition
il **gatto** cat
la **gelateria** ice-cream parlor
il **gelato** ice cream
i **gemelli** twins
generale general;
  in generale in general
la **generazione** generation
il **genere** gender;
  in genere generally
i **generi alimentari** groceries
il **genero** son-in-law
generoso generous
il **genio** genius
il **genitore** parent
gennaio January
Genova Genoa
la **gente** people
gentile kind
la **geografia** geography
geografico geographic
la **Germania** Germany
il **gesso** chalk
il **ghiaccio** ice
già already; yes, sure
la **giacca** coat, jacket;
  la **giacca a vento** windbreaker
giallo yellow
il **Giappone** Japan
giapponese Japanese
il **giardino** garden;
  i **giardini pubblici** park
la **ginnastica** gymnastics
il **ginocchio** knee
giocare (a) to play (a game);
  giocare a carte to play cards
il **giocatore**, la **giocatrice** player
il **giocattolo** toy
il **gioco** (*pl.* **giochi**) game
il **giornale** newspaper
il/la **giornalista** journalist
la **giornata** the whole day
il **giorno** day;
  buon giorno good morning, hello
giovane young;
  il **giovane** young man;
  i **giovani** young people

il **giovanotto** young man
il **giovedì** Thursday
la **gioventù** youth
girare to turn; to tour;
  girare un film to make a movie
il **giro** tour
la **gita** trip, excursion, tour;
  la **gita scolastica** field trip
il **giudizio** judgment, sentence
giugno June
giusto just, right, correct
gli **gnocchi** potato dumplings
la **gola** throat;
  il **mal di gola** sore throat
il **golf** sweater (cardigan)
il **golfo** gulf
la **gonna** skirt
gotico gothic
governare to rule
il **governo** government
la **grammatica** grammar
grande big, wide, large, great;
  da grande as an adult
grasso fat
il **grattacielo** skyscraper
gratuito free (of charge)
grave grave; serious
grazie thank you;
  grazie a thanks to;
  mille grazie thanks a lot
greco (*pl.* **greci**) Greek
gridare to shout
grigio gray
alla griglia grilled
i **grissini** breadsticks
grosso huge, big
il **gruppo** group
guadagnare to earn
i **guanti** (*pl.*) gloves
guardare to look at, to watch
guarire (-isc-) to cure, to recover
la **guerra** war
la **guida** guide, tourist guide; guidebook; driving
guidare to drive
il **gusto** taste; preference
gustoso tasty

I

l'**idea** idea
ideale ideal
l'**idealista** idealist
l'**idraulico** plumber

ieri yesterday;
  l'altro ieri the day before yesterday;
  ieri sera last night
ignorante ignorant
ignorare to ignore
illuminare to illuminate, to light
imitare to imitate
immaginare to imagine
l'immaginazione *(f.)* imagination
immediatamente immediately
imparare to learn
impaziente impatient
l'impazienza impatience
l'impermeabile *(m.)* raincoat
l'impiegato, l'impiegata clerk
l'impiego employment, job
importante important
l'importanza importance
importare to be important, to matter;
  non importa! never mind!
l'importazione *(f.)* import
impossibile impossible
improvvisamente suddenly
in in, at, to
incantevole charming
incerto uncertain
l'incidente *(m.)* accident
l'inclinazione *(f.)* inclination
includere *(p.p. incluso)* to include
incominciare to begin
incontrare to meet
l'incontro encounter; meeting
incoraggiare to encourage
l'incrocio intersection
indeciso undecided; indecisive
l'indicazione *(f.)* direction
indifferente indifferent
indipendente independent
l'indipendenza independence
l'indirizzo address
indispensabile indispensable
indovinare to guess
l'indovinello puzzle; guessing game
l'industria industry
industriale industrial
inefficiente inefficient
inesperto inexperienced
infatti in fact
infelice unhappy
l'infermiere, l'infermiera nurse
l'inferno hell

l'inflazione *(f.)* inflation
l'influenza flu
influenzare to influence; to affect
l'informatica computer science
l'informazione *(f.)* information
l'ingegnere *(m.)* engineer
l'ingegneria engineering
ingessare to put in a cast
l'Inghilterra England
inglese English
ingrassare to gain weight
l'ingrediente *(m.)* ingredient
l'ingresso entrance, entry
l'iniezione *(f.)* injection
iniziare to initiate, to begin
l'inizio beginning
innamorarsi* (di) to fall in love (with)
innamorato *(adj.)* in love
inoltre besides
l'inquilino, l'inquilina tenant
l'inquinamento pollution
inquinare to pollute
l'insalata salad
l'insegnamento teaching
l'insegnante *(m.& f.)* teacher, instructor
insegnare to teach
insieme together
insomma in short, in conclusion;
  insomma! for heaven's sake!
intelligente intelligent
l'intenzione *(f.)* intention;
  avere intenzione di *(+ inf.)* to intend
interessante interesting
interessare to interest;
  interessarsi* di (a) to be interested in
l'interesse *(m.)* interest
internazionale international
interno internal, interior, domestic
l'interpretazione *(f.)* interpretation
l'intervista interview
intervistare to interview
intimo close, intimate
intitolato entitled
intorno a around
introdurre *(p.p. introdotto)* to introduce
l'introduzione introduction
inutile useless

invece instead
inventare to invent
l'inventore, l'inventrice inventor
invernale *(adj.)* winter
l'inverno winter
inviare to send
invitare to invite
l'invitato guest
l'invito invitation
irlandese Irish
l'ironia irony
irregolare irregular
iscriversi* *(p.p. iscritto)* to enroll, to register
l'isola island
ispirare to inspire;
  ispirarsi* to get inspired
istruire to educate, to instruct, to teach;
  istruirsi* to educate oneself
l'istruttore, l'istruttrice instructor
l'istruzione *(f.)* instruction, education
l'Italia Italy
italiano Italian;
  l'italiano Italian language;
  l'Italiano/l'Italiana Italian person
  all'italiana in the Italian way

L

là there, over there
il labbro *(pl. le labbra)* lip
il lago *(pl. laghi)* lake
lamentarsi* (di) to complain (about)
la lampada lamp
il lampadario chandelier
la lana wool;
  di lana woollen
largo *(pl. larghi)* large, wide
lasciare to leave (someone or something); to quit; to let, to allow
il latte milk
la lattina can
la laurea university degree
laurearsi* to graduate
il laureato university graduate
il lavabo wash-basin
la lavagna blackboard
il lavandino sink
lavare to wash;
  lavarsi* to wash (oneself)

la lavastoviglie dishwasher
la lavatrice washing machine
lavorare to work
il lavoratore, la lavoratrice worker
il lavoro work, job;
  lavoro a tempo pieno full-time job
legale legal;
  studio legale law office
la legge law;
  facoltà di legge law school
leggere (*p.p.* **letto**) to read
leggero light
il legno wood;
  di legno wooden
lento slow
la lettera letter;
  le Lettere humanities
la letteratura literature
il letto bed;
  letto singolo (matrimoniale) single (double) bed;
  camera da letto bedroom
il lettore, la lettrice reader
la lettura reading
la lezione lesson; class
lì there
la libbra pound
libero free, available; vacant (apartment)
la libertà freedom
la libreria bookstore
il libro book;
  libro di cucina cookbook
licenziare to fire (employee)
il liceo high school
il limite limit;
  limite di velocità speed limit
il limone lemon
la linea aerea airline
la lingua language; tongue;
  lingue straniere foreign languages
lirico lyric
la lista list
litigare to fight
il litro liter
il locale room;
  locale (*adj.*) local
la località place
la Lombardia Lombardy
Londra London
lontano (da) far (from)
la luce light; electricity
luglio July
luminoso bright

la luna moon;
  luna di miele honeymoon
il lunedì Monday
lungo (*pl.* **lunghi**) long; (*adv.*) along;
  a lungo for a long time
il luogo (*pl.* **luoghi**) place;
  avere luogo to take place
di lusso deluxe
lussuoso sumptuous

M

ma but
la macchina car, machine, engine;
  macchina fotografica camera;
  macchina da presa movie camera;
la macedonia di frutta fruit salad
la madre mother
maestoso majestic
il maestro, la maestra elementary-school teacher
maggio May
la maggioranza majority
maggiore bigger, greater, older;
  la maggior parte most (of)
magico magic
la maglietta T-shirt
il maglione heavy sweater
magnifico magnificent, splendid
magro thin; skinny
mai ever;
  non...mai never
il malato sick person; (*adj.*) sick, ill
la malattia illness, disease
il male ache;
  male di denti toothache
male (*adv.*) badly;
  non c'è male not bad
maleducato impolite
malvolentieri reluctantly
la mamma mom
la mancanza lack
mancare to miss;
  mi manca la famiglia I miss my family
la mancia tip;
  dare la mancia to tip
mandare to send
mangiare to eat
la maniera manner
il manifesto poster

la mano (*pl.* **le mani**) hand;
  dare la mano to shake hands
la marca make; brand name
il marciapiede sidewalk
marcio rotten
il mare sea;
  al mare at the seashore;
  il Mar Tirreno Tyrrhenian Sea
la margarina margarine
il marito husband
la marmellata jam
il marmo marble
marrone brown
il martedì Tuesday
marzo March
la maschera mask; masked character
maschile masculine
massimo greatest, maximum;
  al massimo at the most
la matematica mathematics
la materia subject (scholastic)
la matita pencil
il matrimonio marriage, wedding
la mattina, il mattino morning;
  di mattina in the morning
matto crazy;
  da matti a lot
maturo mature; ripe
il mazzo di fiori bouquet of flowers
il meccanico mechanic
la medicina medicine
il medico doctor, physician
medievale medieval
mediocre mediocre
il Medio Evo Middle Ages
meglio (*adv.*) better
la mela apple
la melanzana eggplant
il melone cantaloupe
il membro member
la memoria memory;
  a memoria by heart
meno less; minus;
  a meno che unless;
  Meno male! Thank God!
la mensa cafeteria
mensile monthly
mentre while
il menù menu
meravigliosamente wonderfully
meraviglioso wonderful

il mercato   market;
  a buon mercato   cheap
il mercoledì   Wednesday
meridionale   southern
mescolare   to mix
il mese   month
il messaggio   message
messicano   Mexican
il mestiere   trade, occupation
la metà   half
la metropolitana   subway
mettere   to put, to place, to
  wear;
  mettersi*   to put on, wear;
  mettersi* a   to start
la mezzanotte   midnight
i mezzi di diffusione   mass
  media
i mezzi di trasporto   means of
  transportation
mezzo   *(adj.)* half
il mezzo   means; middle;
  per mezzo di   by means of;
  il mezzogiorno   noon;
  il Mezzogiorno   Southern
  Italy
il miglio   *(f. pl.* **miglia***)* mile
migliorare   to improve
migliore   *(adj.)* better
Milano   Milan
il miliardario   billionaire
il miliardo   billion
il milionario   millionaire
il milione   million
mille   *(pl.* **mila***)* thousand;
  Mille grazie!   Thanks a lot!
la minestra   soup
il minestrone   vegetable soup
minimo   smallest
minore   smaller, younger
il minuto   minute
misto   mixed
misurare   to measure
mite   mild
il mobile   piece of furniture
la moda   fashion;
  di moda   fashionable
il modello, la modella   model
moderno   modern
modesto   modest
il modo   way, manner;
  ad ogni modo   anyway
la moglie   wife
molto   much, a lot of; *(inv.)*
  very
il momento   moment
mondiale   worldwide
il mondo   world

la moneta   coin
monetario   monetary
il monolocale   studio
  apartment
la montagna   mountain
il monte   mount
il monumento   monument
la moquette   wall-to-wall
  carpet
morire*   *(p.p.* **morto***)* to die
la morte   death
la mostra   exhibition
mostrare   to show
il motivo   motive
la moto(cicletta)   motorcycle
il motore   motor
il motorino   motorscooter
la multa   fine
il muro   (exterior) wall;
  le mura   city walls
il museo   museum
la musica   music;
  musica folkloristica   folk
    music;
  musica operistica   opera
    music;
  musica classica   classical
    music;
  musica leggera   light music
il/la musicista   musician

N

napoletano   Neapolitan
Napoli   Naples
nascere*   *(p.p.* **nato***)* to be born
la nascita   birth
il naso   nose
il Natale   Christmas;
  Babbo Natale   Santa Claus;
  Buon Natale!   Merry
    Christmas!
la natura   nature;
  natura morta   still life
naturale   natural
naturalmente   naturally
la nave   ship
nazionale   national
la nazionalità   nationality
la nazione   nation
né…né   neither…nor
neanche   not even
la nebbia   fog
  c'è nebbia   it is foggy
necessario   necessary
negare   to deny
negativo   negative
il negozio   store, shop

nemmeno   not even
nero   black
nervoso   nervous
nessuno   nobody, no one, not
  anyone
la neve   snow
nevicare   to snow
niente   nothing, not anything;
  nient'altro   nothing else
il nipote   nephew, grandchild;
  la nipote   niece,
    granddaughter;
  i nipoti   grandchildren
no   no
la noia   boredom; *(pl.)* trouble
noioso   boring
noleggiare   to rent (a car, a
  bicycle, skis)
il nome   noun, name
nominare   to name
non   not
il nonno, la nonna
  grandfather, grandmother;
  i nonni   grandparents
nonostante   in spite of
il nord   north
la notizia   news
noto   well-known
la notte   night
novembre   *(m.)* November
la novità   news;
  nessuna novità   nothing
    new
le nozze   wedding;
  viaggio di nozze
    honeymoon trip
nubile   *(f.)* unmarried, single
il numero   number;
  numero di telefono   phone
    number
numeroso   numerous
la nuora   daughter-in-law
nuotare   to swim
il nuoto   swimming
nuovo   new;
  di nuovo   again
la nuvola   cloud
nuvoloso   cloudy

O

o   or
obbligatorio   compulsory
l'occasione   *(f.)* opportunity;
  **approfittare dell'occasione
    di**   to take advantage of
gli occhiali   *(pl.)* eyeglasses;
  occhiali da sole   sunglasses

l'occhio   eye;
  costare un occhio della testa
    to cost a fortune;
  dare un'occhiata   to take a
    look
occidentale   western
occupare   to occupy;
  occuparsi* (di)   to occupy
    oneself with
occupato   busy
l'oceano   ocean
l'oculista   (*m. & f.*) eye doctor
offendere   (*p.p.* offeso) to
    offend
l'offerta   offer
offrire   (*p.p.* offerto) to offer
l'oggetto   object
oggi   today
ogni   each, every
ognuno   everyone, each one
olimpico   Olympic
l'olio   oil;
  olio d'oliva   olive oil
oltre a   besides
l'ombrello   umbrella
l'ombrellone   beach umbrella
l'onomastico   name day
l'opera   work, opera;
  l'opera d'arte   work of art;
  cantante d'opera   opera
    singer
l'operaio, l'operaia   factory
    worker, laborer
l'opinione   (*f.*) opinion
oppure   or
ora   now
l'ora   hour, time;
  è ora che   it is time that;
  è ora di   it is time to;
  le ore di punta   rush hours;
  non vedo l'ora   I can't wait
orale   oral
l'orario   schedule;
  in orario   on time
l'orchestra   orchestra
ordinare   to order, to prescribe
ordinato   neat
l'ordine   order
l'orecchio   (*pl.* le orecchie) ear
organizzare   to organize
l'orgoglio   pride
orgoglioso   proud
orientale   oriental, eastern
originale   original
l'origine   (*f.*) origin
l'oro   gold;
  d'oro   golden
l'orologio   watch, clock

l'ospedale   (*m.*) hospital
l'ospite   (*m. & f.*) guest; host
l'ossigeno   oxygen
l'osso   (*f. pl.* le ossa) bone
l'ostello per la gioventù
    youth hostel
ostinato   stubborn
ottenere   to obtain
l'ottimista   optimist
ottimo   excellent
ottobre   October
l'ovest   west
l'ozono   ozone;
  lo strato dell'ozono   ozone
    layer

P

il pacco   package, parcel
la pace   peace;
  fare la pace   to make up
la padella   frying pan
il padre   father
il padrone   owner, boss;
  padrone di casa   landlord
il paesaggio   landscape,
    scenery
il paese   country; town, village
pagare   to pay
la pagina   page
il paio   (*f. pl.* le paia) pair
il palazzo   palace, building
il palcoscenico   stage
la palestra   gym
la palla   ball
la pallacanestro   basketball
la pallanuoto   water polo
la pallavolo   volleyball
il pallone   ball (soccer)
il pane   bread
il panino   roll;
  panino imbottito   sandwich
la paninoteca   sandwich
    shop
la panna   cream
i pantaloncini   shorts
i pantaloni   pants, trousers
le pantofole   slippers
il Papa   Pope
il papà   dad
paragonare   to compare
il paragone   comparison
parcheggiare   to park
il parcheggio   parking
il parco   park
il/la parente   relative;
  i parenti   relatives

parere   (*p.p.* parso) to seem;
  non ti pare?   don't you
    think so?
la parete   (interior) wall
Parigi   Paris
la parità   equality, parity
parlare   to speak, to talk;
  parlare male (bene) di   to
    say bad (good) things
    about
il parmigiano   Parmesan
    cheese
la parola   word
il parrucchiere, la parrucchiera
    hairdresser
la parte   part, role;
  fare la parte   to play the
    role;
  da parte di   from
partecipare a   to take part in
la partenza   departure
particolare   particular
partire*   to leave, to depart
la partita   match, game
il partito   political party
la Pasqua   Easter;
  Buona Pasqua!   Happy
    Easter!
il passaggio   ride, lift;
  dare un passaggio   to give
    a ride
il passaporto   passport
passare   to pass, to pass by; to
    spend (time)
il passatempo   pastime,
    hobby
il passato   past;
  passato   (*adj.*) last, past
il passeggero, la passeggera
    passenger
la passeggiata   walk;
  fare una passeggiata   to
    take a walk
la passione   passion
la pasta   dough, pasta, pastry;
  le paste   (*pl.*) pastries
la pastasciutta   pasta dish
la pasticceria   pastry shop
il pasto   meal
la patata   potato;
  patate fritte   fried potatoes
la patente   driver's license
paterno   paternal
la patria   country, native land
il pattinaggio   skating
i pattini   skates
la paura   fear;
  avere paura   to be afraid;

avere una paura da morire to be scared to death
il pavimento floor
paziente patient
il/la paziente patient
la pazienza patience;
  avere pazienza to be patient
Peccato! Too bad!
il pedone pedestrian
peggio *(adv.)* worse
peggiore *(adj.)* worse
la pelle skin; leather
la penisola peninsula
la penna pen
pensare to think;
  pensare a to think about;
  pensare di (+ *inf.*) to plan, to intend (to do something);
  penso di sì I think so
il pensiero thought
il pensionato senior citizen
la pensione pension; boardinghouse;
  andare in pensione to retire
la pentola pot
il pepe pepper
per for;
  per (+ *inf.*) in order to;
  per caso by any chance
la pera pear
perché why; because
perdere (*p.p.* **perduto, perso**) to lose, to waste (time);
  perdersi* to get lost
perfetto perfect
il pericolo danger
pericoloso dangerous
la periferia outskirts, periphery
il periodo period (time)
Permesso? May I come in?
permettere (*p.p.* **permesso**) to allow
però but, however
la persona person
il personaggio character
la personalità personality
personale personal
pesante heavy
la pesca peach; fishing
pescare to fish
il pesce fish;
  pesce fritto fried fish
la pesistica weightlifting
il peso weight
il/la pessimista pessimist

pettinarsi* to comb one's hair
il pettine comb
il pezzo piece;
  un due pezzi a two-piece suit
il piacere *(m.)* pleasure;
  con piacere with pleasure, gladly;
  per piacere please;
  Piacere! Pleased to meet you!
piacere* (*p.p.* **piaciuto**) to like, to be pleasing
piacevole pleasant
il pianeta planet
il piano floor; plan
il pianterreno ground floor
il piano(forte) piano
la pianta plant; map (of a city)
la pianura plain
il piatto dish;
  primo piatto first course;
  secondo piatto second course
la piazza square
piccante spicy
piccolo little, small
il piede *(m.)* foot;
  a piedi on foot
il Piemonte Piedmont
pieno (di) full (of);
  fare il pieno to fill up (with gasoline)
pigro lazy
la pioggia rain
piovere to rain
la pipa pipe
la piscina swimming pool
i piselli peas
il pittore, la pittrice painter
pittoresco picturesque
la pittura painting
più more;
  non più no longer;
  più o meno more or less;
  più… di more…than
piuttosto rather
la platea orchestra section (theater)
poco little, few;
  un po' di some; a little bit of
il poema poem
la poesia poetry; poem
il poeta, la poetessa poet
poi then, afterwards
poiché since

la polenta cornmeal mush
politico political
la politica politics
il poliziotto policeman
il pollo chicken;
  pollo allo spiedo rotisserie chicken;
  pollo arrosto roast chicken
la polpetta meatball
la poltrona armchair; orchestra seat (theater)
il pomeriggio afternoon
il pomodoro tomato
il pompelmo grapefruit
il ponte bridge
popolare popular
popolato populated
la popolazione population
il popolo people, population
la porta door
il portafoglio wallet
portare to carry, to bring; to wear; to take
il portinaio concierge
il porto port, harbor
le posate silverware
possibile possible;
  il meno possibile as little as possible
la possibilità possibility
il postino mailman
la posta post office; mail
postale *(adj.)* post, mail;
  cassetta postale mailbox;
  codice postale zip code
il posto place, seat, position
potere to be able to, can, may;
  può darsi it could be
povero poor
Poverino! Poor thing!
pranzare to have dinner
il pranzo dinner;
  sala da pranzo dining room;
  l'ora del pranzo lunch (dinner) time
praticare to practice a sport
pratico practical
preciso precise
la preferenza preference
preferibile preferable
preferire (-isc-) to prefer
preferito favorite
il prefisso area code (*phone*)
pregare to pray; to beg
Prego! Please!, You're welcome!, Don't mention it!
il premio prize, award

prendere (*p.p.* **preso**) to take, to pick up;
  prendere in giro to tease
prenotare to reserve
la prenotazione reservation
preoccuparsi* (di) to worry (about)
preoccupato worried
la preoccupazione worry
preparare to prepare;
  prepararsi* to prepare oneself, to get ready
la preparazione preparation
prescrivere (*p.p.* **prescritto**) to prescribe
presentare to introduce;
  presentarsi* to introduce oneself
presente (*adj.*) present
il presidente, la presidentessa president
prestare to lend
la pressione pressure;
  la pressione del sangue blood pressure
presso in care of (c/o)
il prestito loan
presto early, fast, soon, quickly;
  il più presto possibile as soon as possible;
  (Fa') presto! Hurry up!;
  A presto! See you soon!
la previsione forecast
prezioso precious
il prezzo price
prima (*adv.*) before, earlier, first;
  prima di (*prep.*) before;
  prima che (*conj.*) before
la primavera spring
primo first
principale main; leading
privato private
probabile probable
la probabilità probability
il problema (*pl.* **problemi**) problem
il produttore, la produttrice producer
la produzione production
la professione profession
il/la professionista professional man/woman
il professore, la professoressa professor, teacher
profondo deep
il profumo perfume, scent

progettare to plan
il progetto project, plan
il programma (*pl.* **programmi**) program; schedule
il programmatore, la programmatrice programmer
il progresso progress
proibire (-isc-) to prohibit
promettere (*p.p.* **promesso**) to promise
la promozione promotion
il pronome pronoun
pronto ready;
  Pronto! Hello! (*telephone*)
il pronto soccorso emergency room
a proposito by the way
la proposta proposal
il proprietario, la proprietaria owner
proprio (*adv.*) exactly, indeed
la prosa prose
il prosciutto cured Italian ham
prossimo next
il/la protagonista main character
proteggere (*p.p.* **protetto**) to protect
protestare to protest, to complain
provare to try, to try on
il proverbio proverb
la provincia province
la psicologia psychology
lo psicologo, la psicologa psychologist
pubblicare to publish
la pubblicità advertising
il pubblico public, audience; (*adj.*) public
il pugile boxer
il pugilato boxing
pulire (-isc-) to clean
pulito clean
il pullman tour bus
punire (-isc-) to punish
il punto point;
  punto di vista point of view;
  in punto on the dot
puntuale punctual
purché provided that (+ *sub.*)
pure by all means
purtroppo unfortunately

Q

il quaderno notebook
il quadro painting, picture
qualche some
qualcosa something;
  qualcos'altro something else
qualcuno someone
quale? which?; which one?
la qualifica qualification
la qualità quality
quando when;
  da quando? since when?
quanto how much;
  per quanto although;
  quanto tempo fa? how long ago?
il quarto quarter (of an hour)
quarto fourth
quasi almost
quello that
la questione question, issue, matter
questo this
qui here

R

la racchetta da tennis tennis racket
raccomandare to warn
la raccomandazione recommendation
raccontare to tell, to relate
il racconto short story, tale
radersi* (*p.p.* **raso**) to shave
raffreddare to cool
il raffreddore cold (virus);
  prendere il raffreddore to catch a cold
il ragazzo, la ragazza boy, young man; girl, young woman; boyfriend, girlfriend
la ragione reason;
  avere ragione to be right
il ragioniere, la ragioniera accountant
rapido (*adj.*) fast, quick;
  il rapido express train
il rapporto relation
rappresentare to represent; to stage (theater)
la rappresentazione performance (theater)
raramente rarely, seldom
raro rare
reagire to react
il/la realista realist

la realtà reality

recente recent

recentemente recently

recitare to perform; to play (a part)

la recitazione recitation, performance

la referenza reference

regalare to give a present

il regalo gift, present

la regione region

il/la regista movie director

il registratore tape recorder

le relazioni internazionali international relations

rendersi* conto (*p.p.* **reso**) to realize

il reparto department (store)

la repubblica republic

repubblicano republican

il requisito requirement

respirare to breathe

responsabile responsible

la responsabilità responsibility

restare* to stay, to remain

restituire (-isc-) to return (something)

il resto change (money); remainder

la rete network

riassumere to summarize

il riassunto summary

la ricchezza wealth

ricco (*pl.* **ricchi**) rich

la ricerca research

la ricetta recipe; prescription

ricevere to receive

la ricevuta receipt

il riciclaggio recycling

riciclare to recycle

riconoscente grateful

riconoscere to recognize

ricordare to remember;

   ricordarsi* to remember

il ricordo memory, souvenir

ridere (*p.p.* **riso**) to laugh

i rifiuti garbage

la riforma reform

la riga (*pl.* **righe**) line

rimanere (*p.p.* **rimasto**) to remain

il Rinascimento Renaissance

il ringraziamento thanks;

   il giorno del Ringraziamento Thanksgiving

ringraziare to thank

rinunciare (a) to renounce

riparare to repair, to fix

ripassare to review

ripetere to repeat

riposante relaxing

riposare to rest;

   riposarsi* to rest

riscaldare to warm

riservato reserved

il riso rice; laughter

il risotto creamy rice dish

risparmiare to save

il risparmio saving

rispettare to respect

rispondere (*p.p.* **risposto**) to answer, to reply

la risposta answer, reply

il ristorante restaurant

ristrutturare to restore, to remodel

il risultato result, outcome

il ritardo delay;

   in ritardo late

ritornare to return, to come back

il ritorno return

il ritratto picture, portrait

ritrovare to find again

la riunione reunion, meeting

riunirsi* (-isc-) to gather

riuscire* (a) to succeed (in)

rivedere (*p.p.* **rivisto**) to see again

la rivista magazine

la roba stuff

Roma Rome

romano Roman

romantico romantic

il romanzo novel;

   romanzo rosa (giallo, di fantascienza, di avventure) love story (mystery, science-fiction, adventure)

rompere (*p.p.* **rotto**) to break;

   rompersi* un braccio to break an arm

rosa (*inv.*) pink

la rosa rose

rosolare to sauté, to brown

rosso red

rubare to steal

il rumore noise

il ruolo role

russo Russian

S

il sabato Saturday

la sabbia sand

il sacchetto bag

il sacco bag, sack;

   sacco a pelo sleeping bag;

   un sacco di a lot of

sacrificarsi* to sacrifice oneself

il saggio essay

la sala living room;

   la sala da pranzo dining room

il salario salary

il sale salt

salire* to climb, to go up, to get on

il salmone salmon

il salone hall

il salotto living room

la salsa sauce

le salsicce sausages

la salumeria delicatessen

salutare to greet, to say good-bye;

   salutarsi* to greet each other

la salute health

il saluto greeting;

   saluti cordiali cordial regards;

   distinti saluti sincerely

salvare to save; to rescue

il salvataggio rescue

Salve! (*colloq.*) Hello!

i sandali sandals

sano healthy;

   sano come un pesce as healthy as a horse

sapere to know, to know how (to do something)

la Sardegna Sardinia

sbagliarsi* to make a mistake

sbagliato wrong, incorrect;

   è sbagliato it is wrong

lo scaffale shelf

la scala ladder; staircase

scambiare to exchange

lo scambio exchange

la scampagnata picnic

lo scapolo bachelor

scapolo single (male)

la scarpa shoe;

   scarpe da tennis tennis shoes

gli scarponi da montagna hiking boots

la scatola box

scegliere (*p.p.* **scelto**) to choose

la scelta choice

la scena scene

scendere* (*p.p.* **sceso)** to descend, to come down; to get off
la scherma fencing
scherzare to joke
lo scherzo joke
la schiena back
lo sci (*inv.*) ski;
  lo sci acquatico water skiing;
  lo sci di discesa downhill skiing;
  lo sci di fondo cross-country skiing
sciare to ski
lo sciatore, la sciatrice skier
scientifico scientific
la scienza science;
  le scienze politiche political science;
  le scienze naturali natural sciences
lo scienziato scientist
scioperare to strike
lo sciopero strike;
  fare sciopero to go on strike
scolastico scholastic
scolpire to sculpt, to carve
la sconfitta defeat
scontento unhappy
lo sconto discount;
  sconto del venti per cento twenty-percent discount
lo scontrino fiscale receipt
la scoperta discovery
scoprire (*p.p.* **scoperto)** to discover
scorso last;
  il mese scorso last month
lo scrittore, la scrittrice writer
la scrivania desk
scrivere (*p.p.* **scritto)** to write;
  scrivere a macchina to type
lo scultore, la scultrice sculptor
la scultura sculpture
la scuola school;
  scuola elementare elementary school;
  scuola media junior high school
la scusa excuse
scusarsi* to apologize;
  Scusa! (*fam. s.*); **Scusi!** (*form. s.*) Excuse me!
se if;
  anche se even if

sebbene although
secco dry
il secolo century
secondo according to; (*adj.*) second
sedersi* to sit down
la sedia chair;
  sedia a sdraio beach chair
segnare to score (sports)
il segretario, la segretaria secretary
la segreteria telefonica answering machine
il segreto secret
seguente following
seguire to follow, to take (a course)
il semaforo traffic light
sembrare to seem
il semestre semester
semplice simple
sempre always
sentimentale sentimental
il sentimento feeling
sentire to hear, to feel, to smell;
  sentirsi* bene (male) to feel well (sick)
  sentir dire to hear say
senza (*prep.*) without;
  senza che (*conj.*) without
i senzatetto homeless people
separare to divide;
  separarsi* to separate, to part
la separazione separation
la sera evening;
  la (di) sera in the evening
la serata evening (duration)
sereno clear (weather)
seriamente seriously
servire to serve
il servizio service;
  i doppi servizi two baths
il sesso sex
la seta silk
la sete thirst;
  avere sete to be thirsty
settembre September
settentrionale northern
la settimana week;
  fra una settimana in a week
severo strict
sfavorevole unfavorable
la sfilata fashion show
la sfortuna bad luck
sfortunato unfortunate

sì yes
  si mangia bene qui one eats well here
sia... che both…and
siccome since, because
Sicilia Sicily
siciliano Sicilian
sicuro sure; safe
la siesta siesta, nap;
  fare la siesta to take a nap
la sigaretta cigarette
significare to mean
il significato meaning
la signora lady, Mrs., ma'am
il signore gentleman, Mr., sir
la signorina young lady, miss
il silenzio silence
la sillaba syllable
il simbolo symbol
simile similar
simpatico nice, likeable
la sinfonia symphony
la sinistra left;
  a sinistra to the left
il sintomo symptom
il sistema (*pl.* **sistemi)** system
situato situated, located
la situazione situation
smettere (*p.p.* **smesso)** to stop
snello slim, slender
la società society, company
socievole sociable
la sociologia sociology
soddisfatto satisfied
soffrire (*p.p.* **sofferto)** to suffer
soggiornare to stay (in a hotel)
il soggiorno (la sala) living room; stay, sojourn
la sogliola sole (*fish*)
sognare to dream
il sogno dream
solamente only
i soldi money;
  un sacco di soldi a lot of money
il sole sun;
  c'è il sole it is sunny;
  prendere il sole to sunbathe
solito usual;
  al solito as usual;
  del solito than usual;
  di solito usually, generally
la solitudine loneliness
solo (*adj.*) alone; (*adv.*) only;
  da solo by oneself
soltanto only

la **somma**   sum, total; addition
il **sonno**   sleep;
   avere **sonno**   to be sleepy
sopra   above, on top of
il/la **soprano**   soprano
soprattutto   above all
la **sorella**   sister
sorgere   (*p.p.* **sorto**) to rise
sorprendere   (*p.p.* **sorpreso**) to surprise
la **sorpresa**   surprise
sorpreso   surprised
sorridere   (*p.p.* **sorriso**) to smile
sotto   under, below
sottolineare   to underline
spagnolo   Spanish
la **spalla**   shoulder
lo **spazio**   space
spazioso   spacious
lo **specchio**   mirror
speciale   special
lo/la **specialista**   specialist
specializzarsi* (in)   to specialize (in)
la **specializzazione**   major (studies)
specialmente   especially
spedire (-isc-)   to send; to mail
spegnere   (*p.p.* **spento**) to turn off
spendere   (*p.p.* **speso**) to spend
sperare   to hope
la **spesa**   expense;
   fare la **spesa**   to go (grocery) shopping
spesso   often
spettacolare   spectacular
lo **spettacolo**   show, performance; sight
lo **spettatore**, la **spettatrice**   spectator
la **spiaggia**   beach
spiegare   to explain
la **spiegazione**   explanation
gli **spinaci**   spinach
sporco   dirty
lo **sportello**   (teller) window
sportivo   athletic, sporty
sposare   to marry;
   sposarsi*   to get married
sposato(a)   married
lo **sposo**, la **sposa**   groom, bride;
   gli **sposi**   newlyweds
la **spremuta di frutta**   fruit smoothie
lo **spumante**   sparkling wine

lo **spuntino**   snack
la **squadra**   team
squisito   exquisite, delicious
lo **stadio**   stadium
la **stagione**   season;
   di mezza **stagione**   in between seasons
stamattina   this morning
la **stampa**   press, printing
stancare   to tire;
   stancarsi*   to get tired
stanco   tired;
   stanco morto   dead tired
la **stanza**   room
stare*   to stay;
   stare attento   to be careful;
   stare bene   to be well, to feel well;
   stare a dieta   to be on a diet;
   stare male   to feel ill;
   stare per   to be about to;
   stare zitto   to be quiet
stasera   this evening, tonight
statale   of the state
lo **stato**   state
la **statua**   statue
la **stazione**   station
la **stella**   star
stesso   same;
   lo **stesso**   the same
lo **stile**   style
lo/la **stilista**   designer
lo **stipendio**   salary
lo **stivale**   boot
la **stoffa**   fabric
lo **stomaco**   stomach
la **storia**   history; story
storico   historical
la **strada**   street, road
stradale   of the street or highway
straniero   (*adj.*) foreign
lo **straniero**, la **straniera**   foreigner
strano   strange
stretto   narrow, tight
lo **strumento**   instrument;
   strumento musicale   musical instrument
lo **studente**, la **studentessa**   student
studiare   to study
lo **studio**   study; study room
studioso   studious
stupendo   magnificent, splendid
stupido   stupid

su   above, on top of;
   Su!   Come on!
subito   immediately
succedere   (*p.p.* **successo**) to happen;
   Cos'è successo?   What happened?
il **successo**   success
il **succo**   juice;
   succo d'arancia   orange juice
il **sud**   south
il **suffisso**   suffix
il **suggerimento**   suggestion
suggerire (-isc-)   to suggest
il **suocero**, la **suocera**   father-in-law, mother-in-law
suonare   to play an instrument, to ring
il **suono**   sound
superare   to exceed (speed); to overcome
la **superficie**   area
superiore   superior
il **supermercato**   supermarket
surgelato   frozen
lo **svantaggio**   disadvantage
la **sveglia**   alarm clock
svegliarsi*   to wake up
la **svendita**   sale
lo **sviluppo**   development
la **Svizzera**   Switzerland
svizzero   Swiss

T

la **taglia**   size
tagliare   to cut;
   tagliarsi*   to cut oneself
le **tagliatelle**   pasta cut into thin strips
il **talento**   talent
tanto   much, so much;
   Così tanto!   That much!;
   tanto... quanto   as much as
il **tappeto**   rug
tardi   late;
   è tardi   it is late
la **tasca**   pocket
la **tassa**   tax;
   tassa universitaria   tuition
il **tassì**   (*inv.*) taxi, cab
il **tassista**   cab driver
la **tavola**, il **tavolo**   table;
   A tavola!   Dinner's ready!;
   tavola calda   snack bar;
   il **tavolino**   end table
la **tazza**   cup
il **tè**   tea

teatrale theatrical, of the theater

il teatro theater

tedesco (*pl.* **tedeschi**) German

la telecamera TV camera

il telecomando remote control

il/la telecronista newscaster

il telefilm TV movie

telefonare to phone

la telefonata phone call;
   telefonata interurbana long-distance phone call;
   telefonata a carico del destinatario collect phone call

il telefono telephone;
   telefono cellulare (telefonino) cellular phone

il telegiornale TV news

il teleromanzo soap opera

il telespettatore, la telespettatrice TV viewer

la televisione television;
   alla televisione on TV

televisivo pertaining to television

il televisore TV set

il tema (*pl.* **temi**) theme, composition

temere to fear

la temperatura temperature

il tempo time; weather;
   a tempo pieno full-time;
   a tempo ridotto part-time;
   Che tempaccio! What bad weather!
   Che tempo fa? What is the weather like?

la tenda tent;
   montare la tenda to pitch the tent

le tende curtains

tenere to keep, to hold

il tenore tenor (singer);
   il tenore di vita way of life; standard of living

la teoria theory

terminare to finish, to end

il termometro thermometer

la terra earth, ground, land;
   per terra on the floor, on the ground

il terremoto earthquake

terribile terrible

il territorio territory

la tesi di laurea doctoral dissertation

il tesoro treasure;

tesoro! (*affect.*) honey, sweetheart

la tessera membership card

la tessera sanitaria medical card

la testa head

il tetto roof

il Tevere Tiber river

il tifo (sports) enthusiasm;
   fare il tifo per to be a fan of

tifoso fan

timido timid, shy

tipico typical

tirare to pull;
   tirare vento to be windy

il titolo title;
   il titolo di studio college degree

la tivù (*colloq.*) television

il topo mouse;
   Topolino Mickey Mouse

Torino Turin

tornare to return;
   Ben tornato! Welcome back!

la torre tower

la torta cake; pie

torto wrong;
   avere torto to be wrong

toscano Tuscan

la tosse cough

il totale total

il Totocalcio soccer lottery;
   schedina del Totocalcio soccer lottery ticket

la tovaglia tablecloth

il tovagliolo napkin

tra (*or* **fra**) between, among;
   tra un'ora in one hour

tradizionale traditional

la tradizione tradition

tradurre (*p.p.* **tradotto**) to translate

la traduzione translation

il traffico traffic

la tragedia tragedy

il tram streetcar

la trama plot

tramontare to set (sun, moon)

il tramonto sunset

tranquillo quiet

traslocare to move (to another place)

il trasloco moving

la trasmissione transmission, broadcasting

il trasporto transportation

trattare to treat; to deal with;

trattarsi* to have to do with;
   si tratta di it has to do with

la trattoria restaurant

il treno train;
   perdere il treno to miss the train

il trimestre quarter (academic year)

triste sad

il trofeo trophy

la tromba trumpet

troppo too much

la trota trout

trovare to find;
   trovarsi* to find oneself; to be situated

il/la turista tourist

turistico pertaining to tourism;
   la classe turistica economy class

il turno turn

la tuta overall;
   la tuta da ginnastica sweatsuit

tutti, tutte everybody, all;
   tutti e due both

tutto (*adj.*) all, every; the whole;
   tutto (*pron.*) everything;
   tutti (*pron.*) everybody, all

tutto il giorno the whole day

U

ubbidire (-isc-) to obey

ubriaco drunk

l'ufficio office;
   l'ufficio postale post office

uguale equal

ultimo last

umido humid

l'umore (*m.*) humor, mood;
   essere di buon (cattivo) umore to be in a good (bad) mood

unico unique;
   figlio unico only child

l'unificazione (*f.*) unification

l'unione (*f.*) union

unire (-isc-) to unite

unito united

uno one (number);
   un, uno, una (*art.*) a, an

l'università university

universitario (*adj.*) university-related

l'uomo (*pl.* **gli uomini**) man

l'uovo (*pl.* le uova) egg;
　le uova strapazzate
　　scrambled eggs
usare to use, to take
usato used, secondhand
uscire* to go (come) out
l'uscita exit
l'uso use
utile useful
l'uva grapes

V

la vacanza vacation, holiday
la valigia (*pl.* valigie *or*
　valige) suitcase;
　fare le valigie to pack
la valle valley
la valuta currency
il vantaggio advantage
vantaggioso advantageous
il vaporetto waterbus (in
　Venice)
la varietà variety
vario varied
la vasca (da bagno) (bath)tub
il vaso vase
vecchio old
vedere (*p.p.* visto, veduto) to
　see
il vedovo, la vedova
　widower, widow
vegetariano vegetarian
la vela sail;
　barca a vela sailboat;
　fare della vela to sail
veloce fast
la velocità speed;
　limite di velocità speed
　　limit
vendere to sell
la vendita sale;
　in vendita for sale
il venerdì Friday
Venezia Venice
veneziano Venetian
venire* (*p.p.* venuto) to come
il vento wind;
　tira vento it is windy
veramente truly; really,
　actually
il verbo verb

verde green;
　essere al verde to be broke
la verdura vegetables
la vergogna shame;
　Che vergogna! What a
　　shame!
la verità truth
vero true;
　È vero! That's right!
versare to pour
il verso line (of poetry);
　verso (*prep.*) toward
vestirsi* to get dressed
il vestito dress; suit
i vestiti clothes
il veterinario veterinarian
la vetrina shop window,
　display window
il vetro glass
via (*adv.*) away, off
la via street, way
viaggiare to travel
il viaggiatore, la viaggiatrice
　traveler
il viaggio trip, voyage;
　viaggio d'affari (di piacere)
　　business (pleasure) trip;
　viaggio di nozze
　　honeymoon;
　Buon viaggio! Have a nice
　　trip!
la vicinanza vicinity
vicino (*adv.*) close, nearby;
　vicino a (*prep.*) near
il vicino, la vicina neighbor
il videoregistratore
　videorecorder
vietato (entrare, fumare, ecc.)
　prohibited (entrance,
　smoking, etc.)
la vigna vineyard
la vignetta drawing, cartoon
il villaggio village
il villeggiante vacationer
la villeggiatura summer
　vacation
vincere (*p.p.* vinto) to win
il vino wine
viola (*inv.*) purple
la violenza violence
il violino violin
il violoncello cello
la visita visit

visitare to visit; to examine
la vita life
la vitamina vitamin
il vitello veal;
　arrosto di vitello roast veal
la vittoria victory
Viva! Hurrah!
vivere (*p.p.* vissuto) to live
vivo alive, living
il vocabolario vocabulary;
　dictionary
la vocale vowel
la voce voice;
　ad alta (bassa) voce in a
　　loud (low) voice
la voglia desire;
　avere voglia di to feel like
volentieri gladly; willingly
volere to want;
　voler dire to mean;
　volersi* bene to love each
　　other;
　ci vuole, ci vogliono it
　　takes
il volo flight
la volontà will, willingness
la volta time;
　una volta once;
　(c'era) una volta once upon
　　a time;
　due volte twice;
　qualche volta sometimes;
　ogni volta every time
le vongole clams
votare to vote
il voto grade; vote;
　un bel (brutto) voto a good
　　(bad) grade
il vulcano volcano
vuoto empty; vacant

Z

lo zaino backpack
lo zero zero
lo zio, la zia uncle, aunt
zitto silent;
　sta' zitto! be quiet!
la zona zone, area
lo zoo zoo
lo zucchero sugar
la zuppa di verdure vegetable
　soup

English–Italian Vocabulary

A

to be able to potere
about circa, di
above sopra, su;
　above all soprattutto
abroad all'estero
absent assente
abstract astratto
abundant abbondante
academic accademico
to accept accettare
accident l'incidente (*m.*)
to accompany accompagnare
according to secondo
accountant il ragioniere, la
　ragioniera
act l'atto;
to act (a role) recitare
activity l'attività
actor l'attore
actress l'attrice
ad l'annuncio pubblicitario
address l'indirizzo
to admire ammirare
to admit ammettere (*p.p.*
　ammesso)
adult l'adulto, l'adulta
advance l'anticipo;
　in advance in anticipo
advantage il vantaggio
advantageous vantaggioso
adventure l'avventura
advertising la pubblicità
advice il consiglio
to advise consigliare
affection l'affetto
affectionate affezionato
to be afraid avere paura
African africano
after dopo
afternoon il pomeriggio
afterward poi
again ancora
against contro
age l'età
ago fa;
　How long ago? Quanto
　　tempo fa?
to agree essere* d'accordo
air l'aria

air conditioning l'aria
　condizionata
airline la linea aerea
airplane l'aereo, l'aeroplano
alarm clock la sveglia
alive vivo
all tutto
to allow permettere (*p.p.*
　permesso), lasciare
almost quasi
alone solo (*adj.; adv.*)
along lungo;
　to get along andare
　　d'accordo
already già
also anche
although benché (+ *subj.*)
always sempre
amateur dilettante
American americano
among fra (*or* tra)
amusement il divertimento, lo
　svago
amusing divertente
analysis l'analisi (*f.*)
ancient antico
and e
animal l'animale (*m.*)
anniversary l'anniversario
to announce annunciare
announcer l'annunciatore,
　l'annunciatrice
annoyed seccato
anonymous anonimo
another un altro
answer la risposta
to answer rispondere (*p.p.*
　risposto)
antique antico
anyway ad ogni modo
apartment l'appartamento;
　studio apartment il
　　monolocale
to apologize scusarsi*
to appear apparire* (*p.p.*
　apparso)
to applaud applaudire
applause l'applauso
apple la mela
to apply fare domanda
appointment l'appuntamento

to appreciate apprezzare
to approach avvicinarsi*
April aprile
arcade la galleria
architect l'architetto
architecture l'architettura
architectural architettonico
area la superficie;
　area code il prefisso
to argue litigare
arm il braccio (*pl.* le braccia)
armchair la poltrona
around intorno (a), verso
arrival l'arrivo
to arrive arrivare*
art l'arte (*f.*)
artichoke il carciofo
article l'articolo
artistic artistico
as come;
　as soon as appena
to ask domandare, chiedere
　(*p.p.* chiesto)
asleep addormentato;
　to fall asleep
　　addormentarsi*
at a, in, da (**at the house of**);
　at least almeno
athlete l'atleta (*m. or f.*)
athletic sportivo
to attend assistere;
　to attend a course seguire,
　　frequentare
attention l'attenzione (*f.*)
to attract attirare
attractive attraente
audience il pubblico
August agosto
aunt la zia
author l'autore, l'autrice
autobiography l'autobiografia
automobile l'automobile (*f.*)
autumn l'autunno
available libero, disponibile
away via

B

backpack lo zaino
bad cattivo;
　Too bad! Peccato!

bag la borsa; il sacchetto;
  handbag la borsetta;
  sleeping bag il sacco a
    pelo
balcony il balcone, la galleria
ball la palla; il pallone
  (soccer)
ballet il balletto
bank la banca
bartender il barista
basketball la pallacanestro
  (f.)
bath il bagno;
  to take a bath fare il
    bagno;
  bathroom la stanza da
    bagno;
  bathtub la vasca da bagno
to be essere* (p.p. stato);
  to be able to potere;
  to be acquainted with
    conoscere;
  to be bad for fare male a;
  to be born nascere;
  to be broke essere al verde;
  to be called (named)
    chiamarsi*;
  to be careful stare* attento;
  to be on a diet essere* a
    dieta;
  to be distant distare;
  to be a doctor (a lawyer,
    etc.) fare il dottore
    (l'avvocato, ecc.);
  to be enough bastare;
  to be a fan (of) fare il tifo
    (per);
  to be in a hurry avere
    fretta;
  to be necessary bisognare;
  to be...years old (afraid,
    cold, hot, hungry, thirsty,
    right, wrong, sleepy)
    avere anni (paura, freddo,
    caldo, fame, sete, ragione,
    torto, sonno)
beach la spiaggia;
  beach chair la sedia a
    sdraio
beard la barba
beautiful bello
beauty la bellezza
because perché;
  because of a causa di
to become diventare*;
  to become ill ammalarsi*
bedroom la camera da letto
beer la birra

before (prep.) davanti a;
  prima di (conj)., prima che
  (+ subj.)
to begin (in)cominciare
beginning l'inizio
behind dietro
to believe credere (a)
bell tower il campanile
to belong appartenere
below sotto
beneficial benefico
besides inoltre
between tra (or fra)
bicycle la bicicletta
big grande;
  bigger maggiore
bill il conto
billion il miliardo
biology la biologia
birth la nascita
birthday il compleanno;
  Happy Birthday! Buon
    compleanno!
bitter amaro
black nero
blackboard la lavagna
blond biondo
blouse la camicetta
blue azzurro
boat la barca
body il corpo
to boil bollire
bone l'osso (pl. le ossa)
book il libro
bookstore la libreria
boot lo stivale
to border confinare
bored: to get bored annoiarsi*
boredom la noia
boring noioso
born: to be born nascere*
  (p.p. nato)
boss il capoufficio
to bother dare fastidio
bottle la bottiglia
bouquet il mazzo (di fiori)
boy, boyfriend il ragazzo
box la scatola
boxer il pugile
boxing il pugilato
bread il pane;
  breadsticks i grissini
to break rompere (p.p. rotto);
  rompersi*
breakfast la colazione;
  to have breakfast fare
    colazione
bright luminoso

brilliant brillante
to bring portare
broke: to be broke essere al
  verde
brother il fratello;
  brother-in-law il cognato
brown castano, marrone
to build costruire (-isc-)
builder il costruttore
building l'edificio; il palazzo
bulletin board la bacheca
bus l'autobus (m.);
  bus stop la fermata
    dell'autobus
business l'affare (m.)
busy occupato
but ma, però
butter il burro
to buy comprare
by da

C

cab il tassì (inv.)
cafeteria la mensa
cake la torta
calculator la calcolatrice
calculus il calcolo (math.)
calendar il calendario
to call chiamare;
  to be called chiamarsi*
calm calmo
camera la macchina
  fotografica
camping il campeggio;
  to go camping fare il
    campeggio
can (to be able) potere
can la lattina
to cancel cancellare, annullare
candidate il candidato
candies le caramelle
capital la capitale
car l'auto(mobile) (f.), la
  macchina;
  car racing l'automobilismo
carbonated frizzante
careful attento;
  to be careful stare attento
carpet il tappeto
to carry portare
car (train) la carrozza
  pay cash pagare in contanti
cashier il cassiere, la cassiera
castle il castello
cat il gatto
cathedral il duomo
cause la causa

to celebrate   festeggiare
cellar   la cantina
central   centrale
century   il secolo
certain   certo
chain   la catena
chair   la sedia
chalk   il gesso
champion   il campione, la
   campionessa
change   il cambiamento; la
   moneta
to change   cambiare;
   to change one's clothes
      cambiarsi*;
   to change one's mind
      cambiare idea
channel   il canale
chapel   la cappella;
   Sistine Chapel   la Cappella
      Sistina
chapter   il capitolo
character   il personaggio
charity   la beneficenza
cheap   economico
check   il conto; l'assegno
to check   controllare
cheerful   allegro
cheese   il formaggio
chemistry   la chimica
chicken   il pollo
child   il bambino, la bambina;
   (pl.) i bambini, i figli;
   only child   il figlio unico, la
      figlia unica;
   grandchild   il/la nipote;
   as a child   da bambino
Chinese   cinese
chocolate   il cioccolato;
   chocolate candy   il
      cioccolatino
choice   la scelta
to choose   scegliere (p.p.
   scelto)
Christmas   il Natale
church   la chiesa
cigarette   la sigaretta
citizenship   la cittadinanza
city   la città
civilization   la civiltà, la
   civilizzazione
clams   le vongole
class   la classe, la lezione
classmate   il compagno, la
   compagna di classe
clean   pulito
to clean   pulire (-isc-)
clear   sereno

clerk   l'impiegato, l'impiegata
client   il/la cliente
climate   il clima
to climb   salire
clock   l'orologio;
   alarm clock   la sveglia
to close   chiudere (p.p. chiuso)
closet   l'armadietto
clothes   i vestiti
clothing   l'abbigliamento
cloudy   nuvoloso
clown   il pagliaccio
coach   l'allenatore, l'allenatrice
to coach   allenare
coast   la costa
coat   la giacca;
   winter coat   il cappotto
coffee, coffee shop   il caffè
cold   freddo;
   to be cold   avere freddo;
   it is cold   fa freddo;
   to catch a cold   prendere il
      raffreddore
colleague   il/la collega
to come   venire* (p.p. venuto);
   to come back   ritornare;
   to come down   discendere*
      (p.p. disceso);
   to come in   entrare;
   Come on!   Dai!
comedian   il comico
comedy   la commedia
comfort   la comodità
comfortable   comodo
comic   comico
comment   il commento
common   comune
to communicate   comunicare
company   compagnia, ditta,
   azienda
to compare   paragonare
competition   la competizione,
   la gara
to complain   lamentarsi* (di)
completely   completamente
complicated   complicato
to compose   comporre (p.p.
   composto)
composer   il compositore, la
   compositrice
compulsory   obbligatorio
computer science
   l'informatica
concert   il concerto
concierge   il portinaio
conclusion   la conclusione
condition   la condizione
to confirm   confermare

confusion   la confusione
Congratulations!
   Congratulazioni!
congressman, congresswoman
   il deputato, la deputata
connection (train, plane)   la
   coincidenza
to consider   considerare;
   to consider oneself
      considerarsi*
consideration   la
   considerazione
to consist (of)   consistere (di)
consultant   il/la consulente
continent   il continente
continually   continuamente
to continue   continuare
contract   il contratto
contrary   il contrario;
   on the contrary   anzi
to control   controllare
conversation   la conversazione
cook   il cuoco, la cuoca
to cook   cucinare
cooking   la cucina
cookie   il biscotto
cool   fresco
to cool off   raffreddare
cordial   cordiale
corner   l'angolo
to correct   correggere (p.p.
   corretto)
cornmeal mush   la polenta
cost   il costo
to cost   costare
costume   il costume
cotton   il cotone
couch   il divano
cough   la tosse
to count   contare
country   il paese; la patria;
   countryside   la campagna
couple   la coppia
courage   il coraggio
courageous   coraggioso
course   il corso, la classe
cousin   il cugino, la cugina
covered   coperto
crazy   pazzo;
   to go crazy   impazzire*
cream   la crema
crisis   la crisi
critic   il critico (m. or f.)
to criticize   criticare
to cross   attraversare
crowded   affollato
cruise   la crociera
cup   la tazza

to cure guarire
curious curioso
currency la valuta
curtain la tenda; il sipario
customer il/la cliente
customs la dogana
to cut tagliare;
    to cut oneself tagliarsi*
cute carino

D

dad il papà
to damage rovinare
damaging dannoso
to dance ballare
danger il pericolo
dangerous pericoloso
dark buio;
    dark-haired bruno
date la data; l'appuntamento
daughter la figlia;
    daughter-in-law la nuora
day il giorno, la giornata;
    the next day il giorno dopo
dear caro
death la morte
debt il debito
December dicembre
to decide decidere (*p.p.* deciso)
decision la decisione
to declare dichiarare
deep profondo
defeat la sconfitta
defect il difetto
to define definire (-isc-)
degree il titolo di studio
delicatessen la salumeria
delicious delizioso, squisito
deluxe di lusso
democracy la democrazia
dentist il/la dentista
departure la partenza
to depend dipendere*;
    it depends (on) dipende (da)
depressing deprimente
to descend (di)scendere* (*p.p.* disceso)
to describe descrivere (*p.p.* descritto)
description la descrizione
designer lo/la stilista
desk la scrivania
dessert il dolce
to detest detestare

development lo sviluppo
to dial formare il numero
dialect il dialetto
dialogue il dialogo
diary il diario
dictionary il vocabolario
to die morire* (*p.p.* morto)
diet la dieta;
    to be on a diet stare a dieta, essere a dieta
dietician il dietologo, la dietologa
difference la differenza
different differente
difficult difficile
difficulty la difficoltà
digit la cifra
dinner la cena, il pranzo;
    dining room sala da pranzo;
    to have dinner cenare, pranzare
direction l'indicazione (*f.*)
directly direttamente
director il direttore, la direttrice
disadvantage lo svantaggio
disappointment la delusione
discovery la scoperta
to discuss discutere (*p.p.* discusso)
discussion la discussione
disease la malattia
dish il piatto
dishonest disonesto
dishwasher la lavastoviglie
distance la distanza
distant distante;
    to be distant distare
district il quartiere
to divide dividere (*p.p.* diviso)
divorced divorziato
to do fare (*p.p.* fatto)
doctor il dottore, la dottoressa; il medico
document il documento
documentary il documentario
dog il cane
dollar il dollaro
dome la cupola
door la porta
doubt il dubbio
to doubt dubitare
downtown il centro; in centro
dozen la dozzina
draperies le tende
to draw disegnare

drawer il cassetto
drawing il disegno
dream il sogno
to dream sognare
dress l'abito, il vestito;
    to get dressed vestirsi*
to dress vestire
drink la bevanda
to drink bere (*p.p.* bevuto)
drinking water l'acqua potabile
to drive guidare
driver l'automobilista (*m.* or *f.*)
driving la guida
drunk ubriaco
dry secco
to dry asciugare;
    to dry oneself asciugarsi*
during durante
duty il dovere

E

each ogni
ear l'orecchio (*pl.* le orecchie);
    earache mal d'orecchio
early presto
to earn guadagnare
earth la terra
Easter la Pasqua
eastern orientale
easy facile
to eat mangiare
ecological ecologico
economy l'economia
to educate istruire (-isc-)
education l'istruzione (*f.*)
egg l'uovo (*pl.* le uova)
either...or o...o
election l'elezione (*f.*)
electricity l'elettricità
elegant elegante
elementary elementare
elevator l'ascensore
to eliminate eliminare
to embrace abbracciare
emergency room il pronto soccorso
emotion l'emozione (*f.*)
employee l'impiegato, l'impiegata
employment l'impiego;
    employment agency l'agenzia di collocamento
empty vuoto
to encourage incoraggiare
end la fine

to end finire (-isc-)
engagement il fidanzamento
engineer l'ingegnere *(m.)*
engineering l'ingegneria
England l'Inghilterra
English inglese
to enjoy godere;
  to enjoy oneself divertirsi*;
  Enjoy your meal! Buon
    appetito!
enough abbastanza;
  to be enough bastare
to enroll iscriversi* *(p.p.*
    iscritto)
to enter entrare* (in)
entertaining divertente
enthusiastic entusiasta
entire intero
entitled intitolato
equal uguale
equality l'uguaglianza, la
    parità
error l'errore *(m.)*
especially specialmente
ethnic etnico
euro l'euro *(inv.)* (Italian
    currency)
Europe l'Europa
even perfino;
  not even neanche,
    nemmeno
evening la sera, la serata;
  Good evening! Buona
    sera!;
  this evening stasera
event l'avvenimento
every ogni *(inv.)*;
  everybody ognuno;
  everyone ognuno
exact esatto
exactly esattamente
exam l'esame *(m.)*;
  to take an exam dare un
    esame
example l'esempio;
  for example ad esempio,
    per esempio
to exceed superare
excellent eccellente, ottimo
except eccetto
exception l'eccezione *(f.)*
to exchange (money)
    cambiare
excursion l'escursione *(f.)*
excuse la scusa;
  Excuse me! Scusi! Scusa!
exercise l'esercizio
exhibition la mostra

to exist esistere* *(p.p.* esistito)
expense la spesa
expensive caro, costoso
experience l'esperienza
experienced esperto
experiment l'esperimento
expert esperto
to explain spiegare
explanation la spiegazione
to explore esplorare
to express esprimere *(p.p.*
    espresso)
expression l'espressione *(f.)*
eye l'occhio
eye doctor l'oculista *(m. or f.)*
eyeglasses gli occhiali *(pl.)*

F

fable la favola
face la faccia
fact il fatto;
  in fact infatti
factory la fabbrica
fair giusto
faithful fedele
fall l'autunno
to fall cadere*
familiar familiare
family la famiglia
family tree l'albero
    genealogico
famous famoso
fan tifoso;
  to be a fan (of) fare il tifo
    (per)
fantastic fantastico
far (from) lontano (da)
farmer il contadino, la
    contadina
fascinating affascinante,
    avvincente
fashion la moda
fashionable di moda, alla
    moda
fast rapido, veloce
fat grasso
father il padre;
  father-in-law il suocero;
  grandfather il nonno
favor il favore
favorable favorevole
fear la paura, il timore
to fear temere
February febbraio
to feel sentire, sentirsi*;
  to feel like avere voglia di
feeling il sentimento

feminine femminile
fencing la scherma
festivity la festa
fever la febbre
few pochi(e);
  a few alcuni(e)
fiancé, fiancée il fidanzato, la
    fidanzata
field il campo
to fill riempire;
  to fill it up (with gas) fare
    il pieno
final definitivo
finally finalmente
to find trovare
fine la multa
finger il dito *(pl.* le dita)
to finish finire (-isc-)
fire il fuoco;
  fireplace il caminetto
to fire licenziare
firm la ditta
first *(adj.)* primo, *(adv.)* prima
fish il pesce;
  fried fish pesce fritto
to fish pescare
to fit andare bene
flag la bandiera
flaw il difetto
flight il volo;
  flight attendant *(m. & f.)*
    l'assistente di volo
floor il pavimento; il piano
Florence Firenze
flour la farina
flower il fiore
flu l'influenza
flute il flauto
fog la nebbia
to follow seguire
following seguente
fond (of) appassionato (di)
food il cibo
foot il piede;
  on foot a piedi
for per
to forbid proibire (-isc-)
foreign straniero
foreigner lo straniero, la
    straniera
to forget dimenticare
fork la forchetta
fountain la fontana
free libero, gratuito
freeway l'autostrada
freezer il congelatore
French francese
fresco l'affresco

Friday il venerdì
fried fritto
friend l'amico, l'amica
friendship l'amicizia
from da, di
frozen surgelato
fruit la frutta;
   piece of fruit il frutto;
   fruit smoothie la spremuta
    di frutta
to fry friggere
full pieno
fun il divertimento;
   to have fun divertirsi*
to function funzionare
furious furioso
furnishing l'arredamento
furniture i mobili (pl.);
   piece of furniture un
    mobile

G

to gain guadagnare;
   to gain weight ingrassare
gallery la galleria;
   art gallery la galleria
    d'arte
game il gioco, la partita
garbage i rifiuti
garden il giardino
garlic l'aglio
gasoline la benzina
to gather riunirsi* (-isc-)
gender il genere
general generale
generally in genere
generous generoso
genius il genio
gentleman il signore
geography la geografia
German tedesco
Germany la Germania
to get prendere;
   to get along andare
    d'accordo;
   to get bored annoiarsi*;
   to get engaged fidanzarsi*;
   to get lost perdersi*;
   to get mad arrabbiarsi*;
   to get married sposarsi*;
   to get near avvicinarsi* (a);
   to get sick ammalarsi*;
   to get tired stancarsi*;
   to get up alzarsi*;
   to get used to abituarsi* (a)
gift il regalo

girl la ragazza;
   little girl la bambina;
   girlfriend la ragazza
to give dare;
   to give back restituire (-
    isc);
   to give a present regalare;
   to give a ride dare un
    passaggio
glad contento
glass il bicchiere
glasses gli occhiali;
   sunglasses occhiali da sole
gloves i guanti (pl.)
to go andare*;
   to go back ritornare*;
   to go camping fare il
    campeggio;
   to go down scendere*;
   to go in entrare*;
   to go near avvicinarsi*;
   to go out uscire*;
   to go shopping fare la
    spesa (le spese);
   to go up salire*
gold l'oro
good buono, bravo;
   Good-bye! Arrivederci!
    (fam.); ArrivederLa!
    (form.); Ciao!;
   Good night! Buona notte!
government il governo
grade il voto
to graduate laurearsi*;
   diplomarsi*
grammar la grammatica
grandfather il nonno;
   grandmother la nonna;
   grandparents i nonni
grapes l'uva
grass l'erba
grateful riconoscente
gray grigio
great grande
green verde
to greet salutare
greeting il saluto;
   greetings tanti saluti
grill la griglia
grilled alla griglia
groom lo sposo
group il gruppo
to grow crescere*
to guess indovinare
guest l'ospite (m. or f.),
   l'invitato, l'invitata
guide la guida
guilty colpevole

guitar la chitarra
gulf il golfo
guy il tipo
gym la palestra
gymnastics la ginnastica

H

hair i capelli;
   dark-haired bruno
hairdresser il parrucchiere, la
   parrucchiera
half la metà, mezzo (adj.)
hand la mano (pl. le mani);
   to shake hands dare la
    mano
handkerchief il fazzoletto
handsome bello
to happen succedere* (p.p.
   successo)
happiness la felicità
happy felice;
   Happy Easter! Buona
    Pasqua!;
   Happy New Year! Buon
    Anno Nuovo!
hard duro
to hate detestare, odiare
to have avere;
   to have a birthday
    compiere gli anni
   to have breakfast fare
    colazione;
   to have dinner cenare;
   to have fun divertirsi*;
   to have a headache
    (toothache, stomachache,
    backache, sore throat)
    avere mal di testa (denti,
    stomaco, schiena, gola);
   Have a nice day! Buona
    giornata!;
   Have a nice vacation!
    Buone vacanze!;
   to have to dovere
head il capo, la testa
health la salute
to hear sentire
heart il cuore
heavy pesante
hell l'inferno
hello buon giorno, salve, ciao;
   pronto **(telephone)**
help l'aiuto
to help aiutare
here qui;
   Here is…! Ecco…!
hero l'eroe (m.)

high   alto
hill   la collina
to hire   assumere *(p.p.* assunto)
historical   storico
history   la storia
to hit   colpire (-isc-)
hitchhiking   l'autostop *(m.)*
to hitchhike   fare l'autostop
holiday   la festa, la vacanza
home   la casa;
  at home   a casa
homeless people   i senzatetto
homework   il compito
honeymoon   la luna di miele
to hope   sperare
horse   il cavallo
hospital   l'ospedale *(m.)*
hot   caldo;
  to be hot   avere caldo;
  it is hot   fa caldo
hotel   l'albergo
hour   l'ora;
  rush hour   le ore di punta
house   la casa;
  at the house of   a casa di;
  at his/her house   a casa sua
housewife   la casalinga
how?   come?;
  How much?   Quanto?;
  How are you?   Come sta?
    (form. s.), Come stai?
    (fam. s.), Come va?;
  How come?   Come mai?
however   comunque, però
huge   grosso
humid   umido
hundred   cento *(inv.)*
hunger   la fame;
  to be hungry   avere fame
hurry   la fretta;
  to be in hurry   avere fretta;
  in a hurry   in fretta
to hurt oneself   farsi* male
husband   il marito

I

ice   il ghiaccio;
  ice cream   il gelato
  ice-cream parlor   la
    gelateria
idea   l'idea
ideal   ideale
if   se
ignorant   ignorante
ill   (am)malato
to become ill   ammalarsi*

illness   la malattia
imagination   l'immaginazione
  (f.)
to imagine   immaginare
immediately   immediatamente
impatience   l'impazienza
impatient   impaziente
impolite   maleducato
importance   l'importanza
important   importante
impossible   impossibile
to improve   migliorare
in   in, a; fra
to include   includere *(p.p.*
  incluso)
included   compreso
increase   l'aumento
to increase   aumentare
indeed   davvero, veramente
independent   indipendente
industrial   industriale
inelegant   inelegante
inexperienced   inesperto
inflation   l'inflazione *(f.)*
information   l'informazione
  (f.)
ingredient   l'ingrediente *(m.)*
inhabitant   l'abitante *(m.)*
to inherit   ereditare
inheritance   l'eredità
to initiate   iniziare
inn   la pensione, l'albergo
insensitive   insensibile
inside   dentro, in
instead (of)   invece (di)
instructor   l'istruttore,
  l'istruttrice
instrument   lo strumento
insurance   l'assicurazione *(f.)*
intellectual   intellettuale
intelligent   intelligente
to intend   avere intenzione di,
  pensare di
intention   l'intenzione *(f.)*
interest   l'interesse *(m.);*
  to be interested in
    interessarsi* a
to interest   interessare
interesting   interessante
interior designer   l'arredatore,
  l'arredatrice
intersection   l'incrocio
interview   il colloquio
to introduce   presentare;
  to introduce oneself
    presentarsi*
to invent   inventare
to invite   invitare

Irish   irlandese
island   l'isola
issue   la questione
Italian   italiano;
  Italian language   l'italiano
Italy   l'Italia
item   l'articolo

J

jacket   la giacca
January   gennaio
Japan   il Giappone
Japanese   giapponese
job   il lavoro;
  full-time job   lavoro a
    tempo pieno;
  part-time job   lavoro a
    tempo ridotto
to joke   scherzare
journalist   il/la giornalista
joy   la gioia
juice   il succo;
  orange juice   il succo
    d'arancia
July   luglio
to jump   saltare
June   giugno
just   *(adj.)* giusto; *(adv.)*
  appena

K

to keep   tenere;
  to keep up to date
    aggiornarsi*
key   la chiave
to kill   uccidere *(p.p.* ucciso)
kilogram   il chilo
  (chilogrammo)
kilometer   il chilometro
kind   gentile; il genere
kiss   il bacio
to kiss   baciare
kitchen   la cucina
knee   il ginocchio *(pl.* le
  ginocchia)
knife   il coltello
to know   conoscere *(p.p.*
  conosciuto), sapere;
  to know how   sapere;
  Who knows!   Chissà!
knowledge   la conoscenza

L

lack   la mancanza
ladder   la scala

lady la signora
lake il lago
lamp la lampada
land la terra
landlord, landlady il padrone, la padrona di casa
landscape il paesaggio
language la lingua;
   foreign language la lingua straniera
large largo, grande
last ultimo, scorso
to last durare
late tardi;
   to be late essere in ritardo
to laugh ridere (*p.p.* riso)
laughter il riso
law la legge
lawyer l'avvocato, l'avvocatessa
lazy pigro
to learn imparare
leather il cuoio, la pelle
to leave lasciare, partire*
lecture la conferenza
left la sinistra, (*adj.*) sinistro;
   to the left a sinistra
leg la gamba
legal legale
to lend prestare
less meno
lesson la lezione
to let lasciare
letter la lettera
library la biblioteca
license (driver's) la patente
lie la bugia
to lie dire una bugia
life la vita;
   still life la natura morta
lifeguard il bagnino, la bagnina
lift il passaggio;
   to give a lift dare un passaggio
light la luce; (*adj.*) leggero;
   traffic light il semaforo
to light accendere (*p.p.* acceso)
like come
to like piacere (*p.p.* piaciuto)
limit il limite;
   speed limit il limite di velocità
line la fila;
   to stand in line fare la fila
lip il labbro (*pl.* le labbra)
to listen to ascoltare

liter il litro
literature la letteratura
little piccolo
to live abitare, vivere (*p.p.* vissuto)
London Londra
long lungo;
   for a long time a lungo
to look (at) guardare;
   to look (+ *adj.*) avere un'aria;
   to look for cercare;
   to look like assomigliare a
to lose perdere;
   to get lost perdersi*;
   to lose weight dimagrire
lot (a lot) molto, un sacco (di)
love l'amore (*m.*);
   to be in love (with) essere innamorato (di);
   love (closing a letter) con affetto
to love amare
low basso
luck la fortuna;
   bad luck la sfortuna;
   Good luck! Buona fortuna!, In bocca al lupo!
luckily per fortuna
lucky fortunato
lyric lirico

M

mad: to get mad arrabbiarsi*
magazine la rivista
magnificent stupendo
to mail spedire (-isc-)
main principale
major (studies) la specializzazione
majority la maggioranza
to make fare (*p.p.* fatto);
   to make the acquaintance fare la conoscenza;
   to make an appointment fissare un appuntamento;
   to make a movie girare un film;
man l'uomo (*pl.* gli uomini)
to manage dirigere (*p.p.* diretto)
manager il dirigente
manner la maniera
map la carta geografica;
   la pianta (di una città)
marble il marmo

March marzo
market il mercato
marriage il matrimonio
to marry sposare;
   to get married sposarsi*;
   married sposato
masculine maschile
mask, masked character la maschera
mass media i mezzi di diffusione
masterpiece il capolavoro
match (sports) la partita
mathematics la matematica
mature maturo
May maggio
may potere;
   it may be that può darsi che
maybe forse
meal il pasto
mean cattivo
to mean significare, voler(e) dire
meaning il significato
means il mezzo;
   by means of per mezzo di;
   means of transportation i mezzi di trasporto
meat la carne
meatball la polpetta
mechanic il meccanico
medicine la medicina
medieval medievale
to meet conoscere (*p.p.* conosciuto); incontrare
meeting la riunione
memory la memoria
message il messaggio
messy disordinato
meter il metro
midnight la mezzanotte
mild mite
mile il miglio (*pl.* le miglia)
milk il latte
million il milione
millionaire il milionario
minute il minuto
mirror lo specchio
misadventure la disavventura
miss signorina
to miss sentire la mancanza (di);
   to miss the train perdere il treno
mistake l'errore (*m.*)
mister signore
to mix mescolare

mixed misto
model il modello, la modella
modern moderno
modest modesto
mom la mamma
moment il momento
Monday il lunedì
monetary monetario
money il denaro, i soldi
month il mese
monthly mensile *(adj.)*
monument il monumento
moon la luna
more più; ancora, di più
morning il mattino, la
  mattina;
  in the morning di mattina;
  this morning stamattina;
  Good morning! Buon
    giorno!
mother la madre;
  mother-in-law la suocera;
  grandmother la nonna
motive il motivo
motorcycle la motocicletta
motorist l'automobilista *(m.*
  or f.)
mountain la montagna
mountain climbing
  l'alpinismo
moustache i baffi
mouth la bocca
to move traslocare
moving il trasloco
movie il film;
  to go to the movies andare
    al cinema
movie theater il cinema
much molto;
  too much troppo
museum il museo
mushroom il fungo
music la musica;
  opera music musica
    operistica;
  folk music musica
    folcloristica
musician il/la musicista
must dovere

N

name il nome;
  last name il cognome
napkin il tovagliolo
Naples Napoli
narrow stretto
nation la nazione

nationality la nazionalità
naturally naturalmente
nature la natura
Neapolitan napoletano
near vicino;
  to get near avvicinarsi*
neat ordinato
necessary necessario;
  to be necessary bisognare
neck il collo
need il bisogno
to need avere bisogno di
neighbor il vicino, la vicina
nephew il nipote
nervous nervoso
never mai
nevertheless ciò nonostante
new nuovo;
  What's new? Cosa c'è di
    nuovo?
news la notizia
newscaster l'annunciatore,
  l'annunciatrice
newspaper il giornale
newsstand l'edicola
next to vicino (a);
  next week la settimana
    prossima
nice simpatico
niece la nipote
night la notte;
  Good night! Buona notte!;
  last night ieri sera;
no no
nobody nessuno
noise il rumore
noon il mezzogiorno
northern settentrionale
nose il naso
not non
notebook il quaderno
notes gli appunti
nothing niente
to notice notare
noun il nome
novel il romanzo
November novembre
now adesso, ora
number il numero;
  phone number il numero
    telefonico
nurse l'infermiere,
  l'infermiera

O

to obey ubbidire (-isc-)
object l'oggetto

to obtain ottenere
occasion la circostanza
to occupy occupare
ocean l'oceano
October ottobre
of di
to offend offendere *(p.p.*
  offeso)
offer l'offerta
to offer offrire *(p.p.*
  offerto)
office l'ufficio;
  Post Office la Posta
often spesso
oil l'olio
OK, very well va bene
old vecchio
Olympic olimpico
on su, sopra
once una volta;
  once upon a time c'era una
    volta;
  once more ancora una
    volta
onion la cipolla
only solo *(adv.)*, solamente,
  appena, soltanto
open aperto
to open aprire
opera l'opera
opinion l'opinione *(f.)*
opportunity l'occasione *(f.)*
opposite il contrario
optimist ottimista
or o
oral orale
orange l'arancia;
  orange *(color)* arancione
    (inv.);
  orange juice il succo
    d'arancia;
  orange smoothie la
    spremuta d'arancia
order l'ordine *(m.);*
  in order to per;
  in order that affinché
to order, to put in order
  ordinare, riordinare
to organize organizzare
oriental orientale
origin l'origine *(f.)*
original originale; l'originale
  (m.)
other altro
out fuori
outdoors all'aperto
outside fuori
outskirts la periferia

oven il forno;
    microwave oven il forno a microonde
to owe dovere
owner il proprietario, la proprietaria

P

to pack fare le valigie;
    backpack lo zaino
package il pacco
page la pagina
pain il dolore
to paint dipingere (*p.p.* dipinto)
painter il pittore, la pittrice
painting la pittura, il quadro
pair il paio (*pl.* le paia)
palace il palazzo
pants i pantaloni
paper la carta
parents i genitori
park il parco
to park parcheggiare
parking lot il parcheggio
particular particolare
party (political) la festa; il partito
to pass passare
passenger il passeggero, la passeggera
passport il passaporto
past il passato; passato (*adj.*)
pastry il pasticcino
patience la pazienza
patient paziente
to pay pagare;
    to pay attention fare attenzione;
    to pay a visit fare visita
paycheck lo stipendio
peace la pace
peach la pesca
pear la pera
peas i piselli
peasant il contadino, la contadina
pedestrian il pedone
pen la penna
pencil la matita
peninsula la penisola
pension la pensione
people la gente;
    some people alcune persone
pepper il pepe
perfect perfetto

perfectly alla perfezione
to perform rappresentare, recitare
performance la rappresentazione
perfume il profumo
perhaps forse
period il periodo
person la persona
personality la personalità
pessimist pessimista
pet l'animale domestico
pharmacy la farmacia
philosophy la filosofia
phone il telefono;
    phone call la telefonata;
    collect call telefonata a carico del destinatario
to phone telefonare
phone book l'elenco telefonico
photograph la foto(grafia)
physician il medico
physics la fisica
picnic la scampagnata
picture la fotografia, il quadro
picturesque pittoresco
pie la torta
pineapple l'ananas
pink rosa (*inv.*)
place il luogo, il posto
to place mettere
plan il progetto
to plan progettare, pensare (di + *inf.*)
play la commedia, il dramma
to play an instrument suonare;
    to play a game giocare;
    to play a part recitare
player il giocatore, la giocatrice
playwright il commediografo, la commediografa
pleasant piacevole
please per piacere, prego
pleasure il piacere;
    with pleasure con piacere, volentieri;
    My pleasure! Il piacere è mio!
plot la trama
plumber l'idraulico
plus più
pocket la tasca
poem il poema
poet il poeta
poetry la poesia

point il punto;
    point of view il punto di vista
police la polizia
policeman il poliziotto
polite educato
political politico
politics la politica
pollution l'inquinamento
poor povero
popular popolare
popularity la popolarità
populated popolato
portrait il ritratto
position il posto
possibility la possibilità
possible possibile;
    as little as possible il meno possibile
postcard la cartolina
poster il manifesto;
    electoral poster il manifesto elettorale
post office l'ufficio postale
pot la pentola
potato la patata;
    fried potatoes le patate fritte;
    potato dumplings gli gnocchi
to pour versare
practical pratico
to practice allenarsi*; esercitarsi*
to pray pregare
precious prezioso
precise preciso
to prefer preferire (-isc-)
preferable preferibile
preference la preferenza
to prepare preparare
to prescribe prescrivere (*p.p.* prescritto)
prescription la ricetta
present il regalo
present (*adj.*) attuale
president il presidente, la presidentessa
press la stampa
pretty carino
price il prezzo
print la stampa
private privato
prize il premio
probable probabile
problem il problema
producer il produttore, la produttrice

production   la produzione
profession   la professione
professor   il professore, la professoressa
program   il programma
to prohibit   proibire (-isc-)
project   il progetto, il piano
to promise   promettere (*p.p.* promesso)
prompter   il suggeritore
pronoun   il pronome
proposal   la proposta
protest   la protesta
to protest   protestare
provided   purché
proud   orgoglioso
psychology   la psicologia
public   il pubblico
publicity   la pubblicità
to publish   pubblicare
publisher   l'editore (*m.*), l'editrice (*f.*)
punctual   puntuale
to punish   punire (-isc-)
puppet   il burattino
purchase   l'acquisto
purple   viola (*inv.*)
purpose   il fine
to put   mettere (*p.p.* messo);
    to put on   mettersi*;
    to put on makeup   truccarsi*

Q

qualification   la qualifica
quality   la qualità
quarrel   il litigio
to quarrel   litigare
quarter   il trimestre, il quarto
question   la domanda;
    to ask a question   fare una domanda
quiet   tranquillo;
    to be quiet   stare zitto
to quit   abbandonare, lasciare

R

race   la gara, la corsa
rain   la pioggia
to rain   piovere
raincoat   l'impermeabile (*m.*)
rare   raro
rather   piuttosto
to react   reagire (-isc-)
to read   leggere (*p.p.* letto)

reader   il lettore, la lettrice
reading   la lettura
ready   pronto
reality   la realtà
to realize   rendersi* conto (*p.p.* reso)
really   davvero
reason   la ragione
receipt   la ricevuta, lo scontrino
to receive   ricevere
recently   recentemente
recipe   la ricetta
to recite   recitare
to recognize   riconoscere (*p.p.* riconosciuto)
record   il disco
to recover   guarire (-isc-)
red   rosso
referee   l'arbitro
reform   la riforma
refrigerator   il frigo(rifero)
region   la regione
relation   la relazione;
    international relations   le relazioni internazionali
relationship   il rapporto, la relazione
relative   il/la parente
to remain   rimanere* (*p.p.* rimasto), restare*
remarkable   notevole
to remember   ricordare, ricordarsi*
remote control   il telecomando
Renaissance   il Rinascimento
to renounce   rinunciare
renowned   noto, famoso
rent   l'affitto
to rent   affittare;
    to rent (a car)   noleggiare
to repair   riparare
to repeat   ripetere
to reply   rispondere
to reproach   rimproverare
republic   la repubblica
requirement   il requisito
to remodel   ristrutturare
research   la ricerca
reservation   la prenotazione
to reserve   prenotare
to rest   riposarsi*
restaurant   il ristorante, la trattoria
result   il risultato
to retire   andare in pensione
retiree   il pensionato, la pensionata

return   il ritorno
to return   ritornare*; restituire (-isc-) **(to give back)**
reunion   la riunione
rice   il riso
rich   ricco
ride   il passaggio;
    to give a ride   dare un passaggio
to ride a bicycle (a horse)   andare in bicicletta (a cavallo)
riding (horses)   l'equitazione (*f.*)
right   giusto;
    to be right   avere ragione;
    to the right   a destra
ring   l'anello
river   il fiume
road   la strada
role   la parte;
    to play the role (of)   recitare la parte (di)
romantic   romantico
Rome   Roma
roof   il tetto
room   la camera, il locale, la stanza;
    living room   il soggiorno (la sala);
    bedroom   la camera da letto;
    hotel room with bathroom   camera con servizi
roommate   il compagno, la compagna di stanza
rose   la rosa
rowing   il canottaggio
rug   il tappeto
run   la corsa;
    to run   correre (*p.p.* corso)

S

sacrifice   il sacrificio
to sacrifice   sacrificarsi*
sad   triste
safety   la sicurezza; la salvezza
sailing: to go sailing   andare in barca
salad   l'insalata
salary   lo stipendio
salesperson   il commesso, la commessa
salmon   il salmone
salt   il sale
same   stesso
sand   la sabbia

sandals i sandali
sandwich il panino imbottito;
  sandwich shop la
    salumeria, la paninoteca
sarcastically sarcasticamente
satisfied soddisfatto
Saturday il sabato
sauce la salsa
sausage la salsiccia
to sauté rosolare
to save risparmiare; salvare
saving il risparmio
to say dire (*p.p.* detto);
  to say good-bye, to say
    hello salutare
scene la scena
schedule l'orario
scholarship la borsa di studio
scholastic scolastico
school la scuola;
  elementary school la
    scuola elementare;
  junior high school la
    scuola media;
  high school il liceo
science la scienza;
  political science le scienze
    politiche
scientist lo scienziato
to score segnare
to scream gridare
to sculpt scolpire
sculptor lo scultore, la
  scultrice
sculpture la scultura; la statua
sea il mare
serious grave
season la stagione
seat (theater) il posto, la
  poltrona
seated seduto
second secondo; il secondo
secret il segreto
secretary il segretario, la
  segretaria
to see vedere (*p.p.* visto,
  veduto)
to seem parere, sembrare
selfish egoista
to sell vendere
semester il semestre
to send mandare, inviare
sensitive sensibile
sentence la frase
September settembre
to serve servire
to set (the table)
  apparecchiare (la tavola)

several diversi(e)
sex il sesso
shape la forma
to share dividere, condividere
  (*p.p.* diviso, condiviso)
sharp (time) in punto
to shave radersi* (*p.p.* raso)
sheet (of paper) il foglio (di
  carta)
shelf lo scaffale
ship la nave
shirt la camicia
shoe la scarpa;
  hiking shoes gli scarponi
    da montagna;
  tennis shoes le scarpe da
    tennis
shop il negozio
shopping: to go shopping
  fare le spese;
  to go grocery shopping
    fare la spesa
short basso, breve
shorts i pantaloncini
to shout gridare
show la mostra, lo spettacolo;
  to show (di)mostrare;
  to show a movie dare un
    film
shower la doccia;
  to take a shower fare la
    doccia
Sicilian siciliano
Sicily la Sicilia
sick ammalato
sidewalk il marciapiede
sign il cartello
to sign firmare
signature la firma
silence il silenzio
silent silenzioso
silk la seta
silverware le posate
similar simile
similarity la parità
simple semplice
since siccome; da quando
to sing cantare
singer il/la cantante
single nubile **(woman)**;
  celibe, scapolo **(man)**
sink il lavandino, il lavabo
sir signore
sister la sorella;
  sister-in-law la cognata
to sit sedersi*
situation la situazione
size la taglia

skates i pattini
skating il pattinaggio
to ski sciare
skier lo sciatore, la sciatrice
skiing lo sci (*inv.*)
to skip saltare
skirt la gonna
sky il cielo
skyscraper il grattacielo
sleep il sonno;
  to be sleepy avere sonno
to sleep dormire
slice la fetta
slim snello
slippers le pantofole
slow lento
slowly adagio
small piccolo
to smile sorridere (*p.p.*
  sorriso)
to smoke fumare
snack lo spuntino;
  snack bar la tavola calda
snow la neve
to snow nevicare
so così;
  so much così tanto;
  so that affinché (+ *subj.*)
soccer il calcio
sociable socievole
sock il calzino
sofa il divano
solitude la solitudine
some alcuni (alcune), qualche,
  di + *def. art.*, un po' di
someone qualcuno
something qualcosa
sometimes qualche volta
son il figlio;
  son-in-law il genero
song la canzone
soon presto;
  as soon as possible appena
    possibile;
  See you soon! A presto!
sorry spiacente;
  to be sorry dispiacere (*p.p.*
    dispiaciuto)
soup la minestra;
  vegetable soup il
    minestrone
south il sud; il Mezzogiorno
southern meridionale
souvenir il ricordo
Spanish spagnolo
sparkling frizzante
to speak (about) parlare (di)
special speciale

specialist lo/la specialista
specially specialmente
spectator lo spettatore, la spettatrice
speech il discorso
speed la velocità
to spend spendere **(money)** (*p.p.* speso); passare **(time)**
spicy piccante
splendid splendido, magnifico
spoon il cucchiaio
sporty sportivo
spring la primavera
square la piazza
stadium lo stadio
stage il palcoscenico
to stage rappresentare
stamp il francobollo
to stand in line fare la fila
to start incominciare
state lo stato
station la stazione
statue la statua
to stay restare*, stare; alloggiare, soggiornare
steak la bistecca
to steal rubare
still fermo; ancora (*adv.*)
stingy avaro
stocking la calza
to stop smettere (*p.p.* smesso); fermare, fermarsi*
store il negozio
story la storia;
 short story il racconto
straight diritto, dritto;
 straight ahead avanti diritto
strange strano
strawberry la fragola
street la strada;
 street corner l'angolo della strada
strength la forza
strict severo
strike lo sciopero
to strike scioperare
strong forte
stubborn ostinato
student lo studente, la studentessa
studio (apartment) il monolocale
studious studioso
study lo studio
to study studiare
stuff la roba

style lo stile
subject l'argomento, il soggetto
subtitles le didascalie
subway la metropolitana
to succeed (in) riuscire* (a)
success il successo
suddenly improvvisamente
to suffer soffrire (*p.p.* sofferto)
sugar lo zucchero
to suggest suggerire (-isc-)
suit il completo;
 bathing suit il costume da bagno
suitcase la valigia
summary il riassunto
summer l'estate (*f.*)
sumptuous lussuoso
sun il sole
Sunday la domenica
sunglasses gli occhiali da sole
sunny: it is sunny c'è il sole
supermarket il supermercato
supper la cena;
 to have supper cenare
sure sicuro, certo; già
surface la superficie
surgeon il chirurgo
surprise la sorpresa
to surprise sorprendere;
 surprised sorpreso;
 to surround circondare
sweater il maglione
sweatsuit la tuta da ginnastica
sweet dolce
to swim nuotare
swimming il nuoto;
 swimming pool la piscina
system il sistema

T

table il tavolo, la tavola;
 coffee table il tavolino
tablecloth la tovaglia
to take prendere (*p.p.* preso), portare;
 to take a bath (a shower, a walk, a ride, a trip, a picture, a break) fare il bagno (la doccia, una passeggiata, un giro, un viaggio, una foto, una pausa);
 to take care of curare;
 to take a class seguire un corso;

to take part (in) partecipare (a);
 to take place avere luogo;
 it takes ci vuole, ci vogliono
to talk (about) parlare (di)
tall alto
to tan abbronzarsi*
tape recorder il registratore
taste il gusto
tasty gustoso, saporito
tax la tassa
tea il tè
to teach insegnare
teacher il maestro, la maestra
team la squadra
telephone il telefono;
 telephone book l'elenco telefonico;
 telephone operator il/la centralinista
to telephone telefonare
television la televisione;
 TV set il televisore;
 TV news il telegiornale
to tell dire (*p.p.* detto); raccontare
tenant l'inquilino, l'inquilina
tent la tenda
terrible terribile
thank you grazie;
 Thank God! Meno male!
 thanks il ringraziamento;
 Thanksgiving il giorno del ringraziamento;
 thanks to grazie a
to thank ringraziare
that che; quello;
 that is cioè
theater il teatro;
 movie theater il cinema
then allora, poi;
 since then da allora
theory la teoria
there là, lì;
 there is c'è;
 there are ci sono
therefore perciò
thesis la tesi
thin magro
thing la cosa
to think (of) pensare (a)
thirsty: to be thirsty avere sete
this questo
thought il pensiero
thousand mille, (*pl.*) mila
through attraverso

Thursday il giovedì
ticket il biglietto;
   round-trip ticket il biglietto di andata e ritorno;
   ticket window la biglietteria
tie la cravatta
tight stretto
time il tempo; la volta; l'ora;
   it is time è (l')ora di;
   to be on time essere in orario
timid timido
tip la mancia
tire la gomma;
   flat tire gomma a terra
to tire stancare, stancarsi*
tired stanco
tiring faticoso
title il titolo
to a, in da
today oggi
together insieme
tomato il pomodoro
tomorrow domani;
   the day after tomorrow dopodomani
tonight stasera
too anche;
   too much troppo;
   Too bad! Peccato!
tooth il dente;
   toothache mal di denti
topic (for discussion) l'argomento
tour il giro, la gita;
   tour bus il pullman
to tour girare
tourist il/la turista
towel l'asciugamano
toward verso
tower la torre
town il paese, la città
toy il giocattolo
trade il mestiere
traffic il traffico;
   traffic light il semaforo
tragedy la tragedia
train il treno
to train allenarsi*
tranquil tranquillo
travel il viaggio;
   travel agency l'agenzia di viaggi
to travel viaggiare
traveler il viaggiatore, la viaggiatrice
to treat curare

treatment la cura
tree l'albero
trip il viaggio;
   business (pleasure) trip viaggio d'affari (di piacere);
   to take a trip fare un viaggio;
   Have a good trip! Buon viaggio!
trousers i pantaloni
trout la trota
true vero
truly veramente
trumpet la tromba
trunk (of a car) il portabagagli
truth la verità
to try cercare di + *inf.;*
   to try on provare
T-shirt la maglietta
tub la vasca
Tuesday il martedì
tuition la tassa universitaria
to turn girare;
   to turn on accendere (*p.p.* acceso);
   to turn off spegnere (*p.p.* spento)
to type scrivere a macchina

U

ugly brutto
umbrella l'ombrello;
   beach umbrella l'ombrellone
uncertain incerto
uncle lo zio
undecided indeciso
under sotto
to understand capire (-isc-)
unemployed disoccupato
unemployment la disoccupazione
unfavorable sfavorevole
unfortunately purtroppo
unhappy infelice, scontento
union l'unione (*f.*)
university l'università
unless a meno che (+ *subj.*)
unlucky sfortunato
unpleasant antipatico
until (*prep.*) fino a, (*conj.*) finché;
   until now finora
unwillingly malvolentieri
use l'uso;

to use usare;
   to get used to abituarsi*
useful utile
useless inutile
usual solito;
   usually di solito;
   as usual come al solito

V

vacant libero, vuoto
vacation la vacanza;
   summer vacation la villeggiatura;
   vacationer il villeggiante
valley la valle
vase il vaso
veal il vitello;
   roast veal arrosto di vitello
vegetables la verdura;
   cooked vegetables il contorno
Venice Venezia
verb il verbo
very molto
victory la vittoria
video recorder il videoregistratore
view la vista
village il villaggio
vineyard la vigna
violin il violino
visit la visita
to visit visitare, esaminare, andare a trovare
vocabulary il vocabolario
voice la voce;
   in a loud voice ad alta voce;
   in a low voice a bassa voce
vote il voto
to vote votare
vowel la vocale
voyage il viaggio

W

to wait (for) aspettare
waiter il cameriere
waitress la cameriera
to wake up svegliarsi*
walk la passeggiata;
   to take a walk fare una passeggiata
to walk andare a piedi, camminare
wall il muro, la parete
wallet il portafoglio

to want volere
war la guerra
wardrobe l'armadio
warm caldo
warmly calorosamente
to wash lavare;
   to wash oneself lavarsi*
to waste (time) perdere
   (tempo)
watch l'orologio
to watch guardare
water l'acqua;
   drinking water l'acqua
     potabile;
   water polo la pallanuoto
way il modo;
   anyway ad ogni modo
weak debole
wealth la ricchezza
to wear mettere, mettersi*;
   portare
weather il tempo;
   weather forecast le
     previsioni del tempo
wedding il matrimonio
Wednesday il mercoledì
week la settimana
weekend il fine-settimana
weight il peso;
   to lose weight dimagrire
     (-isc-)
welcome benvenuto
well be' (bene);
   to be well stare bene
western occidentale
what? che? che cosa? cosa?
when quando
where dove

wherever dovunque
which quale; che
while mentre
white bianco
who, whom che, il quale;
   who?, whom? chi?
whoever chiunque
whole tutto;
   the whole day tutto il
     giorno
whose? di chi?
why perché
wide largo
widow, widower la vedova, il
   vedovo
wife la moglie
willingly volentieri
to win vincere (*p.p.* vinto)
wind il vento
window la finestra, la vetrina
   (shop)
wine il vino
winter l'inverno
wish il desiderio, l'augurio
to wish desiderare, augurare;
   I wish vorrei
with con
without senza, senza che (+
   subj.)
witty spiritoso
woman la donna
to wonder domandarsi*
wonderful meraviglioso
wonderfully
   meravigliosamente
wood il bosco; il legno
wool la lana
word la parola

work il lavoro, l'occupazione
   (*f.*);
   work of art l'opera d'arte
to work lavorare
worker l'operaio, l'operaia
world il mondo;
   worldwide mondiale
worry la preoccupazione
to worry preoccupare,
   preoccuparsi* (di);
   worried preoccupato
Wow! Caspita!
to write scrivere (*p.p.*
   scritto)
writer lo scrittore, la
   scrittrice
wrong sbagliato;
   to be wrong avere torto

Y

year l'anno;
   to be...years old
     avere... anni;
   New Year's Day il
     Capodanno
yellow giallo
yes sì
yesterday ieri;
   the day before yesterday
     l'altro ieri
yet eppure;
   not yet non ancora
young giovane;
   young lady signorina;
   young man giovanotto
youth hostel l'ostello per la
   gioventù

Index

A

a, 65, 67–68, 157
  with **ci,** 282
  with disjunctive pronouns, 262
  with indirect object, 237
  with indirect-object pronouns, 262
  with infinitive, 307, 418
accent marks, 5
-accio (suffix), 377
adjectives **(aggettivi),** 7, 41, 43–45, 94
  comparative of, 322–323
  demonstrative, 215
  ending in **-ca,** 45
  ending in **-e,** 43
  ending in **-ga,** 45
  ending in **-o,** 43
  feminine, 43
  gender of, 43
  indefinite, 347
  masculine, 43
  of nationality, 44–45
  plural, 43, 265–266
  position of, 44
  possessive, 129–130
  suffixes of, 377
  superlatives of, 325–326
adverbial prepositions, 70
adverbs **(avverbi),** 70, 94, 178–179
  comparative of, 322–323
  formed with **-mente,** 178–179
  of time, 179
  position of, 179
  superlatives of, 325–326
affinché + subjunctive, 393
age, expressing, 92
agreement of past participle, 149, 151
aiutare + **a** + infinitive, 307
alcuni, 89–90, 347
alphabet, 2
A.M., 155
andare
  + **a** + infinitive, 307
  all tenses, 425
  future tense, 257
  imperative mood, 213, 242
  present conditional tense, 301

  present indicative tense, 110, 111
  present perfect indicative tense, 151, 152
  present subjunctive tense, 373
appena, 257, 416
aprire
  all tenses, 425
  past participle, 149
  present indicative tense, 88
-are
  irregular verbs, present indicative tense, 110–111
  regular verbs
    all tenses, 422–424
    present indicative tense, 64–65
art (vocabulary), 389–390
articles **(articoli),** 29–30
  definite, 29, 89
    uses of, 330–331
    with articles of clothing, 174
    with **da,** 158
    with days of the week, 113
    with geographical names, 331
    with languages, 330
    with parts of the body, 174
    with possessive adjectives, 129
    with possessive pronouns, 130
    with prepositions, 68, 129
    with superlatives, 325–326
  indefinite, 29, 89
    omission of, 29
  partitive, 89–90
ascoltare
  present indicative tense, 65
  with direct-object pronouns, 234
aspettare
  present indicative tense, 65
  with direct-object pronouns, 234
assumere, all tenses, 425
avere
  + noun + **di** + infinitive, 307
  all tenses, 420–421
  expressions with, 51
  future tense, 257

  imperative mood, 213
  past absolute tense, 352–353
  past participle, 149
  past subjunctive tense, 375
  present conditional tense, 301
  present indicative tense, 49
  present perfect indicative tense, 148–149
  present subjunctive tense, 373

B

banking (vocabulary), 169
basso, 41
bello, 48
bene, 328
bere
  all tenses, 425
  future tense, 257
  gerund, 354
  imperfect subjunctive, 396
  past absolute tense, 352
  past participle, 149
  present conditional tense, 301
  present indicative tense, 115
  present subjunctive tense, 373
blu, 45
body, parts of the (vocabulary), 367
  definite article, 174
  plural forms, 266
bravo, 41
buono, 41, 48, 327

C

cadere
  all tenses, 425
  future tense, 257
  past absolute tense, 353
  present conditional tense, 301
  present perfect indicative tense, 152
calendar (vocabulary), 15, 113, 217–218
cantare, present indicative tense, 64
capire, present indicative tense, 132

cardinal numbers (all), 92–93
-**care** verbs
    future tense, 257
    present conditional tense, 301
    present indicative tense, 65
    present subjunctive tense, 371
castano, 41
cattivo, 327
c'e, ci sono, 24, 25, 282
cento, 93
cercare
    + **di** + infinitive, 307
    present conditional tense, 301
    with direct-object pronouns,
        234
che, 346, 370
che?, 71
che!, 71
chi, 346, 347
chiedere
    + **di** + infinitive, 307
    all tenses, 425
    past absolute tense, 353
    past participle, 149
    present indicative tense, 87
chiudere
    all tenses, 425
    past absolute tense, 353
    past participle, 149
    present indicative tense, 87
ci, 282
    position of, 282
    with direct-object pronoun, 282
    with **ne,** 282
ci vuole, ci vogliono, 282
-**ciare** verbs
    future tense, 257
    present conditional tense, 301
ciò che, 346, 347
city (vocabulary), 21–22
classroom (vocabulary), 13
clothing, articles of (vocabulary),
    209
    definite, article, 174
cognates, 6–8
coi, 68
col, 68
colors (vocabulary), 41, 45
cominciare
    + **a** + infinitive, 307
    future tense, 257
    present conditional tense, 301
    present indicative tense, 65
    present subjunctive tense, 371
commands **(imperativo),** *see*
    imperative mood
comparative
    irregular forms, 327–328
    of adjectives, 322–323

of adverbs, 322–323
    of infinitives, 323
    of nouns, 323
    with numbers, 323
comparisons
    of equality, 322
    of inequality, 322, 323, 325
con, 67, 68
conditional perfect tense,
        (condizionale passato),
        303; *see also* conditional
        tense, past
    formation, 303
    regular verbs, 423
    sequence of tenses with
        subjunctive, 400–401
    usage, 303
conditional tense, past; *see also*
        conditional perfect tense
    in hypothetical situations, 399;
conditional tense, present
        (condizionale presente),
        300–301
    in hypothetical situations, 396
    irregular verbs, 301
    regular verbs, 300, 422
    sequence of tenses with
        subjunctive, 400–401
    usage, 300
    with *would,* 301
conjunctions **(congiunzioni),** 393
    with subjunctive mood, 393
conoscere
    all tenses, 426
    imperfect vs. present perfect
        indicative tense, 195
    past absolute tense, 353
    past participle, 149
    present indicative tense, 117
    vs. **sapere,** 117
consonants, 3–4
    double, 4
continuare + **a** + infinitive, 307
contractions, 68, 89, 129, 158
cooking utensils (vocabulary), 247
correre, all tenses, 426
corto, 41
courtesy, expressions of, 11
credere
    + **di** + infinitive, 307
    present indicative tense, 87
    with **ci,** 282
cui, 346–347

D

da, 67–68, 157, 158
    in expressions of time, 197

with **ci,** 282
    with **fare** + infinitive, 417
    with imperfect indicative tense,
        197
    with **niente,** 350
    with **partire,** 88
    with passive form, 416
    with present indicative tense,
        197
    with present perfect indicative
        tense, 197
    with **qualcosa,** 348
da quanto tempo / da quando?,
    197
dare
    all tenses, 426
    future tense, 256
    imperative mood, 213, 242
    imperfect subjunctive, 396
    past absolute tense, 352
    past participle, 149
    present conditional tense, 301
    present indicative tense, 110,
        111
    present subjunctive tense, 373
dates, expressing, 15, 217–218
days of the week, 15, 113,
    217–218
decidere
    all tenses, 426
    past absolute tense, 353
decimal numbers, 93
declarative sentence, 6
definite articles, 29, 89
    uses of, 330–331
    with articles of clothing, 174
    with **da,** 158
    with days of the week, 113
    with geographical names, 331
    with languages, 330
    with parts of the body, 174
    with possessive adjectives, 129
    with possessive pronouns, 130
    with prepositions, 68, 129
    with superlatives, 325–326
demonstrative
    adjectives **(aggettivi**
        dimostrativi), 215
    pronouns **(pronomi**
        dimostrativi), 215
descriptions (vocabulary), 41
desiderare, with infinitive, 307
di, 65, 67–68, 89
    + infinitive, 307, 418–419
    in comparisons, 323, 326
    with infinitives, 393
    with **niente,** 350
    with numbers, 93
    with **qualcosa,** 348

dimenticare
   + **di** + infinitive, 307
   future tense, 257
   present subjunctive tense, 371
diphthongs, 3, 6
dipingere, all tenses, 426
dire
   + **di** + infinitive, 307
   all tenses, 426
   conditional perfect tense, 303
   gerund, 354
   imperative mood, 213, 242
   imperfect subjunctive, 396
   past absolute tense, 352
   past participle, 149
   present indicative tense, 133
   present subjunctive tense, 373
direct-object pronouns **(pronomi diretti),** 134, 233–234
   agreement of past participle, 149, 284
   imperative mood, 241–242
   position of, 234
   summary of, 261
   vs. indirect-object pronouns, 237–238
   with **ci,** 282
   with disjunctive pronouns, 260
   with **Ecco!,** 240
   with indirect-object pronouns, 283–284
   with infinitives, 240
   with past participle, 234
   with present perfect indicative tense, 234
   with progressive form, 355
   with reflexive verbs, 284
direct objects, 65
   with **fare** + infinitive, 417
discutere, all tenses, 426
disjunctive pronouns **(pronomi tonici),** 158, 260–261
   in comparisons, 323
   summary of, 261
   uses of, 260
   with direct and indirect-object pronouns, 260
   with **piacere,** 262
dispiacere, 263
domandare + **di** + infinitive, 307
dopo che, 416
dopo (di) + past infinitive, 416
dormire
   present indicative tense, 87, 88
   present perfect indicative tense, 148
double-object pronouns, 283–284
   imperative mood, 284

   position of, 283–284
   with infinitive, 284
doubt, verbs of, 371
dovere
   all tenses, 426
   conditional perfect tense, 306
   future tense, 257
   imperfect vs. present perfect indicative tense, 195
   past participle, 149
   present conditional tense, 301, 305
   present indicative tense, 115
   present subjunctive tense, 373
   with infinitive, 284, 307
   with object pronouns, 240, 284
   with reflexive verbs, 173

E

each other, 174; *see also* reciprocal verbs
ecco, 24, 25
Ecco!, with direct- or indirect-object pronouns, 240
-ello (suffix), 377
emotion, expressions of, 371
employment (vocabulary), 297
-ere
   irregular verbs, present indicative tense, 115
   regular verbs
      all tenses, 422–424
      present indicative tense, 87
essere
   + adjective + infinitive, 307
   + noun + **di** + infinitive, 307
   all tenses, 420–421
   expressions with, 51
   future tense, 257
   imperative mood, 213
   imperfect subjunctive, 396
   passive construction, 416
   past absolute tense, 352
   past participle, 152
   past subjunctive tense, 375
   present conditional tense, 301
   present indicative tense, 24
   present perfect indicative tense, 151–152, 176
   present subjunctive tense, 373
-etto (suffix), 377

F

family (vocabulary), 127
fare
   + infinitive, 417

   all tenses, 427
   expressions of weather, 219
   expressions with, 110–111
   future tense, 256
   gerund, 354
   imperative mood, 213, 242
   imperfect subjunctive, 396
   past absolute tense, 352
   past participle, 149
   present conditional tense, 301
   present indicative tense, 110–111
   present subjunctive tense, 373
   with object pronouns, 417
   with reflexive pronouns, 417
feeling, expressions of, 244
feminine
   adjectives, 43
   nouns, 27, 29–30
finire
   + **di** + infinitive, 307
   present indicative tense, 132
first conjugation verbs, 64–65
food (vocabulary), 83–84, 231
fra, 67
furniture (vocabulary), 277
future
   expressed by present indicative tense, 257
   immediate, 111
future perfect tense **(futuro anteriore)**
   formation, 415
   regular verbs, 423
   uses, 415
future tense **(futuro)**
   expressed by present indicative tense, 64, 111
   expressing probability, 257
   expressions of time, 258
   irregular verbs, 256–257
   regular verbs, 256, 422
   sequence of tenses with subjunctive, 400–401

G

-gare verbs
   future tense, 257
   present conditional tense, 301
   present indicative tense, 65
   present subjunctive tense, 371
gender
   changes in, 266
   of adjectives, 43
   of nouns, 27, 29–30
geographical names
   with definite article, 331
   without definite article, 331

geography (vocabulary), 319
gerund, 354–355
  irregular verbs, 354
  past, 424
  regular verbs, 354, 423
  usage, 355
  vs. infinitive, 355
-**giare** verbs
  future tense, 257
  present conditional tense, 301
grande, 327
greetings (vocabulary), 11–12
guardare
  present indicative tense, 65
  with direct-object pronouns,
    234

H

health (vocabulary), 367
hotel (vocabulary), 169
house (vocabulary), 277
hypothetical situation, 396, 399

I

-**iare** verbs, present indicative
    tense, 65
if-clause, 396, 399
imparare
  + **a** + infinitive, 307
  present indicative tense, 65
imperative mood **(imperativo),**
    212–213
  irregular verbs, 213
  -**isc-** verbs, 212
  let's, 212
  negative, 213, 242
  regular verbs, 212, 422
  sequence of tenses with
    subjunctive, 400–401
  with double-object pronouns,
    284
  with **ne,** 280
  with object pronouns, 241–242
  with reciprocal verbs, 241–242
  with reflexive pronouns,
    241–242
  you, 212
imperfect indicative tense
    (imperfetto), 192
  contrast with present perfect
    indicative tense, 194–195
  expressions of time, 197
  irregular verbs, 192

regular verbs, 192, 422
  uses, 192
  with the past absolute tense,
    353
  with the present perfect
    indicative tense, 353
  with *would,* 301
imperfect subjunctive tense
    **(imperfetto del
    congiuntivo),** 395–396
  irregular verbs, 396
  regular verbs, 395, 423
  sequence of tenses, 400–401
  usage, 396
  with **se,** 396
impersonal expressions
  with infinitive, 371
  with subjunctive, 371
in, 67–68, 157, 158
  with **ci,** 282
  with geographical names,
    331
incominciare
  + **a** + infinitive, 307
  present indicative tense, 65
indefinite adjectives, 347
indefinite articles, 29, 89
  omission of, 29
indefinite pronouns, 346, 347–348
indicative mood, 370
indirect discourse, with
  conditional perfect tense, 303
indirect-object pronouns
    (pronomi indiretti), 237–238
  imperative mood, 241–242
  negative, 237
  position of, 237
  summary of, 261
  vs. direct-object pronouns,
    237–238
  with direct-object pronouns,
    283–284
  with disjunctive pronouns,
    260
  with **Ecco!,** 240
  with infinitives, 240
  with **piacere,** 262
  with present perfect indicative
    tense, 238
  with the progressive form, 355
indirect object with **fare** +
    infinitive, 417
infinitive, 65, 158, 422
  comparative of, 323
  double-object pronouns, 284
  followed by a preposition, 307
  not followed by a preposition,
    307

past, 416, 423
    vs. past subjunctive tense,
      375
  reflexive verbs, 172–173
  vs. gerund, 355
  vs. subjunctive mood, 370,
    371
  with **di,** 307
  with **ne,** 280
  with preposition, 65, 393
-**ino** (suffix), 377
interrogative
  adjective, 92
  expressions, 32
  partitive article, 89
  sentence, 6, 24, 49
intonation, 6
invariable nouns, 28
-**ire**
  irregular verbs, present
    indicative tense, 133
  regular verbs
    all tenses, 422–424
    present indicative tense,
      87–88
-**ire** (-**isc-**) verbs
  present indicative tense, 132
  regular verbs, all tenses,
    422–424
irregular verbs, 425–430

J

job (vocabulary), 297

K

kitchen (vocabulary), 231

L

languages, definite article, 330
lavarsi
  present indicative tense, 172,
    173
  present perfect indicative
    tense, 176
leggere
  all tenses, 427
  past absolute tense, 353
  past participle, 149
  present indicative tense, 87
let's, imperative mood, 212
lodging (vocabulary), 169
loro, 129, 130

M

maggiore, 328
male, 328
mangiare
 future tense, 257
 present conditional tense,
  301
marrone, 41, 45
masculine
 adjectives, 43
 nouns, 27, 29–30
media (vocabulary), 189
mettere
 all tenses, 427
 past absolute tense, 353
 past participle, 149
minore, 328
molto, 94–95, 178, 280, 328
months of the year, 15, 217–218
morire
 all tenses, 427
 past participle, 152
 present perfect indicative
  tense, 152
movies (vocabulary), 189

N

 nascere
 all tenses, 427
 past absolute tense, 353
 past participle, 152
 present perfect indicative
  tense, 152
nationality, adjectives of, 44–45
ne, 280–281
 position of, 284
 with **ci,** 282
 with imperative mood, 280
 with infinitive, 280
 with present perfect indicative
  tense, 281
neanche, 350
negative
 expressions, 350
 partitive article, 89
 present perfect indicative
  tense, 149
 sentences, 24, 49
nemmeno, 350
né... né, 350
neppure, 350
nessuno, 350
nevicare, 219
niente, 350
non è vero?, 49

nouns **(nome),** 6–7, 27–28, 29–30
 abbreviated, 28
 abstract sense, 330
 comparative of, 323
 ending in accented vowel, 28
 ending in **-ca,** 28
 ending in consonant, 28
 ending in **-e,** 30
 ending in **-ga,** 28
 ending in **-io,** 28
 ending in vowel, 28
 feminine, 27, 29–30
 gender of, 27, 29–30
 invariable, 28
 masculine, 27, 29–30
 plural, 28, 265–266
 suffixes of, 377
 that change gender, 266
nulla, 350
numbers
 cardinal, 14, 92–93
 comparative of, 323
 decimal, 93
 ordinal, 286
 punctuation in, 93

O

object pronouns, *see* direct-object
  pronouns, indirect-object
  pronouns
offendere, all tenses, 427
offrire
 all tenses, 427
 past participle, 149
 present indicative tense, 88
ogni, 94–95, 347
ognuno, 347
one another, 174; *see also* reciprocal
  verbs
-one (suffix), 377
opinion, verbs of, 371
ora, 155, 178
origin, expressing place of, 67

P

pagare
 future tense, 257
 present conditional tense, 301
 present subjunctive tense, 371
participle, past
 agreement of, 234, 281
 formation, 148–149
 irregular, 152
 regular verbs, 423

partire
 present indicative tense, 88
 present perfect indicative
  tense, 152
partitive
 article, 89–90
 with **ne,** 280
parts of the body, plural forms,
  266
passive construction, 416
 with impersonal **si,** 265
past absolute tense **(passato
  remoto),** 351–353
 alternate verb ending, 352
 irregular verbs, 352
 regular verbs, 352, 422
 usage, 352
 vs. present perfect indicative
  tense, 352, 353
 with the imperfect indicative
  tense, 353
past gerund, regular verbs, 424
past infinitive, 416
 regular verbs, 423
 vs. past subjunctive tense,
  375
past participles
 agreement of, 149, 151, 234,
  281, 284
 formation, 148–149
 irregular, 152
 regular verbs, 423
past perfect tense **(trapassato
  remoto),** 415–416
 formation, 415–416
 regular verbs, 423
 usage, 416
past subjunctive tense
  (congiuntivo passato),
  375
 sequence of tenses, 400–401
 usage, 375
 vs. past infinitive, 375
past tenses, sequence of tenses
  with subjunctive, 400–401
pensare
 + **a** + present indicative tense,
  65
 + **di** + infinitive, 307
 + **di** + present indicative
  tense, 65
 present indicative tense, 65
 with **ci,** 282
per, 67, 157, 158
 + infinitive, 65, 158, 393
 with **partire,** 88
 with present perfect indicative
  tense, 197

perdere
past participle, 149
present indicative tense, 87
piacere, 262–263
all tenses, 427
past participle, 262
present indicative tense, 262
present perfect indicative
tense, 263
with infinitive, 307
piccolo, 327
piovere, 219
pluperfect indicative tense
(trapassato prossimo),
198
reflexive verbs, 198
regular verbs, 198, 423
uses, 198
pluperfect subjunctive tense
**(trapassato del
congiuntivo),** 398–399
formation, 398
regular verbs, 424
sequence of tenses, 400–401
usage, 399
with **se,** 399
plural
adjectives, 43, 265–266
nouns, 28, 265–266
P.M., 155
poco, 94, 280, 328
possession, expressing, 67
possessive
adjectives, 129–130
pronouns, 129–130
potere
all tenses, 427
conditional perfect tense, 306
future tense, 257
imperfect vs. present perfect
indicative tense, 195
past participle, 149
present conditional tense, 301,
305
present indicative tense, 115
present subjunctive tense, 373
with infinitive, 284, 307
with object pronouns, 240,
284
with reflexive verbs, 173
preferire
present indicative tense, 132
with infinitive, 307
prendere
all tenses, 428
past absolute tense, 353
past participle, 149
present indicative tense, 87

prepositions **(preposizioni),**
67–68, 157–158
adverbial, 70
before infinitives, 418–419
simple, 67
used with pronouns, 260
with definite articles, 68, 129
with infinitives, 65, 393
with verbs, 65
present indicative tense
irregular **-are** verbs, 110–111
irregular **-ere** verbs, 115
irregular **-ire** verbs, 133
regular **-are** verbs, 64–65,
422–424
regular **-ere** verbs, 87, 422–424
regular **-ire (-isc-)** verbs, 132,
422–424
regular **-ire** verbs, 87–88,
422–424
sequence of tenses with
subjunctive, 400–401
to express future, 64, 111, 257
translations of, 64
with double-object pronouns,
284
with expressions of time, 197
present perfect indicative tense
(passato prossimo),
148–149
agreement of past participle,
149
negative, 149
reciprocal verbs, 176
reflexive verbs, 176
regular verbs, 423
uses, 148–149
vs. past absolute tense, 352,
353
with **avere,** 148–149
with direct-object pronoun,
234, 284
with **essere,** 151–152, 176
with expressions of time,
197
with imperfect indicative tense,
194–195, 353
with indirect-object pronouns,
238
with **ne,** 281
present subjunctive tense
(congiuntivo presente)
irregular verbs, 373
regular verbs, 370–371, 422
sequence of tenses, 400–401
presto, 155, 178
prima + infinitive, 393
prima che + subjunctive, 393

probability, expressing, 257, 396,
415
progressive forms, 354–355
with object pronouns, 355
with reflexive pronouns, 355
pronouns
demonstrative, 215
direct-object; *see* direct-object
pronouns
disjunctive, 158, 260, 261, 262,
323
double-object, 283–284
indefinite, 346, 347–348
indirect-object; *see* indirect-
object pronouns
possessive, 129–130
reflexive, 172–174, 241–242,
261, 355
relative, 346–347
with prepositions, 260
pronunciation, 2–6
publishing (vocabulary), 189
pulire, present indicative tense,
132
punctuation in numbers, 93

Q

qualche, 89–90, 347
qualcosa, 347–348
qualcuno, 347
quale?, 71
quando, 416
with future tense, 257
quantity
expressing, 94
expression of, 280
quanto?, 92–93
quello, 215, 346, 347
questo, 215

R

reciprocal verbs, 172, 174
present perfect indicative
tense, 176
reflexive pronouns, 172–174
imperative mood, 241–242
summary of, 261
with the progressive form, 355
reflexive verbs, 172–174
formation of, 173
pluperfect indicative tense, 198
present perfect indicative
tense, 176
with articles of clothing, 174

with direct-object pronouns, 284
with parts of the body, 174
regular verbs, 64–65
all tenses, 422–424
-are verbs, 64–65, 110–111
-ere verbs, 87
imperative mood, 212
-ire (-isc-) verbs, 132
-ire verbs, 87–88
relative pronouns, 346–347
restaurant (vocabulary), 83–84
ricevere
present indicative tense, 87
present perfect indicative tense, 148
ricordarsi + di + infinitive, 307
ridere, all tenses, 428
rimanere
all tenses, 428
present perfect indicative tense, 152
rispondere
all tenses, 428
conditional perfect tense, 303
past absolute tense, 353
past participle, 149
present indicative tense, 87
with indirect-object pronouns, 238
rompere
all tenses, 428
past absolute tense, 353
rosa, 45

S

salire
all tenses, 428
present perfect indicative tense, 152
sapere
all tenses, 428
future tense, 257
imperfect vs. present perfect indicative tense, 195
past absolute tense, 353
past participle, 149
present conditional tense, 301
present indicative tense, 117
present subjunctive tense, 373
vs. **conoscere**, 117
with infinitive, 307
with object pronouns, 240
scegliere, all tenses, 428
scendere
all tenses, 428

past participle, 152
present perfect indicative tense, 152
school/university (vocabulary), 61
scoprire, all tenses, 429
scrivere
all tenses, 429
conditional perfect tense, 303
past absolute tense, 353
past participle, 149
present indicative tense, 87
se
+ imperfect subjunctive, 396
+ pluperfect subjunctive, 399
with future tense, 257
seasons of the year, 219
second conjugation verbs, 87–88
sedere, all tenses, 429
sedersi
past participle, 174
present indicative tense, 174
present perfect indicative tense, 174
senza + infinitive, 393
senza che + subjunctive, 393
si, impersonal, 264–265
to express passive construction, 265
spendere
all tenses, 429
past participle, 149
sperare + di + infinitive, 307
spiegare, conditional perfect tense, 303
sports (vocabulary), 343–344
-ssimo suffix, 326
stare
all tenses, 429
future tense, 256
imperative mood, 213, 242
imperfect subjunctive, 396
past absolute tense, 352
present conditional tense, 301
present indicative tense, 110, 111
present perfect indicative tense, 152
present subjunctive tense, 373
with the gerund, 355
stress, syllable, 5–6
su, 67–68
with **ci**, 282
subject pronouns, 24–25
summary of, 261
subjunctive mood; *see also* imperfect subjunctive tense, past subjunctive

tense, pluperfect subjunctive tense, present perfect subjunctive tense
sequence of tenses, 400–401
usage, 370
vs. infinitive, 370, 371
with conjunctions, 393
succedere, all tenses, 429
suffixes, 377
superlative
absolute, 325, 326, 327, 328
irregular forms, 327–328
of adjectives, 325–326
of adverbs, 325–326
regular vs. irregular, 328
relative, 325–326, 327, 328
with definite articles, 325–326
syllabication, 5

T

tanto, 94–95, 280
tardi, 155
telefonare
conditional perfect tense, 303
with indirect-object pronouns, 238
telephone (vocabulary), 107
television (vocabulary), 189
tempo, 155
tenere, all tenses, 429
theater (vocabulary), 389–390
third conjugation verbs, 87–88
time
adverbs of, 179
expressions of, 154–155, 177–178, 197, 258
telling, 154–155
tra, 67
travel (vocabulary), 145–146, 253
troppo, 94, 178
tutto/tutti, 94–95, 347

U

uccidere, all tenses, 429
uncertainty, verbs of, 371
university (vocabulary), 61
un po' di, 89–90
uscire
all tenses, 429
present indicative tense, 133
present perfect indicative tense, 152
present subjunctive tense, 373
utensils, cooking (vocabulary), 247

V

vacation (vocabulary), 253
vedere
    all tenses, 430
    future tense, 257
    past absolute tense, 353
    past participle, 149
    present conditional tense, 301
    present indicative tense, 87
venire
    + a + infinitive, 307
    all tenses, 430
    future tense, 257
    imperative mood, 213
    past absolute tense, 353
    past participle, 152
    present conditional tense, 301
    present indicative tense, 133
    present perfect indicative
        tense, 152
    present subjunctive tense, 373
verbs
    all tenses, 420–430
    ending in **-care,** present
        indicative tense, 65
    ending in **-ere,** present
        indicative tense, 87
    ending in **-gare,** present
        indicative tense, 65
    ending in **-iare,** present
        indicative tense, 65

    ending in **-ire** with **-isc-,**
        present indicative tense,
        132
    first conjugation, 64–65
    irregular **-are,** present
        indicative tense, 110–111
    irregular **-ere,** present
        indicative tense, 115
    irregular **-ire,** present
        indicative tense, 133
    reciprocal, 172, 174, 176
    reflexive, 172–174, 176, 198,
        284
    regular, present indicative
        tense, 64–65, 87–88
    second conjugation, 87–88
    third conjugation, 87–88
    with prepositions, 65
vero?, 49
vincere, all tenses, 430
viola, 45
vivere
    all tenses, 430
    future tense, 257
    past absolute tense, 353
    present conditional tense,
        301
    present indicative tense, 87
vogliono with **ci,** 282
volere
    all tenses, 430
    conditional perfect tense, 306

    future tense, 257
    imperfect vs. present perfect
        indicative tense, 195
    past absolute tense, 353
    past participle, 149
    present conditional tense, 301,
        305
    present indicative tense, 115
    present subjunctive tense,
        373
    with infinitive, 284, 307
    with object pronouns, 240,
        284
    with reflexive verbs, 173
volere dire, present indicative
    tense, 133
volition, verbs of, 371
volta, 113, 155
vowels, 2–3
vuole with **ci,** 282

W

weather, expressions of, 219
wishing, expressions of, 244
would + verb, 300, 301, 305
would have + verb, 303, 306

Y

you, 11, 24–25
    imperative mood, 212

Photo Credits

1 © Frank Chmura/Alamy; **9** Courtesy of the author, Photo: © Janet and Charles McGary; **17** © Ken Walsh/Alamy; **19** Courtesy of the authors; **20** © Ron Chapple/ThinkStock/Alamy; **25** left—Sandro Vannini/Corbis, right—Ted Spiegel/Corbis; **27** Courtesy of the authors; **29** Courtesy of the authors; **32** © Chuck Pefley/Alamy; **33** © Ray Roberts/Topham/The Image Works; **36** top left—© James L. Amos/Corbis, top right—Azienda di Promozione Turistica del Milanese, middle right—© Chris Rogers/Index Stock Imagery, bottom left—© Paolo Sacchi/Corbis, bottom right—© AFP/Corbis; **39** © Francesco Campani Photography; **40** Courtesy of the authors; **43** Courtesy of the authors; **52** © Jerry Shulman/SuperStock; **55** top left—Marc Brasz/Corbis, top right—©Bettmann/Corbis, bottom left—©Hubert Boesl/dpa/Landov, bottom right—©Frank Trapper/Corbis, bottom—© Luca Bruno/AP; **56** bottom left—©Michael Howe/Index Stock Imagery, bottom right—©Terry Why/Index Stock Imagery; **57** bottom left—© Terry Why/Index Stock Imagery, bottom right—© John Heseltine/Corbis; **59** © Sally & Richard Greenhill/Alamy; **60** © Greg Meadors/Stock Boston; **70** Courtesy of the authors, Photo: Liliana Riga; **75** © David R. Frazier Photo Library, Inc.; **73** Courtesy of the authors, Photo: Roberta Riga; **81** © Kike Calvo/V&W/The Image Works; **82** © Bruce Ayres/Stone/Getty Images; **84** © Digital Vision Ltd./SuperStock; **97** Courtesy of the authors, Photo: Shira Katz; **100** © Alexis Saile Photography; **101** left—© Owen Franken/Corbis, right—© Jonathan Blair/Corbis; **102** © Dennis Marsico/Corbis; **105** © Chuck Savage/Corbis; **106** © IT Stock Free/eStock Photo; **115** © Philip Lee Harvey/Taxi/Getty; **118** © Alan Copson/Jon Arnold Images/Alamy; **121** Courtesy of the authors; **122** top left—© Dennis Marsico/Corbis, top right—© Jake Martin/Allsport/Getty Images, bottom left—© Jack Affleck/Index Stock Imagery, bottom right—© Phyllis Picardi/Stock South/PictureQuest; **125** © Milan Horacek/Bilderberg/Peter Arnold, Inc.; **126** left—Courtesy of the authors; **129** © Cubo Images srl/Alamy; **136** Courtesy of the authors; **139** © Martina Bacigalupo; **140** © David R. Frazier Photolibrary, Inc.; **143** © Bill Ross/Corbis; **144** © Ferdinando Scianna/Magnum Photos; **146** Courtesy of the authors; **151** Bill Bachmann/Index Stock/PictureQuest; **153** © Stephen Studd/Stone/Getty Images; **156** © age fotostock/SuperStock; **160** © Julie Houck/Corbis; **164** © Bob Krist/Corbis; **165** left—© Digital Vision/Getty Images, middle—© Arte & Immagini srl/Corbis, right—© Archivo Iconografico, S.A./Corbis; **167** © Fotocronache Olympia/PhotoEdit Inc.; **168** © AM Corporation/Alamy; **170** left—© Fotocronache Olympia/PhotoEdit, Inc., right—© Angelo Vianello Photography; **171** Courtesy of the authors; **178** © Martyn Goddard/Corbis; **180** © Alberto Ramella Photography; **183** © Giuseppe Palmas Photographic Archive/www.fotopalmas.com; **184** Photo from Unicredit Banca; **187** Courtesy of the authors, Photo: Roberta Riga; **188** © Marisa Montibeller; **189** © Sergio Strizzi/Melampo Cinematografica/The Kobal Collection/The Picture Desk; **193** Courtesy of the authors, Photo: Roberta Riga; **198** Courtesy of the authors, Photo: Lilli Kennedy; **203** Photos and text from "Ermanno Olmi, ragazzo della Bovisia", in "Club 3 vivere in armonia," January 2005. **207** © Staton R. Winter/Bloomberg News/Landov; **208** © age footstock/SuperStock; **210** © Fotocronache Olympia/PhotoEdit, Inc.; **215** Istituto Italiano di Cultura/ADN Kronos; **217** Photo Credit: Magia-Moda; **221** © Axel M. Mosler/Visum/The Image Works; **224** © Nogues Alain/SYGMA/Corbis; **227** left—© EPA/Giuseppe Farinacci/Landov, right—© Giuseppe Cacace/Getty Images; **229** Courtesy of the authors, Photo: Scott Rezendes; **232** Masterfile Royalty-Free; **233** Courtesy of the authors, Photo: Roberta Riga; **237** © Casalinghi Calderoni; **244** Courtesy of the authors; **247** Courtesy of the authors, Photo: Lilli Kennedy; **251** © Markus Dlouhy/Peter Arnold, Inc.; **252** © Ferdinando Scianna/Magnum

Text Credits

This page constitutes an extension of the copyright page. We have made every effort to trace the ownership of all copyrighted material and to secure permission from copyright holders. In the event of any question arising as to the use of any material, we will be pleased to make the necessary corrections in future printings. Thanks are due to the following authors, publishers, and agents for permission to use the material indicated.

p. 36–37: Azienda Turistica del Milanese; **p. 57:** Economia Turismo **p. 76:** Reprinted by permission of EF Foundation; **p. 108:** Samsung Electronics Italia S.p.A.; **p. 110:** Discoteca Fellini, Valdagno (Vicenza); **p. 140:** CETEM, Milano; **p. 164:** "Toscana, dove vivere è un quotidiano elogio della natura," in Panorama N.3. yr. XL, del 17.1.2002: pp. 44–45, Arnoldo Mondadori Editore, Milano; **p. 183:** Unicredit Banca; **p. 190:** Club 3, Milano; Gente, Hachette Rusconi Editore, Milano; Reprinted by permission of Editrice Quadratum S.p.A.; Reprinted by permission of Fioratti Editore.; Reprinted by permission of Fioratti Editore.; Reprinted by permission of Focus Giochi, Milan; **pp. 203–204:** Reprinted by permission of "Ermanno Olmi, ragazzo della Bovisia," in "Club 3 vivere in armonia," January 2005; **p. 212:** Reprinted by permission of Edizioni Master S.p.A; **215:** © Joaquín S. Lavado (Quino) / Caminito S.a.s; **pp. 225–26:** Reprinted by permission of Gente Magazine, January 3, 2005; **p. 234:** Reprinted by permission of Maina; **237:** Reprinted by permission of Calderoni Fratelli S.p.A.; **248:** "Lo Studio della Nielsen," in Panorama N.1. yr. XL, del 3.1.2002, pp. 31-36; **p. 272:** "Inverno tutto italiano," Gente, N.3. yr XL VI, 17.1.2002, Hachette Rusconi Editore, Milano; **p. 292:** Club 3; **292:** Reprinted by permission of Bottega d'arte; **p. 312:** Reprinted by permission of L'Espresso; **313-314:** Donna Moderna, Mondadori; **p. 320:** Reprinted by permission of Garmin Synergy SpA; **p. 362:** "L'estate dei pazzi sport," La Nazione; **p. 370:** WWF International / WWF Italia http://www.panda.org HYPERLINK "http://www.wwf.it" http://www.wwf.it; **p. 378:** Donna Moderna; **pp. 382-383:** Agriturismo.it; **p. 406:** Comune di Noventa Vicentina, Arteven; **409:** Reprinted by permission of Rizzoli.